·国家社科基金特别委托项目·

本丛书由中国社会科学院世界社会主义研究中心编

世界社会主义研究丛书·参考系列 65

欧洲激进左翼政党

Radical Left Parties in Europe

〔英〕卢克·马奇/著
(Luke March)

于海青　王　静/译

社会科学文献出版社
SOCIAL SCIENCES ACADEMIC PRESS (CHINA)

中文版序

　　非常巧合，撰写这篇序言的时候，恰逢 2014 年 5 月 1 日——"五一国际劳动节"。这距离英文版初稿完成已有 3 年（约 6 个月之后出版）。原书采用的是长时段方法——没有深入探究历史，而是关注所研究政党的起源和长期成就；同时也坚持采用一种概述式研究方法，集中讨论一些比较性主题和倾向，而非过于关注经验细节。这在部分意义上有其必然性（如果追踪各国各党的立场和发展细节，需要一支能懂欧洲各国语言的研究团队）。这同时也源于我个人的预期：我希望本书能够在激进左翼政党研究方面提供一些比较性洞见，能够经得起时间检验，而不必受制于被研究政党所处政党体制的短期性变化。

　　那么，自书稿出版 3 年来发生了哪些变化呢？一些具体细节（非常自然地）已经改变，但本书提出的核心命题仍然准确，在这方面，本书具有长期有效性。2012 年本书撰写之时，尚未出现希腊激进左翼联盟戏剧性地崛起，这或许是最相关的变化。在两次选举中，激进左翼联盟的得票率从 4.6% 跃升至 26.9%（只落后于保守党新民主党，后者此后与社会民主主义的泛希腊社会主义运动组建政府）。激进左翼联盟之后的民意测验一般处于第一或第二位，如果希腊政府倒台，它很有可能执掌政府。对于此前一直处于边缘地位且从未对希腊共产党构成威胁的政党来说（在书中，我曾提及激进左翼联盟及其前身"左翼与进步力量联盟"，但主要关注希腊共产党），这真是惊人的成就。这不仅仅是一次引人瞩目的选举进步，激进左翼联盟已经超越希腊，成为众多欧洲激进左翼政党的希望所在（与之类似，意大利重建共产党在更大程度上曾被视为欧洲激进左翼的"成功传奇"）。

同时，激进左翼联盟年轻的领导人阿莱克斯·齐普拉斯（Alexis Tsipras）已经成为整个欧洲左翼的"海报男孩"，不仅有可能当选未来希腊总理，也是国际标准的代名词。这反映在 2014 年 5 月的欧洲议会选举中，他被欧洲左翼党提名为其欧洲委员会主席候选人。鉴于欧洲社会党和欧洲人民党在欧洲议会中的统治地位，他不太可能得到这个职位，但却在很大程度上提升了他本人以及欧洲左翼党的曝光度。

然而，激进左翼联盟的成功只是一个例外，在其他地方不可能重复上演。它是在几近破产、激增的债务以及欧盟和国际金融组织史无前例地推行严厉的紧缩措施背景下，因希腊政治体系的崩溃造成的。这些事件令牵涉这些政策实施最深的政党遭受毁灭性打击（中左翼政党泛希腊社会主义运动），为激进左翼联盟留下了可以填补的政治真空。在欧洲其他国家，这些构成要素（选举两极化、左翼建制政党的崩溃、外部干预、大规模贫困）并未同时出现，也没有达到这种程度。至少从目前看，尽管许多欧洲国家的经济形势仍然惨淡（这显然为激进右翼和左翼政党储备了支持力量），但国家破产以及欧元区崩溃的末日景况至少现在已经不会出现了。因此，尽管激进左翼联盟明显为欧洲其他激进左翼政党提供了灵感，但后者根本不可能直接复制它的成功。

在欧洲其他国家，尽管本书所提及的个别政党的选举结果变化很大，但渐进稳定化与部分政党发展趋好的总体模式保持下来。2014
年 5 月 22 日选举，激进左翼政党计划赢得 45 ~ 55 个议席，整个议席
占有率提高 5 ~ 7 个百分点。这将使其回到 20 世纪 80 年代的议席份
额（尽管当时欧洲议会的规模较之现在小得多），导致其尽管在欧洲
议会中仍处于相对边缘地位，但与 2009 年惨淡的选举结果相比将出
现显著提升。为什么有可能出现这种局面？2009 年，许多国家的经
济危机和紧缩状况并不十分严峻，正如书中指出的，当时许多建制政
党仍在大谈特谈凯恩斯的干预主义。而且，许多激进左翼政党（最
突出的是意大利）发生了毁灭性的分裂。2014 年，紧缩政策的经济
遗产以及激进左翼联盟的选举成就，让人们不再将激进左翼政党视为
一个边缘角色，至少相对于政治主流政党来说，是更能针对当前问题
提出具体解决方案的政党。新的激进左翼政党正在兴起［比如斯洛
文尼亚的"民主社会主义倡议"（Initiative for Democratic Socialism）
和英国的"左翼团结"（Left Unity），尽管这些党仍然处于边缘地
位］，其他一些党巩固了新的联盟，比如法国的左翼阵线。一些党取
得了显著突破（因为执政期间取得的成就，左翼 - 绿色联盟第一次
超过了丹麦社会主义人民党）。其他党虽然有时面临内部问题，但仍
是其政党体系中的核心政党，比如葡萄牙左翼集团、德国左翼党、荷
兰社会党。

尽管确切的趋向显而易见，但整个发展图景截然相反，正如本书
指出的，短期内不可能出现"巨大的飞跃"。挪威、芬兰、塞浦路斯
和冰岛的左翼政党已经被右翼取代不再执政，而在丹麦，欧盟地区唯
一的左 - 左联盟也面临民众的极大不满。在上述国家，一直缺乏长期
性的"社会主义"遗产。总之，本书结论部分所引述的德国分析家
米歇尔·布里（Michael Brie）的话一如既往地正确，"到目前为止，
单一的积极成果……与不能建立一种可能挑战新自由主义基本构成要

素、进而步入稳定转型道路的可靠的反霸权结构形成鲜明对照"。

本书在英国和欧洲学术界以及社会活动家当中很受欢迎。比如，约翰·凯利（John Kelly）教授在《英国产业关系杂志》中这样写道，"那些对当代欧洲最广泛意义上的劳工运动政治感兴趣的人，应该读一读这本书。它从定性和定量双重角度对欧洲的激进左翼政党进行了全景式详细考察，极有可能成为很长一段时间内最可靠的研究成果"（Kelly 2012：824）。不仅激进左翼，而且民粹主义、政治抗议和更为广泛的欧洲政治等领域，都在越来越多地引用这本著作。作为作者，我受邀在各国（比如比利时、瑞典、德国、芬兰、法国和葡萄牙）发表演讲。一些杂志经常要我谈谈我的工作，很大程度上是因为这本书的发表。尤其令人欣喜的是，一些青年学者从书中获得了启示。然而，书中提到的核心问题仍然存在——激进左翼政党研究相对仍然处于萌芽阶段，它仍然是政党研究中的薄弱环节（这当然是与右翼政党比较来说的）。尽管探讨这一话题的（尤其是青年）学者数量在增加，但在许多国家仍然只是一项边缘化的工作，而且许多学者本身就是社会活动家。这本身不是什么问题（尽管如果著作缺乏分析性和反思性，确实会产生一些潜在问题），但如何获得更广泛受众的主要障碍仍然存在。原因之一是，在我自己的国家（英国）中，激进左翼政党仍然是非常边缘化的存在，这意味着在英文著作中激进左翼政党研究必然是一个小生境话题。遗憾的是，尽管有可能会涌现一些至少受到本书部分启发的新一代学者，但本书的出版并未（至少尚未）根本改变这一现状。当然，引用、评论或者与本书观点相吻合的作品显然越来越多。如果你想延伸阅读，可以看看下面这些著作：（Charalambous 2013；Tsakatika and Lisi 2013；Visser et al. 2014；De Waele and Vieira 2012）。

这本书能够翻译成中文，引介给新的读者，我自然非常高兴，同时也倍感荣幸。我当然希望新的读者们或者直接在学术研究上，或者仅仅是在关于激进左翼政党的一般知识方面，能够从中发现一些可以讨论、反思、支持、评论和发展的资源。对这些读者来说，肯定会对一些问题感到迷惑，因此需要先解释一下。首先，显而易见，本书研究的是"激进左翼"政党，而不仅仅只是共产党，这是为什么呢？正如第一章指出的，激进左翼不是一个完美无缺的术语，但却是到目前为止可以采用的最佳说法，因为它反映了作为激进左翼"运动"核心的身份议题（尤其是在多数欧洲人都不相信资本主义体系还有真正国际替代方案的情况下，它仍在尝试思考如何对资本主义进行"彻底"改造）。它也反映了"反资本主义"政党现在已成为比共产党更广泛、更多样的行动者。后者在欧洲越来越成为一支边缘化力量，这直接源于其与苏联实践的联系；正如书中指出的，这意味着在许多情况下它们将面临长期性生存问题。它们为了生存而被迫采用一些非传统的意识形态方法，建立新的联盟。

其次，传统共产党的意识形态修辞，比如马克思－列宁主义、西方/欧盟/美国帝国主义、产业无产阶级的角色、革命和阶级，在当代激进左翼政党中具有何种作用？这与上述问题有一定联系，对许多共产党仍然具有核心意义，但对更广泛的激进左翼政党来说，它们已经成为重塑、探讨和争论的范畴。在正统马列主义者看来，多数当代激进左翼政党类似于欧洲共产主义、改良主义甚至完全就是社会民主主义政党。正如书中指出的，对许多党（尤其是"民主社会主义政党"和"民粹社会主义政党"，同时也包括被详细阐述的"改革的共产党"）来说，其社会和支持的阶级基础已经改变；加之苏联模式的覆亡，迅速的意识形态和战略变革已成为必然。这些党现在不得不超越正在消亡的产业无产阶级争取支持者，作为"真正民族的"自治政党而非苏联外交政策的工具进行运作。正如书中详细分析的，这经常导致重塑、衰落、转变和再生的周期性出现。这些党没有苏联的意识形态蓝图，也不符合列宁界定的"新型政党"的21个条件，它们尝试在旧支持者的要求以及吸引新支持者的极大需要间维持平衡，因此毫不奇怪，它们致力于激进地（尽管不是那么革命地）批判它们所栖息的社会和政治体系。正是这一斗争构成了全书的主题。

再次，激进左翼政党的长期发展前景如何？正如书中通过选举结果的分析指出的，激进左翼政党的选举和社会发展潜力较其已经取得的选举结果要大得多。在多数情况下，其选举成就因内部问题和不团结而遭到削弱。虽然当前明显趋于稳定，但多数欧洲经济体持续的选举阵痛，成为多数欧洲国家激进左翼政党重要的力量源泉。比如，威瑟等（Visser et al. 2014）指出，欧盟国家对激进左翼意识形态的平均支持率为11%，这明显高于其7%～8%的平均选举支持率。这意味着，如果不考虑其当前面临的阵痛，这些党仍然具有显著的发展潜力。

最后，在新激进左翼政党中，中国具有何种潜在作用？这不是本书的核心主题——毕竟，正如书中清晰指出的，这些党尽管在意识形态上仍然是国际主义者，但为了维持其支持率，总是自愿或不自愿地专注于自己的"民族故事"，有时不得不抛弃任何真正的国际主义。然而，由于中苏分裂，欧洲共产党对中国在意识形态上的敌视态度有所缓解，许多党更愿意与中国进行对话和合作。对非共产主义激进左翼政党来说，情势比较复杂：迥然相异的意识形态和语境［比如与共产党相比，这些党更坚决地支持欧洲自由民主国家的基本政治（尽管并非经济）框架］表明，许多党并未将中国视为一种意识形态典范，它们对中国政治或者漠不关心，或者一无所知。但同样，克服过去的分裂、通过更实用的透镜来审视世界以及与形形色色的伙伴合作等尝试，表明仍然存在着相互对话的可能性，但对此过去很少去探究。当然，我鼓励中国读者不仅仅关注共产党，尤其要关注那些作为更广泛欧洲激进左翼组成部分的具有意识形态多样性、经常有点自相矛盾的政党。基于上述原因，至少从中期发展看，这些党在重要性上最有可能获得发展。

参考文献

Charalambous, Giorgos. 2013. *European Integration and the Communist Dilemma: Communist Party Responses to Europe in Greece, Cyprus, and Italy.* Farnham: Ashgate.

Kelly, John. 2012. 'Radical Left Parties in Europe, by Luke March.' *British Journal of Industrial Relations* 50 (4): 823 - 24.

Tsakatika, Myrto and Marco Lisi. 2013. ' "Zippin" up My Boots, Goin Back to My Roots: Radical Left Parties in Southern Europe.' *South European Society and Politics* 18 (1): 1 - 19.

Visser, Mark, Marcel Lubbers, Gerbert Kraaykamp, and Eva Jaspers. 2014. 'Support for Radical Left Ideologies in Europe.' *European Journal of Political Research* (*forthcoming*).

De Waele, Jean-Michel, and Mathieu Vieira. 2012. 'La famille de la gauche anticapitaliste en Europe occidentale.' In *Les partis de la gauche anticapitaliste en Europe*, eds. Jean-Michel de Waele and Daniel-Louis Seiler. Paris: Economica, 50 - 73.

致　谢

　　我需要感谢很多人，尤其是卡斯·穆德（Cas Mudde），他赋予本书最初的灵感，在最初写作阶段提供指导，并在本书完成前提出了关键且具有建设性的反馈意见；彼得·尤森（Peter Učen）、帕维尔·佩萨贾（Pavel Pšeja）、安德鲁·威尔逊（Andrew Wilson）提出了意见；芬兰左翼联盟的马拉·堪多拉（Malla Kantola）和丹麦社会主义人民党的国际秘书提供了有用的文件信息；在多次访问布鲁塞尔期间，欧洲左翼党办公室的马丁·赫伯格（Martin Herberg）和吉奥格斯·卡拉斯奥巴尼斯（Giogos Karatsioubanis）为我提供了相关文件，并安排了访问；理查德·邓菲（Richard Dunphy）、米尔托·萨卡提卡（Myrto Tsakatika）、西恩·汉利（Seán Hanley）阅读了全部或部分手稿。尤其是 2007 年，爱丁堡大学政治和国际关系系慷慨地批准我放学术假，从而让我能够有大块时间完成本书，而苏格兰大学卡耐基信托基金也给我提供了资金支持。

缩略语

下述列表包括正文或表格中最常见的一些缩略语。其他不常见的缩略语随文列出，第一次出现时将使用全称。

AKEL	塞浦路斯劳动人民进步党
BE/Bloco	葡萄牙左翼集团
BePR	摩尔多瓦祖国选举集团
CDU	葡萄牙团结民主联盟
CP	共产党
CPN	荷兰共产党
CPSU	苏联共产党
EL	丹麦红 – 绿联盟
EP	欧洲议会
EüRP	爱沙尼亚联合人民党
EüVP	爱沙尼亚联合左翼党
GDR	德意志民主共和国
GJM	全球正义运动
GUE/NGL	欧洲联合左翼/北欧绿色左翼
IU	西班牙联合左翼

KKE	希腊共产党
KPRF	俄罗斯联邦共产党
KPU	乌克兰共产党
KSČM	捷克共和国波西米亚－摩拉维亚共产党
KSS	斯洛伐克共产党
LCR	法国革命共产主义同盟
LÉNK	卢森堡左翼党
LP	德国左翼党
LSP	拉脱维亚社会党
NELF	新欧洲左翼论坛
NGL	北欧绿色左翼
NPA	法国新反资本主义党
PCE	西班牙共产党
PCF	法国共产党
PCI	意大利共产党
PCP	葡萄牙共产党
PCRM	摩尔多瓦共产党人党
PdCI	意大利共产党人党
PEL	欧洲左翼党
PES	欧洲社会党
PRC/Rifondazione	意大利重建共产党
RCS	圣马力诺重建共产党
RLP	激进左翼政党
RRP	激进右翼政党
SF	丹麦社会主义人民党
SI	社会党国际

SKP – KPSS	共产党联盟—苏联共产党
SP	荷兰社会党
SV	挪威社会主义左翼党
SYN	希腊左翼运动和生态联盟；2003 年后称为希腊左翼与进步联盟
SYRIZA	希腊激进左翼联盟
TNP	跨国性政党
TU	工会
V	瑞典左翼党
VAS	芬兰左翼联盟
VG	冰岛左翼绿色运动
WASG	德国劳动与社会公平选举抉择党

目 录

世界社会主义研究丛书·参考系列 65

图表目录

世界社会主义研究丛书·参考系列 65

表

图

第一章

导　论

　　激进主义者对马克思所说的人类可以实现"真正自由"的社会的期望似乎已经落空了。

（吉登斯 1994：1）

　　左翼回来了。笔者的意思不是指 2007～2008 年国际金融/经济危机后人们对马克思尤其是凯恩斯的关注有所复兴（比如，Skidelsky 2010；Hobsbawm 2011）。毕竟，人们关于新自由主义死亡的各种说法过于夸大了——至少现在还没有迹象显示已经出现了实质性政治或意识形态范式的转型（参考 Gamble 2009）。此外，甚至依据一些左翼人士的说法，欧洲后危机的"紧缩政策时代"或许表明，右翼当前正在赢得这场危机（参考 Marquand 2010）。2009年 6 月的欧洲议会选举显然证明了这一点：右翼获得了 47.8% 的选票，而包括绿党在内的左翼只得到 37.3% 的选票。然而，分析家们大量讨论的是中左翼社会民主党面临的危机，却忽视了激进左翼政党，亦即那些将自己定位在社会民主党左侧，而不是社会民主党左派的政党（出于方便笔者将其简写为 RLPS）的一个长期发展趋势：这些政党在共产主义失败后已经开始复苏，尽管这种复苏仍然是部分意义上的。

当然，许多激进左翼政党最近失败的例子引人瞩目，最显著的是法国、意大利和西班牙的共产党。但正如表 1 - 1 显示的那样，激进左翼政党在许多国家，比如捷克共和国、挪威和瑞典一直是稳定而显著的力量；在另外一些国家，比如冰岛、葡萄牙、希腊、丹麦和德国近来达到发展巅峰；在有的国家，比如塞浦路斯、摩尔多瓦则长期保持着强劲的发展势头。而且，许多国家的激进左翼政党已经从边缘化状态转而成为联盟的竞争者。1947 年到 1989 年间，只有芬兰共产党断断续续地参与政府；而 1989 年后，在发达自由民主国家中，没有任何激进左翼政党拒绝过政府联盟的现实邀约（Bale and Dunphy 2011）。激进左翼政党在欧洲已经成为联盟的组成部分，比如在冰岛、法国、意大利、芬兰和乌克兰；在有的国家，成为占主导地位的执政党，比如摩尔多瓦和塞浦路斯；在许多其他国家，比如瑞典、丹麦、荷兰，成为未来的政府参与者也并非遥不可及。

我们从现存的学术文献很难看到这一点。尽管趋势已经开始发生变化，但相较于新近出版的大量关于基督教民主党、绿党和社民党的著作（更不用提相关文章了），激进左翼政党仍然是当代政党研究的薄弱环节。同时，众多分析家关注的是激进/极端/民粹主义右翼的各个方面（比如，Eatwell and Mudde 2004；Ignazi 2006；Mudde 2007；Hainsworth 2008）。① 关于激进左翼政党的多数著作，或者是单一国家研究，或者是有限的跨国性比较研究（比如 Bell and Criddle 1994；Curry and Urban 2003；Guiat 2003），或者是关注激进左翼政党的某一

———————————

① 出于方便、连续性和包容性考虑，我将使用"激进右翼政党"（RRPS）这一术语。

方面，比如对欧洲一体化的态度（Dunphy 2004）或政府参与（Bale and Dunphy 2007，2011；Hough and Verge 2009；Daiber 2010；Olsen et al. 2010；Dunphy and Bale 2011）。绝大多数比较研究只关注共产党，而且只是西欧共产党（比如，Bell 1993；Bull and Heywood 1994；Boltella and Ramiro 2003）。东欧的激进左翼政党研究主要局限于前执政共产党的所谓"继任党"，而这些党中的大多数已经社民党化，因此不再具有激进性质（比如，Racz and Bukowski 1999；Kitschelt et al. 1999；Bozóki and Ishiyama 2002；Grzymala-Busse 2002）。

　　总之，之前鲜有跨越东西欧探讨激进左翼政党的著述。现存的文献既有长处，但也存在明显问题。哈德森（Hudson 2000）以及贝克斯和莫罗（Bakes and Moreau 2008）主要关注的是共产党及其（非激进的）继任党，而希尔德布兰特和戴贝尔（Hildebrandt and Daiber 2009）的政党研究面尽管宽泛，但却没有覆盖苏联地区。这三本著作为我们提供了非常有价值的详细个案研究资料，但非真正的比较性分析，而且这些著作对其研究主题都采取了规范性立场：哈德森（2000）以及希尔德布兰特和戴贝尔（2009）的这两本著作是由党的同情者撰写的，而贝克斯和莫罗（2008）主要在试图解释其研究主题的"极端主义"。

　　但正如表1-1显示的那样，尽管其组成部分不断变化，1989年以来，欧洲激进左翼政党整体上看是一支相对稳定的选举力量，而且经过20世纪90年代的发展最低点之后已经开始复苏（即使只是稍微的复苏）。激进左翼政党在欧洲选举中平均6%的支持率并不尽如人意（参见表1-2），这在很大程度上是因为激进左翼政党在一些国家，比如英国、奥地利以及许多东欧国家，现在仍是边缘小党。而主要包括绿党和激进右翼政党在内的其他一些所谓"小生境政党"（Adams et al. 2006），其地理分布同样变动不居，在欧洲选举中的成

表1-1 议会选举中的相关欧洲激进左翼政党，1980～2010年

国家/政党	1980～1989 平均得票率	1990～1999 平均得票率	2000～2010 平均得票率	1989～2010 选票增加	1999～2010 选票增加	1989年后最高点	1989年后最低点
塞浦路斯（劳动人民进步党）	30.1	31.8	32.9	2.8	1.1	34.7(2001)	30.6(1991)
捷克（波西米亚－摩拉维亚共产党）	CP	12.1	14.2	n/a	2.1	18.5(2002)	10.3(1996)
丹麦（红－绿联盟）	0.9(a)	2.5	2.7	1.8	0.2	3.4(2005)	1.7(1990)
丹麦（社会主义人民党）	12.6	7.7	8.5	-4.1	0.8	13.0(2007)	6.0(2005)
爱沙尼亚（联合左翼党）	CP	6.1*(b)	0.3	n/a	-5.8	6.1*(1999)	0.1(2007)
芬兰（左翼联盟）	13.5(c)	10.7	9.3	-4.2	-1.4	11.2(1995)	8.1(2011)
法国（共产党）	12.4	9.6	4.6	-7.8	-5.0	9.9(1997)	4.3(2007)
德国（左翼党）	CP	4.0	8.2	n/a	4.2	11.9(2009)	2.4(1990)
希腊（共产党）	10.4	5.1	6.8	-3.6	1.7	8.2(2007)	4.5(1993)
希腊（左翼运动和生态联盟）	1.6	3.0	4.0	2.4	1.0*	5.1(1996)	2.9(1993)
冰岛（左翼绿色运动）	15.4(d)[1]	12.6	14.9	-0.5	2.3	21.7(2009)	8.8(2003)
意大利（重建共产党/共产党人党）	28.2(e)	7.1	6.0	-22.2	-0.9	8.6(1996)	3.1*(2008)
拉脱维亚（社会主义党）	CP	8.5*	19.8*	n/a	11.3	26.0*(2010)	5.6(1995)
卢森堡（左翼党）	5.1(f)	2.5	2.6	-2.5	0.1	3.3(1999/2009)	1.6(1994)
摩尔多瓦（共产党人党）	CP	30.1	45.9	n/a	15.8	50.1(2001)	30.1(1998)
荷兰（社会党）	0.4	2.4	9.7	9.3	7.3	16.6(2006)	1.3(1994)
挪威（社会主义左翼党）	6.8	7.0	9.2	2.4	2.2	12.5(2001)	6.0(1997)
葡萄牙（共产党）	15.6*	8.8*	7.5*	-8.1	-1.3	9.0*(1999)	7.0*(2002)

续表

国家/政党	1980~1989 平均得票率	1990~1999 平均得票率	2000~2010 平均得票率	1989~2010 选票增加	1999~2010 选票增加	1989年后最高点	1989年后最低点
葡萄牙（左翼集团）	n/a	2.4	6.3	n/a	3.9	9.8(2009)	2.4(1999)
俄罗斯（俄罗斯联邦共产党）	CP	19.7	12.1	n/a	-7.6	24.3(1999)	11.6(2007)
圣马力诺（重建共产党）	26.6(g)	3.4	6.9	-19.7	3.5	8.7*(2006)	3.3(1998)
斯洛伐克（共产党）	CP	2.1	3.7	n/a	1.6	6.3(2002)	0.8(1992/2010)
西班牙（共产党）	5.9*	9.2*	4.8*	-1.1	-4.4	9.2*(1993/6)	3.8*(2008)
瑞典（左翼党）	5.6	7.6	6.6	1.0	-1.0	12.0(1998)	4.5(1991)
英国（苏格兰）（社会党）	n/a	2.0	3.8	n/a	1.8	6.9(2003)	0.4(2011)
乌克兰（共产党）	CP	18.7	9.7	n/a	-9.0	24.7(1998)	3.7(2006)
总平均数	11.2	8.5	9.7	-1.5	1.2		

注释：

§ 在本表以及下文所有表格中，"相关"政党是指那些至少得到3%选票并至少在一次选举中获得过议会席位的政党。

* 是指通过联盟参加选举；CP 指执政的共产党。

(a) 丹麦共产党。

(b) 2006年前是爱沙尼亚左翼党（之前是爱沙尼亚社会民主工党）与爱沙尼亚联合人民党的联盟。

(c) 芬兰人民民主联盟（1987年前是芬兰人民民主联盟＋民主替代）。

(d) 1995年前是人民民主联盟。

(e) 意大利共产党。

(f) 1999年前是卢森堡共产党。

(g) 圣马力诺共产党。

资料来源：www.parties-and-elections.de（2011年5月20日进行数据更新）。

绩也差强人意（见表 1－2）。从选举成绩和政府参与的角度看，对激进左翼政党的分析在客观上没有理由应该少于被过度研究的绿党和激进右翼政党。

表 1－2　欧洲议会选举：1989～2009 年"小生境政党"选举成绩比较

单位：%

分组		1989	1994	1999	2004	2009	平均数
绿党	选票份额	5.8	4.6	7.7*	5.5*	7.5*	6.2
	代表国家	7	10	12	14	14	11
激进右翼政党^	选票份额	3.3	3.2	2.6	3.2	4.3	3.32
	代表国家	3	3	4	8	9	5
激进左翼政党	选票份额	8.1	5.3	6.7	5.2	4.8	6.0
	代表国家	7	8	10	14	13	10

注释：＊包括地区性政党。

^包括欧元怀疑论和民族主义团体；许多激进右翼的议员传统上不从属于某一政党。

资料来源：www. parties－and－elections. de.

这一研究范围的缺失无疑是现实的写照：1990～1991 年苏联解体后，激进左翼政党，主要是共产党分裂了，在国内和国际上都面临巨大危机，它们不再代表一个具有一致性的"政党家族"（Bull 1994）。而且，如果不提及"历史终结"论（Fukuyama 1989），几乎不可能进行这一研究。关于对自由主义民主和新自由主义资本主义的任何主要的激进挑战都已经被抛进"历史垃圾堆"的思想，尽管现在看来不足为信，但在 20 世纪 90 年代初却极具说服力，因为苏联"现实存在社会主义"迅速地自我毁灭，似乎甚至让反共产主义的"民主社会主义"以及整个左翼都受到玷污。

许多作者或多或少都明确承认"历史的终结"。比如，唐纳德·萨松（Donald Sassoon）对 20 世纪西欧左翼历史的详尽研究（1997），集中关注的是西方社会民主党，很少分析共产党，基本忽略了其他激进左翼政党。[①] 的确，该书的修订版（2010：xiv）指出，1989 年后"社会民主主义是欧洲唯一存在的社会主义形式"。萨松认为，激进主义 20 世纪 80 年代时已经在"苟延残喘"，左翼已经完全倒向新自由主义共识。他的当代左翼定义完全将激进主义排除在外，只涵盖了"主流社会党、社会民主党和工党，以及先前存在的共产党"（Sassoon 1998：3）。同样，90 年代支持所谓"第三条道路"的英国工党和德国社会民主党最初的选举成功，也让许多人相信，社会主义的新自由主义化不可避免。英国"新工党"计划的设计者安东尼·吉登斯（Anthony Giddens）指出，激进主义已经转向反传统的撒切尔/里根主义右翼，而左翼整体上已经成为保守派，孤注一掷地试图捍卫干预主义的凯恩斯式福利主义的残余，根本不能提供一个更具进步意义的发展前景（Giddens 1994，1998）。这一批评极具力度，然而"第三条道路"党随后的衰落表明，在 2007～2008 年危机之前就应该反思它们的发展。

凯特·哈德森是率先对"历史终结"论提出异议的学者，她指出，"社会民主党在过去十年间的右转产生了一个完全可以预期的结果"，"它为位于其左侧的"那些反新自由主义的政党"打开了巨大的政治空间"（2000：11）。哈德森的观点存在缺陷，部分原因在于没有根据地预期共产党将成为新欧洲左翼的领导者。而且这种所谓的"真空论"，即认为社会民主党的新自由主义化增加了激进左翼的选举和议题"真空"，也令人怀疑。因为事实证明，其他一些政党（包括绿党，但最主要的是激进右翼政党）同样能够吸引那些不满主流中左翼政党的选民（Patton 2006；Lavelle 2008）。的确，当代激进右

---

① 艾利（Eley 2002）的研究在这方面更加符合我们的要求，她采取了更为宽泛的泛欧洲研究视角，对激进左翼进行了更为充分的研究。但艾利的现代激进左翼研究主要关注的是 1968 年后的新左派运动而非政党。

翼政党的兴起经常被溯源至所谓"现代化危机"：后工业经济的转向、20 世纪 70 年代以来战后"社会民主主义共识"的衰落以及全球化的迅猛发展，为与国家在控制边界、经济和福利方面能力下降相关的新形式的缺乏安全感以及"现代化失败者"的抗议提供了充分的空间（例如，Betz 1994；Abedi 2004）。对当代社会民主主义不能有效回应现代化危机的认知，导致更多人直接转向激进右翼（Coffe 2008）。

然而，哈德森正确指出了激进左翼政党的动员潜力。事实证明，"历史的终结"并没有让全球不平等、贫困、冲突和压迫消失不见。激进左翼政党似乎恰到好处地得益于社会民主党对传统事业，比如平等、普遍福利和经济干预的明显抛弃——尽管激进右翼政党可能更好地表达了诸如反欧洲和移民问题的身份关注。20 世纪 90 年代中期，在法国、意大利和德国发生的诸多反私有化和福利削减的示威游行中，对社会经济的不满重新成为社会动员的主要特征。从全球范围看，1997～1998 年的"亚洲危机"充分体现了所谓"华盛顿共识"，即由欧洲－大西洋金融机构推动的新自由主义市场化和贸易自由化带来的阵痛。尤其是"全球正义运动"在 1999 年西雅图八国峰会后的兴起表明，对全球新自由主义的反应达到了一个新阶段①。无论西雅图抗议意味着什么，激进左翼政党认为它至少表明了"历史终结的终结"：新自由主义开始退潮了（Klein 2002：1）。"另一个世界是可能的"，这是全球正义运动的一个关键口号。它承认，即使缺乏明确的纲领，替代选择也存在理论上的可能性。与之类似，全球正义运动断言，玛格丽特·撒切尔关于"没有什么能替代"全球新自由主义的言论，现在看来显然是错误的。拉美，首先是委内瑞拉、玻利维亚

---

① 与众多作者一样，相对于"反全球化"，我更喜欢使用这个更加中立、包容和准确的术语。正如我在第八章中充分指出的那样，全球正义运动在意识形态上具有多样性，在范围上具有国际性（是国际主义者），而不仅仅是反对全球化。

和巴西左翼的兴起，进一步激发了反资本主义的迫切感，它表明新自由主义显然已经在美国的后院失势，同时也为全球激进人士提供了替代古巴衰落模式的新的灵感和运作模式（例如，Raby 2006；Kaltwesser 2010）。

在本书撰写之时尽管尚不能完全明确这场国际经济危机能否对左翼自信的提升产生进一步和持续性影响，但荷兰社会党前领导人简·玛勒尼森（Jan Marijnissen 2006）认为，激进左翼政党能够逐渐摆脱悲观，而转向一种"新的乐观主义"，因为"虽然在一些战斗中失利，但仍将赢得战争胜利"不再只是不切实际的幻想。即使当代资本主义不是注定会发生危机，但肯定仍然受困于此。

研究问题

本书旨在纵览当代欧洲激进左翼政党的主要特征及其发展。它是当前政党和政治激进主义研究中明确尝试重新阐释这一话题有效性的为数不多的几本近著的补充（例如，March and Mudde 2005；Bale and Dunphy 2011）。与后两位作者一样，我认为，激进左翼政党现在已经构成了一个"正常的"政党家族，它们有足够的共同政策和实践，完全有理由从"不见天日的状态"重新被带回到比较政党研究中心。

本书旨在从三个层面推进现存文献的研究。前两个目标主要是经验层面研究。与迄今关于此话题的多数著作不同，我将关注作为整体的激进左翼政党，而非只是政党的一个分支，因此本书既包括共产党也包括非共产主义政党，研究它们的非议会和国际行动。其次，我将采取一种泛欧洲视角，以东西欧为关注点。因此，我致力于通过对一些关键性当代激进左翼政党的意识形态和战略立场提供一种比较分析，通过考察整个欧洲激进左翼的当前状态及其短期发展前景，以解决一个经常被提及的问题——"什么是左翼之左翼？"（例如，Sferza 1999）再次，本研究致力于从理论上进一步丰富激进政治的相关研究。多数探讨激进主义性质的文献，关注于政治光谱中的右翼。在本书中，我将对"激进左翼"这个术语进行明确界定，并且探讨"激进主义"的性质：其中一个关注点是政党纲领和政党行为，另一关注点则是从国家和国际层面探讨激进左翼政党在欧洲民主政治中的作用。

因此，本书的主要研究问题包括：

——当代欧洲激进左翼政党的主要意识形态和战略立场是什么？

——这些立场在不同国家和地区，即东欧和西欧存在哪些差异？

——当今激进左翼政党的"激进"表现在哪些方面？比如，它们在何种程度上连贯地提出了资本主义和/或自由民主制的替代方案？

——欧洲不同国家中激进左翼政党选举成功或失败的原因是什么？

——从国家和国际层面看，激进左翼政党对欧洲政治有哪些影响？

界定"欧洲激进左翼"

所有关于"欧洲激进左翼"的概念都存在问题！因此有必要进行简短讨论，尽管这种说法较之任何其他术语更加可取。

首先，泛欧洲的研究视角增加了问题的复杂性，比如不同国家历史的差异、大量个案以及过度引申的相关风险。而且，由于我关注的是超出欧盟范围"更大的欧洲"，因此必然面对欧盟自身也在面对的一个问题，即欧洲边界的界定。当然，由于土耳其和高加索地区没有显著的激进左翼政党存在，由于在极权主义的白俄罗斯缺乏政治竞争，因而我们可以只去关注表 1-1 中的那些国家。将欧洲大陆划分为东欧和西欧仍然问题颇多，不仅因为许多前东欧集团国家现在自视为"中"欧国家，认为带有控诉意味的"东"是落后的代名词。实际上，诸多事实证明，由于时间的流逝、全球化的发展以及欧盟地缘政治的推动，尤其在政党领域已经引发了东西欧的融合（Lewis 2000；Mudde 2007）。因此，我在书中使用"东欧"这一说法时，只是指"前共产主义集团"，而非任何原初的"东部"概念。然而，东欧的国家社会主义遗产以及国家建构过程无疑为激进左翼政党提供了完全不同的背景。总体而言，1989 年后东欧的激进左翼力量一直比较弱小：一方面，一些东欧共产党仍然是整个欧洲最强大的激进左翼政党；另一方面，后共产主义激进左翼传统的影响微不足道，许多东欧国家几乎根本没有激进左翼政党。政党竞争相对"开放"、缺乏系统性和稳定性，而由于存在国家建构和民族融合等问题，激进主义往往以右翼或民粹主义形式出现（比如，Mair 1997）。

泛欧洲视角当然重要，我个人认为，内向型的欧盟没有权利认为自己就是"欧洲"。当然原因不仅仅在此。第一，未来可能成为欧盟成员（无论多么遥不可及）或者至少欧盟支持其当前邻国政策趋同的发展前景表明，只关注前西欧是一种短视行为；第二，当代激进左翼政党表面上都反对欧盟当前的建构形式，而且它们对自身的界定非常宽泛。因此，在欧盟机构之外是否存在一个具有一致性的欧洲激进左翼，是一个重要问题；第三，一些最成功的激进左翼政党，比如摩尔多瓦、捷克共和国、冰岛、塞浦路斯各党，或者处于欧盟之外，或者 2004 年欧盟扩大之前一直如此。但是，研究这些党本身非常有趣，而且具有相关性，尤其与激进右翼相比，欧盟内激进左翼政党的这种极其成功案例不是很多（Mudde 2007）。

就"激进左翼"这一术语而言，廓清一些关键性政党的激进主义，以及不同激进左翼政党间的差异，是接下来几个章节的主要任务。全书采用这一宽泛、实用的定义，包括以下方面考虑［参考 Betz（1994：4）关于激进右翼的类似界定］：

激进左翼政党首先是激进的，因为它们反对当代资本主义的基本社会经济结构及其价值观和实践。当然，不同政党有所差别，从拒斥消费主义和新自由主义，到坚决反对私有制和资本主义的利润动机。其次，它们支持建立一种替代的经济和权力结构，包括对现存政治精英进行重要的资源再分配。激进左翼政党首先也是左翼，它们把经济不平等视为现存政治和社会安排的基础，把实现集体的经济和社会权利提上其主要议程。其次，它们始终表达的是反资本主义而非反民主情绪，尽管在许多党的再分配目标中，存在一种彻底推翻自由民主制的倾向。最后，这类左翼政党是国际主义者，它寻求跨国联系与团结，宣称国家和地区性社会政治议题有其产生的全球性结构根源，诸如"帝国主义"或"全球化"。

我更倾向于使用"激进左翼"，而非"强硬左翼"（hard left）或"极左翼"（far left）（比如 Hough 2005）等替代概念，后者似乎是一种贬义说法，具有这类左翼必然边缘化的意味。理查德·邓菲（Richard Dunphy 2004：2）的"转型左翼"（transformative left），是指那些"位于社会民主党左侧"的政党，"它们在历史上一直呼吁超越资本主义经济体系，而且现在仍然在表达这种强烈愿望"。这一术语源于 20 世纪 80 年代意大利共产党的语言实践，但此后并未流传开来，尽管德国左翼党逐渐在使用这种说法。其含义本质上类似于我对"激进左翼"的理解。

"激进主义"这一说法的主要优势，在于它实际上含蓄地表达了一些转型目标［词根（radix）源于拉丁文，暗含着转向"彻底"变革激进行动者占领的政治体系]。而且，采用"激进主义"这种说法，将使我们专注于历史上激进左翼政党所面对的一些基本身份议题。比如，马克思指出，人的本质固有的"彻底需要"不可能在现存社会结构中得到满足："所谓彻底，就是抓住事物的根本。但是，人的根本就是人本身……从而也归结为这样的绝对命令；必须推翻那些使人成为被侮辱、被奴役、被遗弃和被蔑视的东西的一切关系"①。当今的许多"极左翼"行动者同样也将"彻底"视为承诺体制变革的标志（比如 Benn 2003）。然而，正如我在书中指出的那样，关键问题是，在完全去激进化的环境中，激进左翼在多大程度上能够实现这些彻底需要。最后，穆德（Mudde 2010）曾经指出，激进右翼意识形态，比如本土主义和极权主义的核心特征，不是边缘化的社会价值观，而是主流信念的激进化。与之类似，激进左翼意识形态的许多核心特征，也可以认为是一些政治主流秉持的价值观的激进化，诸如平等主义和国际主义。

采用"激进主义"这一术语存在两个主要问题。首先，与实践相比，我们更容易从理论上看到激进左翼与中左翼在意识形态上的显著差异。对许多社会民主党而言，口头上坚持激进主义仍然重要，即使其实践并不具有说服力。比如，托尼·布莱尔称工党是一个"激进中间"政党就是明显的例证。同时，尽管作为政党它们不再要求对新自由主义的资本主义进行体制变革（这是它们与激进左翼政党的主要区别），但许多社民党党员仍然支持党保持更多的激进主义立场。而且，激进左翼政党本身也令二者间的差异变得更加扑朔迷离，因为它们在党的声明中并不总是明确地提出反资本主义。为了吸引不满的社民党选民，或者证明其自身联盟的可信性，经常导致其言辞缓

---

① 《马克思恩格斯选集》第 1 卷，人民出版社，1995，第 9～10 页。

和，甚至出现一定程度的社会民主主义化（参考 Keith 2010b：163）。最终，其模糊的激进主义经常反映了党内分歧。比如，希尔德布兰特和斯丁索斯特（Hildebrandt and Striethorst 2010）认为，德国左翼党根本不清楚自己是一个"反新自由主义或者反资本主义的党，还是一个批判资本主义的党"。一些关键性议题，比如在私有制问题上的立场以及对资本主义的分析一直没有得到解决。

总之，与我的论点一致，激进左翼政党的意识形态是主流观点的激进化，激进左翼与中左翼间是程度差异，而非本质不同。相对于社会民主党而言，激进左翼政党更加系统地批判新自由主义资本主义及其基本结构，即资本主义国家和新自由主义全球化：它们更加强调完全平等和经济再分配，而非中左翼经常提及的"社会正义""公平"和"机会平等"。在国际舞台上，社会民主党相对来说很少批评欧洲-大西洋的政治、安全和经济结构，比如欧盟、北约和国际货币基金组织。与社民党相比，激进左翼政党则把改革/废除这些结构视为一个关键性的身份标识（Moschonas 2009）。最终，正如我将指出的那样，激进左翼政党的许多激进主义是"情境式的"，也就是说，或许缺乏一种理想型的激进主义，但在各自的国家背景下仍然提出了一些激进议题，比如支持苏格兰独立或者葡萄牙的流产合法化。

"激进主义"面临的第二个主要问题，是观察家们经常用"极端主义"来取代"激进主义"，并且交替使用这两个词（比如 Merkl and Weinberg 1993；Kitschelt and McGann 1995）。尤其在后"9·11"的大背景下，人们普遍不再对"激进"和"极端"的差异进行分析，而各国政府和安全部门一直关注的是恐怖主义形成中的"激进化"过程。这明显造成了负面的实践后果——很容易将一个人的激进行为与另一个人的恐怖行为画等号。

在德国的法律传统中，曾经很明确地尝试将极端主义与在激进右翼学者中一直具有影响力的激进主义区分开来。20 世纪 70 年代后，联邦德国政府对激进主义（radikalismus）和极端主义（extremismus）做出了法律上的区分。其中前者是指对宪政秩序的激进批判，但没有反民主的含义或意图；而后者则是反民主、反自由、反宪政而且违反禁令的（比如 Mudde 1996；Ignazi 2006）。然而，这一定义未能避免实际上依据现存权威的观点来界定这些术语，或者将激进主义视为极端主义之中转站等问题。或许这正是左翼党避免采用这一说法的原因所在（Eatwell and Mudde 2004）。

因此，从自由民主制的角度来界定激进主义和极端主义更具说服力，因为这是目前适用于多数欧洲国家、"不可替代的唯一选择"（Mudde 2006）。在自由主义民主制的背景下，极端主义者实质上是反民主主义者，而激进主义者虽然反对自由民主制，但本质上却不反对民主。因此，激进左翼政党要求对自由民主体制的构成要素进行"根本"变革，比如新自由主义的经济模式以及与参与制民主相对的代议民主，但却不反对民主原则本身，因而自我定位于民主制内的政党。相反，"极端主义"在意识形态和实践上反对民主制，这或者因为它存在于一种特殊的体制中，或者因为体制本身就是反民主的。这可能但并不必然包含暴力倾向。当系统性地寻求实现某些政治目标时，这意味着某个人是"恐怖主义者"，而非只是极端主义者。因此，就其反对自由民主政权的基本制度或价值观而言，极端主义政党体现着一种"反体制"立场（Sartori 1976），而激进政党则近乎处于"半忠诚"状态，只是反对自由民主制的特定要素。①

---

① 然而，众所周知的是，"半忠诚"这个术语本身也很难界定，因为它经常是或者更加根本地反对国家政权，或者完全接受国家政权的一个过渡阶段。因而，德国的极端－激进划分也存在某些缺陷。

实际上，对激进主义和极端主义进行严格区分在实践上很难操作，其部分原因在于，极端主义政党为了避免被取缔，经常将其政策掩盖在华丽的民主辞藻和宪政实践的外衣之下（比如，Hainsworth 2000）。而且，这两个概念实际上相互重叠，因为尽管不是所有的激进主义者都是极端主义者，但包括"根本"变革民主体制在内的极端主义必然是激进的。尽管我在本书中关注的是激进政党，但不可避免地要讨论几个更加极端的例子，因为它们的实践模棱两可。比如希腊和俄罗斯共产党，它们在纲领和言论上仍然保持着革命马列主义的一些身份元素，在对苏联不加批判地表达怀念之情时，甚至表现为一种斯大林式的身份特征。但是，它们的日常实践却更加谨慎甚至保守，明显笃信渐进主义、议会主义和宪政，这意味着可以将其视为"半忠诚"而非"反体制"的行为者。因此，不能对公开言论过分当真，需要通过评估其一段时间内的意识形态、战略目标和行动来研究各党的激进主义。

同样，"左翼"这个术语也非无懈可击。"历史终结"论以及更早提出的"意识形态终结"论（Bell 1965）认为，在"后工业社会"中，传统的意识形态和阶级对立正在失去意义。而且，正如"第三条道路"理论家指出的，新共识是建立在右翼价值观基础上的——萨松认为（1997：776），"'意识形态终结'的意识形态不是社会主义者的意识形态"。然而，大量民调令人信服地证明，这种融合并不真实。尽管"左翼"和"右翼"划分显然过于简单化，不能概括所有的政治分野，但它仍被多数欧洲选民视为一种明智的分类方法，它有助于总结各党在一些最为重要问题上的观点（比如 Dalton 2005；Ignaiz 2006）。实践证明，"左翼"和"右翼"是两个具有极大适应能力的术语，在不同时代和不同国家背景下可以采用其不同含义（Sani and Sartori 1983；Mair 1997）。然而，诺伯托·博比奥（Norberto

Bobbio 1996）有力地指出，无论"左翼"和"右翼"间的区分以多少本土议题作为补充，其核心问题仍然是对平等的态度存在分歧。对左翼而言，不平等违背人性，是在社会中产生的、能够通过国家行动根除的现象；对右翼来说，不平等是天生的，将长期存在。伯纳德·克里克（Bernard Crick 1987）认为，虽然自由、平等和博爱是民主社会主义基本的价值观，但只有平等才是社会主义的本质所在。奥德波乔恩·克鲁特森（Oddbjørn Knutsen 1995）对"欧洲晴雨表"数据的详细研究，赞同关于左右翼划分的一些新的补充含义不能替代其原有含义，源于工业化的经济平等问题仍然具有统治意义。

东欧社会的发展彰显了这一说法的正确性。从历史上看，在苏维埃时期，"左翼"和"右翼"只是被用来描述偏离党的"正确"路线，其中"左翼"是指革命热情过剩，而"右翼"则指革命热情不足（Williams and Hanson 1997）。在 20 世纪 90 年代，这两个术语的含义急剧发生变化，但人们或许并不认为二者已经逐渐趋同，部分原因在于政党体制的变迁，而且多数东欧社会并没有出现 19 世纪西欧发生的激烈劳资冲突（共产党政权曾经推行大规模工业化）。的确，多数东欧国家，尤其在苏联阵营国家仍然保持着一些鲜明特征：与西欧国家相比，它们的党与党员、选民和选区的联系较弱，因此它们可利用的动员战略比那些更靠西的国家广泛，涵盖了单一议题、身份政治和民粹主义（Jasiewicz 2003；Sitter 2003）。在东欧国家，左右翼间的对立往往表现得更加宽泛，体现在道德、文化、历史以及社会经济分裂等具体方面，比如共产主义与反共主义以及世俗与宗教的分裂。因此，许多"非标准的"政党（尤其是民粹主义政党，但俄罗斯共产党和塞尔维亚社会党也是两个主要例子）在支持左翼社会经济纲领的同时，也捍卫民族主义的文化价值观，从而很难将其置于传统左右翼天平之上（参考 Wightman and Szomolányi 1995）。

然而，随着左右翼光谱的特征逐渐明显，东欧的政治景观变得更加系统和稳定（比如 Evans and Whitefield 1998）。新近调查显示，尽管不同国家间存在显著差异，但绝大多数东欧选民能够在左右翼的天平上选择自己的位置。值得指出的是，东欧"不知道"自己政治立场的选民是西欧的两倍多，而且更多的选民选择站在政治光谱上的两极（McAllister and White 2007）。但是，在捷克共和国等更为发达的国家，主要的社会分裂与现存民主国家类似，宗教和阶级分裂更加突出。而社会民主党的波兰民主左翼联盟和激进左翼政党的爱沙尼亚联合左翼党，是作为东欧左翼政治标签的显著代表。

社会主义激进主义的当代困境

如上所述，采用"激进左翼"术语的主要优点之一，是能够使我们的关注点集中于左翼政党一直以及仍将以不同形式持续面对的一个关键性战略困境：如何从资本主义内部根本变革资本主义。列宁就曾注意到权力问题，敏锐地指出这一困境：

> 在革命已经爆发时候……什么人都来参加革命……有的是为了赶时髦……在这种时候做一个革命家是不难的……要在还没有条件进行直接的、公开的、真正群众性的、真正革命的斗争的时候……要在非革命的、有时简直是反动的机构中，在非革命的环境里，在不能立刻了解必须采取革命的行动方法的群众中，善于捍卫革命的利益（通过宣传、鼓动和组织），那就困难得多。[1]

①《列宁选集》第 4 卷，人民出版社，1996，第 204 页。

　　1902 年，在《怎么办？》一书中，列宁对这一困境做出的回答是建立一个组织严密、纪律严格的革命政党（Lenin 1952）。在特定环境下，也就是说当长期存在的政权运转失灵、军事失败和社会不满为"先锋党"带来可以利用的成熟革命形势时，这是一个成功的解决方法。但实践证明，这种列宁主义模式很难输出到被马克思和恩格斯视为革命温床的经济更为发达的国家：在西欧，激进左翼政党必须与更为稳固的政治体系、更为统一的中产阶级和上层阶级、强化的国际资本、缺乏革命精神的农民以及只是比遭到列宁痛斥的"工联主义意识"相对激进的工人阶级进行斗争。

　　但是，通向社会主义的议会道路同样困难重重。普沃斯基和斯佩雷格（Przeworski and Sprague 1986：3）认为，所有试图通过阶级术语来组织社会的左翼政党，无论是"社会党、社民党、工党、共产党还是其他政党"，都面临所谓"民主社会主义的困境"——它们只能在"具有单一阶级诉求但注定将不断面临选举失败的政党，以及通过淡化其阶级导向来争取选举成功的政党"之间选择其一。在任何一个现代资本主义社会中，马克思主义的产业无产阶级决不会成为人口多数；在后工业资本主义国家，异质的阶级结构更加决定了纯粹以工人为基础的战略在选举中只能赢得少数选民。因此，左翼政党需要在获得选举多数以及工人阶级支持间进行权衡，从而限制了它们的战略选择，成为影响其选票增加的"魔法屏障"。

　　而且，按照普沃斯基和斯佩雷格的说法，所有激进左翼政党都面临着另外一个困境——民主制度"怪异的圈套"在于：激进政党越是成功地利用了这一制度，它们的激进主义就越是面临被侵蚀的风险。如果一个政党通过参与民主制度而成功地发起变革，那么宣称这一"制度将会破产"或"议会是一个骗局"就会削弱那些更为基本的革命观点，它们进行的"增量改革"会让人们对这些观点产生怀疑（参考 Ferris 1993：13）。除了历史上几个明显的例外情况，即使那些激进右翼政党也很少会在执政时表现得激进，经常因为当权的需要而被"驯服"（Heinisch 2003）。因此，在"身份"与"效力"间权衡是激进左翼和右翼运动都要面对的"根本困境"（Shull 1999：4）。20 世纪 80 年代德国绿党中现实主义者（Realos）与原教旨主义者（Fundis）间爆发的冲突，正是这一困境最著名的表现：原教旨主义者甚至是以牺牲策略/战略性妥协和纲领的中庸为代价来阐释一种激进身份，而现实主义者则极力鼓吹实用主义以及向明显的政策绩效妥协。毋庸置疑，这种冲突经常充斥着一种敌对情绪：现实主义者被指责为奉行双重标准，"背叛"了他们的激进目标。而原教旨主义者则被认为是更喜欢一种"失败带来的激进主义"：这是一种非建构性的反体制话语，自相矛盾的是，在选举或实现议会改革等方面没有任何实践成就，却被视为取得成功，因为它表明体制的不可改革性，或者只是在重申一种激进身份（Wiesenthal 1993：34）。传统上，社会主义者最关心的问题是找到一条"正确的"理论路线，这主要是在"冒着抛弃理论的风险、遵循陷入'改良主义现实'的伯恩施坦式诱惑，与一直保持理论的纯粹性、等待着希望渺茫的'那一天'的来临"之间进行抉择（Townshend 1996：197）。

在当代欧洲，由于面临一种极度的去激进化环境，这一困境显得同样突出。至少从欧洲政党政治和公众舆论看，自苏联时代后民众对反民主替代的支持下降，以及不仅对作为抽象意义最好政治体制的民主，而且对欧洲"现实存在的民主体制"的普遍偏好，使"历史终结论"在部分意义上得到证实（比如，Eurobarometer 2007）。因此，许多人宣称"显著的反对立场，亦即系统的竞争性观点"在西方已经不再存在（Anderson 2000：17）。这种说法过于夸张：对民主的支持依然"分散"，与对具体制度如议会和政党的极大不信任共生共存，后者一直是"反体制"政治动员的肥沃土壤（Mudde 2006）。然而，由于民主制度仍然是"最好的制度"，因此反体制政治的范围显然极大缩窄了，无论在西欧还是东欧，公开的极端运动通常不能得到选民支持。自20世纪70年代"红色旅"[①] 和"红军派"[②] 的发展顶峰后，左翼恐怖主义者大大减少了，宗教极端主义者代之成为欧洲主要的恐怖主义威胁。

同时，强调自由贸易体制、市场解除管制和经济制约性的全球化尤其是欧洲一体化过程，提供了被巴斯提安·冯·阿珀尔多伦（Bastiaan van Apeldoorn 2001）描述为"嵌入式新自由主义"的极具融合性和均质性的推动力，这也构成了左翼传统上以国家为中心的经济干预主义的现存挑战。莫绍纳斯（Moschonas 2009：17）承认欧盟与多数无论温和还是激进的社会主义意识形态存在冲突。由于传统上一直更加关注开放市场和一体化政策而非经济调控，而且经常不利于无所不包的福利国家的发展或凯恩斯式的赤字消费，因此欧盟是左翼传统国家中心主义的反对者。在欧洲一体化进程中，执政的左翼政党经常被迫采取一些实用主义立场，从而与中右翼趋于一致。苏联的意识形态、资金和道德支持的终结，受到许多激进左翼政党的欢迎，但没有了这些支持，加之缺乏任何具有说服力的当代"实际存在的社会主义"模式（尽管存在委内瑞拉、玻利维亚和中国模式），它们很难以任何可持续的方式对抗新自由主义潮流以及与资本主义相抗争。20世纪激进议会社会主义的发展经历，尤其让人没有理由乐观预期从内部根本改革资本主义的未来前景。

---

① Red Brigades，意大利极"左"的恐怖组织——译者注。
② Red Army Faction，发端于"68年学潮"的德国恐怖组织——译者注。

因此，"应该怎么做"的问题仍然与激进左翼政党相关，而不同激进左翼政党对该问题的回应正是本研究的主题。简言之，我们认为，"改良"还是"革命"等传统问题现在只是边缘问题，已经不再具有相关性，因为绝大多数重要的激进左翼政党已经承认通过议会民主进行"改革"的必要性，把制度转型作为一项长期任务。绝大多数党在原则上接受政府参与，接过了被"新自由主义的"社会民主主义抛弃的事业，向实用主义敞开大门，为了实现政策目标而进行妥协。总之，现实主义者如今在重要的激进左翼政党中占主导地位，尽管其地位在党内经常受到挑战。同时，多数领导人意识到，依靠传统产业无产阶级的战略已经不够，需要更为广泛地界定工人阶级〔比如，Sheridan and McCombes（2000：21）将其界定为"每个或多或少都在为雇主工作的人"〕，以及/或者逐渐采纳一些跨阶级战略和意识形态方法，尤其是环境主义和民粹主义。这样，为了成为民主体制内的社会主义多数党，当代激进左翼政党抛弃了任何永久性的"魔法屏障"，即使这种多数党地位现在需要通过与其他政党，主要是社会民主党和绿党的结盟，以及向超议会的全球正义运动靠拢才能实现。然而，这些实用主义的增量战略使得"陷入一种'改良主义'现实"的危险变得更加集中。正如我们将看到的那样，尽管不是所有激进左翼政党都在经历去激进化，但去激进化的压力却已成为一个经常性要素。

激进左翼政党分类

哪些政党是"激进左翼"呢？在接下来的章节中，我鉴别各激进左翼政党的主要依据，是其意识形态的近似性。当然我也使用了其他一些说明方式，包括党的源起、历史传统、国际联系、政策选择，比如相关政府参与、欧盟等等。关注意识形态，即"政党家族"方法能够让我们将注意力更加集中于意识形态、战略和身份这些政党是什么的长期性问题，而不是选举策略和具体的政策偏好等政党做什么的短期性问题之上（Mair 1997：20–24；Mair and Mudde 1998）。这一方法不可能完全避免"循环性的挑战"。换言之，我们先验地选择一些党的标准，只能来源于对它们进行的事后回溯研究（参考Mudde 2007）。而政党的自我界定及其国际联系也有助于说明这一问题——因为在此关注的所有政党都认为自己位于社会民主党左侧，并且都是一些自我界定为激进左翼的国际组织，比如欧洲左翼党的成员。

由于各国存在众多并不具有全国性影响的类教派小团体，比如英国现在至少有三个共产党，激进左翼政党的分类变得更加复杂。为了使泛欧洲视角不至过于混乱，各章将关注一些"相关性"政党。自20世纪90年代以来曾经在全国大选中获得超过3%选票以及至少在一次选举中获得过议席，是这些党的划定标准。[①] 这种界定的唯一例外，是对苏格兰社会党的研究，因为苏格兰尽管是一个国家，但却不是一个独立国家。采用这个例子，部分意义上也说明了英国没有什么更大且成功的激进左翼政党。我也将提及其他一些政党，比如法国的"托派"政党，它们虽然没有选举相关性，但对社会运动和政党亚文化具有影响力。在大部分章节中，我所关注的政党就"相关性"而言符合萨托利（1976）的两个标准之一，即那些具有联盟和"敲诈"

---

① 所有这些规定在某种程度上都是主观武断的，并不令人满意。一些作者（比如Von Beyme 1985：259）建议以2%划界。采用更高的比例以及坚持必须拥有议会代表，可以将众多只能获得1%～2%的微型小党排除在外。从1990年开始计算，我们可以集中关注这些党20年来的发展，而不必去考虑那些在从共产主义过渡时期曾经获得议席的前执政党（比如立陶宛共产党）。

潜力的政党，比如能够对其他相关议会政党的行为产生影响，当然从表征上看很少有激进左翼政党同时符合这两个标准。

如何才能最好地归类激进左翼政党呢？盖勒等（Gallagher et al. 2005）把西欧左翼划分成四个亚群体：社会民主党、共产党、新左翼政党和绿党。然而，无论社民党还是绿党一直以来都不被认为是激进政党。同时，新左翼作为一个概念也不确切，因为许多共产党和社民党都接受了新左翼的议程，而由于历史原因，新左翼在东欧基本就不存在。迄今为止，几乎没有人明确尝试过对激进左翼政党的意识形态进行归类。拜克斯和莫罗（Backes and Moreau 2008）是个例外，他们将激进左翼政党划分为三种类型："传统主义的"马列主义政党、从传统主义共产党发展而来但却抛弃了马克思－列宁主义和苏联模式的"改革的"共产党以及用生态保护和女性主义等"新左翼"议题来补充物质主义所关注问题，比如经济平等的"红－绿"政党。但是，这种方法的注意力过于集中在政党起源上，对政党变化估计不足——比如，由前共产党继承党民主社会主义党和德国社民党传承者合并形成的德国左翼党，被其毫无道理地描述成一个"改革的共产党"。

因此，在接下来的章节中，我将依据意识形态立场把激进左翼政党划分成四个主要的亚群体：共产主义政党、民主社会主义政党、民粹社会主义政党和社会民粹主义政党，同时也将根据其激进或极端程度做出进一步区分（相关政党参见表1－3）。

如前所述，激进左翼政党至少口头上接受了民主制度，尽管它们将民主制度与政治改革、直接民主和地方参与性民主，包括将被排斥者和边缘化人群，比如失业者、移民工人的权利纳入政治体系等经常界定模糊的诉求结合在一起。它们的反资本主义是指反对与"华盛顿共识"相联系的"新自由主义"全球化的资本主义，尽管它们支持一种将私营企业限定于服务业和中小型企业的混合市场经济。与之形成对照，极端左翼政党具有更加明确的"革命性"自我归属，对自由民主的敌意更加强烈，通常指责与包括社会民主党在内的"资产阶级"政治力量的一切妥协，强调超议会斗争，对"反资本主义"的界定更加严格，经常对市场化的企业深恶痛绝。在多数国家，左翼政党的去激进化显而易见，极端左翼政党处于边缘地位：这一小生境通常被一些小型的托派或毛主义"革命"政党占据。而且，正如前文指出的那样，这些党定期参与选举过程，其"极端主义"程度大有问题。

表 1 - 3 　相关欧洲激进左翼政党的子类型

	激进左翼政党	极端左翼政党
保守的共产党		希腊共产党、斯洛伐克共产党、葡萄牙共产党、拉脱维亚社会党、俄罗斯联邦共产党、乌克兰共产党、摩尔多瓦共产党人党（2003 年前）、波西米亚 - 摩拉维亚共产党（2005 年前）、法国共产党（1994 年前）
改革的共产党	西班牙共产党、法国共产党（1994 年后）、意大利重建共产党、摩尔多瓦共产党人党（2003 年后）、意大利共产党人党[a]、塞浦路斯劳动人民进步党、圣马力诺重建共产党	波西米亚 - 摩拉维亚共产党（2005 年后）[b]
民主社会主义政党	希腊左翼运动和生态联盟、爱沙尼亚联合左翼党、芬兰左翼联盟、葡萄牙左翼集团、瑞典左翼党、冰岛左翼绿色运动、丹麦红 - 绿联盟（2007 年后）、挪威社会主义左翼党、荷兰社会党（c. 2008 年后）、乌克兰社会党（2008 年后）、丹麦社会主义人民党、卢森堡左翼党	丹麦红 - 绿联盟（c. 2007 年前）

	激进左翼政党	极端左翼政党
民粹社会主义政党	德国左翼党、英国尊重党[a]、苏格兰社会党、荷兰社会党（c. 2008 年前）	法国新反资本主义党[a]、爱尔兰社会党[a]
社会民粹主义政党[c]	保加利亚社会党（c. 2000 年前）、斯洛伐克方向 - 社会民主党、摩尔多瓦祖国选举集团、爱沙尼亚联合人民党[*]、公正俄罗斯党、立陶宛工党、泛希腊社会主义运动（c. 1996 年前）、斯洛伐克公民理解党[*]、罗马尼亚社会民主党（c. 2000 年前）、波兰自卫党、爱尔兰/北爱尔兰新芬党、阿尔巴尼亚社会党（c. 2000 年前）、黑山社会主义人民党（c. 2001 年前）	斯洛伐克工人联盟党、拉脱维亚团结党[*]、俄罗斯祖国党[*]、乌克兰进步社会主义党、罗马尼亚社会主义劳动党、塞尔维亚社会党（2008 年前）

注释：
* 这些党现在已不存在。
a 依据我的定义，这些都是不具"相关性"的政党，在此只是作一说明。
b 依据其对过去的模糊态度，仍然将其界定为"极端"政党（参见第四章）。
c 正如第六章指出的，社会民粹主义政党的"激进主义"和"极端主义"不具有连贯性，主要是一种宣传。

　　共产主义政党本身是一个庞大的群体。在来自莫斯科的压力消失之后，"正统的"共产主义并没有抛弃对马克思主义的信仰，没有抛弃共产党的名称和标志，仍然在缅怀激进分子的历史"运动"。之所以命名为"保守的"共产党，是因为它们试图"保持"苏联的革命传统，尽管这一说法内含着矛盾。它们往往必然自称是马克思列宁主义政党，对苏联遗产持相对不予批判的立场，通过独特的列宁式纪律，即民主集中制来组织自己的党，仍然透过"帝国主义"的冷战棱镜来观察世界，尽管即便是这种类型的党也在用民族主义和民粹主义诉求来掩盖其马克思列宁主义，这种情况在希腊和俄罗斯尤其突出。而"改革的"共产党逐渐发生偏离，走向折中主义。它们已经抛弃了苏联模式的内容，比如在意大利、法国和捷克共和国抛弃了列宁主义和民主集中制，在法国、塞浦路斯和摩尔多瓦抛弃了明确反对市场经济的内容；并且至少已经在口头上接受了1968年后的"新左翼议程"，如女性主义、环境保护、草根民主等等。

民主社会主义政党自称既反对"极权的"共产主义，也反对"新自由主义的"社会民主主义，支持一种非教条的并且在许多情况下是非马克思主义的社会主义，这种社会主义强调地方参与和实质民主。这个类别也是一个广教会派，包括表现为各种不同程度激进主义的政党。其中一些党的"老左翼"特征相对突出，这包括在20世纪90年代优先关注传统社会经济问题的乌克兰社会主义党。一些党，比如芬兰左翼联盟和瑞典左翼党，把传统经济议题与支持替代生活方式和少数族裔等"新政治"主题结合起来（参考 Poguntke 1987）。还有一些更加明确的"新左翼"政党（也被称为左翼自由意志主义政党），比如冰岛、挪威和丹麦等国的一些党，它们清晰地表达了一种生态社会主义立场，把对资本主义的经济、女性主义和环境批判综合在一起（Kitschelt 1988）。

民粹社会主义政党具有类似的民主社会主义意识形态核心，但它被一种更为强烈的反精英、反建制诉求，更明显的意识形态折中主义以及对身份，尤其是地区主义、民族主义或法律和秩序议题而非阶级或生活方式议题的强调所遮蔽。我在这里使用民粹主义，是一种价值中立而非贬义说法，指代一种意识形态观点，即区分道德上纯粹的人与腐败精英是一个关键的政治议题（参考 Mudde 2004）。因此，民粹主义政党就是倾向于把自己界定为反对所有其他"主流"或"现存制度"的政党，它们认为自己是那些极其信赖情感话语和反抗情结的"普通人"的唯一有原则的保护者。与民主社会主义政党相比，它们往往更加公开地（尽管私下里并不必然如此）反对政府与"腐败"精英的串谋勾结。

社会民粹主义政党与正统的民粹主义运动，比如拉美最为相似，其特点是领袖个人地位突出、组织相对薄弱、缺乏有凝聚力的意识形态，并且在反建制的诉求下将左翼和右翼的观点融合在一起。其他激进左翼政党不承认这些政党是"左翼"，只有少数党一贯坚持反资本主义或者一贯激进，而且多数党大都昙花一现。总而言之，它们不能被视为激进左翼政党家族中具有稳定性或者被普遍接受的组成部分。因此，我不会对其进行详细研究。然而，其虚假激进主义和虚假左派倾向有助于解释为什么真正的激进左翼政党（共产党除外）在东欧很少拥有选举或议题空间，因为在"左""右"翼界限模糊不清、社会经济忧虑更加深重的相对非结构化的政党体系中，只有这类政党才能获得蓬勃发展。

上述分类是动态的且存在部分重叠：比如，在工人阶级界定方面，1989 年以来所有激进左翼政党都变得更加民粹主义化，甚至民族主义化，工人阶级的涵盖范围更加宽泛，超出了传统蓝领阶层范畴；与之相反，一些传统上更加带有民粹主义色彩的政党，比如德国左翼党和丹麦社会主义人民党（该党逐渐不再是一个"反建制"政党），随着它们有机会进入政府，似乎正在抛弃其民粹主义。同时，由于现实主义者在各党中占据主导地位，当代激进左翼政党较之苏联时代意识形态色彩淡薄，而且更加注重实际。它们明显在尝试克服党内的学说纷争和历史恩怨，正是这些纷争和恩怨让激进社会主义者经常性地沦为笑柄。尤其随着斯大林主义、托洛茨基主义和毛主义间传统争论的重要性不再凸显（尽管这些争论并未丧失其全部意义），一些党显然取得了成功。激进左翼政党致力于关于短期性的实际问题，而不再喋喋不休地争论社会主义的性质。而且，或许除了支持斯大林式"一国社会主义"的几个保守的共产党外，这些党不断增长的民族－民粹主义并没有取代国际主义目标。

本书框架

本书实质上并非欧洲激进左翼政党的确定性研究。比如，泛欧洲的视角必然意味着进行高度概括，从而不一定会令从事国别研究的专家们满意。而且，全景式扫描必然主要依赖二手材料。而由于许多激进左翼政党很少发表除自身语言之外的文献，详细文献资料的匮乏使我不可能在书中纳入一些非常有趣的案例，比如冰岛的"左翼绿色运动"，而且还会面临重复别人叙述的风险。为了避免成为一种单纯的鸟瞰式研究，在论述各党的章节中我将分别考察三个相关激进左翼政党，探讨它们的重要发展时刻、意识形态轮廓、选举成就及其选举等方面的相对"成功"。这些党的选择，基于实际（能够获得相关可以理解的文献）和学术（所提供的案例在意识形态和选举成就方面存在最大限度的差异）标准。有些案例很难取舍。比如，我最终选择的是希腊共产党而非塞浦路斯劳动人民进步党，部分原因在于希腊共产党总的发展趋向更加值得反思，同时也是因为在启动这一研究时，我找不到关于塞浦路斯劳动人民进步党的英语文献。但幸运的是，对该党的研究现在逐渐多了起来。

我对这些党的分析是依据共同的"政党家族"特征，而非不同国别的个案研究，这种方法尽管有利于突出比较性主题，但也确实存在缺陷，这表现在接下来的分析会出现一定程度的不均衡。比如，相关共产党仍然在整个欧洲范围内存在，因此后面会有两个章节对它们进行分析；而在东欧显然缺乏其他子类型政党的相关例子（前面提到的社会民粹主义政党除外），因此我会分别只用一个章节探讨这些政党。总之，对共产党明显的过分关注，是地理和选举现实的反映。由于欧洲政治仍然还是政党政治，因此关注政党需要深思熟虑（比如 Gallagher et al. 2005）。无论如何，尤其对那些致力于议会外动员的政党来说，非政党组织和亚文化的发展非常重要（Minkenberg 2003；参考 Mudde 2005）。因此，第七章和第八章将集中探讨这些内容。

第二章将对 20 世纪，即直到 1989～1991 年共产主义失败前激进左翼政党的发展进行历史/主题概览。本章尤其提供了一个理解影响西方共产党成功和衰落因素的比较框架，这个框架将应用在接下来的各章节中，用以阐明现在影响当代激进左翼政党表现的动态性要素。我认为这包括需求面因素（外部社会经济的"滋生地"）、外部供给面因素（政治制度和政党体系因素）和内部供给面因素（政党本身的战略），指出那些在苏联时代仍然能够设法摆脱莫斯科影响在意识形态上保持一定弹性和自治的党，是最为成功的政党。本章还勾勒了 20 世纪 80 年代以来东西欧共产党不同的转型模式，接下来的章节将进一步考察这些不同发展轨迹出现的可能性原因。

第三章是几个关于政党个案研究章节的第一部分，主要关注三个西欧共产党，即法国共产党、意大利重建共产党和希腊共产党。这三个党，尤其是前两个党在 1989 年前曾扮演重要角色，此后仍然致力于在部分意义上保持这种地位。在对 1989 年后各党不同的改革轨迹进行阐述之后，本章指出这些党分别采取了部分改革、激进转型（"重建"）和不改革等不同战略。只有希腊共产党的不改革政策保持着稳定性，其他两个党则挣扎于党内的政策争论以及外部压力之下，它们对此几乎不能施加任何影响，这令人对其长期发展前景产生怀疑。尤其是意大利重建共产党，2008 年大选惨败后，其明显成功的发展轨迹戛然而止。

第四章转向探讨东欧共产党，主要关注捷克的波西米亚－摩拉维亚共产党、摩尔多瓦共和国的共产党人党以及俄罗斯联邦共产党。总体上看，东欧共产党比西欧共产党显然更为成功，而摩尔多瓦共产党人党无疑是有史以来在选举上最为成功的欧洲共产党。各党战略同样存在巨大差异，这表明当代共产主义并不存在任何具有一致性的核心。但是，它们的成功主要归因于苏联遗产，而且在确保长期稳定性，也就是说不过分依赖有利的外部环境或者反抗的选民方面（尤其在很多情况下由于党员和选民的迅速老龄化），在这方面，摩尔多瓦共产党人党部分意义上是个例外。

第五章是对民主社会主义政党的分析。由于东欧没有这种类型的相关政党，因此我主要关注西欧的三个政党：芬兰左翼联盟、丹麦社会主义人民党和葡萄牙左翼集团。我还通过乌克兰社会主义党的例子分析了东欧的缺陷，这个党在最终转向社会民主主义的过程中曾经展现过一些民主社会主义政党的形象。依然泛滥的反共遗产以及迅速实现社会民主化的强大国际压力，是东欧政党去激进化的关键因素。我所考察的这些政党，不得不在从外部向社会民主党施压（这能确保具有影响力但可能会被社会民主党"吸纳"）以及成为利用欧洲怀疑论和反建制抗议的抗议党（这在短期内具有吸引力，但从长期看却非常危险）之间小心翼翼地求得平衡。

第六章分析了欧洲激进左翼的民粹主义性质。我集中关注西欧三个民粹社会主义政党：德国左翼党、荷兰社会党和苏格兰社会党。然后，我对东欧存在的几种不同形式的社会民粹主义政党进行简短考察，指出它们是该地区那些真正的激进左翼政党发展的明显障碍。总而言之，左翼民粹主义作为一种战略对于所有激进左翼政党越来越具有吸引力，因为它弱化了纲领一致性的需要，允许采用非标准的身份议题，保持了一种"激进的"轮廓，让民粹主义者成为"现存制度"中社会民主党的主要挑战。然而重要的是，由于民粹主义增加了这些党对反复无常的抗议情绪的依赖，这最终也可能限制它们在国内的影响力。

第七章是对激进左翼政党当代国际行动的研究。尽管我们尚不能预见新国际的出现，但尤其是围绕欧洲议会中欧洲联合左翼/北欧绿色左翼党团以及欧洲左翼党形成的行动正在逐渐加强。政策上的一致性显而易见，尽管仍然存在很多分歧，但我们可以清楚地看到，激进左翼政党正在发展成为具有广泛而统一的国际战略以及意识形态主张、紧密结合在一起的"政党家族"。矛盾的是，这些党既对欧盟持怀疑态度，但同时又利用欧盟给它们提供的机会，这成为激进左翼政党在国际层面得以巩固的主要因素。

第八章关注激进左翼政党在非政党组织和亚文化，尤其是社会运动和全球正义运动等"新边缘地带"中的行动。这一领域是本书其他部分所提到的这些政党面临的问题和机遇的缩影。激进左翼政党与其长期以来的附属组织，比如工会、阵线组织和青年组织间的联系现在大大减少了。而与全球正义运动相关的更为广泛的网络和亚文化则提供了一种复活的激进主义和国际主义，其对现存政治制度的全球挑战得到了最为广泛的承认，尽管这种挑战仍然非常分散，呈现一种分裂状态。

第九章将定量与定性方法结合起来，深入考察在第二章引入的那些因素是否有助于解释当代激进左翼政党的成功。答案是肯定的，当代欧洲的需求面因素和外部供给面因素主要对那些成功的激进左翼政党的兴起是有利的。而通过对本书个案研究的扼要简述，则显示内部供给面因素即政党自身的战略在解释政党的幸存及其持续存在方面具有重要意义。一般来说，最为成功的政党是那些更为务实、非意识形态化、党内团结及其领导人能够利用政治机会的政党。

总之，我认为，激进左翼政党是欧盟政治舞台上一个愈益强化的角色，是当代社会民主党面对的主要挑战，尽管在一些特定国家这些党并不存在，而且在前共产主义东欧的许多国家中，这些党的未来发展显然尚需观察。在此前的著作中，我曾指出激进左翼政党处于"衰落和转型"之中（March and Mudde 2005）。虽然在许多情况下这种衰落已经停止，但主要激进左翼政党的确仍然受到关于"社会主义"性质的现存危机的困扰，而共产党的未来发展尤其不能得到保证。同时，成功的战略仍然处于发展变化之中。那些最为成功的政党不再走向极端，而是展现出捍卫社会民主党曾经宣布抛弃的价值观和政策的姿态。而且，强调后物质主义议题的民主社会主义/生态社会主义战略，以及关注反精英动员的民粹主义战略，一直是强化激进左翼政党后共产主义身份和中期生存能力的最为合适的方式。当代欧洲的社会经济和政治形势很有可能更加有利于民粹主义政党，尽管这些党在历史上往往很快分崩离析。然而，虽然其衰落已经停止，但是从近期前景看，激进左翼政党不可能逆转潮流，继续保持自 20 世纪 60 年代末以来一直丧失的对欧洲激进主义的统治地位。

第二章
从共产主义危机到后共产主义转变

至少与自 20 世纪 80 年代初以来在欧洲政党体系中迅速发展起来的绿党和激进右翼政党比较而言，当代主要的激进左翼政党不是新兴政党。多数政党，主要是共产党或者在名称（比如法国共产党），或者在领导干部［比如现任法共全国书记皮埃尔·洛朗（Pierre Laurent），是 1945 年加入法共的前中央委员会成员保尔·洛朗（Paul Laurent）之子］，或者在党的标志和意识形态上与历史上的党存在一种明确的联系。正如我们在接下来的章节中将看到的那样，即使那些从无到有发展起来的政党，比如荷兰和苏格兰社会党、德国左翼党，也是先前存在的一些小党以及党内思潮结合在一起的产物，这些党的当代领导层在其中发挥着重要作用。最明显的例子是德国左翼党领导人奥斯卡·拉方丹（Oskar Lafontaine）和格里高尔·居西（Gregor Gysi），他们曾经分别是德国社民党领导层的主要成员，以及东德执政党统一社会党中亲戈尔巴乔夫派的成员。

这种长期的继承关系表明，对这些党的性质的研究不能从 1990 年切入。因为甚至在"实际存在的社会主义"失败（人们普遍认为，不仅共产主义而且社会主义的合法性瞬间遭到毁灭）之前，欧洲共产党就被认为已然面临持续性、力量不断削弱且越来越难以克服的危机。大量学术文献关注这场危机（比如 Lazar 1988；Waller 1989）；但是在 20 年后，除了前面提到的一些分析东欧"继任党"，即那些继承了前执政共产党之主要政治资源的政党转型的著作外，鲜有关于那些明显是作为历史注定的苏联时代的组织向具有最低限度现实可行性政党之转型过程的研究。唯一公开出版的分析西欧政党转型的著作（Botella and Ramiro 2003）与本书无甚关联，也没有提及东欧各党。[①]

因此，本章是对东西欧共产党转型模式的概览。首先，笔者勾勒了评估政党变革的标准。其次，笔者对 20 世纪共产党成功发展的主要动态及其面临危机和衰落的原因进行了回顾。接下来，笔者梳理了 20 世纪 80 年代以来这些党主要的调整轨迹，至于出现这些不同发展轨迹的可能原因将在随后章节中进一步探讨。

20 世纪共产主义的危机无疑包含了在 21 世纪需要吸取的教训，也就是说，无论激进左翼政党采取何种特定战略，传统上最为成功的一直是那些意识形态和实践与民族和地方环境相适应，而非机械地实施一种理论蓝图的政党。因此，苏联的覆亡并非表明激进左翼的丧钟不可避免地已经敲响，反而为真正民族性的左翼政治摆脱斯大林主义的玷污提供了更多的机会。如果我们把 60 年代以来自治激进主义的明显复兴考虑在内，情况尤其如此。

激进左翼政党成功的因素是什么？

衡量政党的成功并非易事。显而易见的标准，即赢得选举存在很

---

① 尽管丹尼尔·肯斯（Daniel Keith 2010a）精辟地指出，关于继任党的文献可以用来分析一些西欧激进左翼政党。

大问题，因为不是所有政党都致力于选举。卡雷·斯特罗姆（Kaare Strøm 1990；Müller and Strøm 1999）认为，政党有不同的发展目标。理想型目标是"政策，职位或选票"，对这些党而言，赢得选举（"选票"目标）有时是最不重要的事情①。"政策"目标包括以最直接和最一致的方式在公共政策议程上实现党的意识形态或身份目标；"职位取向"比如通过获得政府职位或联盟谈判的潜力，意味着赢得政治权力或实现政治权力最大化目标。尽管这些目标显然可能部分重叠，但这些战略并不必然带来党的选举成就最大化。均衡性目标极易造成党内争论，正常情况下政党会提出一个优先发展的"主要目标"（Harmel and Janda 1994）。

正如罗斯和摩奇（Rose and Mackie 1988：534 - 5）指出的，政党成功的基本前提，是在一段时间内能够持续存在。但即使持续存在也不一定得到保证，因为这涉及政党"内向的"内部目标，即保持一个组织凝聚力必需的目标，包括对其"主要目标"的争论和宣传，与"外向的"外部目标，即对政党本身不能控制的更大范围政治环境的回应之间不断地协调一致。

笔者现在简略地总结一些影响政党成功的一般因素。依据罗斯和摩奇的观点，我们能够在外部和内部机会结构间做出基本区分（参考 Kitschelt 1986；Olsen et al. 2010）。而且，相关激进右翼政党的文献曾经勾勒了需求面因素（政党的外部社会经济"滋生地"）、外部供给面因素（政治制度和政党体系因素）以及内部供给面因素（党自身的战略）（比如 Norris 2005；Mudde 2007）。相关共产党的文献一般关注个案研究而非比较性概括（主要例外是 Tannahill 1978）。不

---

① Harmel and Janda（1994）把"实施政党民主"添加为"新政治"政党的主要目标。

过，事实证明，这些分类对分析 20 世纪共产党和当代激进左翼政党是有用的。

外部因素

需求面因素

一般而言，历史和政治文化影响着特定议题在选民中的重要性——它们提供的可利用的议题，成为特定政党的"滋生地"，进而对政党体系产生影响。比如，那些存在深刻社会分歧和意识形态分裂的国家，被认为能够为激进政党提供理想的活动空间，无论这些党是左翼、右翼还是民粹主义政党（比如，Sartori 1976；Ignazi 1992；Abedi 2004）。而政党反过来也能使这些分裂进一步固化。当代经济议题也具有显著影响。经济条件塑造选举结果的命题，为大量关于选举和宏观经济之系统性联系的实证研究所支持（Lewis – Beck and Paldam 2000）。对支持率进行回溯的文献，将选举视为对政府过去一段时间取得成绩的公决（Ferejohn 1986）。人们可能认为，激进左翼政党对经济和就业保证议题的强调，能够在那些总体经济条件较差，尤其是政府表现不力的国家产生共鸣。

外部供给面因素

这类因素包括选举竞争的性质和政治机构的影响。众多因素能够对政党体系产生影响。由于社民党的选民与激进左翼政党部分重叠，因此社民党的行为将对共产党产生强烈影响（例如，Cox 1987）。比如，对共产党而言，一个强大的社民党可能减少其寻求执政的机会，并且促使其采取某种小生境政策立场以保护其选民。相反，软弱的社民党竞争则意味着共产党可以采取更加富于弹性的政策，更有可能赢得执政和选票。

政治制度的作用是塑造选民和政党的偏好。它顶多能够限制和阻碍政党（尤其是一些小党），至少也能够塑造其动机和决策。比如，强大的议会和比例代表制的选举体制相较于更具"限制性"的总统制和多数代表制，对新兴政党和政治反对派更为"宽容"，为它们提供了更为广阔的政治空间（比如，Grofman and Lijphart 1986）。在前一体制中，我们可以预期，政党将有更多机会发展政策取向目标；而在后一体制中，职位取向或许成为一种生存战略。与之类似，联邦主义或权力下放等因素据信有利于反建制政党，尤其是那些新兴的反建制政党表达其关注的议题，有利于其从地方到全国层面大造声势（Müller – Rommel 1998）。

"外部冲击"

政党是保守型的组织；保持组织稳定性的目标，意味着除非迫不得已它们通常反对变革（Harmel and Janda 1994）。最为通常的外部冲击显然是选举。即使某一政党不把争取选票作为优先目标，在选举成绩对其实施主要目标，即声望、经济支持等的能力形成威胁的情况下，也可能需要对选举进行重新评估，而这经常会导致党的目标发生变化。正如奥尔森等人指出的那样（Olsen et al. 2010），当政党的表现好于预期时，"选举成功的冲击"可能发生，这尤其会对原教旨主义政党造成威胁，这种类型的党并不欢迎政府的妥协。正如我们将看到的，对20世纪的共产党来说，莫斯科政策路线的急剧变化标志着某种最大的外部冲击，而共产主义的失败则是有史以来最大的冲击。

内部供给面因素

大量内部因素影响着政党对外部环境做出回应的能力。比如，领导层、组织控制和制度发展等政党起源因素，即使在几十年后也能够对政党的政治文化和目标产生影响（比如 Panebianco 1988）。而政党发展过程中的其他一些重要的关键时刻，比如对于领导人猝死做出的回应，也或许在这一时刻过去很长一段时间之后，产生一种路径依赖效应。的确，分析家认为，领导层更迭及其对平衡政党派系的影响，在政党主要目标的演进中作用关键（比如 Harmel et al. 1995）。

而且，党内力量平衡，即领导层、活跃分子以及党内派系和党的组织规则间的关系，影响着政党领导层致力于实现外向目标而非内向目标的程度。比如，中心党具有凝聚力的领导层可能使政党实现制度化，也就是说进一步推进政党的选举和组织稳定性，并且帮助政党适应外部环境（Szczerbiak 2004）。而领导层过于强大则可能导致优先考虑外向目标，从而危害党的生存——典型例子是政党在"极具魅力的"主要领导人离开后生存维艰（Panebianco 1988）。另一方面，过于分散化的政党则易于导致宗派主义和政策漂流，从而不能对外部环境做出回应，甚或不能构建一个明晰的"主要目标"（Lewis 2000）。

然而，与 20 世纪共产党最为相关的，或许是意识形态与党的目标间不可避免的相互联系。列宁说过"宁可少些，但要好些"，也就是说小规模的、意识形态纯粹的政党优于大规模的、修正主义政党（参考 McInnes 1975：5）。遵循这一格言，多数共产党成为政策取向、内向型的典型政党。套用修正主义马克思主义者爱德华·伯恩施坦

（Eduard Bernstein）的话来说，社会主义的最终目标就是一切，运动微不足道：共产主义者的主要指针是实现建立国际共产主义的长期目标，而非适应国内环境的短期需要。因此，它们的行为方式经常迥异于其政党竞争者，轻视在"资产阶级"社会中寻求执政或获得选举成功。在实践上，如何将"目的论"（普遍革命）和"社会"（国家改良主义）结合起来，是鲜有共产党能够成功解决的关键问题（Courtois and Lazar 1995：17–18）。

欧洲共产主义：兴衰解释

上述标准有助于阐释共产党获得支持及其出现危机的根源。

需求面

共产主义的兴起具有巨大的历史政治文化动因。即使在20世纪80年代时，共产党许多的"红色地带"，比如意大利的博洛尼亚、法国中部、芬兰东北地区的堡垒选区，都是1917年前激进、反教权尤其是社会主义的传统地区。因此，一点也不令人惊讶，共产党在许多情况下是作为既存社民党的传承者发展起来的。唐纳希尔（Tannahill 1978：113）认为，共产党理想型的选举前景涉及巨大的教权/反教权、种族、地区或阶级分裂。尽管这些分裂不一定造就一个强大的共产党，比如奥地利，没有这些分裂强大的共产党也不一定不会出现，比如冰岛，但这却是一个总的发展规律。如果一个国家拥有长期的自由宪政传统以及如中北欧地区，尤其是斯堪的纳维亚、英国以及一定意义上的比利时、荷兰、卢森堡三国和德国那样阶级间达成共识，这将有利于社民党推进渐进主义战略（Anderson and

Camiller 1994）。在 20 世纪的大部分时间里，这些国家一直是社会民主主义的"核心"国家，其标志是庞大的社民党、强大的工会和小农阶级，而共产党一直无足轻重（Eley 2002：65 以及参见表 2 - 1 和表 2 - 2）。

相反，法国、意大利等国持续的社会经济和意识形态分裂以及政治两极化，则有助于维持最强大的共产党存在（Greene 1973）。巴托里尼（Bartolini 2000）认为，共产党主要兴起于阶级高度两极化以及现存政党的传统社会组织，尤其是工会软弱的国家。芬兰是北欧地区唯一存在强大共产党的国家，部分原因在于其作为俄罗斯的组成部分，经历革命和内战后社会出现的两极分化[①]。总的来说，很少经历自由宪政的南欧和东欧国家，在"一战"前更多地受到极权主义和无政府工团主义的影响，它们的社会主义因而表现得更加激进。比如，前奥斯曼帝国最为贫困的一些地区如南斯拉夫、希腊尤其是保加利亚，社会民主主义较为软弱，共产主义相对强大。其中保加利亚社会民主工党中占统治地位的派别将党更名为共产党，并在 1920 年 3 月赢得了 20% 的选票（参见表 2 - 1）。而在东南欧地区，由于社会经济结构农业化以及工业不发达，左翼在两次世界大战期间整体上一直处于边缘地位，与右翼相比组织结构较弱——自 20 世纪 20 年代中期以来，由于极权主义在整个大陆重新蔓延，这一倾向进一步加强（Anderson and Camiller 1994；Gerrits 2002）。相反，工业更发达、更富裕的中东欧国家受德国社民党影响巨大，比如波兰、捷克和匈牙利。它们与社会民主主义核心国家的距离更近，因而社会民主主义一直比共产主义强大（Gerrits 2002：66）。

---

① "二战"后，该国对苏联的中立态度进一步增强了共产党的力量，而社民党在战争期间曾与纳粹的合作有牵连。

表 2－1　1918～1940 年国家议会选举中共产党的支持率

年　份	奥地利	比利时	保加利亚	捷克－斯洛伐克	丹麦	法国	德国	英国	希腊	冰岛
1918										
1919			18.2							
1920	0.9		20.2		(1)0.4 (2)0.3 (3)0.4		2.1			
1921		0.0								
1922								0.2		
1923	0.7		20.3[1]					0.2	2.3	
1924					0.5	9.8	(1)12.6 (2)8.9	0.3		
1925		1.6		13.2						
1926					0.4				c.4	
1927	0.4		2.5(a)							
1928						11.3	10.6		c.1	
1929		1.9		10.2	0.7			0.2		
1930	0.6						13.1			
1931			12.7(b)					0.3		3.0
1932		2.8			0.6	8.3	(1)14.5 (2)16.9		5	
1933							12.3		4.6	
1934										7.5
1935			7.0*	10.3	0.8			0.1	9.9	6.0
1936		6.1				15.3			5.7	
1937		5.4								8.4
1939					0.9					
1940			5.9*							

续表

年　份	意大利	卢森堡	荷兰	挪威	波兰	罗马尼亚	西班牙	瑞典	瑞士	南斯拉夫
1918			2.3							
1919										
1920	4.6									12.4
1921								4.6		
1922			1.8		1.4				1.8	
1923										1.1(d)
1924								3.6		
1925			1.2						2.0	0.6(d)
1926				6.1						
1927				4.0				6.4		
1928					2.3				1.8	
1929			2.0							1.9(d)
1930				1.7	2.3					
1931		1.3				1.3*	4.4		1.5	
1932								3.0		
1933			3.2	1.8			2.4			
1934		6.4								
1935									1.4	
1936				0.3			(47)(c)	3.3		
1937			3.4							
1939									2.6	
1940								3.5		

注释：（a）作为工党（共产党阵线）；（b）与农民联盟结盟；（c）作为人民阵线的组成部分；（d）作为独立工党（共产党阵线）；＊获得议席支持率；＊获得的百分比（不能获得支持率）。

资料来源：von Beyme（1985：102）；Tannahill（1978）；Rothschild（1974）。

表 2-2 1945~1989 年西欧共产党的选举成绩：平均数

国家	政党	1940s	1950s	1960s	1970s	1980s	1945~1989 平均数	峰值
奥地利	奥地利共产党（KPÖ）	5.3	4.3	1.7	1.2	0.7	2.5	5.4（1945）
比利时	共产党（PC）	10.1	3.4	3.7	3.1	1.4	3.9	12.7（1946）
塞浦路斯	劳动人民进步党（AKEL）	—	—	35.0	39.8	30.1	33.8	39.8（1970）（a）
丹麦	丹麦共产党（DKP）	9.7	4.2	1.0	3.0	0.9	3.1	12.5（1945）
芬兰	芬兰共产党（SKP）	21.8	22.1	21.6	17.6	13.5	18.5	23.5（1945）（b）
法国	法国共产党（PCF）	26.8	24.0	21.4	21.0	12.4	21.1	28.2（1946）
西德	德国的共产党/德国共产党（KPD/DKP）	5.7	2.2	1.3	0.3	0.2	1.4	5.7（1949）（c）
希腊	希腊共产党（KKE）	—	14.9	13.6	9.7	11.2	12.2	24.4（1958）（d）
冰岛	人民联盟（AB）	19.5	16.7	16.8	19.5	15.4	17.7	22.9（1978）（e）
意大利	意大利共产党（PCI）	31.0	22.7	26.1	30.6	28.3	27.7	34.4（1976）
卢森堡	卢森堡共产党（KPL）	8.0	11.6	14.0	8.1	5.1	9.6	16.9（1951）
荷兰	荷兰共产党（CPN）	9.2	4.5	3.2	3.4	1.5	4.1	10.6（1946）
挪威	挪威共产党（NKP）	8.9	4.3	1.8	0.4	0.3	3.2	11.9（1945）
葡萄牙	葡萄牙共产党（PCP）	—	—	—	15.3	13.1	14.0	18.9（1975）（f）
圣马力诺	圣马力诺共产党（PCS）	—	—	22.7	24.8	26.6	24.7	28.7（1988）（g）
瑞典	瑞典左翼党-共产党（VPK）	6.3	4.2	4.2	5.1	5.6	4.9	6.3（1948）（h）
西班牙	西班牙共产党（PCE）	—	—	—	10.1	5.9	7.5	10.8（1979）（i）
瑞士	瑞士劳动党（PdA）	5.1	2.7	2.6	2.4	0.9	2.5	5.1（1947）
英国	英国共产党（CPGB）	0.4	0.2	0.2	0.1	0.0	0.1	0.4（1945）

注释：（a）塞浦路斯在 1960 年独立；（b）芬兰人民民主义联盟（SKDL）；1987 年是芬兰人民民主联盟/民主替代（DEVA）；（c）1949~1953 年是德国的共产党（KPD）；1961~1969 年是德国和平联盟（DFU/ADF）；1972~1983 年是德国共产党（DKP）；（d）1974 年前希腊共产党遭取缔，但却参与统合民主左翼（EDA）1974 年参加竞选 和 1989 年参加联盟（希腊泛民主农民阵线）；（e）人民联盟 1956 年参加竞选；（f）葡萄牙共产党 1975 年前遭禁止，1975~1976 年是葡萄牙共产党，1979~1985 参加统合人民联盟（APU）；1987 年后是团结民主左翼（CDU）；（g）20 世纪 40、50 年代数据缺乏；（h）1967 年是瑞典共产党（SKP）；（i）西班牙共产党 1977 年前遭取缔；1986 年后参加联合左翼（IU）。

资料来源：www. parties-and-elections. de, http：//www. election. demon. co. uk/（2011 年 4 月 12 日查阅）。

外部供给面：政党体制

对共产党来说，与社民党的关系一直是关键性的政党体制关系。的确，社会民主党和共产党的长期共存不是一种正和关系：它们为争夺类似的工人阶级选民展开竞争，因而分裂而非扩大了左翼的选民力量（Przeworski and Sprague 1986）。正如唐尼希尔（Tannhill 1978：123）指出的，"如果社会主义软弱，共产主义也就软弱……如果共产主义较为强大，社会主义也会较为强大……如果社会主义非常强大，那么共产主义则软弱"。

对共产党的未来发展而言，与社民党的关系并不比共产党自身的起源重要。如果共产党是从主要社会民主党分裂形成的，占用了社民党的成员、工会支持或地区性政党组织等显著的组织资本，那么这有助于其成为社会民主主义的重要挑战（Greene 1973）。主要的例子是由德国社民党左翼成员罗莎·卢森堡和卡尔·李普克内西创建的德国共产党（KPD）。20 世纪 30 年代初，在魏玛共和国危机的助推下，德国共产党成为最大的西欧共产党。其发展顶峰是 1932 年 11 月的国会选举，德国共产党获得了 600 万张选票和 16.9% 的支持率，落后德国社民党仅 3.5 个百分点。法国共产党同样也是工人国际法国支部（SFIO）中多数人决定加入共产国际的产物，因此法共中仍然保留了工人国际法国支部的许多成员，以及主要的社会主义刊物《人道报》。与之类似，作为与强大工人运动存在联系的群众性政党，捷克斯洛伐克共产党也是从捷克斯洛伐克社民党分裂中产生的，成为两次世界大战期间东欧最成功的共产党（Westoby 1981）。

相反，英国共产党（CPGB）不是主要的社会民主党（工党）分裂的产物。它形成于 1920 年，是位于工党左侧的几个马克思主义小团体合并的结果。尽管拥有一个有影响力的出版物，对工会运动也能产生一定影响，英国共产党未能颠覆工党对工人阶级的控制，一直是欧洲地区选举上最不成功的政党之一。伦顿和伊登（Renton and Eaden 2002）认为，英国共产党产生的时候就不成熟。如果它最初是在工党内部组织起来的，那么在 20 世纪 20 年代保守主义退潮之后，它在 30 年代就有可能发展得更好。相反，它是由一些宗派团体组建的。事实证明，这些团体与工会和工党社会主义者相处得并不融洽。

显然，更大的社民党的政策仍然继续对共产党产生着或好或坏的重要影响。比如，工党一次又一次地拒绝了英国共产党作为其附属党的努力（最后一次是在 1946 年），这让共产党不可能在工党内获得组织上的立足点。同样，德国社民党也因其强硬的反共立场闻名，这可以追溯到 1946 年其东德支部被迫融入统一社会党，甚至 1918 年德国共产党的起源（Berger 1995）。另一方面，瑞典左翼共产党则是 20世纪 70~90 年代所谓"同志票"的受益者，因为社民党的选票帮助其获得了超过 4% 的选举门槛，从而保证了左翼在议会中占多数（Arter 1991）。

另一政治障碍表现在共产党及其成员面临的政治和社会压制，它们在西方经常被视为政治弃儿。在两次世界大战期间，这首先发生在极权主义的南欧和东南欧国家。在这些国家，社会主义者总体上处于边缘地位，一直"游走在政治生活的边缘"（Gerrits 2002：72），根本没有取缔的必要。但是，在整个欧洲，有许多共产党被渐次取缔，比如 1921 年南斯拉夫、1922 年匈牙利、1926 年意大利以及 1933 年德国。这正是表 2-1 中许多党的情况明显缺失的原因。在"二战"后的西欧，冷战的来临再次根本改变了共产党的地位。它们从战后之初的民族捍卫者，成为西方眼中苏联的"第五纵队"（比如 Tannahill 1978；Lange and Vannicelli 1981）。人们怀疑斯大林最初曾试图将苏联占领区完全布尔什维克化（比如 Thompson 1998：33 - 4；Priestland 2009：220 - 7）。正是对其意图的怀疑，导致了西欧反共主义的兴起，共产党沦为社会弃儿，由于美国暗中施压，1947 年被驱离人民阵线政府。

最终，通过各种隐蔽和公开的方式将共产党排除在政权之外。这在意大利表现得最为突出。一份非正式的《驱逐协议》令基督教民主党保持住执政地位，而意大利共产党则被驱离政府。非共产主义政党以及在"二战"后仍然深深卷入意大利国内政治的美国，并不欢迎共产党的参与（比如 Ginsborg 2003）。在西欧其他地区，反共主义表现为对共产党进行压迫。比如，在 20 世纪 50 年代，荷兰共产党的党员和报刊遭遇袭击，党的议员在议会中被孤立，党的知识分子在大学里普遍受到歧视（de Vries 2003）。在西德，1951 ~ 1966 年间，有 6000 多共产党人因叛国罪或搞颠覆活动而遭到审判。对德国共产党的禁令和迫害，据称"有助于向西方盟友证明西德的忠诚……以使联邦共和国的政治体制尤其是基民党的统治合法化"（Lucardie 1988：194）。

那么，谁是共产党的支持者呢？其成员包括一些坚持政策取向的出色选民——许多人在意识形态上如同信仰宗教一样信奉共产主义。这些成员主要是男性和工人阶级（一些小党尤其如此），极易发生波动。但是，并没有典型的共产党选民。即使那些最强大的共产党曾经也只是工人阶级政党（多数但并非全部支持者是工人阶级），而非工人阶级的政党（只有少数工人阶级支持它们）（Moschonas 2002：50）。比如，约 1/3 的工人阶级支持芬兰和意大利共产党（Tannahill 1978：110）。而在许多地区，党的支持建立在庇护主义而非意识形态动机之上。共产党为地方社区提供了各种从"摇篮到坟墓"的物质和精神服务，形成了政党与地方社区联系紧密而稳定的"生态体系"或"反社会"——共产党被认为是最好的地方供给者，而社民党或基督教民主党则是其他层面的供给者。

此外，抗议票有助于解释共产党的支持率如何发生波动。由于被排除在统治精英之外及其反资产阶级、"反体制"立场，从而令共产党能够发展一种"护民官功能"，成为那些对失业等独立议题以及整个政治体系不满者的代表（Tannahill 1978：185）。这种抗议选票扩大了共产党在红色地带的支持率，有助于解释 20 世纪 50 年代初共产党在法国格勒兹和科雷兹等海外地区的深厚根基。

但在 60 年代末后，由于西欧需求面的结构和文化变化，这种选举支持基础开始碎片化，导致共产党面临重新适应环境等重要问题。对于已经把渗透采矿、重工业、铁路和特定农业部门等现在似乎"历史注定"地陷入危机和衰落的阶层置于优先地位的共产党来说，后工业主义的来临尤其构成挑战（Bell 1993；Botella and Ramiro 2003）。这些国内核心选区的衰落是造成西欧共产党选民、知识分子和党员减少的主要原因之一，使其在 80 年代出现全面的意识形态和组织危机。

同时，事实也证明，西欧共产党不能适应"新政治"的"静默革命"——尤其在 60 年代末抗议风潮之后，后物质主义的社会、文化和选举议题凸显出来（Inglehart 1977；Sassoon 1997）。新社会部门对基本的"物质"需要和传统的阶级团结等数量问题不感兴趣，而把个人主义和环境保护等质量上的"生活方式"或"身份"议题置于优先位置。许多新阶层因其工业时代的身份和等级制组织结构而把共产党视为根本社会变革的严重障碍。1968 年法国反抗斗争的学生领袖丹尼尔·科恩－本迪（Daniel Cohn－Bendit），因为法共的教条、官僚、融入资本主义体系和"老迈无力"，而视其为"斯大林主义的走狗"（Munck 2007：25）。

共产党面临的最显著和持续性挑战，是自 50 年代以来各种自由意志主义"新左翼"的反建制和超议会政治的兴起，这种政治建立在"直接行动、社区组织、参与理想、更小规模的非官僚主义形式、强调草根、将政治引入日常生活"基础之上（Eley 2002：364）。新左翼宣称能够更好地代表新政治利益，对共产党在其传统支持者中的统治地位构成挑战。这些思潮很少能够取代传统的共产党；在 70 年代初，有几个共产党的确曾经短暂地采纳过女权主义、生态保护与和平主义，赢得了众多新的支持者，从而令其危机推迟了十年才最终爆发，但却并未阻止危机爆发（Waller 1989）。

的确，自 20 世纪 20 年代以来，只有在马克思主义发展形成人道主义、准欧洲共产主义倾向的斯堪的纳维亚地区，新左翼才有效地令共产党成为边缘政党（Gilberg 1980；Hermansson 1988）。典型的例子是时任丹麦共产党领导人的阿克塞尔·拉森（Aksel Larsen），在 1956 年因谴责苏联入侵匈牙利而被驱逐出党。1958 ~ 1959 年间，他创建了社会主义人民党，主张人民社会主义，在共产主义和社会民主主义之间走与莫斯科绝对命令决裂的第三条道路，强调社会主义植根于本民族以及环保主义和女权主义。在 60 年代，社会主义人民党令共产党一直处于边缘地位，其部分原因在于拉森极高的个人威望。类似的新左翼政党也在北欧国家建立起来，尽管瑞典和冰岛共产党有能力吸纳这些政党。

然而，所有共产党都面临着来自其他各种把马克思主义作为"意识形态精神食粮"以迎合各种毫不相干利益和诉求的政党的现存挑战（Kolakowski 1978）。从内部看，新成员的加入令党的社会基础女性化、去无产阶级化，在组织中引入了一些领导层所不乐见的运动型因素，从而导致了党的分裂。从外部看，共产党遭遇众多新兴的激进、革命以及恐怖主义挑战者，比如意大利红色旅和德国红军派。

这些挑战者中最具持续性破坏作用的是毛派和托派，它们都宣称是马克思主义—列宁主义传统的替代，要清除"现存社会主义"的某些背离倾向，在一些国家直接建立了众多小团体。60年代末，随着中国日渐成为地区和全球性大国，它似乎提供了一种国际共产主义的替代模式，许多人错误地相信这种模式是与斯大林主义过分做法切断联系的参与式、非等级制的共产主义形式，而毛主义也在这时达到了发展顶峰（Thompson 1997）。同一时期，毛主义主要在斯堪的纳维亚、比利时和荷兰的一些小党中很有市场。但无论在西欧还是东欧，它都没有持续性的选举优势。阿尔巴尼亚是个例外，执政的阿尔巴尼亚劳动党已经与莫斯科分道扬镳。但无论毛泽东本人还是中国共产党都未曾努力尝试建立一个毛主义国际，在1976年毛泽东逝世，尤其是中国与美国的关系缓和后，中国与国际毛主义日渐疏离（Alexander 2001）。

托洛茨基主义在意识形态上对共产党的挑战更为严峻。尽管与毛主义不同，它缺乏由一个大国支持的优势，但却拥有更加富有经验的意识形态核心，更悠久的知识传统，对斯大林主义极具破坏性和洞察力的批判，以及一个标志性的奠基人：他与列宁一样睿智，作为列宁的伙伴同样能够分享1917年十月革命的荣耀。自1940年托洛茨基去世后，托派的分裂意味着，到1950年时托洛茨基主义几乎不复存在；但在60年代，它却以对官僚式"斯大林主义"共产党的强大批判以及对列宁主义革命可能性的浪漫回归之势重新复兴（Alexander 1991；Thompson 1997）。60年代末70年代初见证了众多托派团体在共产党和社民党内外的再次兴起，而由于它们是列宁"渗透主义"（entrism，旨在影响政策、赢得选民或完全接管"东道主"组织的渗入策略）的热烈支持者，因此在学生和工会中尤其具有影响力。

托洛茨基主义只在两个欧洲国家——英国和法国获得持续性成功。在英国，非规范性的"激进潮流"一直坚持"深入的渗透主义"政策，30 多年间它一直潜伏在"东道主"工党内部，在 70 和 80 年代，它在工党青年团和选区党中确立了持续性的影响力（Crick 1984；Callaghan 1987）。英国社会主义工人党创建了几个成功的阵线组织，其中非常著名的是 1977 ~ 1981 年存在的"反纳粹联盟"，它与"摇滚反对种族主义"一道发展成为大型的竞选运动。总之，由于没有重视与其"鄙视的'托派'"结成联盟的可能性，造成了英国共产党本身的边缘化（Renton and Eaden 2002：167）。在法国，托洛茨基主义能够利用长期的革命传统以及法国共产党内部强大的异议运动——法共在 20 年代末 30 年代初时曾经历过特殊的布尔什维克化的痉挛过程，"党的正确路线"的强制推行以及部分人员被清除出党，培育了意识形态上纯粹而忠诚的政党。托洛茨基 1917 年前一直生活在法国，与法国共产党人建立了密切联系，煞费苦心地在法国争取支持者（Alexander 1991）。60 年代，随着法国成为欧洲激进主义的中心，而人们普遍认为法共停滞不前，从而为 70 年代法国三个相对强大托派政党的重新兴起提供了广阔的舞台，它们也从左面逐渐对法共构成挑战。

在其他国家，许多托派政党，比如英国社会主义工人党一直反对独立参加选举。即使参加竞选，除了在地方层面（通常是大城市），托派政党基本不具有相关性。托洛茨基主义是一种"不朽的列宁主义"，在其创建者早逝之前，几乎完全执着地专注于晦涩的理论争论，拒绝自然发展（Thompson 1997：172）。学说僵化、类教派的偏狭、政治压迫及其成员极高的琵琶别抱率，造成托派政党的政治边缘化和持续的细胞分裂。巨蟒小组（Monty Python）1979 年的电影《布莱恩的一生》，准确、形象地描绘了虚构的"犹太人民阵线"的宗派主义天性：多数国家至少有三个主要的托派政党和国际组织。

然而，共产党也面临其他威胁。绿党所代表的激进环境政治尤其直接导致了已经变得非常小的西德和比利时共产党的覆灭（Waller 1989）。尽管绿党最初自视为"既不右也不左而是朝前看"，"红－绿"（比如德国绿党）与"绿－绿"（比如法国绿党）之间仍然存在意识形态和战略差异，但因其意识形态的平等主义、其支持者的自我定位及其与其他左翼政党的联盟，绿党能够被归于自由意志主义/新左翼的行列（Kitschelt 1989；Richardson and Rootes 1995）。作为政党的绿党现在不再被视为激进政党——在80年代末和90年代，随着现实主义者赢得党内斗争，并将各党改造成温和的左翼政党，绿党经历了一个深入的去激进化时期：资本主义和自由民主得到广泛承认，党的组织结构等级化，选举成为主导战略（Burchell 2001；Müller－Rommel and Poguntke 2002）。但是，环境运动的积极分子继续保持激进姿态（Doherty 2002），而许多绿党，比如荷兰绿色左翼和英国绿党则继续吸纳了一些批评其他环保主义者缺乏对资本主义系统性批判的生态社会主义选民——资本主义被视为环境破坏的最终根源。总之，绿党一直是激进左翼政党赢得白领选民支持的强大竞争者。

共产党也不可能不受到右翼政党的挑战，它们总是能够拉走工人阶级的选票（Tannahill 1978）。前文提到的现代化危机为新的反建制政党提供了巨大机遇。新左翼和绿党得到了一些好处，但主要受惠者一直是能够提出"福利沙文主义"——反对"外来者"、对福利国家进行"社会"捍卫——的民粹主义右翼政党（Mudde 2007：130－1）。这首先表现为所谓"左翼－勒庞"现象：随着法共逐渐丧失其传统的"护民官功能"，法共选民转向支持极右翼的让－玛丽·勒庞（比如 Perrineau 1997；Mayer 1999）。

外部供给面：政治制度

广而言之，政治制度框架促进或阻碍了共产党的发展机会，但却并不能被视为其成功的决定因素。多数欧洲国家的政治体制一直是比例代表制或者比例制占主导的混合体制，但却并非所有国家都曾拥有一个强大的共产党（Gallagher et al. 2005；Mudde 2007）。与之类似，最为成功的共产党，比如意大利、法国、芬兰都是处于单一而非联邦体制之下，尽管它们在联邦和授权体制下偶尔也有不俗表现，比如比利时和西班牙。

相关选举体制的例子包括英国的"先者当选"的选举体制，正如其对所有小党的影响一样，这种体制使得英国共产党处于不利地位。然而，即使不考虑选举体制，绿党和极端右翼政党最近在英国地方选举和欧洲选举中的表现也比激进左翼政党好很多，这表明其他一些因素也能产生影响，比如工党内的"渗透主义"传统导致英国激进左翼忽视了实用的选举战略。

同样具有显著意义的还有法国的选举体制——在1958年后总统和议会选举中采取的两轮多数票决定制，对法共而言喜忧参半。一方面，它成功地令共产党成为少数派，共产党对进入总统第二轮选举从来不抱希望，从而被迫支持社会党（Lange 1977）。另一方面，这种被迫的合作也能够赋予法共部分权利，因为社会党需要在第二轮投票中得到共产党的支持，因而不能忽视或孤立它们。但当这种合作失败时，法共很可能受到严厉惩罚。比如在1985年，虽然获得19.2%的选票，但法共在国民议会的475个议席中只得到10个。意大利的比例代表制也对意共提供了各种迥然相异的动力。一方面，意共能够充分地将所获选票转换成巨大的议会影响力，比如1976年获得众议院

630 个议席中的 227 个。另一方面，它也阻碍了共产党与新兴的意大利社会党建立稳固的联盟，因为这种体制促使各党在大选中强调自身差异，以争得最大多数的选票（Sassoon 1997：572 - 4）。而且，意共的议席份额表明，尽管它非常接近但却从来未曾赢得政权，这促使其向基督教民主党摆出一种职位取向姿态。虽然相对意大利而言，法国为左翼团结提供了更多的选举动力，但法共更强大的意识形态正统性表明，法国共产党 - 社会党间的关系传统上比意大利更糟糕（Tannahill 1978）。

其他层面的制度动力也具有相关性。最明显的是法律体系的影响。在战争年代，欧洲许多共产党被宣布非法，这导致共产主义到 30 年代末时几近覆灭，当时共产党只在法国充满生机，而东欧唯一剩下的民主国家——捷克斯洛伐克成为共产主义的堡垒。许多共产党，比如西班牙、芬兰和战后希腊共产党通过替代的选举"阵线"来应对非法状态，取得了不同程度的成功。但是，遭取缔往往带来极具危害性的后果，即对莫斯科的依赖以及意识形态正统性逐渐强化，这在 20 世纪大部分时间一直处于非法状态的那些共产党，比如葡萄牙和希腊共产党中表现得非常突出。

外部冲击

到 20 世纪 70 年代时，一个非常明显的事实是，没有任何西欧共产党在国内拥有足够的实力，从而抵消苏联模式的玷污。法国社会党人居伊·摩勒（Guy Mollet）曾经这样说，共产主义不是在左侧，而是"在东方"（Morris 1980：158）。虽然西欧共产党确实拥有非意识形态的国内支持基础，而且在表达对国内问题的关注时，它们也的确能够获得最高的支持率，比如在 30 年代末反法西斯主义"人民阵线"时期，与社民党的实用主义关系令其在法国和西班牙的政治影响重新恢复，但它们一直受到莫斯科政策变化的影响。党的目的与社会目标间经常出现的紧张关系，使其"在适应民族环境时产生了很多问题"（Botella and Ramiro 2003：245）。

在不同时期，莫斯科都曾为所有共产党提供过意识形态、战略、组织、心理和经济支持。然而，在苏联到底产生了多大直接影响问题上仍然存在争议。正如伦顿和伊登（Renton and Eaden，2002：180）在谈到英国共产党时指出的，"'莫斯科黄金'是不争的事实，问题在于这些资金支持对党的影响和效果究竟多大"。当然，莫斯科的经济资助和培训帮助各党建立了财产、资产和中央机构。一些小党，比如英国共产党和丹麦共产党几乎完全依赖莫斯科，而葡萄牙和希腊等一些遭到取缔的共产党领导层则流亡东欧（Tannahill 1978）。然而，具有说服力的观点是共产党普遍"坚信俄国是'无产阶级的自由乐园'"。它们不是被莫斯科官僚机构收买或胁迫，它们选择服从（Renton and Eaden 2002：xix）。

无论如何，还是存在很多强迫现象。一些共产党领导人，比如荷兰共产党领导人保罗·德·格鲁特（Paul de Groot）、法共领导人莫里斯·多列士（Maurice Thorez）以及1991年前希腊共产党所有领导人都是由共产国际直接挑选的，而许多其他共产党领导人，比如英国共产党的R. 帕姆·杜德（R. Palme Dutt）或法国共产党的乔治·马歇的地位确立则受惠于莫斯科的间接资助（McInnes 1975：117；Smith 1993：88；Renton and Eaden 2002：17；Guiat 2003：168；Voerman 2008：17）。莫斯科的直接干预在20世纪20和30年代的"布尔什维克化"时期最为显著和有害。然而，"正确路线"的曲折发展，比如社民党在20年代给其挂上了"社会法西斯主义"的标牌，尤其是1939年纳粹－苏联签署的协议意味着，在第二次世界大战前夕，共产主义"几乎是一个被遗忘的历史性组织"（Thompson 1998：18）。波兰、匈牙利和罗马尼亚等国尤其如此，在这些国家中，已经变得无足轻重的党仍然遭到斯大林的清洗（Claudin 1975：308）。后斯大林时期是"多中心主义"和"通向社会主义的民族道路"时代，许多共产党开始脱离莫斯科的轨道。即使在斯大林主义晚期，苏联对许多国家共产党政策的直接干预也开始减少，最显著的是1943年共产国际解散，并在1947年被共产党情报局所取代。然而，直到进入70年代，各党领导层的背景一直令多数党或党内重要派别在心理上受到苏联的束缚（Tannahill 1978：96–7）。

在更广泛的欧洲选民看来，共产党与苏联的声望紧密联系在一起。共产党赢得最高支持率的那段时期，恰恰苏联也拥有极高的国际地位。这首先出现在"二战"后，当时"左翼、工会激进分子"和社民党中的"和平主义者"逐渐转向莫斯科而非柏林寻求"激励"（Bell 1993：1）。发展高潮的标志当然出现在20世纪40年代末：那些参加反法西斯抵抗运动的共产党，比如意大利、法国、捷克斯洛伐克、南斯拉夫、阿尔巴尼亚、保加利亚和希腊共产党在选举支持率和党员数上获利丰厚，成为各国主要左翼力量。尽管在抵抗运动缺乏的国家，比如英国、瑞典、比利时、荷兰、卢森堡等，共产党的收获不大，也不具有持续性，但欧洲共产党在战后时期一般都取得了有史以来最大的选举胜利，即使在英国，共产党也在最后一次选举中得到2个议席（参见表2–2）。

在东欧，苏联作为"解放者"尤其拥有极高声望，先前统治阶级的力量遭到极大削弱。即使在此前并不具有相关性的国家，比如匈牙利和波兰，共产党也取得了很好的选举成绩，并首次参与政府。而在战前就拥有一定国内影响力的共产党，主要是捷克斯洛伐克共产党，它在1946年一次自由、公正的选举中，获得38%的选票，很快就能够在战后联盟中占据主导地位。但是自 20 世纪 40 年代末以来（南斯拉夫是最显著的例外），由于被迫与社民党合二为一，并通过骚扰、取消并最终处死反对派，东欧共产党彻底斯大林化（Berend 1996）。它们如同苏联一样成为官僚主义的党国家，而非真正的政党。直到 80 年代末，这些党才开始重新进行半竞争性选举，而到这时，马克思 - 列宁主义作为一种国家宗教的强制推行已经使得社会民主主义传统不复存在，同时也摧毁了建立一个真正共产主义国家的可能性。正如萨松指出的（1997：109），"社会主义在相对铁板一块的集团中被移植、被限制，成为一种不能发展、适应或改变的滑稽可笑的官方意识形态"。当然，这在 1956 年匈牙利和 1968 年捷克事件中得到最突出的体现：社会主义改革运动被苏联的坦克所扼杀。

此外，除了在流亡者中具有无足轻重的影响外，法西斯主义和斯大林主义完全摧毁了托洛茨基主义在东欧的影响（Alexander 1991）。如表 2 - 2 所显示，苏联国际声望的下降，与共产党选举支持率从战后顶峰时期回落长期减少，及至 80 年代的陡然下降几乎同时出现。50 年代初之后，除意大利、法国和芬兰外，共产主义在西欧大陆不再是一支重要的国家力量；而且除了这些党外，社民党成为占主导地位的左翼政党。到 70 年代，约 90% 的西欧共产党成员是意共和法共党员（McInnes 1975：2）。

在"多中心主义"时代，欧洲共产党愈益明显地不再只是简单地复制苏联共产党，形式上的团结之下经常表现为广泛的多样性（比如 Timmermann 1987）。国际共产主义运动经历了缓慢的衰落，这主要表现为 1956 年共产党情报局解散之后召开的 1957 年、1960 年和 1969 年共产党和工人党国际会议，尤其是在最后一次会议上众多共产党缺席，且未达成共识。然而，逐渐疏远苏联模式对共产党的影响非常有限——在公众看来，几乎没有任何一个党能够摆脱与苏联过去的关系（Guiat 2003）。的确，那些非常依赖苏联集团的共产党，比如在1968年取代了遭取缔的德国的共产党（KPD）的西德共产党（DKP），面对的情况尤其糟糕。而到80年代末时，复杂而普遍的危机几乎覆盖无论执政与否的所有欧洲共产党，这表明不顾民族适用性的后斯大林共产主义是问题产生的根源。在东方，在付出极大代价之后戈尔巴乔夫才发现，即使共产党政权也并不缺乏社会支持。在整个90年代，人们对共产党时代社会经济政策的明显怀恋就是一个证明。而到这时，"现实存在的社会主义"似乎在本体上已经不再能够逐渐进行自我调适和实现解放（Sakwa 1998：287-9）。事实证明，在80年代，多数共产党政权的执政党并不能迅速地从操控国家资源的官僚主义组织，转变为与其对手进行平等竞争的纯粹政党。

内部因素

共产党这种不可改革性的关键原因，在于其内部的政治和意识形态战略（参考 Botella and Ramiro 2003：245）。各共产党尤其是"政治上的庞然大物，在适应环境方面行动迟缓"（McInnes 1975：91）。

主要的促进因素是马克思-列宁主义意识形态。正如罗莎·卢森堡指出的那样，苏联共产主义试图把在俄国具体环境中取得成功的策略"固化为一个完整的理论体系"（Luxemburg 1970：79）。在这一理论体系下，只能进行小幅度的理论革新，对政治多元主义的回应非常有限（Harding 1995：267-80；Waller and Fennema 1988）。只能进行小幅革新的部分原因，只是源于莫斯科的绝对命令——显而易见，那些对莫斯科具有最低国际战略利益的共产党，因而摆脱了外部强加其上的意识形态侍从主义，发展成为极具"民族性"的政党，并努力赢得了更高的选举支持率（参见表 2 - 2）。这些党包括冰岛人民联盟，该党自 20 世纪 30 年代后一直在莫斯科的视线之外寻求中左翼联盟的"欧洲共产主义"政策（Gilberg 1980）；意大利在国际关系中的边缘角色，使得意大利共产党成为最少教条主义和斯大林主义的共产党之一，从而发展起一种建立在葛兰西、列宁以及战后"改良主义联盟政策"传统之上的意识形态（Guiat 1993：171；Urban 1986：16；Shore 1990）；塞浦路斯劳动人民进步党是在选举方面最为成功的共产党。劳进党在反英反殖民斗争中通过支持非暴力而获得合法性。塞浦路斯的不结盟状态，令劳进党能够将对莫斯科的忠诚与融合了民族主义、改革共产主义和跨阶级合作等更为温和的国内政策结合起来（Dunphy and Bale 2007；Marioulas 2009）。

　　然而，欧洲共产主义，即疏远莫斯科、抛弃革命方法、支持政治多元主义和议会民主的发展经历表明，共产主义的改良主义，是存在绝对局限的（比如 Elliot and Schlesinger 1980；Holmes 1986）。几个共产党接受了欧洲共产主义，这主要是指西班牙共产党和意大利共产党，法国共产党的欧洲共产主义比较模糊和勉强。欧洲共产主义提供了新的策略、战略和理论灵活性，使得退出危机以及选票和职位取向的选举战略成为可能（比如 Lange and Vennicelli 1981；Schwab 1981）。然而，尽管意共等在 20 世纪 70 年代分得了一些选举红利，但到 80 年代时，欧洲共产主义失败了。这种把先锋队政党、民主集中制和阶级政治等列宁主义传统，与多元主义的多党民主制协调起来的尝试，"打开了潘多拉的矛盾之盒"，加剧了现存危机（Dunphy 2004：32）。事实证明，社会主义和民主之间不可能有"第三条"道路，"改革的"共产党面临着深刻问题。正如乔治·优本（George Urban 1978：8）指出的，欧洲共产主义"是一个怪胎，必定或者终结于社会民主主义，或者重新回到某种形式的列宁主义。在第一种情况下，它

（将）不再是共产党；在第二种情况下，它（将）不再是欧洲共产主义"。戈尔巴乔夫试图对苏联共产党的改革，也反映了欧洲共产主义的危机。的确，按照萨卡瓦的说法，"戈尔巴乔夫可以被认为是一个欧洲共产主义者"（Sakwa 1991：107）。他关于"更多社会主义、更多民主"的祷告失败了，这证明了不可能将西方自由主义和立宪实践等因素移植到一个仍然信奉列宁主义的政党之内。到1991年，苏联的"共产主义"意识形态与西方社会民主主义逐渐难以区别开来。

此外，列宁主义的组织模式建立在"民主集中制"，少数人对多数人的强制性服从原则基础之上，是为秘密的军事占领而设计的。这也是"二战"期间共产党反法西斯战争胜利的主要因素。但是，当民主集中制被用来作为党的发展原则时（这并非其本初的设计目的），却促进了具有凝聚力但却极端内向型组织的发展，这种组织往往会形成僵化、极权主义的党内权力平衡——"危急时刻依然怠惰"以及官僚教条主义（Tiersky 1985：49）。由于它们秘密做出决定，然后自上而下强加于党，采取民主集中制的政党往往由领导层统治全党，决策反复无常，同时也不能灵活地回应一直存在的社会和选举机遇，不能为普通党员提供充分的渠道进行政策输入或提出意见，从而导致出现周期性的分裂和大清洗（Botella and Ramiro 2003：246；Waller 1981）。

显然，并非所有政党都采用这一模式。从1944年起，意大利共产党就抛弃了精英式的列宁主义建党模式，支持建立"新党"，即建立在"意大利天主教的心理和结构特征而非苏维埃列宁主义的政治文化"基础之上的群众性成员党（Urban 1986：219 – 220）。然而，"在列宁主义模式在基层已经明显改变了很长时间之后，党内高层仍然保持独裁结构不变"（Bardi and Morlino 1994：262）。民主集中制的修正帮助意共适应了选举，但意共仍然过于僵化，不能充分应对 20 世纪 80 年代的危机。相反，自 60 年代以来，北欧新左翼采用了一种非教条、非列宁主义、民族化的马克思主义方法，这种方法必然要求抛弃民主集中制，而这对于提供更大的战略和策略灵活性具有关键意义，从而使得北欧党比其他许多共产党更加平稳地度过了苏联解体。

当然，那些最坚持民主集中制模式的共产党，也是最不能对其外部环境做出回应的党。法共传统上被视为最教条、最意识形态的保守型共产党——一个"极权主义官僚机构"（Bell and Criddle 1994：1）。它与希腊和葡萄牙共产党共同分享这一令人尴尬的荣誉，后者长期的非法处境令其意识形态发展完全固定化。托派政党的一再分裂，既源于其对"正确学说"的列宁主义沉迷，也与其对民主集中制的严格运用尤其相关（Callaghan 1987）。而且，现存共产党所谓的官僚和极权结构，也成为新左翼政党的主要催化剂："不信任或直接拒绝等级制、严密的组织结构、传统的政治手段和讨价还价……成为新左翼政治精神的显著特征"（Thompson 1997：213）。这些结构反过来也阻止了共产党对新左翼政党做出有效回应。总的来看，到 80 年代时，普遍情况是党内的不同意见愈益增多，民主集中制也日渐松懈。这种情况本身经常表现为党的高度分裂。一个主要的例子是 20 世纪 60 年代末以来芬兰共产党的内部分裂直接导致了党的衰落。实用主义、现代化的"多数派"与忠诚于莫斯科的"少数派"，在芬兰共产党内形成了两个事实上的势均力敌的政党，而芬共最终则在 1984～1986 年间发生分裂（比如 Arter 1993）。如果不是莫斯科施压要求维护党的团结，党的彻底分裂以及一个占主导地位的新左翼政党的兴起，如同其他北欧国家一样可能出现得更早。相反，正如我们将在第五章中看到的，芬兰左翼联盟只是在 1989 年和 1990 年间方才兴起，而且迄今为止一直因为与其共产主义过去的不彻底决裂而受到束缚。

最后需要考虑的内部因素，是党的领导层在关键时刻做出的一些争议性决策造成的影响，这些决策令党在其他层面的问题更加凸显出来。这里仅举几例。西班牙共产党领导层试图将欧洲共产主义自上而下地在党内推行，但却未能预见到（社会民主主义的）社会主义工人党的兴起，这导致了 80 年代初西共支持率的迅速下降（Botella 1988）。意共在 70 年代末的"历史性妥协"（寻求参与基督教民主党政府）建立在领导层的错误预期之上：职位取向战略不会减少党的选票（D'Alimonte 1999）。但是，意共的做法令其激进支持者感到失望，造成了党的支持率陡然下降。法共一直坚持一种宗派主义的斯大林主义立场。它对社会党的弱点及其在 60 年代未能获得中间阶级青睐的误读，导致了社会党在 70 年代的复兴，成为占主导地位的左翼政党（Courtois and Pechanski 1988）。此外，多数共产党缺乏制度化、规范化的领导层轮换机制——在经过斯大林式的大清洗之后，党的领袖连续多年占据统治地位，只是在生病、死亡或出现党内政变时才发生改变。这确实部分地限制了党内一些突发的"关键性时刻"的影响，以及党在主要联盟问题上的摇摆不定。但其消极意义在于形成了一个不受约束、因循守旧的领导层——组织人优先考虑的是维持党的现状，而非采取灵活性政策适应不断变化的环境：法国共产党长期占据统治地位、毫无生气、缺乏吸引力但却非常稳固存在的莫里斯·多列士（1930～1964 年）和乔治·马歇（1972～1994 年）领导层，是非常具有典型性的例子。

共产主义道路的调色板

总之，在 1991 年前很长一段时间里，无论非执政还是执政的共产党都面临愈益不利的国内外环境，党组织遭遇选举、意识形态和组织损耗，而各党对此充其量只是做出了部分回应。其后，1989 年 11 月柏林墙倒塌和 1991 年 8 ～ 12 月苏联解体，突然摧毁了欧洲多数党残存的合法性、选举和经济支持。在许多东欧国家，新的反共政权经常利用这一机会取缔共产党、占有其资源。尽管一些苏联地区国家最终撤销了这些取缔，但在其他几个国家，比如阿尔巴尼亚和波罗的海国家，共产党仍然非法。在另外一些国家，比如罗马尼亚、克罗地亚和塞尔维亚，虽然不再明确禁止共产党，但宪法针对"极权主义"意识形态传播的狭隘界定，意味着这些党面临持续的选举登记困难（比如 de Nève and Olteanu 2009）。

在共产党被允许重建组织的国家，它们的回应或者是完全抛弃共产主义身份，或者是在特定意义上重申共产主义，但其具体战略纷繁多样。主要可以总结为以下六种战略：

1. 许多共产党最终决定抛弃"共产主义"标签。对一些党来说，这主要是重新起名或重建以及重新界定为非共产主义左翼政党的问题。比如，芬兰共产党成为左翼联盟，或德国统一社会党最终发展成为今天的左翼党。

2. 其他许多党，尤其是前东欧国家多数执政党，转型为羽翼丰满的社民党，并加入了社会党国际。在西欧，唯一的例子是意大利共产党，它演变为左翼民主党，最终成为今天的民主党。

3. 一些先前的执政党在 20 世纪 90 年代愈益呈现社会民粹主义和民族主义色彩，比如塞尔维亚社会党、保加利亚社会党和罗马尼亚社会民主党。尽管自 2000 年以来，这些党实质上发展成为社会民主党（关于原因的探讨参见第六章）。

4. 许多党不再独立存在，再次兴起时或者是作为具有民主社会主义倾向的选举联盟的组成部分，比如西班牙共产党在 1986 年后成为联合左翼联盟的主导部分；或者成为社民党的次要盟友，比如保加利亚共产党自 2001 年后成为社会党领导的"保加利亚联盟"的组成部分。许多党,比如英国、比利时以及东欧部分地区,不曾作为相关政党再度出现。

5. 其他一些党完全融入各种意识形态的后共产主义联盟。比如,荷兰共产党在 1989 年再次出现时成为一个非激进的"红-绿"政党——"荷兰绿色左派联盟"的组成部分。另外一些党则发展成为所谓"广泛左翼政党",比如"社会主义抵抗 2008",以及各种激进和极左翼倾向的永久性联盟,比如意大利重建共产党、苏格兰社会党、丹麦红-绿联盟、葡萄牙左翼集团和希腊激进左翼联盟。

6. 许多党仍然保持着先前的名称和身份,但尝试缓慢地适应环境变化。比如,塞浦路斯劳动人民进步党和前毛派政党荷兰社会党仍然保持着组织的完整性,但在 90 年代初政策逐渐变得温和。另外几个政党则呈现最低程度的适应性改变,比如捷克共和国、摩尔多瓦、俄罗斯和乌克兰的共产党,尽管经常勉强为之,但也普遍接受了政治多元主义和多党民主制。先前拥有长期反变革传统的共产党,比如希腊和葡萄牙共产党,很大程度上忽视了 1989 年的教训,重申自己的马克思-列宁主义身份特征。

鉴于到 80 年代时"正统共产主义"的大一统状态已然减弱,共产党选择如此迥然相异的战略丝毫不令人感到惊讶(参考 Bull 1994)。虽然作为外部支持者的苏联的覆亡切断了其物质和经济生活支持,对许多党无异于最后一击,但它至少为摆脱苏联的污名以及采取更为灵活的战略和意识形态方法提供了选择机会。如果不考虑其选择的战略,1989 年后许多共产党的一个共同目标是接受"真正民族的社会主义",也就是说找到能够恢复其国内政治合法性的身份,强调对国内社会主义的继承,消除因认同一个"失败的计划"而对党造成的"玷污"(Mahr and Nagle 1995)。

有哪些因素推动了党的变革呢？这篇研究东欧继任党的文章也足以用来说明西欧各党的战略，尤其因为它大量引用了前文提到的政党变革文献。就外部因素而言，苏联解体显然是对共产党适应性调整的最大冲击——共产党不得不迅速重新定位以渡过选举、组织、经济甚至是心理危机。这首先表现在东欧，那里的共产党遭遇大规模示威游行以及（比如在罗马尼亚）来自愤怒人群的血腥报复。

同样，政党体制提供的政治机会显然是有助于在政治空间中提供空缺位置的外部供给面因素（Ishiyama 1997）。道理很简单，社民党、绿党或新左翼政党等竞争者的存在，令这些空缺位置变得非常有限。在一些中东欧国家，社会民主主义战略经常能够取得成功，因为苏联共产主义普遍受到质疑（尽管在苏联地区情况并非如此），社会民主党在历史上曾经受到压制，而现在社会民主主义承诺西方化、现代性和迅速"回归欧洲"。然而，东欧几乎未曾经历"后1968年"的后物质主义，因此在90年代初时，几乎不存在对绿党或新左翼战略的选举需求。东欧绝大多数执政党，比如波兰、匈牙利、立陶宛各党因而迅速社会民主党化。另一方面，东欧政党还受其他需求面因素影响：如果存在巨大的民族或中心－外围分裂，就会促进民族主义（比如与左倾的俄罗斯人党结盟的立陶宛社会党）或地区主义（德国左翼党）选举诉求的形成（Bozóki and Ishiyama 2002）。正如在苏联地区和东南欧出现的那样，如果实践证明向民主过渡问题重重，民族民粹主义战略（比如塞尔维亚社会党）就会得到进一步强化，因为在高度庇护型社会中，它们保持着一些政治激进主义因素和主仆政治结构（Kitschelt et al. 1999）。

在西欧，普遍的民主社会主义战略，包括一些新左翼议程的因素，是退出共产主义的最为自然的路线，因为社会民主主义小生境一般都已经被占据，而其他绿党和新左翼政党虽然在场但却不占支配地位（Botella and Ramiro 2003）。意大利是主要的例外：意共的社会民主党化之所以可行，是因为现存意大利社会党历史上一直较为软弱，并且由于 1992 年"净手"丑闻而遭受极大破坏。在西欧其他地方，现存社民党限制了向中间转带来的红利；而在绿党和新左翼政党强大的国家，比如斯堪的纳维亚、法国和德国，即使采取民主社会主义战略，所获机会也非常有限。

另一方面，现存共产党的力量尤其对其适应能力有所影响。正如我们在第四章中将进一步看到的那样，苏联社会主义确实在几个国家拥有一些残余的支持力量，一些相对未进行重建的共产党甚至也能生存下来。在西欧，那些在进入 80 年代后仍然保持选举优势的共产党，比如意共和塞浦路斯劳动人民进步党，尽管采取的战略迥然相异，但在 90 年代后仍然设法保住了相当数量的选举支持。相反，那些即使已经边缘化但仍然轻视改革的共产党，比如英国、奥地利、比利时、瑞士共产党，总体上依然不能获得任何政治影响。

各党的适应能力也受到内部供给面因素的极大影响。比如，即使抛弃了马克思－列宁主义，东欧执政的共产党仍然能够利用人员、资金和组织等显著的政治资本来发展其社会民主主义继任党（比如 Orenstein 1998）。但是，这种资本受到共产党历史上政治文化遗产的影响。比如，那些拥有党内政策改革以及温和政策传统的共产党，可以说赋予了新领导层"更大的便携式技巧"，包括妥协、协商和政策改革技巧，以及一部"可用的历史"，即过去取得的可能引发选民共鸣、支撑后共产主义政党能力要求的积极成就（Kitschelt et al. 1999；Grzymala－Buss 2002）。党对环境的适应因而能够更加深入和迅速。相反，那些党内传统更加倾向专制和反改革的共产党，不能积极适应苏联解体带来的冲击，其领导层往往转向保守方法，从而未能利用甚或意识到政治机会。

　　在西欧和东欧共产党中，我们都能观察到这种倾向。比如，意大利共产党和波兰统一工人党在 1989 年前很长时间就已经发起了向社会民主党的最终转型。前者可被视为战后长期改良主义联盟政策传统发展的顶峰。在后一种情况下，斯大林曾经把在波兰建立共产主义比作给牛套上鞍子——因此波兰统一工人党往往更能适应外部压制，甚至容忍私营农场和天主教会。面对持续的社会经济困难，党的领导层到 80 年代初时已经几乎完全抛弃了马克思主义（Zubek 1995）。与之相比，法国共产党长期的宗派主义表明，到 90 年代时它已然被再次复兴的社会党、新兴绿党和日益充满活力的托派倾向所边缘化。在东欧，当面对不断增长的反对力量时，党的传统越僵化、越保守，就越可能遭遇瘫痪和崩溃。这首先发生在捷克和东德：这两个曾经完全靠镇压进行统治的共产党，在人们对镇压的恐惧烟消云散时，所能做的只有投降。

　　共产党能否充分利用这些苏联时代的意识形态和组织遗产，将其转换成后共产主义的持续性成功，是另外一个具有相关性的问题，我们将在下面章节的个案研究中进行详细探讨。现在可以指出的是，党的战略最终成功与否很大程度上依赖于苏联解体后在关键时刻占主导地位的党内联盟的性质，以及这一联盟如何持续影响党的主要目标和结构。比如，石山（Ishiyama 1995）把"维持现状派"（保守型共产党）、"自由派"（改良共产党）和"民主改良派"（社会民主党）在 90 年代初的党内意识形态斗争，界定为党的后共产主义纲领定向问题。格里亚马拉－伯西（Grzymala－Busse 2002）也认为，成功的政党适应性需要一个以职位/选票取向为主导的联盟，其先前存在的、改革导向的"便携式技巧"能够在 1989~1991 年间形成期助其做出有利决定，比如组织上集中、与党在过去的不利因素果断决裂以及迅速的政策再形成。

总的来说，在上述提及的意识形态战略中（就职位/选票取向而言），迄今为止最成功的是社会民主主义化。自90年代初以来的中东欧地区，以及在1996~2001年和2006~2008年间的意大利，先前曾是共产党的社会民主党很快摆脱了共产主义污名，单独或通过联盟取得执政地位。但即使这一战略也未被证明是普遍成功的：比如相对于占主导的民族主义和民粹主义力量，斯洛伐克和前南斯拉夫的社会民主党长期扮演着次要角色。

正如安东尼·唐斯（Anthony Downs 1957：111）指出的，一般来说，政党的意识形态是静止不变的，由于不能获得选民需要哪种意识形态的完全信息，除非特定条件下的某些激进变革证明这一转变是合理的，意识形态的迅速转变只会让选民认为其不可靠。就共产党而言，选择社会民主主义战略必然要否定长期以来经常秉持的组织、意识形态和情感忠诚——换言之，意味着与党通常规避风险的做法直接决裂。因此，到80年代时，尤其源于共产主义长期的官僚惰怠传统，对于许多共产党明显拒绝选票和职位取向战略，试图重申激进左翼身份尤其是共产主义身份，我们丝毫不应感到奇怪。然而，这种选择并不必然是一种非理性或短视行为，即使选择职位/选票取向战略同样也是如此。毕竟，90年代初的政治环境在二战后第一次能够让共产党作为合法行为者得到更广泛的承认，即便这种承认仅仅源于其竞争对手认为它们不具有相关性。因此，尽管只是作为非常次要的联盟伙伴，这也给激进左翼政党带来了执掌政权的遥远前景，而这种情况在冷战期间并不多见。

然而，在转向深入探讨单个政党时，我们应该牢记，1989年后的政治环境必然不利于作为整体的激进左翼政党的复兴，对共产党来说尤其如此。首先，尤其是在东欧，成为合法行为者说易行难，因为许多掌权者把反共主义作为一种合法战略，以明确的"肃清"共产主义官僚作风或反对极权主义为幌子（比如德国、捷克共和国和波罗的海诸国）对共产党进行隐蔽或公开的压制，比如对共产党同情者的政治孤立或就业歧视（Appel 2005；Berger 1995）。

其次，与30年代的法西斯主义者一样，作为在许多情况下一直未能获得选举支持的少数派运动，90年代的激进左翼政党是"政治舞台上的迟到者"，它们重新进入的政治环境通常已经异常拥挤（Linz 1977：4-8）。而即使激进左翼政党本身能够明确界定自己的战略，但也不能保证选民会选择温和的共产党或民主社会主义党而非社会民主党，选择红-绿政党而非绿-绿政党，或者选择民粹社会主义政党而非纯粹民粹主义政党（Bell 1993；Botella and Ramiro 2003：250）。而且，正如欧洲共产主义所显示的那样，有效、严格地划分激进左翼的"第三条道路"与中左翼并非易事。随着苏联的意识形态和经济支持不复存在，马克思-列宁主义的遗产逐渐被抛弃，以及伴随着越来越多的迷失方向和去激进化压力，确立一种社民党左侧而非社民党左派的定位，是所有激进左翼政党都需要经常面对的问题。

结　论

现在看来，20世纪共产党的兴衰显然证明了马克思-列宁主义意识形态和组织模式的破产，除了极少数几个例外，这种模式下产生的共产党往往内向、保守、缺乏适应性，更不必说遵从莫斯科的命令了。在苏联时期，几乎没有共产党能够超越这一模式的局限。而且，共产党的"成功"也难以得到证明。从选举看，它们一直只是一个"小党家族"，只有少数共产党，主要是塞浦路斯、捷克斯洛伐克、德国、意大利、法国、冰岛、芬兰、葡萄牙和圣马力诺共产党的选票曾经超过15%（Mair 1991）。其在30年代对反法西斯运动以及反轴心国抵抗运动的积极贡献具有实质意义。然而在战后时期，尽管它们在言论上捍卫工人阶级以及被剥夺者在选举上和物质上的利益——共产党充其量只是部分地代表了这些阶层，但由于被排除在西欧各国政权之外，从而造成这些具体成就难以量化。在更远的东部地区，尽管共产党因为在战后重建、福利支持、普及识字和教育改善方面的努力而获得民众支持，但任何正面形象在"实际存在的社会主义"建立过程中付出的巨大人力、社会和经济代价面前而变得黯然失色。无论在东欧还是西欧，到20世纪末时，共产主义日益成为官僚主义和政治僵化的同义语。在其宣称争取支持的许多人看来，共产党已成为一支远非激进甚至是有些保守的力量。

由于共产党是激进左翼政党最重要的代表，因此这一失败必然在组织和意识形态等关键方面削弱了激进左翼的力量，但这也并不必然表明左翼激进主义本身的失败。的确，即使不讨论右翼的变种，20世纪也能够被视为一个激进主义的世纪，在欧洲社会中，许多激进主义拥有深刻的国内根源。比如，共产党的支持率在每一次世界大战后都达到顶峰，这不仅与莫斯科的国际声望，而且也与战后，尤其是在东欧"解放"后国内激进主义浪潮的兴起同步。而且，除共产党外，50~60年代新左翼以及80年代绿党的兴起，表明作为文化和选举变革产物的激进主义新的自治浪潮正在形成，尽管这些浪潮必定在既有政党体制内不断遭遇合并和温和化过程。

此外，上述大致的分析表明，更加成功的共产党往往是那些即便是暂时性地成功平衡共产主义的目的与社会维度，并且成功地将自身移植于民族和地方环境的共产党。意共、塞浦路斯劳动人民进步党和北欧左翼政党，发展了增量政策改革传统，以及针对新选民的更加外向型战略，这些方法潜在地赋予其显著的"便携式技巧"和在后苏联时代可资利用的"有用的历史"。因此，苏联的覆亡至少开启了一种可能性：一旦共产主义丧失其激进光环，能够支持"民族的真正"社会主义的其他政党就有可能占领这一公认的真空地带。然而，正如上文指出的，这一公认的真空地带拥挤不堪，不只限于仍然被动地拒绝承认其历史地位的共产党。现在，我们转过头来看看这些党。

第三章

西欧共产党：致命的危机？

本章以及接下来的章节是进行个案研究，笔者运用了第二章勾勒的框架来说明政党身份和政党选择。每一个案的开始部分将对背景做出阐释，其后关注各党的内部动态。本书尤其会探讨党的历史起源，指出党内的宗派团体在政党形成关键时刻的作用，以及源于这些过程的任何持续性的"便携式技巧"或"可用的历史"——尤其是人员或组织遗产。其次，本书将对政党纲领、意识形态的突出特征及其对政党核心政策立场的影响进行研究。再次，每一个案都将关注需求和外部供给面，尤其是可能对政党行为产生影响的重要议题、政治制度、政党体制因素以及任何外部冲击。最后，每一个案也将观察各党的中期政治发展前景。这样，每一个案都让我们能够看到政党的核心目标，以及对这些目标产生影响的主要作用力。

本章关注三个西欧政党，选择这三个党是为了说明 1989 年后保持共产主义遗产的不同方法，即保守的、"鸵鸟般"的避免改革和反思战略（希腊共产党）；尝试"改革"共产主义，更为直接地提出了共产主义危机的含义（意大利重建共产党）。最后，笔者将探讨一个半拉子政党（法国共产党），它用一种过时且矛盾的方式提出了后共产主义的条件，但却没有做出符合其逻辑结论的战略或意识形态选择。

这些党的必然发展轨迹迥然相异：希共内部相对稳定，但却面临政治边缘化；意大利重建共在政党体系中是核心的联盟伙伴，但却面临着日益加剧的危机，最终导致了党的崩溃；法共面临渐进、潜在而致命的选举和组织衰落。这些党也具有一些共同特点：除了偶尔触及危机问题，明显不能根本解决 20 世纪 80 年代的危机；都是各国政治体系中的小党，很容易受到外部压力，首先是来自于中左翼竞争者的左右，对此它们无能为力；这些压力推动其逐渐走向去激进化，而只有希共完全拒绝这一过程。1988 年，马克·拉扎（Marc Lazar）把西欧共产党比喻为一支溃退的军队，"能够发动一些猛烈的攻击以争取时间，但却不能组织一场颠覆战局、具有决定意义、全面的反击战"（Lazar 1988：256）。遗憾的是，同样的情况在 20 年后几乎完全适用，共产党在这期间输掉了多场战役，失去了许多支持者。尽管（或许意大利除外）这些共产党不可能很快完全灭亡，但从长期看，其未来充满风险。

希腊共产党：面对改变故步自封

希腊共产党在很早以前就被视为一个最忠诚于莫斯科、僵化"正统"的共产党。这种"老旧的斯大林主义"（Mavrogordatos 1983：73）直接源于党的历史遗产：首先是领导反对德国的抵抗运动，其后是在 1945～1949 年残酷的内战期间反抗英美支持的政府。希共在 1947～1974 年间被取缔。党的许多干部到苏联集团避难，从而与苏联建立了紧密联系，"在整个流放岁月都不能发展一种独立的政治理论"（Smith 1993：87）。希腊共产党尤其从未经历彻底的去斯大林化，也从未致力于"女性主义"等"新左翼"思想（Clogg 1987）。

由于不能将其行动指针从国外转向希腊实际，导致"斯大林主义"的希共与"欧洲共产主义"的希共－国内派在 1969～1970 年间发生分裂，其中后者长期以来一直在希腊国内参加选举阵线，探寻更加和平且灵活的方式适应国内政治。

但是，在 1974 年希腊军事独裁统治终结之后，希共得到莫斯科以及其它亲苏政党的支持，这使得希共－国内派在 1977 年后只能得到 3% 以下的选票，处于政治边缘状态（Mavrogordatos 1983）。[①] 而希共本身在 20 世纪 80 年代初也被社会民粹主义的泛希腊社会主义运动边缘化，后者于 1981 年上台执政，它提出了将反西方的民族主义与听似激进的马克思主义混合在一起的民粹主义口号，拒斥社会民主主义，甚至在抨击"宗派主义"和"托派"时使用"共产党大论战式的术语"（Clogg 1987：131）。只是在 1996 年泛希腊社会主义运动表现出一种更为主流的中左翼姿态之后，才为位于其左侧的政党开辟了更为广阔的发展空间（Mavrogordatos 1997；Clogg 1993）。

尽管对戈尔巴乔夫改革最初采取了一种"静观其变"的态度，到 1990 年时，希腊共产党在对柏林墙倒塌的态度上出现了巨大分裂。随着格里格里斯·法拉科斯（Grigoris Farakos，他是一个圆滑的保守派，重新把自己塑造为一个改革者）在 1990 年担任党的总书记，代表着内战后更为年轻一代的"改革派"，建议去斯大林化，修正党的无产阶级国际主义、无产阶级专政和民主集中制等教条。希腊共产党先前教条主义的反体制立场，意味着它长期以来一直只能被视为"不适合承担政府责任"的政党（Pridham and Verney 1991：45）。希共开始采取更加实用的执政取向战略，与当时称作"希腊左翼党"

---

① 希共只得到了罗马尼亚的完全承认，而欧洲共产主义各党则"规避风险"，与两个党都保持着联系（Clogg 1987）。

希共－国内派的成员一起加入了左翼运动和生态联盟，并在 1989～1990 年间进入保守党新民主党（ND）的联合政府。该联盟的主要目标是整肃泛希腊社会主义运动执政时普遍腐败的希腊政治体制，而希腊共产党也设想推动实现对泛希腊社会主义运动的左翼替代，并增强自身在国内的合法性。

但是，希共成员对与右翼共同执政知之甚少，这导致了党的选票流失。保守派在政治局和中央委员会中一直根深蒂固，"革新派"与"强硬派"的总体比例大致平衡，约为 50∶50，而前领导人哈利劳斯·弗洛拉基斯（Harilaos Florakis）仍然担任党主席（Doukas 1991）。强硬保守派的最后一搏得到了弗洛拉基斯的支持，这导致持强硬路线的阿莱卡·帕帕莉卡（Aleka Papariga）在 1991 年 2 月当选新任党的总书记。希共宣布与左翼运动和生态联盟断绝关系，支持苏联强硬派在 1991 年 8 月发动反戈尔巴乔夫政变，并在此后斥责戈氏是叛徒，发动了一场"资产阶级反革命"的大清洗（Dunphy 2004：107）。包括法拉科斯在内的改革分子或者很快被清除出党，或者辞职，希共丧失了约 40% 的党员。总而言之，党重新恢复了内战一代"英雄的希腊共产党"的形象：从成员和政治面貌看，希腊共产党后退了几乎 30 年（Smith 1993：98）。

1991 年后，在帕帕莉卡的持续领导下，希共用一种"鸵鸟般"心态对待意识形态和战略变革，完全从苏联时期的叙事来描绘其"可用的历史"和"便携式技巧"：的确，苏联解体没有什么教训可言，因为这只是"从资本主义到社会主义过渡时代"出现的暂时性失败（KKE 1996）。据其认为，从持续性的资本主义危机、工人阶级的国际化以及乌托邦的凯恩斯主义解决方案来看，"马克思－列宁主义关于革命的学说不仅没有因欧洲社会主义的逆转而受到损害，而且因此得到……证实"（Papariga 2003）。因此，希腊共产党继续透过现在已为多数激进左翼所抛弃的意识形态棱镜来分析世界：尤其是勃列日涅夫时代"科学的"马克思－列宁主义、无产阶级国际主义和严格的民主集中制，希共认为所有这些完全适用于"一个革命共产党的特征和任务"（KKE 1996；2005a）。在 2009 年第十八次全国代表大会上，希共对斯大林的默默支持进一步升级，把苏联解体的原因归结为后斯大林的"机会主义"，宣称"我们坚决反对资产阶级和机会主义者把斯大林时期视为'红色法西斯主义'或'极权主义'等观点"（KKE 2009a）。

因此，希腊共产党通过摩尼教的冷战时代透镜来审视国际事件，在它看来，各种"帝国主义"势力与共产主义阵营作对。而党的内战经历进一步导致其强烈反对西方，尤其是美国的对外政策。表面上看，希腊共产党"处于帝国主义风暴之眼"下的盟友不仅包括古巴，还有朝鲜、越南和中国。当然，后者因接受市场经济而遭到希共的指责。希腊共产党不仅反对北约，如同多数激进左翼政党一样是疑欧论者，而且强烈拒斥欧元，一直支持完全撤出欧盟，因为欧盟是一个难以救赎的反民主官僚机构（"资本和战争的欧盟"），它服务于垄断资本主义利益，是失业和紧缩政策的罪魁祸首（Dunphy 2004：104）。

就其所展现出的意识形态发展而言，希腊共产党已经逐渐转向社会民粹主义，从而能够利用泛希腊社会主义运动退出后的小生境，后者在 20 世纪 90 年代初之后抛弃了激进话语以及反对北约和欧盟的立场，转而采取一种更具中左翼特点的"现代化"战略。当代希腊共产党用反美的民族主义和反全球化言论，包括支持从农民、学生到 1999 年后兴起的全球正义运动等各种形式的社会抗议，来补充斯大林时代的"一国社会主义"话语（Kalyvas and Marantzidis 2005；Lyrintzis 2005）。但是，希共对全球正义运动仍然坚持一种独立和宗派主义立场，它认为社会民主主义、亲欧洲、反共和资本主义因素在运动的各种社会论坛中占主导，其实质旨在"限制和消解激进力量"（KKE 2005a）。为了保持自己对这些运动的"先锋作用"，希共构建了一个反帝反垄断的民主阵线，这一运动以希共自己的青年组织（希腊共产主义青年团，KNE）为核心（Kalyvas and Marantzidis 2005）。与之类似，希共在1999年建立了"全国工人斗争阵线"，其目的是独立于主要的工会联盟——希腊全国劳工总会进行批评和动员。一个典型例子是，希共没有参与2008年12月抗议警察肆意枪杀一名雅典学生的骚乱，它认为这场"反建制运动"是"损害运动利益的工具"，偏离了阶级斗争方向（KKE 2009b）。

鉴于这一概况，我们可能会感到奇怪：为什么这个党仍然能够存在下去呢？的确，它在希腊政党体系中处于边缘地位，选票一直稳定地徘徊在低于20世纪80年代的水平上，在80年代时它平均得票率曾达到10%（参见表1-1）。它不再拥有任何联盟或勒索潜力。议会的"强化比例代表"制对两个最大的政党，即泛希腊社会主义运动和新民主党有利；除了在极个别情况下，比如1989～1990年的大"危机"联盟，这种体制往往形成强大的一党政府（Kovras 2010）。

因此，希共一直以来都对超越泛希腊社会主义运动不抱任何希望，它甚至也不再是一个全国性政党，其核心支持者主要来自城市产业部门的少数希腊工人阶级。希共"都市共产主义"的基石已经轰然坍塌：2002年时，它在1000个市镇中费尽周折地获得了60个市长名额，但其中没有任何一个是主要城市。希共尽管在一些工会和农业组织中仍然具有重要影响力，而且其极端民粹主义近来逐渐增加了在年轻人中的支持率，但从表面上看，它现在主要是一个老年人和文化程度较低人群的政党（Kalyvas and Marantzidis 2005；Sartzekis and Anastassiadis 2009）。尽管内战和军事独裁给希腊政治留下了普遍的两极化和左翼激进主义传统，但希共深深植根于内战一代政治文化中的"可用的历史"显然会逐渐丧失优势。

但是，希共的战略却又矛盾地证明是成功的，即使这只是从相对意义上来说。其僵化的政策排除了选举联盟或出现显著选票扩大的可能性，但这也保证了党成为一个巩固、团结的组织，以及随着泛希腊社会主义运动在社会经济政策上的右转，从而在政党体系中占据一个独特的小生境（Kalyvas and Marantzidis 2003）。尽管希共的"极端主义"立场限制了其利用选民对泛希腊社会主义运动不满情绪的能力，但这也降低了后者压缩共产党选票的风险，虽然自20世纪90年代以来希腊选民的态度非常容易发生变化（Nicolacopoulos 2005）。

希共因为另一主要左翼挑战者——"左翼运动和生态联盟"的持续衰弱而获益匪浅。"左翼运动和生态联盟"继承了"希腊左翼"以及1989～1990年联盟的衣钵，后者于1992年在一些前希共异议分子加入之后成为一个政党。2004年后，它进一步左转，加入了拥有十个小规模共产主义、生态社会主义、毛主义和托派组织构成的激进左翼联盟（SYRIZA）。"左翼运动和生态联盟"发展出一套后共产主义新左翼纲领，支持民主社会主义、少数人的权利、生态保护和欧盟进一步一体化，尽管其目标是实现一个更加和谐、民主和平等的欧盟。然而，即使作为激进左翼联盟的组成部分，它也未能超越3%～5%的选举生境，并且经常面临低于3%议会门槛的风险。它受到物质主义而非后物质主义的希腊政治文化的束缚，弱小的新左翼传统因为大量的经济难题而变得更加软弱。因此，"左翼运动和生态联盟"仍然扎根于白领工人、学生和知识阶层之中，尽管它在地方政府中是处于第三位的政党，但却缺乏更广泛的选区基础（Dunphy 2004：110）。

而且，本质上两极化的政治体制也令"左翼运动和生态联盟"

难以开拓一个明确且独立的选举生境：如同在 2000 年和 2009 年那样，为了击败保守党新民主党，选民往往抛弃它而去选择泛希腊社会主义运动。此外，"左翼运动和生态联盟"本身也有弱点：它从一开始就高度分裂，不仅在"左翼运动和生态联盟"内，而且在整个激进左翼联盟中都一直存在大量内部争论（Eleftheriou 2009）。左翼运动和生态联盟/激进左翼联盟年轻的领导人亚力克西斯·齐普拉斯（Alexis sipras，2008 年当选）对那些想迫使泛希腊社会主义运动领导层左转的选民具有吸引力，2008 年激进左翼联盟的民测支持率甚至达到 18%。然而，围绕党的领导层、支持 2008 年 11 月骚乱（这一事件在希腊公众舆论中的影响被认为是负面的）以及最重要的欧洲问题，主要因为一些拒绝承认欧元的激进左翼联盟成员质疑"左翼运动和生态联盟"核心成员对欧盟的支持立场的党内争论，致使其声望被挥霍殆尽。这导致联盟在 2009 年欧洲和议会选举中的支持率下降到 5% 以下（Gilson 2009；Kovras 2010）。2010 年 6 月，在脱离激进左翼联盟的提议未获支持之后，"左翼运动和生态联盟"13 位议员中有 4 位脱党建立了民主左翼党。

　　激进左翼联盟的弱点令希腊共产党可以泰然地继续坚持宗派主义。激进左翼联盟让希共的异议分子"退"党，这虽然削弱了从希共内部提出改革"吁求"的能力，但在争取希共选民方面却没能取得任何实质性进展（Kalyvas and Marantzidis 2003：689）。因此，希腊共产党一再地排除与"社会民主主义"和"机会主义"的激进左翼联盟进行合作的可能性（Papariga 2008）；希腊共产党宣称，包括左翼政党在内的所有其他政党都是"帝国主义的代理人"，这一直是希共核心的运动主题（Verney 2004）。

　　希腊共产党越来越依赖民粹主义的反欧洲立场，其一以贯之、意料之中的"特立独行"姿态，以及"富豪必须为危机埋单"等简单明了的口号，让它在一个日益充斥着政治、经济和社会动荡的环境中蓬勃发展。正如邓菲（Dunphy 2004：107）指出的那样，2008 年前，尽管作为欧盟成员国使得希腊整个国民财富增加，但也对其传统产业造成冲击，贫困农民的生活更加艰难，希腊一直面临着高度的社会不平等、青年失业、腐败以及民众对当局不信任等问题，希腊共产党充分利用了这些问题（参考 Kariotis 2003）。2008 年后，一场强烈的经济危机对希腊社会形成巨大冲击。泛希腊社会主义运动政府（2009 ~）为迎合欧盟/国际货币基金组织的缩减赤字计划而推行的严厉紧缩措施（2009 年至今），导致国民生产总值崩溃，失业率急剧攀升。据非官方统计，最高达到 20%。因此，一种"恐惧、绝望和愤怒情绪正在希腊社会发酵"（Jessen 2010）。

在这一背景下，希共近来的得票率达到后冷战时代的最高水平，一点也不令人吃惊。它在 2004 年和 2009 年欧洲议会选举中分别获得 9.5% 和 8.4% 的选票。2007 年 9 月议会选举的显著特点，表现为民众对新民主党处理夏季森林大火以及泛希腊社会主义运动在竞选活动中错误倾向的普遍不满。正是在这次选举中，希共的得票率达到 8.2%，而激进左翼联盟的得票率也增加到 5.04%。此后的 2009 年，希共的得票率下降到 7.5%，而泛希腊社会主义运动也重掌政权——尽管帕帕莉卡认为选举是成功的，但据称这一结果在希共各层面引发了极大不安情绪（Sarzekis and Anastassiadis 2009）。在 2010 年 11 月地方和市镇选举中，选民弃权率以及民众对主流政党的不满情绪增加，极端左翼组织的得票率上升，增加了 1.8 个百分点。尽管由于希共没有组织联盟竞选，只得到一个市长职位，而激进左翼联盟赢得了 8 个职位，但在得票率上，希共遥遥领先于激进左翼联盟，共获得 10.9% 的选票，而后者只有 4.5%（SYN 2010）。

可以说，希腊共产党现在最大的竞争者不是来自左翼而是右翼，民粹主义的人民东正教阵线依靠其反欧盟、反全球化、主张国家更大程度干预经济的沙文主义纲领赢得了越来越多的支持者。比如，在2009 年议会选举中，它得到 5.6% 的选票，在雅典、皮瑞斯和塞萨洛尼基还获得工人的支持（Kloke 2007；Gemenis and Dinas 2010）。但是，人民东正教阵线对紧缩措施的支持似乎阻碍了其上升趋势。总之，尽管面临重重困难，希腊共产党可能以其最强盛的状态来纪念苏联解体 20 周年。

意大利：永恒的重建

与希腊和法国共产党相比，意大利重建共产党是一个"新"党，展现出与其冷战时代前身更少的连续性，其本身可以说正处于"形成时期"。意大利重建共产党源于意大利共产党内一些人士反对该党转型为一个中左翼政党。1991 ~ 1998 年的名称是左翼民主党（PDS），1998 ~ 2007 年的名称是左翼民主党（DS）。支持共产党的反对派在意大利共产党代表大会上只得到 27% 的支持率；在漫长的过渡时期（1989 ~ 1991 年），许多共产党人退出意共，他们认为共产主义重建运动具有巨大发展潜力（Daniela and Bull 1994；Weinberg 1995）。因此，1991 年 5 月，重建共产党向"所有受到社会主义价值观和马克思主义思想鼓舞的人"广泛发出呼吁（Hudson 2000：98）。这一做法奏效了，重建共产党很快囊括了从意大利共产党左派［主要包括阿尔门多·科苏塔（Armando Cossutta）领导的亲苏联的"科苏塔派"，以及具有左翼倾向的欧洲共产主义者］到新左翼在内的各种左翼传统（Dunphy 2004：88）派制。尤其在 1991 年 6 月，一个小党"无产阶级民主党"与重建合并，从而将一种受环保主义、女权主义、托洛茨基主义和毛主义和自治主义（这是一种新左翼的马克思主义，强调工人独立于国家、工会和政党改造资本主义的潜力）强烈影响的反苏维埃传统带入党内。①

这样，作为一个融合了共产主义、自由意志主义、女权主义、议会和议会外因素的多元主义政党，意大利重建共产党很快成为泛欧洲激进左翼政党的典范，它克服了各种传统历史上的敌对状态，提出了多样性、公开化、非教条主义的反资本主义主张。但从长期看，作为领导层/运动拥有独立权力基础和资源，以及强烈自治主义精神的产物，重建共产党起源上的异质性也使其问题重重：在抛弃了民主集中制之后，重建共党内生活中充斥着一种具有分裂倾向的、过度的民主氛围，党的分裂成为重建共不断面对的威胁，而党的领导层也不能有效实施其权威（Newell 2010）。具有象征意义的是，重建共从未制定出一个党纲。

的确，重建共从一开始就面临着与意大利共产党的"历史性妥协"传统一致的，希望党充当社会民主党左派给左翼民主党施加压力的调和主义倾向，与将党永远视为反体制和议会外反对派的非调和论者的反复分裂（Galli 2001；Newell 2010）。在法乌斯托·贝尔蒂诺蒂（Fausto Bertinotti）领导下（1994~2006年），重建共虽然面对镜头时充满魅力、对新闻媒体态度友好，但也展现出一种激进的社会行动主义，它逐渐与意共温和的议会传统决裂，自我定位为反对派"敌对政党"，是能够提出社会议题的"运动型政党"（Bacetti 2003）。这些区分导致重建共在1994年发生了一次相对小规模的分裂。当时，1/4的重建共议员分裂出去支持中右翼的迪尼政府，组建了一个名为"联合共产党人"的组织。更具破坏性的分裂发生在

---

① 无产阶级民主党在1991年是意大利最大的极端主义左翼组织，它在1987年曾拥有9000名党员和1.7%的支持率。

1998 年：在一次信任投票中，由于重建共撤出支持，中左翼的普罗迪政府倒台。随后，部分议员（34 人中的 21 人）以及重建共前主席科苏塔建立了意大利共产党人党（PdCI）。

共产党人党成为一个更小规模、更缺少激进色彩的政党，它真正坚持了陶里亚蒂和贝林格的渐进主义，批评重建共与第四国际建立友好关系。作为"中左翼中的左翼"，它采取一种相对温和的支持欧盟导向，支持与左翼民主党结盟，回避社会运动（Dunphy 2004：88 - 90）。但是，共产党人党一直是一个极具个性化而非意识形态的政党。有迹象显示，在全国书记奥利维耶罗·迪里贝托（Oliviero Diliberto）和党主席科苏塔间爆发冲突的一段时间之后——后者在 2007 年 4 月离开共产党人党，这个先前的"斯大林主义者"逐渐开始指责共产主义，甚至在 2009 年 6 月欧洲议会选举前宣称自己支持中左翼民主党（PD）——苏联时代的分界线越来越不具有相关性。在迪里贝托领导下，共产党人党逐渐自视为意大利共产主义传统、象征和统一性的捍卫者，支持与重建共产党和睦相处，甚至主张两党合并，在 2008 年甚至还恢复了民主集中制（L'Humanité 2008）。

对重建共产党而言，1998 年分裂的长期性遗产是失去了 20995 名党员，其中包括一些最职业化的、持调和主义立场的干部，正是这些人一直在推动着重建共朝着政策取向型政党发展。虽然党内仍然有许多来自民间的积极分子，但这次分裂后留在党内的，是那些对党的反对派使命思想最为敏感的人，是那些认为纲领问题比联盟重要，以及认为市民社会至少与作为政治竞争首选领域的政府机构同等重要的人（Albertazzi et al. 2007：5）。

明显的方向迷失反映在 1999 年欧盟选举中，重建共只获得了 4.3% 的选票。而到 2001 年议会选举时，重建共的结果同样糟糕（参见表 3 - 1）。

表 3－1 1990~2009 年相关西欧共产党的议会选举结果

年份	1990	1991	1992	1993	1994	1995	1996	1997	1998	1999	2000	2001	2002	2003	2004	2005	2006	2007	2008	2009
塞浦路斯（劳动人民进步党）		30.6					33.0					34.7					31.1			
法国（共产党）			9.2					9.9					4.8					4.3		
希腊（共产党）	10.3 (a)			4.5			5.6				5.5				5.9			8.2		7.5
意大利（重建共产党）			5.6				8.6					5.0					5.8	3.1 (c)		
意大利共产党人党(b)												1.7					2.3			
葡萄牙（共产党）(d)		8.8				8.6				9.0			7.0			7.6				7.9
圣马力诺（重建共产党）(e)				3.4					3.3			3.4					8.7		8.6	
西班牙（共产党）(f)			9.2				9.2				5.5				5.0				3.8	

注释：§ 2010/2011 年没有进行选举；（a）与左翼联盟结成选举联盟；（b）不是一个具有"相关性"的政党，为了说明同一表而纳入表中；（c）意大利重建共产党和共产党人党结成形虹联盟参选；（d）参与民主团结联盟（CDU）；（e）2006~2008 年参加联合左翼联盟；（f）参加联合左翼联盟 [在 2004 和 2008 年与加泰罗尼亚绿色主动党（ICV）共同参选]。

资料来源：www.parties－and－elections.de，2011 年 5 月 20 日进行数据修改。

　　重建共的激进主义在策略领域比意识形态领域表现得更为明显——的确，其政策目标相对温和，贝尔蒂诺蒂甚至将其描述为"新凯恩斯主义"（比如，Maitan 1999）。这些目标包括：1. 捍卫国家干预的传统领域，比如全民教育、医疗和养老金；2. 扩大"进步性"改革，比如以 35 小时工作周为基础的充分就业、累进税、承诺公有制、终结私有化；3. 向左翼民主党施压，迫使其进一步左转（Hudson 2000：105）。重建共对欧洲一体化的态度摇摆不定：与老意共相比，它不支持一体化，而是支持去除《里斯本协议》中所体现的新自由主义因素的"社会式"欧洲（Quaglia 2009）。这一相当极简主义的纲领，既反映了寻找与左翼民主党共同基础的需要，也表明存在大量的党内分裂。比如，在 2005 年党代会时，重建共党内存在五种主要倾向：贝尔蒂诺蒂领导层的支持者（占代表数的59%）、科苏塔温和路线的支持者（26%）以及三种新托派倾向，后者总共占约15%（Albertazzi et al. 2007：10）。作为少数派的托洛茨基主义者，公开反对与中左翼政党建立选举联盟以及反对参与任何政治机构。

　　同时，重建共的敌对立场也反映在其对于议会外斗争的强调上。在整个 20 世纪 90 年代，重建共的自我形象一直是作为阶级斗争先锋队、有原则的反对党，这里的阶级斗争被更广泛界定为被剥削者和受剥削工人"总的阶级"斗争（Baccetti 2003）。尽管重建共逐渐成了一个由学生、白领雇员和医疗工作者构成的后工业政党，但它仍然保持着工人阶级的阶级基础，尤其在前共产党工会"意大利总工会"中，党的领导人塞乔·加拉瓦尼（Sergio Garavini，1991～1994 年）和贝尔蒂诺蒂早年一直是积极分子。然而，无论是在蓝领还是白领阶层中，重建共都未能充分地保持其支持率（Massari and Parker 2000；Porcaro 2009）。

1999 年，通过带头声援南斯拉夫的反北约运动，重建共进一步展现了议会外斗争的力量，但直到 2001 年时，它才找到一条步出低谷的路线。2001 年 7 月，重建共在热那亚反八国峰会的抗议中扮演了重要角色。反全球化人士卡罗·吉约里亚尼（Carlo Giuliani）在抗议中被警察杀害，从而使得在 6 月选举中被西尔维奥·贝卢斯科尼（Silvio Berlusconi）击败的激进左翼变得更加激进，并重新恢复活力，重建共产党领导人民强烈抗议政府实行的策略。2002 年，重建共改变战略方向，加入了欧洲全球正义运动主导的"运动中的运动"中。同时，通过开展反对斯大林官僚主义运动，重建共试图摆脱意大利共产党残留的负面影响（Rifondazione 2002）。

转向运动与重建共建立之初的草根政治取向具有逻辑上的连续性，1998 年党的分裂进一步强化了这种取向，而这也与紧抓时代脉搏的全球正义运动相一致，同时也加强了重建共作为欧洲激进左翼政党中最具创新性角色的形象。然而，从长期看，这一转向带来了更多问题。首先，它给意识到自治主义思想与日俱增的影响力，尤其是从耐格里和哈特的《帝国》（2000 年）一书中获取了灵感的那些人提了个醒：这种自治主义贬斥阶级和政党的作用，提出了重建共在社会运动内部进行"清算"的可能性（Saccarelli 2004）。其次，更具破坏性的是，它令党的活动分子自我膨胀起来，期望自己能够在意大利政治制度之外与全球正义运动一道作为独立且具有影响力的反资本主义反对派。

这些期望由于贝尔蒂诺蒂决定与普罗迪领导的新中左翼的"团结联盟"联合参加 2006 年议会选举而变得更加热切（Bertinotti 2004）。这一决定表明，无论重建共变成一个多么带有政策取向色彩的政党，它在政党体系中的核心立场令其不能完全避开选票/职位取向战略。尤其是 1993 年后议会两院的选举体制，即 3/4 的多数制以及达到4%选举门槛的1/4复选区比例代表制，赋予众多小党强大动力，为赢得议会席位而结成选举联盟（Hudson 2000：103）。而且，相对于贝卢斯科尼民粹主义/保守主义"意大利力量党"21%～29%的选票来说，民主左翼党通常只能得到16%～21%的选票，这表明激进左翼政党和中左翼政党最为需要结成选举联盟。

然而，重建共产党与中左翼政党的关系令人担忧。1996～1998年，通过签订共同协议，重建共从外部给普罗迪领导的"橄榄树"联盟提供了"关键性支持"。其目的是改变联盟的新自由主义发展方向。尽管最初由于意大利准备进入欧元区而搁置了缩减福利、养老金和社会支出，但事实证明，这一议题造成了重建共的分裂，并导致了政府垮台。党内的托洛茨基主义左派认为这是一个值得汲取的教训，在他们看来，普罗迪尤其是在担任欧盟委员会主席期间，只是打算"以稍微不同于贝卢斯科尼的方式组织新自由主义"（Corradi et al. 2006）。

实践证明，联盟的逻辑仍然不可避免。2001年大选中，重建共拒绝与"橄榄树"结盟，选举结果非常糟糕。尽管发生了大规模群众抗议，但贝卢斯科尼仍然赢得大选。这表明，意大利越来越走向一种两极化的选举竞争，选民很少去支持第三党候选人，即使在重建共不断减少但却仍然具有重要性的"红色地带"同样面临这种情况（Alberrazzi et al. 2007）。[1] 此外，由于国家提供的依据选票份额分配的资金支持现在已经达到党的收入的2/3，虽然这个"地面政党"（Party on the ground）的党员数和影响力有所损失（重建共长期以来一直面临着党员数的缓慢下降以及频繁的党员流动，其部分原因在于它要求党员每年都进行重新登记），但是党在公共机构以及中央政府

---

① 这是指艾米利亚－罗马涅、托斯卡纳以及翁布里亚和马尔凯等中北部地区。

中的作用有所增强。总之，这些因素成为推动重建共向"选举型职业"政党转变的强大动力，而这种转变与党作为反体制群众性政党的形象相冲突。最终，2005 年选举体制的修正引入了对最大的联盟实行"多数奖励"的比例代表制，这激励各党在联盟中推举自己的候选人，而不必就共同候选人达成一致。在这些背景下，对重建共产党来说，独立参选将会面临灾难性风险：决定加入团结联盟几乎不可避免（Newell 2010）。

起初，重建共从这种选举转向中得到了一些好处。2006 年，重建共获得有史以来最高议席数：在众议院获得 630 议席中的 41 个，在参议院赢得 7.2% 的选票，得到 315 议席中的 27 个。两党成员也首次参加政府，比如保罗·费雷罗（Paolo Ferrero）担任社会团结部部长，贝尔蒂诺蒂成为众议院发言人，前议会派领袖弗兰克·乔达诺（Franco Giordano）取代其成为重建共领导人。

然而最后的事实证明，获得行政职位只不过是一个"浮士德契约"。"团结联盟"在 2006 年选举中只获得了微弱多数，尤其是在参议院中只多 2 个议席，这意味着重建共的支持对中左翼联盟的生存至关重要。同时，由于重建共在议会中只拥有 12% 的联盟议席，因此它无权影响一些令人不快的"反工人阶级"措施出台，但却不可避免地要承担连带责任。由于联盟中其他 8 个政党明显缺乏激进特征，而且"团结联盟"执政时期又面临大量经济困难，使其不可能增加公共支出，从而令情况变得更是如此（Newell 2010）。出于安抚党内"运动主义"左派的需要，重建共虽然参加政府，但却也与政府保持着距离，比如组织游行示威对一些政府决定发出微弱的反对或批评声音。而一些关键性的政策，比如支持意大利军队继续留驻阿富汗以及出兵黎巴嫩等，招致党内激烈批评，认为普罗迪政府对重建共宣称捍卫的社会运动关闭了大门（Porcaro 2009）。然而实践证明，重建共领导层是坚定不渝的联盟成员，它们唯恐出现政府倒台的结果。但是，它们却不能令其党员遵守党的纪律。政府在 2007 年 2 月临时解散，当时重建共托派的参议员弗兰科·托里亚科（Franco Turigliatto，他很快就被开除出党），以及一个共产党人党参议员拒绝支持政府的对外政策。最终，并非激进左翼政党，而是一个中间主义小党"欧洲民主联盟"在 2008 年 1 月给政府造成致命一击，同年 4 月很快举行了新一轮大选。

重建共随后遭遇惨败。2007 年，团结联盟中的一些中左翼因子，主要是左翼民主党和"雏菊"组建了一个新的"民主党"，它们推动团结联盟朝着一个不再受制于少数派因素的完全成熟的政党转变。2008 年，"民主党"决定将激进左翼排除在外，组建一个范围更窄的联盟参加大选，这让重建共随即感受到它在 2006 年曾经艰难避免的选举压力，而且现在它还面临着人民对普罗迪政府的强烈抵制，这种抵制情绪因为亲贝卢斯科尼媒体的渲染而更加扩大。2007 年 12 月，"团结联盟"中的四个主要左翼政党——重建共产党、共产党人党、绿党联盟和由左翼民主党衍生而来的"民主左翼党"，决定建立一个名为"彩虹左翼"的选举联盟。2008 年 4 月，"彩虹左翼"灾难性地只获得 3.1% 的选票，而其 3 个主要左翼政党 2006 年的得票率曾达到 10.2%，从而导致自"二战"以来议会中第一次没有出现共产党人的身影。

"彩虹左翼"之所以失败，是因为其本身具有构成强迫婚姻的所有因素，它是出于选举需要自上而下建立的（Porcaro 2009）。那些满怀期望的选民根本搞不懂它的战略，比如从联盟标志中拿掉锤子和镰刀。许多传统支持者或者为击败贝卢斯科尼而给"民主党"投了"有用票"，或者弃权，或者支持一些更小的极左翼政党（Newell 2010）。

在选举失败后，重建共经历了几次大伤元气的分裂。简言之，2008 年 4 月，贝尔蒂诺蒂 - 乔达诺领导层受到猛烈抨击，总书记乔达诺在党内左派，主要是托派、前科苏塔派以及由保罗·费雷罗领导的前无产阶级民主党成员的压力下被迫辞职。在 2008 年 7 月召开的体现了党内深刻分裂的代表大会上，费雷罗以微弱多数击败贝尔蒂诺蒂派的领导层候选人尼奇·文多拉（Nichi Vendola）。费雷罗推动重建共向左转，恢复了党在 2002 ~ 2005 年的路线，重申党的共产主义身份以及与工会和社会运动进行合作，同时拒绝任何与民主党或"彩虹"联盟进行合作的建议（Rifondiazione 2008）。

2009 年 1 月，文多拉和乔达诺退出重建共，他们是党内现代化主义者的代表，支持与绿党和非共产党左翼建立长期联盟，以及与民主党建立一个务实的联盟。其后，为了应对 2009 年 6 月欧盟选举新引入的 4% 议会门槛，文多拉主导建立了由绿党和一些更小规模的左翼团体组成的"左翼与自由联盟"。2009 年 12 月，"左翼与自由联盟"更名为"左翼、生态和自由"，但在此之前联盟已经遭遇三次分裂，其中最重要的是绿党的退出。残留下来的重建共与共产党人党和两个更小规模的团体组建"反资本主义名单"，参加 2009 年欧盟选举。2009 年 12 月，它又更名为"左翼联盟"。相对 2008 年来说，尽管 2009 年 6 月激进左翼的整体得票率有所增加，提高到 6.4%，但各党得票率都是刚超过 3%，因而失去了其所有议席，即全部约 17 名议员。

毫不奇怪，意大利激进左翼的未来似乎面临很多问题。鉴于选举计算方法以及越来越明显的左 - 右两极化趋向，我们很难设想这两个相互竞争的激进左翼政党如何继续生存下去——即使两党联合起来，它们也会争斗不休。此外，由于现在处于意大利议会之外，它们丧失了约 3800 万欧元的公共资金支持（Newell 2010）。然而，文多拉的"左翼、生态和自由"联盟现在面临一个摆脱困境的良机。在 2011 年初的民意测验中，得益于文多拉作为普利亚州长的声望和媒体技术新应用在那些植根于社会运动的草根组织以及作为反建制的后共产主义"新政治"的联盟自身形象，"左翼、生态和自由"联盟的受欢迎程度已经超过 8%，这足以令其重新进入意大利议会。"左翼、生态和自由"联盟也受益于民主党的分裂：文多拉在初选中击败民主党候选人，重新获得州长职位；到 2010 年末时，文多拉在全国民调中领先，迫使民主党举行全国预选以选择一个能够利用民众愈益高涨的反贝卢斯科尼情绪的候选人（Castellina 2010）。然而，即使"左翼、生态和自由"的支持者也承认，联盟缺乏一个稳固的政党组织，由于其受欢迎程度过分依赖于文多拉的个人魅力，因此很可能会转瞬即逝。不管怎样，重建共的左翼联盟 2011 年初民调的支持率只有 2%，根本没有机会以独立身份重新进入议会。

总之，选举和政党体制等外部因素说明了重建共陨落的部分原因，尤其是为了给左翼联盟制造麻烦，使其变得难以驾驭，贝卢斯科尼政府有意设计了 2006 年选举法。总的来说，该法律非常强调职位和选票取向的灵活性。我们回想一下，重建共极大加剧了自身的危机。长期以来，能够通过战略和策略的灵活性来"重建"共产主义被视为其充满活力的体现。从其形成伊始，重建共就拥有一种议会外的、运动主义的高度民主精神，这种精神因为 1998 年科苏塔派的离开以及 2002 年"转向运动"而得以强化。这种精神也是党的"重建"身份的重要因素，但同时却也使其易于发生内部分裂，促使党内一些重要的少数派坚决抵制政治妥协，这逐渐与党的"职业选举"领导层的职位取向战略发生冲突。这些矛盾在 2006～2008 年得到鲜明体现，当时职位取向战略对团结联盟的生存至关重要，但对于愈来愈多的支持政策取向的党员来说，重建共的共产主义重建，似乎已经使党不复存在。在本书撰写之时，重建共似乎刚刚完成了这一过程。

法国：从转变到毁灭？

与希腊共产党一样，法国共产党通过改变党的领导人来尝试对其传统保守主义甚至是斯大林主义的政党形象进行变革。在整个 20 世纪 80 年代，党内的异议人士不断增加，但他们或者被不可救药的正统派乔治·马歇领导层所压制，或者被迫彻底离开法共。比如 1988 年，当法共"革新派"皮埃尔·余干（Pierre Juquin）在与法共候选人安德烈·拉茹瓦尼（André Lajoinie）竞争失败之后，就退出法共。法共似乎是希共的翻版，因为它也在很大程度上一直无视苏联的解体。直到法共在灾难性的 1994 年欧洲选举中只得到 6.9% 的选票，随后 74 岁的马歇辞职，这种情况才发生变化（Bell and Criddle 1994）。然而，到 1994 年 12 月罗贝尔·于接替马歇成为党的领袖之时，法共演绎了"大势已去"的经典案例。在其活动的各个方面，法共经历了将近 20 年的持续衰落，它错过了解决社会基础削弱的各种机会，而这种削弱因为抵抗一代的逝去、工人阶级的衰落以及消费主义的发展而进一步加剧。相反，马歇加强而非切断了与莫斯科的亲密联系，强化了民主集中制，没有尝试增加自己对于包括 1968 年后一代、女性和第二代移民在内新群体的吸引力（Knapp and Wright 2006）。

但事实证明，马歇之后的领导层也未能化解这一危机，在解决危机的过程中甚至使危机进一步加剧。法共 2007 年的得票率比以往更糟糕，在总统选举中只得到 1.9% 的选票，连续第二次未能达到 5%

的议会门槛，因而其竞选花费不能得到补偿。在随后的议会选举中，法共的得票率达到历史最低的 4.3%，从而提出了其未来生存等非常现实的问题。

但是，罗贝尔·于的转变承诺完全不同。法共试图与斯大林和苏联拉开距离（现在是"全部否定"而非马歇时期的"全部肯定"），尝试找到一条能够与共和主义传统联系起来的具有法兰西"民族特点的真正的社会主义"道路：法国共产党不再是一个"异域党"，而是"深深植根于法兰西民族的政党"（Hue 1995：46，2001）。这个党的欧洲共产主义化姗姗来迟，拒绝进行革命，转而支持和平、渐进地实现一个更加公正的社会，亦即实现革命性的变革（Knapp and Wright 2006：185）。它甚至反对教条地对待马克思列宁主义，同时也反对"各种大胆的自由思想"（Hue 1995：46），支持马克思早期的人道主义，而共产主义这一词语则被视为建立一个"更加人道、更加诚信、更加公正、更加自由"社会的愿景（Hue 1995：11）。法共试图超越工人阶级，在工薪阶层、妇女和具有特殊性倾向的少数人群中增强号召力——按照马克·拉扎的说法，是"色彩斑斓的共产主义"（Andolfatto 2001：216）。与此同时，法共与社会党重新建立联系，作为与社会党、绿党共同组建的"多元左翼"的组成部分，在 1997～2002 年社会党领袖莱昂纳尔·若斯潘领导的政府中任职。

然而，这种转变并非意大利重建共产党的"重建"，从许多方面看，只不过是一种表面功夫。的确，法共在 20 世纪 90 年代中期的选票比较稳定，这与罗贝尔·于开朗、坦率的个人形象有很大关系，而非党的形象持续变化的结果，而法共对多元左翼更大程度的开放无疑有助于其充分利用了 1997 年民众对中右翼朱佩政府的不满情绪（Hudson 2000：94）。法共改革了党的一些组织机构并重新命名，比如用向社会开放的"网络部门"取代了党的基层组织，但这些变化却令法共迷失了方向。尽管"保守派"逐渐边缘化，但党的最高领导层几乎没有很大变动。在 1997 年 11 月去世之前，马歇一直是全国委员会成员。1996 年 12 月对民主集中制的摒弃，表明法共根本上是分裂的：党的领导层与重建派针锋相对，后者对同社会党缓和关系持批判立场，试图与一些极端左翼和社会运动结成一个新的激进联盟。2010 年，这些左派中的许多人宣称法共是不能改革的；正统派阵营本身存在分裂，但在党的机构以及一些党组织，比如加来海峡省中居于主导地位。保守派忠诚于马歇时代的教条，即"现实存在的社会主义"，并对社会党和极左翼怀有敌意。① 党的领导层未能处理好分裂问题，这表明法共要花费更大的力气来解决党内的紧张关系。最终，罗贝尔·于仍然只是进行了一场戈尔巴乔夫式的改革：采取调和手段，与过去的制度纠缠不清，因而不可能首先改革目标（Buttin and Andolfatto 2002/3）。

法共面临一个根本的战略困境，即如何与 1977 年以来长期居于主导地位的社会党区分开来，后者从未完全支持布莱尔的"第三条道路"，从选举因素考虑，还经常会采取一些激进政策。罗贝尔·于的转变存在很大风险，有可能使法共消解于模糊不清的左翼社会民主主义之中。而且，两轮议会选举制也使得法共依附于社会党："暂停式"（stand-dowm）选举协议确保法共能够获得议会席位，它所剩无几的国内声望以及资金支持主要来源于此。长期以来，它只能在第二轮总统选举中支持更大的社会党，除此之外别无选择。

这种依附性的负面影响在 2002 年和 2007 年的总统选举中得到了

① 比如，昂纳克委员会（Honecker Committees）捍卫对 1917 年革命以及前东德领导人的记忆。法共左派指责社会民主主义，要求重新回到鼓吹革命和先锋党的发展道路上来。更多内容参见 Andolfatto 2001。

鲜明体现。1997～2002 年间，法共参加若斯潘政府的两位部长的表现备受赞誉。尽管也取得了诸如 35 小时工作周等共同成就，但法共仍然摆脱不了作为次要政府参与者的污点。这届政府提出的一些议题，正常情况下法共应该是坚决反对的：社会党政府执政时期，为准备进入欧元区而推行的私有化比以往六届政府的总和还多，同时它还支持北约轰炸南斯拉夫（Dunphy 2004：102；Krivine 2006）。人们几乎看不到法共对政府的影响（Bell 2010）。社会党领导人若斯潘再次参加竞选差强人意，而罗贝尔·于更是惨不忍睹：他与政府高层在康城会晤，是法共迷失方向的集中体现，造成其激进选民理想破灭；2002 年，他只获得了灾难性的 3.4% 的选票。2007 年，选民实益取向的投票（vote utile），也就是说选民投票支持社会党候选人塞格琳·贺雅尔（Ségolene Royal）以防止其同若斯潘在 2002 年一样不能进入第二轮选举，这令法共的处境更加困难。而整个非社会党左翼也面临同样情况。

同时，这种选举体制也促进了位于法共左侧的政党力量的增长，从而阻止了法共不至于偏离其核心太远。议会两阶段投票制为那些处于主要政党控制之外的候选人提供了机会，而国家将给予在议会选举中能够推举至少 75 位候选人的任何政党提供资金支持的规定，或许是 20 世纪 80 年代以来议会候选人激增的最重要的原因（Knapp and Wright 2006）。法国的极左翼是欧洲最充满朝气的力量（参见图 3－1）。其在 20 世纪 90 年代的发展植根于法国大革命的长期传统、普遍的经济不景气、反建制情绪以及 "多年来的耐心工作"（Bell 2003：80，2006）。90 年代前法共党内的宗派主义，表明它不可能像意大利共产党那样拉拢极左翼，而后者现在却可以轻而易举地利用法共显而易见的去激进化。法共当前面临的主要威胁，不是来自阿尔莱特·拉吉埃（Arlette Laguiller）和罗伯特·哈迪（Robert

Hardy）的正统托派秘密宗派组织"工人斗争"，而是新反资本主义党，这个党在 2009 年由"革命共产主义者同盟"发展而来。① 在富于亲和力的代言人、青年邮差奥利维·贝赞司诺（Olivier Besancenot）的领导下，新反资本主义党逐渐确立了多元主义、反建制和社会民粹主义的政党形象。在 2002 年和 2007 年总统选举中，贝赞司诺获得 4% 以上选票，两次超过法共。新反资本主义党的形成表明，革命共产主义者同盟正在逐渐超越托洛茨基主义，它提出要建立"21 世纪的社会主义"，主张与资本主义决裂，同时也不与共产党和社会党合作（Liégard 2009）。这些极左翼政党在工会尤其是最大的拥有 80 万名会员的"工人力量联盟"工会中具有重要影响力，新反资本主义党在社会运动中影响很大，通过拥有 9 万名会员的"团结工会联合会"与全球正义运动建立了密切联系。法共仍主要是一个由年老的、工人阶级男性组成的政党，极左翼政党逐渐在争取青年、服务部门和失业者的选票（Hildebrandt 2009b；Sperber 2010）。

如图 3 - 1 所示，极左翼政党"能够一鸣惊人，但却也极易瓦解"（Knapp and Wright 2006：203）。其许多选民并非忠诚的托洛茨基主义者，而只是利用极左翼来表达自己对其他政党，主要是作为"左翼良知"的政党的失望情绪（Sperber 2010）。尽管所获选票份额一直在减少，法共仍然是一个具有悠久历史的、有全国性基础组织的、拥有执政经验以及在各个层面都有当选代表的政党。这些都是党

---

① "工人斗争"党走了一条独立于托派国际的自治道路（它是国际共产主义联盟中最大的政党）。第三大托派政党是由皮埃尔·朗贝尔（Pierre Lambert）建立、达尼埃尔·格鲁克斯坦（Daniel Gluckstein）主导的"工人的党"（Parti de Travailleurs）。这个党选票在 0.5% 以下，在选举方面几乎没有影响，但是在"工人力量联盟"中存在一定基础。更多内容参见 Bell（2010）。

员少（这两个党或许只有 1.2 万党员，而法共宣称拥有 13.5 万党员）、轻视选举政治、天生无法统一起来的极端左翼政党所不具备的。但是，法共的持续衰落令人对其拥有的这些财富产生怀疑。

除了党分裂以及融入社会党外，法共面临三个基本的战略选择（Bell 2004；参考 Grunberg 2003）：1. 在复兴工会工作的基础上，坚持强硬路线、强调工人利益的斗争性，但这将面临与社会党分裂以及来自与极左翼竞争的风险；2. 建立反资本主义、生态社会主义和社会运动的"替代左翼"，这意味着抛弃共产主义遗产，支持"新左翼"身份，从而也就避免了前一种选择的风险；3. 坚持与社会党建立的温和左翼改良主义联盟，这意味着永远接受自己在联盟中扮演次要角色以及明确身份的潜在丧失。这三种战略都存在问题：后两种战略尤其要涉及采用哪种方法来重建党的问题。然而，无法断然选择任何具有连贯性的战略，这对法共的害处实在不浅——部分由于内部因素的影响，部分由于希望党留有更多的选择余地，法共一直在各种选择之间摇摆不定，仍然不能领导或使各种左翼力量团结起来（Bell 2010）。2003 年罗贝尔·于退休后，法共新任领导人玛丽-乔治·比费试图通过更多地批评社会党，强调捍卫工作和公共服务来部分扭转这种"转变"轨迹。此后，法共走向选择反资本主义，尝试与"革命共产主义者同盟"和反全球化的农民约瑟·博韦（José Bové）一起组建一个"反自由主义左翼"（Andolfatto 2004/5）。

2005 年反欧盟宪法条约运动，以及 2006 年反对旨在创造更为灵活的劳动法"首次雇佣合同"游行的成功，表明有可能建立一个广泛的反资本主义和疑欧论的联盟参加 2007 年总统选举。[①] 然而，参

①　"首次雇佣合同"只适用于不满 26 岁的雇员。其目的是通过移除在最初两年内提供解雇理由的相关义务，而使雇主能够更加容易地解雇员工。2006 年 4 月，希拉克总统撤销该法案。

与反欧盟宪法条约运动的一个显著部分来自社会党选民，面对右翼有可能赢得大选的前景，他们很难抛弃自己的党。而且，由于不能就共同的反资本主义总统候选人达成一致——三个托派政党、博韦和比费相互角逐这一人选——建立替代左翼的任何潜力消失殆尽；而在对待社会党态度上的分歧，加之法共试图统治联盟，也造成了建立替代左翼的失败。在这场致命的分裂中，只有贝桑瑟诺相对毫发无伤。其得票率从 4.25% 下降到 4.08%，但选票增加了 29 万张。与之相比，比费的反资本主义运动"三头落空"：它表现得不够反建制或闯劲十足，从而难以与贝桑瑟诺相竞争；对法共传统选民来说，它也表现得不够共产主义；从而最终不能获得足够的权威，以将激进左翼团结起来（Virot 2007）。

在经历了 2007 年总统选举的最低谷之后，法共的确得到部分恢复。在 2007 年议会选举中，尽管自 1958 年以来第一次没有达到议会党团所必需的 20 个代表，但法共在绿党和其他左翼代表的帮助下弥补了代表数的不足。此后，法共因为其竞争者内部的不一致而受益良多。2008 年 12 月法共全国代表大会批判先前的联盟战略，呼吁为 2009 年欧洲选举建立一个反对"里斯本条约的欧洲"的最广泛的左翼阵线，并最终与左翼党和一元左派组建了"左翼阵线"。左翼党是从持疑欧论的前社会党参议员让－吕克·梅朗雄（Jean－Luc Mélenchon）领导的社会党人中分裂出来的一个左翼组织，它是在 2008 年 12 月社会党全国代表大会上社会党左翼失败后组建的。一元左派源于新反资本主义党中的一个派别，它反对该党拒绝同法共联合参加欧盟选举。的确，极左翼政党再一次欺名盗世：它在 2007 年未能获得任何议席，而左翼阵线在 2009 年欧盟选举中完胜新反资本主义党。左翼阵线获得 6.47% 的选票和 5 个议席，比 2004 年的法共增加了 0.59 个百分点和 3 个议席，而新反资本主义党的得票率只有 4.98%，且没有获得任何议席，它未能有效利用贝桑瑟诺在全国极高的支持率。左翼阵线取得的令人惊讶的结果，归功于良好的组织和积极的竞选活动。但是，绿党的"欧洲生态名单"最为充分地利用了社会党的弱点，它提出了一个强烈支持社会保护的纲领，其获得的选票几乎与社会党持平（Europe Écologie 2009）。

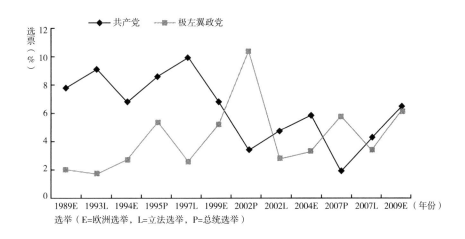

图 3-1 1989 年以来法国大选中的共产党和极左翼政党

然而，左翼联盟 2009 年选举的成功，使得联盟注定要继续坚持下去，这也表明法共将遵循德国左翼党的发展轨迹，转向成为一个意识形态上更为温和的后共产主义政党。的确，2010 年 6 月走马上任的法共新领导人皮埃尔·洛朗，多次热情地支持左翼阵线（Laurent 2011）。在 2010 年的地方选举中，尽管在第一轮选举中由于未能与社会党达成协议，力量受到削弱，但左翼联盟表现尚可。随后的 2011 年大区选举使其得到充分表现，共获得 9% 选票，致使"欧洲生态名单"跌落至第五位。尤其在社会党面临与德国社民党类似的境况下，即尽管在 2010～2011 年选举中力量有所恢复，但面临内部分裂、连续三次在总统选举中落败、2009 年选举中只比绿党高 0.2 个百分点，左翼联盟的计划大有前途。对于能够将社民党左侧的组织团结起来的力量而言，这赋予其一个能够利用萨科齐总统声望下降的重要机会。然而，与德国民主社会主义党迅速融合于左翼民主党不同，法共在左翼阵线联盟中的确切定位尚未解决。尽管梅朗雄期望建立一个新党，但许多共产党人拒绝接受"法共消失"，联盟间的协商因而曲折重重（Alemagna 2010）。而且，虽然到 2011 年时，梅朗雄的国内声望已经超过贝桑瑟诺，但整个左翼阵线仍然缺少像推动德国左翼党建立的比斯基 - 拉方丹轴心那样富有魅力的领导层。截至 2011 年初本书写作之时，法共似乎同意支持梅朗雄作为 2012 年总统候选人，这将推动左翼阵线达到一个新的发展水平（相关讨论参见 Laurent 2011）。但是，梅朗雄相对特立独行的立场（比如，与法共不同，他支持 2011 年对利比亚的军事干预），很有可能诱发内部摩擦。

左翼阵线是一个典型的"政治迟到者"，它进入的是一个异常拥挤的选举舞台。尽管 2009 年选举结果削弱了新反资本主义党的力量，其影响力随后也由于内部分裂和宗派主义而丧失，但它仍然拥有一个极富个人魅力、在全国享有盛名的精神领袖贝桑瑟诺（Gauche Unitaire 2011）。然而，最大的挑战者或许是玛丽娜·勒庞（Marne Le Pen），她在 2011 年 1 月接替父亲让 - 玛丽成为极右翼政党国民阵线的领导者，她提出了受媒体欢迎、看似可敬的右翼民粹主义主张（Crumley 2011）。在 2011 年 3 月的大区选举中，国民阵线 15% 的民测结果排在第三位；在 2011 年年初关于总统选举的民意测验中，勒庞甚至占据首位。这使她获得了一个绝佳机会，可以继续推进她的父亲窃取法共的"左翼 - 勒庞派"（gaucho - lepéniste）选民的传统（参考 Mayer 1999）。

殊途同归？

戴维·贝尔说，"共产主义可以决裂但却不会屈服"，这说明了共产主义本身固有的保守主义和反改革主义（David Bell 2004：33）。这种说法未免过于夸张，尤其因为共产主义越来越展现出折中和多样性发展倾向，"正统的"共产主义现在甚至不再存在。显然，拥有保守共产党身份的希腊共产党，除了民粹主义的反资本主义方向外，其苏联时代的斯大林主义形象以及革命的反体制立场几乎没有发生变化，因此最接近经典的马克思－列宁主义政党，尤其是意大利重建共产党和法国共产党都是改革的共产党，它们在寻求新马克思主义的过程中否定其斯大林主义和列宁主义传承，逐渐接纳新左翼议程，尝试吸引具有后物质主义价值观以及受教育程度更高的更多中间阶级和年轻选民（参考 Marantzidis 2003/4）。

然而，贝尔的说法在一般意义上也是正确的。在上述分析中，没有任何一个共产党能够重新达到 1989 年前的选举和社会支持水平，每一个共产党都仍然受到先前危机后遗症的影响，包括依赖于老社会阶层、衰落的"红色地带"，以及或许更具显著意义的面临内部战略和身份困境的强烈的政策取向身份，这些困境起源于 1989 年前，阻碍了这些党采取灵活性政策适应选举环境。

希腊共产党首先展现了共产主义的这种"坚定性"，但也恰恰源于它很少改变，从而彰显了一种极强的适应能力。希共已经将潜在的不足转换成优势：在党内一直异常强大的保守派想方设法控制着党内变迁，恢复了党的"英雄般可用的过去"；苏联时代的"便携式技巧"证明是有用的：保守派利用传统的纪律肃清反对派，牢固地控制着党组织，一直以来很少有所动摇。希共的战略显示了一种

"根深蒂固的自我保护感和意识形态纯粹性"（Kalyvas and Marantzidis 2003：689），这在西欧其他国家不可能取得成功。它从有利的外部环境中受益良多：不可能出现选举联盟、软弱而分裂的民主社会主义对手、对社会经济的普遍不满。这些条件经常适用于东欧国家，而在西欧地区，即使不如希腊共产党保守但一直坚守着马克思－列宁主义意识形态的葡萄牙共产党，也发现自己的地位日益受到左翼集团的威胁，这个民主社会主义的政党远比左翼联盟团结得多。

与之相比，意大利重建共产党并非只是意大利共产党传统意义的共产主义继任党；事实上，它只是在部分意义上依赖于意共可用的历史，其新左翼和"反全球化"姿态为其赢得了额外的支持以及革新者的形象。当然由于重建共最终未能将意共贝林格式的历史妥协传统，与许多党员的自治主义和"运动主义"诉求有效结合起来，这些获益到2010年时丧失殆尽。正如布尔（Bull 1994）指出的，"重建"共产主义的前景问题重重，而首先提出的就是从古生代共产主义转向与左翼社会民主主义几无二致、相形见绌的共产主义问题。的确，意大利重建共和法共日益展现出去激进化倾向，现在只是含糊地谈到要"克服"或"超越"资本主义。尽管在意识形态上保持着对民主社会主义的某种仇恨和对超议会方法的忠诚，但其对中左翼的议会依附，表明它们已不再是任何真正意义上的反体制政党，尽管各党内都存在明显的少数派倾向。

的确，围绕捍卫还是超越党的共产主义身份问题，意大利重建共长期一直在进行激烈的内部斗争。2008年，正是在这些路线问题上重建共发生分裂，绝大多数党员反对将党融入一个更广泛的联盟，即离开作为其衍生物的"左翼、生态和自由"，发展一种明确的后共产主义导向。重建共从一开始就未能解决妥协派与非妥协派之间的争论；重建共建党时创立了一种多元主义、权力分散的组织形式，领导人从来不能有效地集中，很容易在关键时刻发生分裂和碎片化。而且，尽管党内的政策发展取向推动重建共转向议会外政治，但政党体制的动态发展形成了一股不断削弱党的"外部冲击"力量，促使其在2006年结成了一个选票取向的选举联盟。最终，重建共尝试在政府内外脚踏两只船，但实践证明，这是一种灾难性的不连贯性政策。外部压力甚至可以摧毁一个团结的大党，到2006年时重建共几乎一无所有。

法共也遭遇了类似但相对并不算巨大的压力。它也曾面对被融入更广泛左翼联盟、被迫与中左翼合作、在参与执政时做出妥协等发展前景，其选举优势也遭到显著削弱。但相对于重建共来说，法共在改革共产主义方面更加踌躇不决，因而在意识形态与组织方面展现出更大的连续性。实践证明，这种连续性在采取先发制人策略以及不断扭转党的衰落趋势方面造成了很多问题，但却也能够避免发生急剧演变，使党能够在联盟失败后更好地生存下来。这使法共减少了重建共所遭遇的来自于极左翼的内部分裂威胁，尽管作为其结果，极左翼的外部选举威胁对法共的影响更大，但由于法共仍然在组织上拥有一个坚强核心，因此这种威胁的影响非常有限。

本章指出的一些发展模式也适用于其他共产党。如表3-1所示，在西欧，1989年以来只有塞浦路斯劳动人民进步党的支持率得到增加。正如我们在前面章节看到的，这个党在1989年前已经明确支持温和、灵活、跨阶级的政策。劳进党一直坚持这一路线，将苏联时代可用的过去和便携式技巧（一种激进的工人主义亚文化与严格的纪律），与干部的不断更新、温和的意识形态和跨阶级战略结合起来，比如它在2003年支持中派的塔索斯·帕帕佐普洛斯（Tassos Papadopoulos）当选总统（比如Dunphy and Bale 2007）。劳进党因此挺过了 80 年代末的党内争论，甚至在 2003 年后加入了执政联盟。党的总书记季米特里斯·赫里斯托菲亚斯（Dimitris Christofias）2008 年当选总统，这标志着第一个实际上由劳进党主导的政府出现了。劳进党的经历表明，在一个强有力的位置上改革共产主义，但同时保持组织控制权的严格集中具有重要意义。然而，劳进党只是这条规则的一个例外。在所有其他西欧共产党中，只有意大利共产党在 80 年代拥有类似的实力，但其在工人阶级的包装、党内纪律，更不用说领导层的列宁主义倾向方面，都比劳进党弱得多，因而不可能制造一个类似的、"改革的共产党"取得成功的结果。

更为普遍的模式是，无论保守还是改革的共产党，忠诚于共产主义毫无出路可言。正如表 3-1 所显示的那样，共产党现在的确只在很少几个西欧国家具有相关性。那些我们没有研究的相关共产党，也同样遭遇类似的外部和内部困境。比如，尽管曾经是欧洲共产主义的开拓党，西班牙共产党在 90 年代末时已经遭遇一场极大削弱了党的力量的危机，其部分原因是西共在对待其选举联盟（"联合左翼"）和中左翼社会党问题上，不能摆脱其传统的宗派主义战略。这导致在 2000 年大选中西共成为联合左翼中唯一具有显著意义的政党，而在更广泛的政党体系中西共也不再拥有盟友（Ramiro – Fernández 2005；Chari 2005）。

希腊共产党的经历证明，共产党的成功经常更多地源于外部环境的变化，尤其是用抗议票来表达不满以及选民对中左翼政党的幻灭，而非一直犹豫不决且被质疑的党内革新。尤其在参加政府问题上持续的党内分裂、老龄化、衰落的亚文化和组织上的保守主义，令许多共产党的抗议生境被其他"冒牌货"占据，法共的例子生动地说明了这一点。

　　总之，尽管哈德森（Hudson 2000）把共产党视为其新欧洲左翼的核心，但无论与其在苏联时代的成就比较，还是从当前的选举、组织实力和战略困境看，共产党的当代处境（塞浦路斯劳进党除外）相当危险。人们可能不会否认，从中期看共产党仍然将在政党体制中占据一些小生境，在外部条件有利时尤其会出现这种情况。但共产主义遗产似乎仍然是西欧激进左翼政党实现持续和长期性复兴的障碍而非促进因素。

第四章

东欧共产党的衰落和（部分）复兴

自 1991 年以来，东欧共产党比西欧共产党呈现更强的生命力。在许多国家，共产党一直是最大政党，也是最能持续赢得大选成功的政党。例如，俄罗斯和乌克兰共产党拥有最大的全国议会党团，并且推举出具有竞争力的总统候选人。此外，摩尔多瓦共产党人党堪称欧洲有史以来参加议会最成功的共产党，曾经在 2001 年、2005年以及 2009 年 4 月和 7 月 4 次以超过 40% 的得票率主导国家大选。这样的结果令西方共产党（除塞浦路斯劳动人民进步党外）望尘莫及。

本章进一步关注三个共产党：捷克的波西米亚－摩拉维亚共产党、摩尔多瓦共和国的共产党人党以及俄罗斯联邦共产党。前者是中东欧最重要的共产党，后两个共产党则是苏联地区最重要的共产党。

这三个案例进一步说明，"正统的"共产主义已经不复存在：这三个共产党通常都被视为顽固守旧的政党，但实际上它们已经形成了迥异于过去的意识形态轮廓和轨迹。在导论中，笔者对"改革的"和"保守的"共产党做出了区分。这三个共产党证明需要灵活对待这种区分。俄罗斯联邦共产党尽管不再自视为一支革命党，但从其挪用的斯大林式、民族主义的"国家爱国主义"看，显然是最保守和"极端的左翼"。捷摩共对苏联，甚至是斯大林主义的遗产持一种相对不批判态度，但也不再自视为一个马列主义政党，党内"新共产主义"派致力于推动党朝着更为民主社会主义的方向转变。摩尔多瓦共产党人党在组织上，以及可以说是文化上仍然是一个列宁主义政党，但一直在寻求最意识形态的"改良主义"、实用主义和职位取向战略，日益朝着社会民主主义方向前进，却缺乏意识形态上任何真正的连贯性。

在选举方面，它们的发展轨迹同样存在差别：捷摩共在政治上孤立，但在捷克的政党体系中却一直相对稳定。俄罗斯联邦共产党通过广泛结盟战略在初期大获成功，但此后却经历了急剧衰落。摩尔多瓦共产党人党辉煌的成功终结于 2009 ~ 2010 年，在这一年它未能再次获得选举胜利，沦为在野党。总而言之，尽管东欧共产党发展路径迥异且拥有更大的支持基础，但在保持长期稳定性方面，东欧共产党与西欧共产党面临类似的问题：它们不是凭借有利的外部环境，而是依靠抗议性投票。

解析东欧的"成功"

从表 4 - 1 可以清楚地看到，尽管一些东欧共产党远比其西欧同行强大，但其整体表现同样不均衡；尽管小党派几乎存在于所有国家，但共产党只在相对很少几个国家具有相关性，在许多国家，主要是中东欧和东南欧国家根本不是重要力量。为什么会出现这种情况？

一般而言，鉴于只是存在于先前铁幕背后的那些特定的选举和政党体系机会，左翼无论激进与否，越往东相对越成功是"显然可以解释"的现象（Hough 2003：2）。例如，从苏联命令经济"过渡"引发的社会经济问题，比如失业增加、通货膨胀、个人和社会不安全感，以及"社会主义价值观文化"的存续展示出的对国家福利主义的强烈支持，是东欧左翼在 20 世纪 90 年代复兴的温床（Mahr and Nagle 1995；Christensen 1998）。正如下面几章所显示，这也是社会民粹主义政党发展的沃土。

对苏联时代的怀念也很普遍。从至少在最初阶段新民主政权糟糕的表现看——经常表现为腐败、犯罪的升级，社会两极分化和种族关系紧张——这并不能证明是对马克思列宁主义（更不是对斯大林）的怀恋，而是对共产党国家的稳定、普世主义和家长式统治的回溯式重新评估。在苏联地区，20 世纪 90 年代有时损失超过国内生产总值 50% 的更大程度的经济破坏，经常让人想到的是"崩溃"，而非"过渡"或者"进步"（Cohen 2001）。特别是由于新"民主派"常常来自知识阶层，几乎没有执政经验，其贫瘠的领导技巧对于前执政党的继任党来说，恰恰是能够证明其便携式技巧且能够助其恢复影响力的有利条件。这些技巧包括一种高度纪律性的"组织化共产主义"文化、管理经验以及个人和经济关系网，这尤其体现在前执政党精英之中（Zubek 1995；Grzymaa – Busse 2002）。

东欧激进左翼政党表现不均衡的主要原因在于，在得票率和参与政府方面，一些最成功的继任党是非激进的中左翼政党，例如匈牙利社会党或波兰民主左派联盟。这些党加入了社会党国际，并且一致支持私有化以及融入欧洲 – 大西洋政治和经济结构。

对继任党战略最有说服力的一种解释，是共产主义遗产的类型，这强烈影响着外部政党体系的限制条件，以及各党内派系间的平衡。例如，基茨切尔特等人（Kitschelt et al. 1999）指出了三种理想型遗产："国家调节"、"世袭"和"官僚专制"共产主义。国家调节共产

表 4 - 1　相关东欧共产党议会选举情况：1990～2010 年

年份	1990	1991	1992	1993	1994	1995	1996	1997	1998	1999	2000	2001	2002	2003	2004	2005	2006	2007	2008	2009	2010
捷克波西米亚－摩拉维亚共产党	13.2		14.0 (a)				10.3		11.0				18.5				12.8				11.3
拉脱维亚社会党						5.6			14.2 (b)				19.1 (b)				14.4 (c)				26.0 (c)
摩尔多瓦共产党人党									30.1			50.1					46.0			49.5 (4月) 44.7 (7月)	39.3
俄罗斯联邦共产党				12.4		22.3				24.3				12.6				11.6			
斯洛伐克共产党			0.8		2.7				2.8				6.3				3.9				0.83
乌克兰共产党					12.7				24.7				20.0				3.7	5.4			

注释：§ 在 2011 年，迄今为止没有选举；（a）"左翼集团" 联盟的组成部分；（b）"统一拉脱维亚人权" 联盟的组成部分；（c）"和谐中心" 联盟的组成部分。

资料来源：www.parties - and - elections.de, http://www.volbysr.sk/nrsr2010/sr/tab3_en.html（2011 年 4 月 15 日访问）。2011 年 5 月 20 日数据更正。

主义存在于强有力施行过共产主义的地方，这种类型的共产主义具有较少的国内合法性，公民社会的主导地位不完善，因此更多的是寻求通过合作而非镇压来执政，比如波兰、匈牙利、斯洛文尼亚、克罗地亚和波罗的海各国。由于缺乏合法性，国家调节型政党有强力主张改革的干部，他们主导着党的转型，并且迅速抛弃了列宁主义。由于先前的政权很少有压迫性，这些继任党从一开始就面对更为强大的选举反对派，这推动它们进一步朝着后列宁主义的方向转变。

捷克斯洛伐克和民主德国的"官僚专制"政权存在于共产主义将自身嫁接到之前存在过社会主义和民主传统的发达工业社会。因此，政权的发展是集中式的，集权的官僚制深深根植于工人阶级选民——这导致形成了极具压制性和保守主义的党国家——同时也面对着坚韧的民主反对派。因此，改革反对派既不能与他们的对手谈判，也不能采取先发制人措施保持自己的地位，这种党－国家在面对大众反抗时会最终崩溃。从捷摩共我们可以看到，在后共产主义时代，官僚专制的继任党往往是保守的，处于边缘状态——20世纪90年代，在民主反对派已经广受欢迎且组织良好的政党体系中，反改革的历史几乎不能提供任何便携式技巧。

最后一个相关遗产是在大部分苏联地区、塞尔维亚、罗马尼亚和保加利亚的"世袭共产主义"。这种类型的共产主义产生于具有弱民主传统、历史上不发达的农业国家。这种政权采取传统的等级制社会结构和资助关系网，以"巩固"自身在政治体系中的地位。较之国家调节型的共产党，这种共产主义享有更多的国内合法性，与官僚专制型相比，反对派力量也更加弱小，其继任党具有较弱的改良主义倾向。在后苏联时代初期，这种类型的共产党只是部分地自由化，部分地抛弃了列宁主义，朝着国家主义/民粹主义的方向发展，这主要通过诉诸强大而有用的过去，以及保持封闭的苏联时代精英网络来实现。例如，20世纪90年代，塞尔维亚、罗马尼亚和保加利亚继任党在前政权知情者的资助组织中扮演的角色，可以在部分意义上说明其民粹主义色调。在苏联地区，大部分党员仍然"沉浸在苏联式发展的神话"中（Wilson 2002：23），对抛弃马列主义犹豫不决，甚至还被受到了斯大林"一国社会主义"启发的"国家共产主义"所吸引。在他们看来，共产主义与其说是一种抽象的理论概念，不如说是与爱国主义成就，比如苏联的福利主义、第二次世界大战的军事胜利和苏联的超级大国地位相关的土生土长的传统。

　　显然，遗产的作用只有这些，当苏联时代已经成为历史后尤其如此。但显而易见，我们将做出分析的那些党的力量很大程度上来自历史遗产：在最基本的层面上，他们继承了意识形态蓝图、可辨识的身份、群众党员以及令其他竞争者在20世纪90年代相形见绌的选区，甚至与西欧共产党一样，其支持尤其得到巩固的"红色地带"，比如俄罗斯西南部农业区，或者摩尔多瓦的科姆拉茨和巴蒂，在这些城市中摩尔多瓦共产党人党清晰表达了俄罗斯人的抗议情绪。

　　此外，捷摩共的经历表明，这种遗产并非都是有利的。在一些前世袭共产主义体系中，继任党并未垄断共产主义时代的政治资本，这些政治资本已通过政治体制被瓜分了。例如，1991年8月强硬派发动的反米哈伊尔·戈尔巴乔夫政变失败之后，在每一个苏维埃共和国，共产党的活动都被禁止。一种几乎非常普遍的现象是，一些前苏共精英利用党禁，占用了党的大量财产和资源。因此，在党禁解除之后，共产党经常要面对精英们设置的一系列巨大的经济和行政障碍，在专制程度更高的那些国家尤其如此。例如在经常被称为"欧洲最后的独裁国家"的白俄罗斯，1996年，通过组建一个亲卢卡申科的白俄罗斯共产党，卢卡申科政府分裂了反对派白俄罗斯共产党人党。在一般情况下，除了依靠其在苏联时期的政治资本外，能够发展一种长久的吸引力，对每一支共产党来说都是重要的挑战。

最后，许多东欧共产党的发展轨迹往往取决于偶然的决定或者法律－制度的限制。正如上文所提到的，在阿尔巴尼亚和波罗的海诸国，共产党仍然被宣布为非法或者遭到镇压。例如，拉脱维亚共产党的继任党变成了拉脱维亚社会党。但是，这种身份只是为了合法化的被迫更名，该党本质上依然是共产党，它庆祝苏联时代的节日，宣称其目标是"在政治组织上继续坚持马克思主义思想"（LSP 2011）。从本质上讲，拉脱维亚社会党仍然是一个共产党，其多数纲领立场和国际结盟与保守的共产党类似。党的领袖阿尔弗里茨·卢比克斯（Alfreds Rubiks）也是前拉脱维亚共产党领导人，由于牵连进 1991 年 1 月一场失败的支持莫斯科的政变，而被禁止参加全国大选。[1]

此外，与西欧相比，东欧的议会门槛更具有相似性。议会门槛已经将拥有大规模议会外存在的一些小党排除在国家立法机构之外。这主要是指匈牙利工人党，该党在 1998 年获得 4% 的选票，但未获得议会席位。在一些情况下，比如保加利亚和塞尔维亚，共产党只能通过加入更大的选举联盟才能获得席位。比如，南斯拉夫左翼是一个由 23 个激进左翼小党建立的联盟，在 20 世纪 90 年代，它与斯洛博丹·米洛舍维奇的妻子米拉·马尔科维奇领导的塞尔维亚社会党联合参加大选。[2]

我们考察了三个最大的东欧共产党迥异的发展轨迹，接下来需要进一步分析共产党的"成功"。

---

① 利用这一法律漏洞，卢比克斯于 2009 年 6 月当选为拉脱维亚欧洲议会会员。

② 南斯拉夫左翼本质上是一个"政治集团"，而非一个政党，尽管声称忠于共产主义意识形态，但事实上是那些"面临法律困境的暴发户的政治避难所"（Branković 2002：207）。

捷克波西米亚－摩拉维亚共产党：
从胜利者到牺牲者？①

上述"官僚专制"共产主义遗产，很大程度上解释了捷摩共作为中东欧地区唯一具有相关性共产党的独特地位。前执政党捷克斯洛伐克共产党曾是战争期间和战后欧洲最强大的共产党之一。捷摩共的当代选举基础，与捷克共产党1946年的选区密切相关。20世纪90年代末之前，捷摩共大规模的党员基础甚至使其成为后共产主义时期中东欧最大的政党，该党最大的诉求是成为一个真正的群众性政党，尽管党在工会或市民社会中几乎没有广泛影响，并且党员数以每年6~7个百分点的速度下降。②

捷摩共的演进，也是一个在"形成时期"领导人不利决策的典型案例。1968年苏联镇压"布拉格之春"后，"标准化"意味着"对改革派的全面压制以及僵化教条的胜利"（Strmiska 2002：222）。1989年11月，面对社会动荡，捷克共产党领导层瘫痪，轻易放弃了领导权。在接下来的几个月时间里，党的主要领导人更替。捷克共产党重组为捷克的波西米亚－摩拉维亚共产党，1990年10月后由前捷克共产党一名普通党员，未受领导层政策玷污的杰瑞·萨维博达（Jiří Svoboda）领导。然而，领导层缺乏组织集中、尽早和果断地与过去决裂以及重塑党的形象所必需的便携式技巧。1990~1993年间，

① 汉利（Hanly 2001；2002b）和贺路伯（Holubec 2010）对捷摩共进行过详细论述。除非特别说明，本节信息全部来自上述资源。

② 捷摩共2010年的党员（1050万人口中有7万党员，占人口总数的0.67%）可与俄罗斯联邦共产党（14290万人口中有18万党员，占人口总数的0.13%）相对比。现在，摩尔多瓦共产党人党拥有最大的代表率（350万人口中有3万党员，占人口总数的0.86%）。

该党在民主社会主义发展方向上摇摆不定，在强调与 1968 年"具有人道面孔的社会主义"，以及遭到"标准化"破坏的"社会主义群众党"传统保持连续性的同时，也接受了议会多元主义，并谴责斯大林滥用人权。

实践证明，对"社会主义群众"激进分子基础的强调存在很多问题。党的领导人自认为正在复兴被压制的参与性传统，而捷摩共庞大的党员基础以及捷克共产党以前的一些财产，为其提供了其他竞争者所不具备的资源。然而，由于没有与捷克共产党明确断绝关系，在1990～1992 年间，捷摩共成了一些前共产党人重新开展政治活动的舞台。这帮助保守的"标准化者"获得主导地位，他们得到 3/4 多数的支持，反对萨维博达改变党的名称、意识形态和党纲。他们很可能别无选择，因为捷克社会民主党已经占据了政党光谱上中左翼的小生境。然而，格瑞斯马拉·巴斯（2002：194 – 5）认为，直到 1993年前，捷克社会民主党一直非常弱小，因此捷摩共完全有改革的机会。然而，机会被浪费掉了，萨维博达和多数改革派离开了捷摩共。他们中的许多人在 1993 年加入了捷克社会民主党。

从长期看，对老龄党员的关注妨碍了重要政策的转变，并且引发了越来越多的资源和动员问题。今天，捷摩共已经成为欧洲激进左翼政党中党员年龄最大的党——70% 党员的年龄超 70 岁，只有 7.9%的成员是 1991 年后入党的（Holubec 2010）。捷摩共只是在 1993 年后才姗姗来迟地、部分地恢复了民主集中制，包括取消了党的各种论坛。相应的，该党被迫采取一种内向型、政策取向战略，以安抚党员的反政权情绪。捷摩共的确可以被视为是一个与社会隔绝的"亚文化政党"，关注于为其支持者提供身份和关系网，而非争取更多的选民（Hanley 2002b）。更具危害性的是，捷摩共自我选择的小生境，令一度边缘化的捷克社会民主党取得了 1996 年大选胜利，成为左翼中占主导地位的政党，赢得了那些本可能支持共产党继任党的过渡"失败者"的支持。

尽管捷摩共经常被视为一个教条的庞然大物，但在党的标志和一些党纲内容上，远不如摩尔多瓦和俄罗斯共产党正统，后者仍然宣称是马列主义政党，采用镰刀斧头作为党的标志，而捷摩共的党标是在捷克共产党的红星基础上加上了两颗红樱桃。与之不同，捷摩共自称马克思主义政党，而非列宁主义政党。前捷克共产党领导人米罗斯拉夫·斯捷潘（Miroslav Štepan）领导的最反动的一派在1995年脱党，并重建捷克共产党；该党并不参加选举，捷摩共视之为一种"挑衅"（KSČM 2003年）。

此外，捷摩共的文件显示了对参与式和多元社会主义的承诺。民主不再被视为"一个时髦的口号，而是一项绝对的需求"（KSČM，2007年），而这种需求得到了一度被轻视的工人自我管理和直接民主的支持，尽管在20世纪90年代初因保守派的缘故，"民主社会主义"的提法已经被"现代社会主义"所取代。这种社会主义被构设为一个系统的资本主义替代方案。尽管捷摩共支持包括中小企业在内的市场经济和限制私有化，但这种经济的基础是社会所有制形式（合作社和股份制）和对海外投资的控制。

该党的"民族的真正社会主义"是通过民族主义表达的，利用了历史上对德国的憎恨情绪和反美主义。捷摩共尤其主张退出北约。例如，该党获得了德国苏台德地区的支持，坚决反对撤销授权驱逐1945～1947年间在捷克斯洛伐克的德国人的贝奈斯法令，坚决反对归还德国财产。捷摩共同俄罗斯联邦共产党和摩尔多瓦共产党人党一样寻求捍卫民族文化，同俄罗斯联邦共产党一样反对西方化和美国的影响。党的疑欧论具有民族主义和社会主义的动机：它寻求选择性的融合，例如通过采用欧盟的《社会宪章》以改善社会和劳工的条件，但在关键领域尝试通过保护国民经济生产者维护国家主权（KSČM，1999 年）。

捷摩共内部发生了分裂。"新共产主义者"更加批判共产主义历史，定位于如同德国左翼党那样的非共产主义激进左翼政党，主张对待欧盟采取一种更具建设性的方法。"保守派"寄望于中国和俄罗斯的共产党，将欧盟视作一个"新自由主义的阴谋"（Handl 2005）。领导层在这两股力量间进行仲裁，力量均势周期性地发生变化，虽然与绝大多数怀旧的包括列宁主义者和斯大林主义者在内的传统主义者结盟的保守派，往往能够在寻求强化传统身份和话语的"左派－退却联盟"中占据主导地位。从表面上看，捷摩共青年的一个小组织——大约 600 人的共产主义青年联盟，是斯大林式组织，其标志是镰刀和斧头。其形象令捷摩共领导层处于尴尬境地，它必然限制了党对社会运动的吸引力，尽管捷克共和国的社会运动非常弱小。2006 ~ 2010 年间，共产主义青年联盟被内政部取缔，因为其章程承诺"革命推翻"资本主义，后来修正为"革命性转型"。在许多人看来，共产主义青年联盟缺乏影响力，以及一些极右翼团体的横行无阻，在政治上推动了这一决定的出台（Richter 2010）。

如果不考虑政策上的细微差别，捷摩共在处理其压迫性历史方面彻头彻尾失败了。其前领导人米罗斯拉夫·格雷贝尼切克（Miroslav Grebeníček）（1993 ~ 2005 年）是一个前秘密警察审讯者的儿子，他成为捷摩共"反改革"的象征，而捷摩共党员则不成比例地由大量前陆军军官和警察组成。党的文件"回避地"和"委婉地"将共产主义的崩溃描述为"官僚变形"的结果（Hanley 2002b：153；Balík 2005）。格雷贝尼切克（Grebeníček 2005）在肯定布拉格之春积极影响方面犹豫不决，将 1989 年前的共产主义视为当代更可取的政体（Grebeníček 2005）。对于许多人来说，党呈现"双重面孔"，相较于其对外部世界所展现的相对"民主的"社会主义形象，其内部资料则体现出更加传统主义和怀旧的一面（Hloušek and Kopeček 2010）。

此外，尽管在地方政府中的有效存在有助于其参加选举，但该党所采取的政策不足以阻止其对抗议性投票的严重依赖。由于在 2000 年地方选举中表现出色（获得 21% 的选票），捷摩共于 2002 年 6 月赢得了有史以来下议院最好的选举结果，获得 18.5% 的选票，200 个席位中的 41 席，多获得了 23 万张选票，作为国家第三大党的地位得以巩固。在 2004 年欧洲议会选举中，捷摩共甚至以 20.3% 的选票和 24 个席位中的 6 席，跃升至第二位。然而，地区和欧洲议会选举投票人数很低，与其说该党的成功归功于自身努力，倒不如说是由于公众对执政社会民主党的"政治倾向和卡特尔式行为方式"的不满（其后在一份"反对派协议"中，得到右翼公民民主党支持），以及排外主义极右翼共和党的土崩瓦解（Hanley 2002a：2）。的确，捷摩共遭遇选举成功的冲击。选举的胜利加剧了内部摩擦；党未能充分利用这次取得的突破。随着社会民主党在 2006 年的复兴，捷摩共失去了在 2002 年获得的额外选票，在内部指责的包围声中，其议席数降到 26 席。在 2009 年的欧洲选举中，选票出现部分恢复，达到 14.2%，但这仍然意味着失去了 2 个议员席位。

捷克形式上的选举法并未对捷摩共造成特殊危害；捷摩共轻松超越了下议院比例代表制 5% 的议会门槛，尽管其在参议院两轮多数选举制中表现并不好，2010 年仅仅获得 81 个参议员席位中的 3 席。的确，随着党员人数下降，该党已经越来越依赖基于选举结果和议员数得到的国家财政拨款。如同曾经的意大利共产党一样，捷摩共成为一份非正式排除协议的受害者。标准化的遗产、捷克共产党覆亡的性质（与协商性的政党退出相比，执政党的崩溃导致了导向更大程度的两极化）及其教条式的形象，促使强烈的反共产主义和新自由主义公众话语通过主流媒体进一步放大了。这反过来又强化了党的防御心态。在第一任后共产主义时代总统瓦茨拉夫·哈维尔（Václav Havel，1993~2003年）治下，捷摩共被排除在联盟协商、公平分配议会委员会席位甚至与总统会面之外。甚至在1998~2006年执政期间偶尔依靠捷摩共支持的社会民主党，在共产党为其过去的历史赎罪并承认捷克的北约成员身份之前，也明确排除了与之结盟的可能性，即使从数学上看（在2006年）这种"左－左"（社会民主党－捷摩共）联盟有可能取得执政地位的情况下亦是如此。但是这种排除异己的做法适得其反：它只是维持了捷摩共产党被排除在外的形象——"一只混迹在政治当权派狼群中的雪白羔羊"（Pehe 2006）。

后来，防线稍微被攻破，2002年后，捷摩共首次获得了按比例分配的议会席位，以及应有政党提名的公共机构职位。2003年，捷摩共支持撒切尔倾向的瓦茨拉夫·克劳斯（Václav Klaus）担任总统，这在党内引发争议，但由于克劳斯秉持疑欧主义和民族主义立场，这种做法也可以理解。作为回报，克劳斯首次将共产党领导人纳入各党协商，并在未来总统任命中做出让步（Hanley 2004）。捷摩共最终在2006年赢得了一定比例（2个）的议会委员会席位。

此外，在伊日·帕劳贝克（Jiří Paroubek）的领导下（2006~2010年），社会民主党实现左转，尽管依然拒绝社会民主党－捷摩共的全国联盟，并不失时机地利用反共言论，但这的确令该党的反共主义有所软化。社会民主党在议会中逐渐开始与共产党合作，设想共产党能够支持社会民主党的少数派政府（Kopeček and Pšeja 2008）。在地方层面，双方的合作越来越多：2008年10月地方选举捷摩共获得15%的选票后，两党在卡罗维瓦里和摩拉维亚北部结成联盟，而捷摩共在总共13个地区4个支持社会民主党。一般来说，捷摩共在主要城市力量较为弱小，自 2006 年以来仅在一个地区（莫斯特）执政（Holubec 2010）。

捷摩共逐渐开始寻求加强自身的结盟能力。2005 年，格雷贝尼切克抱怨领导层存在政策分歧，并出人意料地辞职，更年轻也更受媒体欢迎的沃伊捷赫·菲利普（Vojtěch Filip）接替其职位。就政策而言，菲利普展现出更多的连续性而非变革性。然而，他的领导确实引发了一些政策立场的变化，包括对欧洲左翼党更为合作性的姿态；部分由于欧洲左翼党的反斯大林立场，捷摩共最初曾经拒绝加入其中（参见第八章）。捷摩共现在已呈现为一种建设性力量，拒绝列宁"越糟越好"路线，声明与其过去决裂（KSČM 2007）。然而，迅速、根本地改变捷摩共的边缘化地位，或者在未来实现"左 - 左"联盟，仍然不具有可能性。捷摩共仍然不是一个完全"主流"的行为者，其潜在的政府参与也仍然存在争议。它渴望摆脱其"贱民"地位，但仍然偏向将联盟限定在地方层面，以避免放弃其抗议性角色而丢掉选票。

此外，2010 年 5 月议会选举中社会民主党位列第一，但是只获得了 22.6% 的选票和 200 个席位中的 56 个，这一结果排除了"左 - 左"联盟任何数学意义上的可能性。这次选举的标志，是做出激进变革承诺的新右翼政党 TOP09 党和公共事务党的兴起。但捷摩共仍然遵循传统主义的竞选运动，聚焦社会保障问题；与新右翼不同，它"并未尝试提出新的话题或一种新型政治"（Hloušek and Kaniok 2010：7）。它稳定地保持 26 个席位，但是失去了 1.5% 的选票，最终只获得 11.3% 的支持率。这一结果证明，这个党的支持率呈现缓慢但却不可遏制的下降趋势，不能找到任何解决其老龄化组织和选举基础消耗的长期性方案。然而，这种小生境角色保持了党的稳定性，因为其保守派支持者"并不期待结果而只需要听到声音"（Deegan - Krause and Haughton 2010：238）。而恰恰因为其拒绝改变，捷摩共完全可能在未来十年的议会中保持一个安全的位置。

摩尔多瓦：赢得选举胜利的共产党

作为本书最集中、最团结的政党，摩尔多瓦共产党人党从中受益良多。它一直没有受到内部冲突（直到 2009 年，才有 5 名议员因不满党的选举战略而退党）和严重分裂的困扰。自 1994 年重建以来，共产党人党一直由党主席弗拉基米尔·沃罗宁（Vladimir Voronin）主导。这种集中化可以追溯到党建立的那一刻：前摩尔达维亚苏维埃的内政部长沃罗宁是唯一对 1991 年 8 月以来普通党员呼吁反对党禁做出回应的前摩尔达维亚共产党领导人。他得到主要继任党中左翼摩尔多瓦农业民主党领导人的帮助，后者利用解除党禁达到了自身目的，证明自己是一个民主的政党，并使得党内的传统主义者转入共产党的队伍。①

然而，掌握时机是关键。1994 年 4 月，即议会选举后的两个月，摩尔多瓦共产党人党并未通过合法登记，因此直到 1998 年才首次参加议会竞争。如同环绕捷摩共的"封锁线"一样，这帮助共产党人党避开了需为 20 世纪 90 年代承担的责任。在摩尔多瓦，这些岁月见证了在多个政府掌控下，摩尔多瓦沦为欧洲最贫穷的国家。"廉洁"的形象对共产党人党赢得 2001 年 2 月大选至关重要（Hill 2001）。

共产党人党的创建在塑造一种改革的共产党形象方面也具有关键意义。共产党人党声称自己从未罹患过"斯大林主义综合征"

---

① 更多细节参见 March 2005。除非注明，本节相关信息均来源此处。

（Tkaciuk 2006）。在 1989～1992 年间，摩尔多瓦（摩尔多瓦的当代边界划分，是斯大林主义政策的人为结果）以区域为基础发生分裂。绝大多数最支持苏联的因素集中在告齐亚和德涅斯特河沿岸，反对在摩尔多瓦首都基希讷乌掌权的反共主义人民阵线，旨在与罗马尼亚合并。尤其是德涅斯特河沿岸地区在 1991～1992 年间实际独立之后，基希讷乌的摩尔多瓦共产党不能再继续坚持其最强硬的路线。摩尔多瓦共产党成为该地区唯一谴责 1991 年莫斯科政变的共产党，尽管这为时已晚，从而不能避免其被取缔的命运。

　　世袭共产主义国家的一个普遍倾向，是共产党先前的精英们转向适应后苏维埃市场经济，是将《资本论》转化为资本。就摩尔多瓦共产党人党来说，这一过程较之许多东欧共产党更加深入，尽管没有发展成为公开的犯罪。在被禁期间，一些重要的共产党干部通过银行业务、烟草和红酒生意牟利。一个典型例子是沃罗宁的儿子、花旗银行的首席执行官奥列格（Oleg），其本人尽管并非公开的共产党人党同情者，但据说是得到其父亲精英裙带的帮助，成为摩尔多瓦最重要的大商人。从意识形态上看，摩尔多瓦共产党人党堪称当代"职位取向"最强烈的共产党。共产党人党内的确存在不同的意识形态倾向，尤其显著的是实用主义的"马克思主义改革者倾向"，以及传统主义的"马克思-列宁主义现代化者"倾向，其中后者更加亲俄，尊重列宁和传统的共产党标志。[①] 然而，实用主义者（以沃罗宁为首，他从来不是一个有名望的思想家）在党内的地位一直不断提升，推动党朝着技术官僚方向发展。比如，与具有更多政策取向的捷摩共和俄罗斯联邦共产党不同，摩尔多瓦共产党人党从未受到在资产阶级国家执政的困扰。的确，沃罗宁在 2001 年就任总统后所做的第一件

---

　　① 俄本和索罗威（Urban and Solovei 1997）最先使用了这种分类。

事，就是要求党抛弃"反对派综合征"。

这种实用主义在 2001 年党纲中并未得到明显体现，该党纲据称令共产党人党成为"后苏维埃世界中……最落后、当然也最保持'红色'本质的组织"（Monitor 2002）。这种说法过于夸张：的确，其党纲声称信仰马克思－列宁主义，主张共产主义的最终实现目标、国际主义，认为资本主义的胜利是暂时性的，同时也承诺免费福利、国家控制银行以及至少在部分意义上重新实现集体化。然而，这一党纲的确拒绝"教条主义""集权主义""意识形态垄断"和斯大林式"个人崇拜"，并且承诺"改革的社会主义"、政治权力和自由以及除了"战略性产业部门"之外的企业家精神。

2001 年，共产党人党在议会选举中获得了压倒性胜利（参见表4-1），这令其不必获得其他支持就能组建政府，推选沃罗宁当选拥有行政主动权的总统。在执政期间，共产党人党折中和矛盾的立场，使其很快表现出明显的言行不一。共产党人党赢得选举的基础是一份简单的新苏维埃宣言，承诺支持俄罗斯的对外政策、反腐败措施、控制价格以及加强经济干预（Voronin 2001）。其执政初期（2001～2003 年）也呈现初步的重新苏维埃化，包括重新引入苏联时期的行政区划，建议将俄语作为第二官方语言，沃罗宁承诺将摩尔多瓦变成"欧洲的古巴"以应对外部干预。2003～2006 年，共产党人党抛弃了这种新苏维埃式亲俄政策，转向支持欧洲的发展方向。自 2007 年以来，共产党人党又重新转向俄罗斯，但却并未完全抛弃其亲欧主义。

显然，执政期间的共产党人党"摇摆不定"：2001 年议会选举的胜利甚至远远超出党的想象，在执政的压力下，其党纲目标很快被抛弃。到 2002 年时，有人已经在引用沃罗宁关于在摩尔多瓦建设共产主义或者发展社会主义只是一个"乌托邦"的说法（ADEPT 2002）。此外，党的摇摆不定也反映了沃罗宁的实用主义、其对共产党人党的控制力以及摩尔多瓦极易受到外部环境的影响。沃罗宁最初认为，在解决摩尔多瓦面对的一些主要挑战，比如涅斯特河沿岸冲突、地区性贫困以及移民等问题时，欧盟比俄罗斯更值得下赌注。其后，他对欧洲一体化，如《欧洲睦邻政策》中所强调的观点的不耐烦，以及对失去亲俄选民的担忧，导致其与莫斯科实用主义的重修旧好。因此，共产党人党新确立的"欧洲化"尽管十分重要，但却并不彻底：共产党人党敦促摩尔多瓦加入世贸组织，推进欧洲一体化，但同时也推行不是特别广泛但却具有一定权威属性的重新国有化，助长了有时具有挑衅性的反罗马尼亚民族主义。

党的"欧洲化"也反映在意识形态变化方面。2005 年和 2009～2010 年的竞选宣言已经不再提及共产主义或者社会主义，而是逐渐关注改善经济和加入欧洲的具体措施，其 2009 年 4 月的竞选口号是："共同建设一个欧洲的摩尔多瓦"（PCRM 2009）。党的中心任务是建设一个"社会国家"，在提高平均工资水平、增加养老金和提高医疗服务水平的同时，完善国家基础设施建设和提高民族产品的竞争力。在与国际"民主促进"组织，例如国际共和学会讨论之后，沃罗宁越来越多地开始谈论共产党人党意识形态的现代化，以"吸纳整个意识形态遗产，包括共产主义、社会主义和欧洲社会民主主义的政治经验"，成为一个"真正具有欧洲风格的左翼政党"，甚而加入社会党国际（PCRM 2004）。2005 年，他表示共产党人党未来两年内会更改名称，因为党在本质上已经变成社会民主党了。[1]

然而，在一段时期的震荡之后，共产党人党再次重申自己更新了的共产主义身份。2007 年 1 月，它成为苏联地区第一支加入欧洲左翼党的共产党。在 2008 年新党纲中，共产党人党自我定位为一个

---

[1] 参见 Http：//www.vedomosti.md（2005 年 5 月 25 日）。

"欧洲左翼政党"，批判"极权主义"的过去，将葛兰西和布哈林增补为党的意识形态领袖，贬低但并未删除列宁。共产党人党认为自己的任务是"积极恢复欧洲共产主义和社会主义的整个意识形态遗产和政治经验"。这个党拒绝"极权主义"遗产，认为自己兼具改革与革命双重性，暗示俄罗斯联邦共产党支持"孤立主义、超级大国的国家地位、独裁专制和分离主义"等思想。共产党人党认为自己的共产主义是将个人从消极的社会矛盾中解放出来，是对现实的积极的批判和真正的"国际主义"。这种折中的、无所不包的社会主义，很难解决其真正立场的一些问题。比如，共产党人党如何能够将其所谓支持欧洲的发展方向与打上深刻烙印的亲俄主义及其欧洲左翼党的成员身份（对欧洲和俄罗斯一般都持批判立场）结合起来？如何能够既作为一个反斯大林的党，同时又是由"孤立主义"和亲斯大林的俄罗斯联邦共产党领导人根纳季·久加诺夫担任党主席的泛苏联共产党联盟——"共产党联盟—苏联共产党"的成员？（参见第七章）。

然而，最大的问题是，共产党人党何以成为后苏联时代唯一既能问鼎国家政权，又能连续执政的共产党？除塔吉克斯坦外，摩尔多瓦的经济状况比独联体其他国家糟糕得多，这为共产党人党提供了极其有利的外部环境。多达80万、占总人口15%的处于工作年龄的公民出国就业，国内剩下一支老年选民队伍，而其中1/3为养老金领取者，这是最支持共产党的典型社会阶层。此外，2000年以来，摩尔多瓦在独联体国家独一无二的议会选举体制采取的是一种间接的总统选举方式，这让共产党人党可以将议会优势（2001年在101个议席中占71席）转化为行政权。在其他独联体国家（正如我们将看到的俄罗斯），"超级总统"制令共产党难以获得行政权（Fish 1999）。

此外，软弱的反对派也对共产党人党有利：首先，其主要继任党摩尔多瓦农业民主党到 1998 年时已经解散，这给共产党人党的崛起留下了选举空间；其次，共产党人党的议会对手无数次错误地估计了形势，其在 2001 年和 2005 年的内部分歧，在很大程度上促成了共产党人党的胜利。此外，共产党人党的领导人沃罗宁，远比捷摩共的格雷贝尼切克和俄罗斯联邦共产党的久加诺夫等官僚富有魅力。沃罗宁傲慢、专制，但也狡黠、勇敢和幽默，2009 年前其个人排名远远高于其他几位总统候选人。尽管党内明显存在诸多质疑其新的亲欧发展方向的声音，但沃罗宁通过不停地进行干部轮换、党内严格的集中制文化以及冷酷无情地对待不忠行为，从而牢牢地控制着全党（Caçu 2006）。

2005 年，共产党人党再次获得大选胜利，这得益于政策上的成功及其在大选前已经朝着亲欧方向转变：它经已开始对持续的经济增长、社会支出尤其是养老金的增加以及相对稳定的政府进行监管。然而，共产党人党在 2009 年 4 月又一次胜选时却颇具争议。2003 ~ 2006 年间，伴随摩尔多瓦暂时性地与俄罗斯决裂而来的是经济制裁，而其亲欧政策几乎没有带来任何具体的好处。这导致 2007 年共产党人党在地方选举中支持率显著下滑。依据宪法，到 2009 年时总统沃罗宁已经任满两届必须离任，这是共产党人党政权面临的真正威胁。沃罗宁对此做出回应，从与反对派在 2005 ~ 2007 年达成的相对和解，包括与中右翼基督教民主党结成的非正式联盟，后退到将选民划分为盟友和敌人两个极端的摩尼教战略，同时对反对派摆出一副明显更具压制性的姿态，包括对所有主要反对派领导人提起刑事指控（Popescu and Wilson 2009）。

2009 年 4 月大选，迎来了摩尔多瓦近年历史上最阴暗的一些事件（比如，March 2009b）。共产党人党的选票数有所增加，所获议席数（60 席）足以组建政府（51 席），而只需再得到一张选票就可以推举一位新的共产党人总统。反对派认为共产党人党有欺诈行为，他们高呼选举舞弊，令示威游行（所谓"推特革命"）变得失控，示威者甚至试图冲击总统府和国会。对此，共产党人党政府实行了短暂但却严厉的镇压措施，大肆逮捕、殴打示威者，并导致羁押中的 3 人死亡。国际媒体对反对派的舞弊指控深信不疑。然而，尽管共产党人党有可能是"赢得了相对多数选票，但窃取了绝大多数选票（引自 Chamberlain – Creanga 2009：1），但其选票的增加主要反映了亲俄选民重新转向支持共产党，却也是不无可能的。欧洲安全与合作组织的民主机制和人权办公（OSCE/ODIHR 2009）的最终选举报告认为，反对派无法证明舞弊的规模已经大到足以影响选举结果。不过，虽然反共主义在 20 世纪 90 年代的摩尔多瓦政治中还很软弱，但共产党人党当局的专制独裁使得反对派围绕共产主义"极权主义"的叙事团结起来，这也在 2009 年助长了"偷来的选举"的说法。

这种新的对立以及共产党与反对派之间相互信任的土崩瓦解，意味着共产党人党不能赢得关键性的单一总统投票。这种情况与 2005 年不同，当时 3 个反对党都支持沃罗宁当选总统，这也造成 2009 年 7 月再次被迫举行选举，共产党人党的得票率下降，反对党"欧洲一体化联盟（AEI）"随后组建了一个新的反共主义内阁。共产党人党将此次危机归咎于不能容忍与反对派达成妥协，以及两次提名党的忠实信徒、前总理季娜伊达·格雷恰尼（Zinaida Greceanii）作为总统候选人，同时却将著名的实用主义者、共识缔造者以及议会发言人马里安·卢普（Marian Lupu）降格为总理候选人。党内原因（卢普与沃罗宁以及党内保守派交恶）以及一定程度的骄傲自大，导致共产党人党最终被自己打败了。结果，一直梦想当总统的卢普，脱离共产党人党转投向中左翼民主党。卢普对那些最初被共产党人党 2005 年的亲西方和现代化口号迷惑的选民具有吸引力，在 7 月大选中，他帮助民主党赢得了 12.5% 的选票，选票数增长了 4 倍（PDM 2009）。

摩尔多瓦共产党人党回应以对抗战略，采用了新的苏维埃式选举口号，在"7 月 29 日保卫祖国！"一文中将摩尔多瓦描绘成一个被敌人包围的要塞[①]。然而这种摩尼教主义将共产党人党逼入死角。7 月份的再次选举，导致共产党人党成为一个没有议会盟友、几近消失的议会派别（48 个议席），现在的共产党人党已不再是组建政府和总统选举中的多数派。

由于没有共产党人党的帮助，"欧洲一体化联盟（AEI）"只拥有 53 个议席，无法达到推选总统所需的 61 票，后选举时期令政治—宪法危机进一步加剧。尽管根据 12 个月内议会只能解散一次的宪法规定，议会一直在行使其职权，但事实证明，不可能达成双方都接受的选择，共产党人党在 2009 年 11 月和 12 月两次拒绝接受"欧洲一体化联盟"的候选人卢普。为了打破僵局，"欧洲一体化联盟"于 2010 年 9 月 5 日发起了一次修改宪法的全民公决，以引入全民直选总统。共产党人党再次抵制全民公决，从而导致选民投票率未能达到必需的 33%。因此，"欧洲一体化联盟"最终解散议会，2010 年 11 月 28 日再次举行选举。

迁延难愈的两极鸿沟显而易见。共产党人党重新回到反对任何妥协的反体制立场。它认为"欧洲一体化联盟"实质上是非法的，2009 年 4 月的选举是一场"偷来的选举"，这显然受到了狭隘党派目标的驱动，即阻止卢普当选总统（这将冒着失去更多实用主义的共产党选民转而投向民主党的风险），利用"欧洲一体化联盟"内部的明显分歧以及摩尔多瓦 2008 年后的经济萎靡，通过再次选举重返权

---

① 参见 Http：//www. pcrm. md/main/index ＿ md. php？action ＝ news&id ＝ 1511（2009 年 11 月 8 日访问）。

力舞台。另一方面，由于唆使总统米哈依·金普（Mihai Ghimpu）推出了一些不成功的反共措施，例如审判沃罗宁、宣布"苏联占领日"以铭记1940年苏联从罗马尼亚手中夺取摩尔多瓦，"欧洲一体化联盟"也助长了党内的两极分化。此外，如同其成员曾经对共产党人党提出的质疑一样，"欧洲一体化联盟"一些倡议，比如在2010年11月之前改变选举法和针对宪法的全民公决本身的合宪性同样令人怀疑（Boțan 2010a；OSCE/ODIHR 2010）。

然而，再次选举并未证明共产党人党的战略选择是正确的。其支持率下跌到33.3%和42个议席，而"欧洲一体化联盟"却获得59个议席：总理菲拉特·弗拉德（Vlad Filat）的解放民主党是主要受益者，其称职、稳定的管理赢得了选民的信任（Boțan 2010b）。在这种情况下，共产党人党起而控诉其曾经利用过的一些"行政资源"，比如负面的媒体曝光和一些肮脏手段。然而，尽管共产党人党高呼选举舞弊，但人们普遍认为这次选举是自由和公平的（OSCE/ODIHR 2010）。受欧盟的劝诱以及对共产党人党的不信任，导致卢普再次加入了"欧洲一体化联盟"，这也证明共产党人党与民主党建立中左联合政府的协商以失败而告终。因此，共产党人党的影响力进一步下滑：尽管"欧洲一体化联盟"仍然需要2张共产党的选票以赢得总统选举，以及避免更多的重复选举，但在卸任总统后，沃罗宁的全国声望进一步下降了，而共产党人党显然也未能找到一个可以替代这个老人（沃罗宁2011年就70岁了）的新领袖，这似乎已经日益展现出对党的破坏性影响——按照一些批评家的说法，共产党人党现在拥有一份"后现代主义的政治纲领，但……同时也拥有一个几乎是前现代的领导人"（Boțan 2010c）。与共产党人党相比，"欧洲一体化联盟"显然获得了欧盟更多支持，加之经济危机的退潮，一种无疑可能出现的情况是，共产党人党不能适应发生变化的选举结构，从而可能面临与其俄罗斯和乌克兰兄弟党一样的命运，最终成为一个小生境政党。

俄罗斯联邦共产党：外部的反对派

与摩尔多瓦共产党人党不同，在 1991 年 8 月被暂停和 1991 年 11 月禁止活动后，重建俄罗斯联邦共产党的斗争更多的是集体努力的结果，因为在被禁期间，党内斗争尚未化解，也没有任何一个名人占据主导地位①。1991 年 8 月政变前，1990 年才成立的俄罗斯共产党，一直是依赖于苏联共产党的附属组织，未能通过党内分裂形成一种明晰的形象。俄罗斯共产党领导人瓦连京·库普佐夫（Valentin Kuptsov）在政变前不到两周取代了无胜任能力的伊万·波洛兹科夫（Ivan Polozkov），这表明温和派赢得了针对最保守一派的部分胜利。而且，温和派一直是俄罗斯议会的组织核心，这对于党的渐进重组是有利的。但最为重要的是，俄罗斯共产党领导人通过宪法法院反抗党禁〔叶利钦（Boris Yeltsin）总统凭借令人质疑的合法性实施了这一禁令〕。1992 年 11 月 30 日，他们赢得了精神上的胜利，因为法庭允许党的初级组织开展活动，在党的领导层看来，这就是同意党组织解禁。

重建过程被五六个共产主义团体复杂化了，它们都声称是苏共衣钵的"继任党"，在经济迅速衰退与叶利钦总统及其议会间的长期冲突所导致的激烈街头抗议中，它们扮演着重要角色。在几份重建党的竞争性倡议中，前俄罗斯共产党领导人提出的一个糅合了更大影响

---

① 更多关于俄罗斯联邦共产党的信息，参见 Urban and Solovei 1997；萨克瓦（Sakwa 1998）；马奇（March 2002；2003；2006）。除非注明，本节相关信息均来源此处。

力、欺诈和意识形态实用主义的倡议胜出，主要的例子是 1993 年 2 月久加诺夫（Gennadii Zyuganov）当选俄共主席。久加诺夫是一位温和的保守主义者，但其激进的民族主义形象使其能够利用俄罗斯的"民族－布尔什维主义"传统，这是一种国家干涉主义的民族主义，通过诉诸"超级大国地位"而非马克思－列宁主义来证明共产主义统治的合理性，并与后斯大林主义存在特殊关系（Brandenburger 2002）。这种帝国主义的民族－布尔什维主义尽管对苏联地区"主体"国家的共产党人没有什么作用（比如摩尔多瓦），但却有助于其吸引那些可能缅怀苏联"超级大国"地位的非共产党人。

然而，俄罗斯联邦共产党自成立之初，党内就存在各种相互竞争的倾向，加之俄罗斯地大物博及其联邦制结构，一直令其面临着比其他政党大得多的中央控制问题——如同多数俄罗斯政党一样，俄共也是以莫斯科为中心的，致力于操控其地区组织。俄共内至少存在四种意识形态倾向：久加诺夫的"中央集权－爱国主义共产党人"，准欧洲共产主义的"马克思主义改革者"，理论上更加纯粹的"马克思－列宁主义现代化者"以及"红色爱国者"，其中后者，比如捷摩共的传统主义者对包括斯大林在内的苏联政权象征怀有一种情感上的依恋，此外，在党的经常是适得其反行动中，已经融入后苏维埃政治体制中的务实温和派与"半忠诚"的反对派，以及那些蔑视与"反国家买办政权"达成任何妥协的激进派间的分裂清晰可见。比如，1998 年，为了强化其"反体制"地位，俄共挑衅性地尝试弹劾叶利钦总统，但却招惹叶利钦解职了俄罗斯联邦共产党当时的盟友、前总理普里马科夫（Evgenii Primakov）。

从意识形态看，在党的早期文件中，久加诺夫以牺牲社会民主因素为代价的中央集权－爱国主义立场逐渐取得明显优势。在反对共同敌人，即新自由主义经济学和亲西方的对外政策的"民族解放斗争"

中，久加诺夫是倡导"红""白"（反共主义的民族主义者）联合的突出代表。俄共向国内企业示好，抗拒西方"买办"资本，淡化阶级斗争（久加诺夫认为，俄罗斯已经达到了革命的极限），支持"国家爱国主义"（围绕社会导向的强大国家进行民族调和）。无疑，这一战略在俄罗斯以及更为广泛的欧洲左翼中引起极大争议，许多人认为俄共根本就是一个保守主义、民族主义、斯大林主义或法西斯主义的组织，与那些真正的"社会党"相比，俄共与由米洛舍维奇领导、民族－民粹主义的塞尔维亚社会党具有更多共同点（Lester 1997）。20世纪90年代末，甚至原先支持斯大林的法国共产党也逐渐疏远了俄共。俄共对一年一度的"莫斯科同性恋骄傲"游行持否定态度，就是体现其文化保守主义的显著例证，这也成为其政党间关系的一个危机点：法国共产党一些领导层成员就谴责俄罗斯共产党企图把共产主义和对同性恋的憎恶结合起来（Alekseev 2006）。

这些担忧有时过于夸张了。俄共党内的马克思主义改革派和马克思－列宁主义现代化派，一直对久加诺夫的立场持怀疑或敌视态度。其党纲明确指出"民族解放斗争"永远与"阶级斗争"相联系，这只是通向无阶级社会三个阶段中的第一阶段的部分内容，俄共尽管在很大程度上依靠民族主义反资本主义，但仍然坚持马克思－列宁主义、辩证唯物主义以及革命是"历史的火车头"（KPRF 1997）。在结构上，俄共也仍然采取共产党众所周知的依靠党的基层组织细胞、由中央委员会领导的金字塔形组织形式（KPRF 2002）。

党的列宁主义元素仍然能够解释其大多数行为。尽管党外所有重要的极左翼挑战者，在决定抵制1993年12月议会选举后再也没有恢复影响力，但俄共仍然小心谨慎，不过分疏远其党内激进派，并且经常性地左转以令其支持者坚持激进立场。然而，俄共一直以来的示好对象，在意识形态和选举层面更多的是民族主义右翼而非社会主义左翼甚或中左翼：这种民族主义并非纯粹"民族的"民族主义，而是根植于斯大林主义的民族沙文主义。1999 年 12 月，民族主义立场更加坚决的普京取代亲西方的叶利钦成为俄罗斯总统后，这种"民族主义"立场问题更大了，甚至令党失去了自己的核心理念。俄共此后加大了左转的力度，但却为时已晚，已经不能阻止自 1996 年总统选举遭遇重大失败后党开始出现的衰落。

"国家爱国主义"必然削弱俄共对腐败以及独裁俄罗斯国家的批判。有人指责俄共是一个"表面上的反对派"，这确实不是在冤枉它，正是因为其不愿承担风险的官僚主义，实质起到了平息各种社会抗议的作用，俄共因而扮演了体制支持者的角色。如同摩尔多瓦共产党人党一样，俄共在对待民族资产阶级问题上缺乏阶级对立意识，这导致其开始与超级富豪保持一种私下联系，而随着不断被指责与鲍里斯·别列佐夫斯基（Boris Berezovskii）和米哈伊尔·霍多尔科夫斯基（Mikhail Khodorkovskii）等俄共宣称憎恨的"寡头"（财阀）间存在腐败关系，从而造成党内成员思想混乱、迷失方向（Kagarlitskii et al. 2006）。同时，俄共一些领导人过度强调民族主义（比如久加诺夫向东正教会反西方的原教旨主义派和反犹主义的一些议会成员示好），对作为一支进步力量的俄罗斯左翼产生了巨大危害。

按照俄共自己的辩解，这是因为其面临着极端不利的外部环境。超级总统制必然导致议会权力弱化，出现一个非党派政府和激烈反共、无视议会监督的行政机构——在共产党选民看来，在整个 20 世纪 90 年代，这种"有责任无权利"逐渐削弱了共产党内较大的议会派力量。如在法国，总统选举令政治变得个性化和两极化，至少获得 50% 以上选票才能当选总统，成为共产党从来未能跨越的障碍。俄共的最高得票，是在 1996 年总统选举第二轮，久加诺夫获得了 40.3% 的选票（尽管他是作为一个民族 - 爱国主义的候选人参选），尽管当时叶利钦总统在位，拥有财政和媒体方面的显著优势。此外，2003年前，俄罗斯的地区选举体制并不是在政党基础上形成的，这淡化了政党作为国家力量的潜在作用。

此外，随着俄罗斯在普京领导下从"选举民主"转向"竞争性威权"政体（Levitsky and Way 2002），总统加大了行政和经济压力，迫使共产党或者改革成为一个更加温和、顺从的中左翼组织，或者消亡。在这些尝试中最引人关注的，是以政权为主导的左翼民粹主义挑战者的形成，比如在2003年成立的祖国党和2007年成立的公正俄罗斯党，它们致力于分割共产党的选票。2004年俄罗斯联邦共产党发生了一次由大商人根纳季·谢米金（Gennadii Semigin）领导的重要党内分裂，克里姆林宫推动了这次分裂，并提供了资金支持。尽管异议人士的离开，最终令久加诺夫巩固了对这个在很大程度上几近消失的组织的控制，但分裂也导致俄共失去了2/3的党员，党员数从2000年的54.7万，减少到2006年的18.4万。

此外，将俄共的衰落仅仅归于外部操纵明显过于简单化了。原因还包括久加诺夫团队领导不力，这不仅仅因为其国家爱国主义的全部战略。在2000年前，久加诺夫在选举中就已经"过气了"，大量负面评价和民意调查表明，他在总统选举第二轮中将会败给任何一个挑战者，但俄共显然未能替换久加诺夫或者彻底更换领导团队。事实上，俄共更加努力地强化领导层，反对内部挑战者，排斥独立声音，寻求在党的盟友中发挥先锋作用。这在2003年产生了极大的破坏性影响，当时俄共拒绝成立一个更为广泛的左翼联盟，从而迫使崭露头角的左翼领导人谢尔盖·格拉济耶夫（Sergei Glaz'ev）转而投向其竞争党祖国联盟。俄共愚蠢地把尤科斯石油公司的百万富翁加入其选举名单，但同时又极力推销其左倾宣言，这导致俄共在选举中丢失了一半的选票，其标志是寡头米哈伊尔·霍多尔科夫斯基（Mikhail

Khodorkovskii）被捕，以及群众性的反寡头抗议。在这一过程中，俄共的选票份额重新回落至 10 年前刚成立时的 12%（参见表 4-1）。而且，原本有无数良机能够对掌权当局形成挑战，但却被俄共情愿或不情愿地错过了（Wilson 2005：235）。比如，俄共未能始终如一地领导议会外抗议，也没有与工会建立牢固联系——其先锋作用显然是滞后的。俄共似乎逐渐满足于"充当配角而非主角"，如同捷摩共一样，成为一个满足于关注代表选民而非选举竞争的内向型政党。

与法国共产党一样，由于党员年龄以及支持率下降，俄共的未来前景一直备受质疑。但就中期发展前景看，我们不能肯定地说俄共一定不能保持其在俄罗斯政党体制中的地位。不管怎样，俄共是目前俄罗斯唯一半独立的反对党，并且仍是全国和地区第二大党，它有能力创造选举奇迹，比如在 2008 年总统选举中，久加诺夫获得 18% 的选票，而在 2011 年 3 月的地区选举中获得 20% 的选票。俄共已经越来越成为民主、议会政府和多党体制的捍卫者，对总统"独裁"的危险发出警告。2008 年，俄共甚至获得了那些心怀不满的自由派的抗议票，因为它是唯一经常批评联邦当局的议会"反对"党。尽管如此，只要俄共拒绝西方自由民主制的哲学基础，就很难将其视为一股令人信服的民主力量；的确，其残余的斯大林主义和民族-布尔什维克主义，据称是将"过去两个世纪间在欧洲政治哲学中徘徊的各种嗜血幽灵"集中在了一个政党之内（Sakwa 1998：152）。然而，尽管是言论最为极端的欧洲共产党，俄共在行动上却表现得最为温顺。如同"伟大的老约克公爵"总是改变军队的方位以替代现实战争一样，俄共的"反体制"已经变得越来越形式化。俄共并非这种行为方式的唯一代表。即使是相对具有更多马克思-列宁主义特征的乌克兰共产党，随着影响力的衰退也越来越展现出一种"变化的侍从主义"（Wilson 2005：242-5）。

总的说来，俄罗斯左翼的未来不能与俄共的未来脱离开来，后者长期占据主导地位，尽管已经腐朽不堪，但却仍然阻挡着新左翼挑战者的兴起。然而，俄共的记录（准反对派、准斯大林主义者、准民主主义和极度保守主义）表明，俄罗斯左翼几乎不可能因为俄共而获得光明的发展前景。

从共产主义到保守主义？

我们已经集中讨论了导致各党显著不同发展轨迹的起源、领导层和所面临环境方面的明显区别。捷摩共对1989年的变化毫无准备，自此之后就被排除在权力之外（但值得注意的是，该党从未被禁止活动），因此它对1989年前的遗产保持着最为明显的忠诚，一点也不令人感到吃惊。但即使是捷摩共，也已经采取了一种相对多元化、亲市场的立场，这表明其政策并非一味保守。的确，自2005年以来，它已经在犹豫不决地朝着更加趋向改革的共产党方向前进。1991年最缺少斯大林主义特征，但之后非常巧妙地受其引导，且被赋予了最为有利的政治经济环境的摩尔多瓦共产党人党，在向折中主义的民主社会主义立场演进中最具改良性；尽管它利用执政的冲击促成党的教义发生了重大改变。俄罗斯联邦共产党似乎从马克思列宁主义朝着国家主义"右翼"方向走得最远，但实际上仍与苏联的标志、列宁主义的党组织和斯大林晚期的民族－布尔什维克主义保持着有机的连续性，虽然领导不力和不利的环境令俄共的发展更加举步维艰。苏联的遗产作为一般解释似乎具有说服力，比如捷摩共的边缘化，以及摩尔多瓦共产党人和俄共的相对成功。然而，后两者皆由承袭家长制共产主义遗产发展而来的极其不同的发展轨迹表明遗产说存在局限。

每个党与西欧共产主义政党都有某些相似之处。比如，捷摩共的自我保护战略和小生境处境令人联想起希腊共产党，尽管希共的新斯大林主义使得捷摩共看起来更具有启发意义！摩尔多瓦共产党人党对应塞浦路斯劳动人民进步党，因为它的成功建立在对外的温和姿态和实用主义，以及限制了党内分歧的僵化的集中化基础之上。俄共让我们想起法国共产党：在意识形态方面，更类似于马歇时代强硬的保守主义和战略无能而非转变时期，但俄共不能扭转其长期性衰落必然形成当代回应。

总的说来，东欧经验与西欧具有相似之处：经过一段时间后，各党都已变得更像是一个民族主义者，分歧更加扩大，在意识形态上也更加缺乏"共产主义"特征。的确，令人印象深刻的是，东欧共产党甚至在寻求如何与马克思列宁主义脱离开来，或者是诉诸人道主义马克思主义和含糊的反资本主义（捷摩共）来淡化意识形态（摩尔多瓦共产党人党），或者支持民族主义（俄共）。如同西欧一样，东欧各党也经历了去激进化过程，各党已经适应了议会程序以及缺乏议会外影响力的状况，已从反体制立场转向"半忠诚"立场，声称谨守"游戏规则"。的确，在上述个案中，部分意义上是因为对反共迫害的认识，东欧共产党已经成为各政党中最遵守宪法和法律的行为者。不过，尽管比西欧各党更加遵从现存制度，它们的去激进化仍然存在争议。在其对手看来，它们对待历史的态度模棱两可，各党内存在很多列宁主义或斯大林主义分子，对个人主义和自由主义热情不高，加之更具怀旧色彩的纲领性承诺，所有这些都表明，它们即使不是革命性政党，也是极端主义者和"具有双重面孔"的力量，其平常表现出的渐进主义看起来更像是战术上的妥协。

总的说来，相比于西欧共产党而言，东欧共产党面临的挑战更加简单，也更加艰巨。之所以说更简单，是因为社会主义价值观文化以及众多的转型失败者表明，激进左翼政党潜在地拥有广泛支持者。而且，由于历史原因，只有在东欧前世袭共产主义体制中，而非前官僚专制的捷克共和国（那里捷克社民党获得蓬勃发展），共产党才有可能经常性地成为激进左翼的主导力量。之所以说更加艰巨，是因为在许多国家，尤其是先前已经达成民族共识和官僚专制的体制中，共产主义/反共主义之间的裂痕相较西欧更加显著。比如，在捷克共和国，社会主义价值观文化的红利，与捷摩共边缘化的地位并不相称。摩尔多瓦共产党人党之所以避开了20世纪90年代的反共浪潮，因为它已经被排除在权力之外，其竞争者令其颜面扫地，但在执政期间，共产党人党又重新获得显著地位。在苏联其他地区，甚至在那些政治精英本身往往就是前共产主义者，以及采用苏联时期的标志和存有怀旧之情的国家，比如在俄罗斯和白俄罗斯，苏联共产党意识形态垄断的遗产，令其与总统普京一样厌恶意识形态"蟑螂"（Putin 2000：181）。因此，共产党很少被视为拥有完全合法性的政治行动者。

　　而且，相比西欧共产党，东欧共产党人的年龄、经历、倾向和文化决定了它们是保守主义者，即使从部分意义上看，摩尔多瓦共产党人党在意识形态上是改良的共产党。在本章中探讨的三个共产党（摩尔多瓦共产党人党在部分意义上是个例外，因为执政角色令其能够吸引新的选民），都严重依赖年纪较大和接受较少教育的阶层。[①]其核心是苏联时代退休的共产党员，其中大部分人的生活经历都是作为官僚行政人员，而非从事街头斗争的革命者。所有东欧共产党都缺

---

① 俄罗斯联邦共产党2001年获得超过34%的选票和60个议席，与摩尔多瓦共产党人党2006年48%的得票率和捷摩共2008年76.4%的得票率形成对照（比如 Holubec 2010）。

乏真正意义上的群众运动。在工业基础已经被"过渡"摧毁，以及选举成功（尤其是在那些更具侍从主义色彩的世袭共产主义体制中）往往要求党的诉求越来越"全方位"且含糊不清的那些国家中，共产党不是青年和工人的"先锋队"，而是弱小的群众型政党（Mair 1997）。官僚主义以及在市民社会、工会或社会运动中薄弱的存在，造成这些党在心理、组织和经济上更加依赖于资产阶级政权。在民主不发达的政治体制中，俄共和摩尔多瓦共产党人党在这一过程中走得最远，它们深深陷入与大商业的侍从主义关系中，但即使是未能脱离其选举小生境的捷摩共，也开始向政治精英表现出一种明显更加合作的姿态。

鉴于这种保守主义，俄罗斯和捷克共产党似乎既不愿意也不能够始终如一地寻求选票取向战略，它们对自己的意识形态能力也的确缺乏信心——这一点也可以从捷摩共在执政期间断然摒弃共产主义正统性表现出来。因此，任何反体制的反对派已经变得越来越"虚拟化"和符号化了。从某种程度上说，这些党是新苏维埃的反社会力量——是几代人用生命建立的制度和价值观的捍卫者。然而实际上，共产主义已经变得越来越像是一个选举的"标牌"或者老套的"政治风俗"，而非一种理论：它为共产党在政治体系中带来稳定的选票和筹码，尽管而且实际上也的确是因为它们未曾更改名称和标志（对比 Hanley 2004）。

这种保守主义并不总是一种弱点：缺乏明显的革命意图，使共产党避免了被后共产主义当局长期取缔的风险，而"政治风俗"在社会经济严重萎靡期间，对于在心理和政治上代表某些最被排除在外的阶层具有重要作用。不过，这也带来了长期性挑战。首先，抛开其所宣称的意识形态来看，与多数西欧共产党相比，苏联遗产的确是这些党更为明显的标志。尤其是，它们相对较少地受到后 1968 新左翼思潮或者欧洲共产主义的影响，尽管捷摩共和俄共的纲领中存在一些环境主义的因素，但与更具改革色彩的意大利重建共产党甚至是法国共产党相比，这两个党表现出更多的社会保守主义、物质主义和大国沙文主义（俄共）倾向，这对同欧洲左翼党等泛欧洲论坛合作提出了潜在问题。即使如今已经成为欧洲左翼党成员的非斯大林主义政党——摩尔多瓦共产党人党，虽然不是在正式的意识形态上，但在组织和内部文化上仍是列宁主义的。

此外，在东欧建立长期发展的基础，也是一个不小的挑战。自再度兴起伊始，其对手就预言，"生物定时炸弹"意味着共产党的支持力量及其老迈的支持基础将遭受侵蚀。20 年后，共产党仍然显著存在于许多政党体系中，从而有力地驳斥了这种简单化的预期。然而，在许多个案中，选票的减少表明共产党的地位仍然充满风险。不仅各党暗中或公开地因循守旧会继续使那些具有更加激进倾向的支持者迷失方向，对苏联时代的标志和仪式的持续性依赖，也意味着没有任何一个党能够形成一种明确的、在经过一代人的变革后能够保证其长期发展未来的后苏维埃左翼身份。

第五章

现代民主社会主义者还是旧式
社会民主主义者？

　　"民主社会主义"经常是一个模糊且不稳定的合成物。在 20 世纪部分时间里，尤其在那些从马克思主义传统发展起来但却试图与苏联式极权社会主义区别开来的欧洲大陆社会民主党中，它一般被视为社会民主主义的同义语。因此，社会党国际和欧洲社会党的绝大多数成员都自称为"社会民主党"。然而，在许多自我描述为民主社会主义的政党看来，与主流的社会民主主义相比，这个术语意味着对体制变革、公有制和草根民主的更大承诺（Benn 1980；Kilmarnock 1988）。

　　这种民主社会主义的持续性弱点，是它不能在共产主义和温和社会民主主义之间实现一条替代的"第三条道路"。但自 1989 年后，随着传统共产主义的衰落以及许多社民党的右转运动，"民主社会主义"这个术语逐渐开始指代一种更为连贯一致的、位于温和社会民主党左侧的立场，它支持福利国家、公有制和参与民主，反对主流社会民主主义总体上的新自由主义国内政治和欧洲－大西洋主义的国际倾向（Hudson 2000）。[①]

　　然而，民主社会主义并不能垄断社会民主主义留下的真空地带。首先，这一真空地带面临着来自激进右翼政党和绿党的争夺；而且，正如前面章节指出的那样，许多（主要是西欧）共产党现在也宣称是后斯大林主义的"民主社会主义者"。尽管真正的民主社会主义者仍然是那些女权主义和环保主义等新左派主题更为令人信服的捍卫者，但民主社会主义与共产主义间的边界越来越漏洞百出。其次，尤其是伴随着 2008 年经济危机，在社会民主主义重新发现凯恩斯的干预主义之后，社会民主党在重新评估"左翼"身份和民主社会主义话语的优势，特别的原因还在于泛希腊社会主义运动和英国工党（依据其 1995 年党章，仍然是一个"民主社会主义"政党）党内存在尽管力量下降还是具有一定影响力的党内左派，他们一直对党的新自由主义发展方向感到不满。因此，它们与拥有同样选民和思想的民主社会主义政党展开竞争，但社会民主党却拥有更强大的选举权重和传统。最后，所有民主社会主义党的选民都希望党的左翼身份不仅仅只是表现在捍卫旧式的凯恩斯主义。

　　本章关注三个特点鲜明的西欧民主社会主义政党。芬兰左翼联盟和丹麦社会主义人民党是两个"北欧绿色左翼"政党，它们的历史和纲领尽管类似，但最近的发展轨迹完全不同——前者在意识形态和战略的犹豫不决中，面对的是选票下降；而后者则以一种变得愈益温和的红－绿形象正在经历史无前例的成功。最后一个西欧的例子是葡萄牙左翼集团，这是新近取得成功的、由几个极左翼小党组成的"泛左翼"组织。在本章后半段，笔者将对东欧地区几乎完全缺乏相

---

　　①　主要的"右翼"社民党一直是"第三条道路"党，比如英国、荷兰和挪威工党，德国社民党以及丹麦和葡萄牙社会党。在其他一些政党中，比如法国和瓦隆社会党，这种右倾偏向一直模糊而不显著（参考 Coffe 2008）。

关民主社会主义政党做出解释。

当代民主社会主义具有多样性。一些政党（比如左翼集团，在葡萄牙政治中构建了一个后物质主义小生境）是典型的后 1968 "新政治"政党，或者"新左翼/左翼自由意志主义"政党。"老左翼"关注的是分配性经济议题，而它们则强调社会文化议题，将参与民主和非传统主题置于优先地位，拥有一支年轻、受教育程度高的白领选民队伍（参考 Poguntke 1987）。与之类似，冰岛、挪威和丹麦的北欧绿色左翼政党是持"生态社会主义"立场，即把经济、女性主义和环境保护的资本主义批判结合起来的新左翼政党。其他一些北欧绿色左翼政党，比如芬兰左翼联盟以及在较小程度上的瑞典左翼党仍然拥有更为强大的老左翼因素，将传统的物质主义议题与新政治主题结合起来。其他一些党，比如乌克兰社会党，仍然主要是旧政治的政党。但本章研究的所有这些党，在与其他左翼和绿党挑战者的竞争中，都在努力确立连贯一致的身份，尽管其强调问题的着重点不同，成功程度也存在差异。

北欧绿色左翼政党实用的"激进主义"

北欧绿色左翼政党，包括芬兰左翼联盟、丹麦社会主义人民党、挪威社会主义左翼党、瑞典左翼党和冰岛左翼–绿色运动。它们拥有几个共同的历史特征，这让它们与其他欧洲激进左翼政党区别开来。

首先，这些党或者是从社民党分裂而来（挪威社会主义左翼党），或者是共产党的衍生物或继任者。到 20 世纪 70 年代初，在欧洲共产主义出现之前，这些党与社会民主主义的异见者联合起来采用了一种改良主义、非教条式、后列宁主义、具有民族特点的社会主义形式，并且逐渐接受了新左翼对环保主义、和平主义和女权主义的强调（比如 Gilberg 1980）。在那些较早且成功地采取这些立场的国家，比如丹麦、挪威和冰岛，很大程度上阻止了独立绿党的成功兴起；而在所有国家中，独立于苏联、"爱国主义的"、具有民族特色的政策，帮助各党（相对）毫发无损地躲过了苏联解体。

其次，这些党深深植根于"北欧例外主义"传统（Browning 2007）。这种看法认为，北欧的经验、范式和价值观是值得其他国家效仿的典范；同时也与强烈的疑欧主义传统并存，因为"北欧的身份优于欧洲"（Waever 1992：77）。的确，北欧国家传统上一直被视为"不情愿的欧洲人"（Milgan 1977），认为欧盟对北欧成功的基础构成挑战。直到 20 世纪 80 年代，整个北欧左翼在这一模式的主要国内政策上拥有共识（激进左翼更加强调充分就业、普遍福利和参与民主）。然而，激进左翼和温和左翼在对外政策上经常存在尖锐分歧。尽管北欧左翼同样怀有和平主义的美好愿望，主张维护和平和人道主义的仁慈的国际主义，但北欧绿色左翼更加强调反对北约，反对美国在后越南时期的外交政策，甚至逐渐开始质疑其欧盟的成员身份。的确，独特的对外政策立场，对于丹麦社会主义人民党和挪威社会主义左翼党的兴起和发展至关重要（Chrstensen 1996）。

再次，在国内问题上的共识，令北欧绿色左翼比一般欧洲激进左翼政党更早地采用相对实用的参与政府方法。比如，在意大利共产党的"历史性妥协"或者法国共产党参加莫鲁瓦政府之前，芬兰共产党参加联盟政府的次数比所有其他西欧共产党的总和还要多（Dunphy 2004：139）。1956～1991 年间，冰岛人民联盟（冰岛左翼－绿色运动的前身）五次参加联盟政府，而丹麦和瑞典的北欧绿色左翼政党虽然没有正式进入联盟，但在 1991 年前曾给予社民党政府经常性、批判性的支持。

到 20 世纪 90 年代时，这些特征发挥了一定作用。"北欧模式"遭遇与其他凯恩斯式福利国家相类似的压力：衰退、失业增加、社会支出上涨，这导致社会民主主义和右翼政府采取了一些类似的解决方法，也就是说"国家的经济、社会和产业关系中出现明显的新自由主义转向"（Lawler 1977：571），并且向欧盟敞开大门，这在 1995 年芬兰和瑞典加入欧盟时达至顶峰。在此之前，在 1973 年一次异常紧张的全民公决后，丹麦早已加入欧盟。正如大卫·阿特（David Arter 2002：24）指出的，北欧社会民主主义的新自由主义化，令北欧绿色左翼政党潜在地社会民主主义化，实际上成为"传统社会民主主义价值观和政策的监护人"。然而，与阿特所言相比，这种角色定位在各党内经常存在极大异议，在共产主义和社会民主主义之间找到一个合适的身份成为关键议题。在显著意义上，强烈的疑欧主义和民族例外主义，成为北欧绿色左翼政党的身份标签，这令其不仅与日益倾向欧盟和大西洋主义的社民党对手，而且与其他相对亲欧盟的激进左翼政党，比如意大利重建共产党和德国左翼党区别开来。但正如我们将在第八章中看到的，这反过来却又使得激进左翼政党通过欧洲左翼党等机构的国际合作变得更加复杂。

芬兰左翼联盟：无法实现超越？

芬兰左翼联盟是芬兰共产党的直接继任者。芬兰共产党曾经是欧洲最大的共产党之一，但在 20 世纪 60 年代末后分裂为一个广泛的欧洲共产主义"多数派"和支持苏联的"少数派"，后者逐渐成为一个拥有自己的组织和出版物的独立政党（Spring and Spring 1980）。1987 年，这两个派别各自加入了两个不同的选举联盟：多数派加入了芬兰人民民主联盟，这是一个共产党的联盟阵线，芬兰共产党一直以来都是通过它来参加选举；少数派则加入"民主替代"。然而，苏联的解体使得二者摒弃了基本的政策异议，芬兰人民民主联盟与"民主替代"在1990年5月重新联合起来，以为共产主义和非共产主义的激进左翼政党提供一个与丹麦社会主义人民党相似的明确的红-绿保护伞。选择非共产党人克莱斯·安德森（Claes Andersson，1990~1998年）和苏维-安娜·茜麦斯（Suvi-anne Siimes，1998~2006年）作为党的首任领导人，彰显了芬兰左翼联盟的后共产主义形象。

作为"现代的红-绿左翼政党"，芬兰左翼联盟尽管言辞含糊，但是最初的政治认同广泛、实用、包容，旨在将马克思主义传统之外的各种进步倾向糅合起来，扭转选举下滑趋势（Andersson 1995）。因此，它选择的名称是"左翼"，与社会主义没有明确关联，强调共同价值观"与坚定的基本诉求，即人类解放理想相联系的民主……社会经济和文化平等……性别平等……团结一致……可持续发展、国际主义"（VAS 1990）。芬兰左翼联盟后来自视为将社会主义者和非社会主义自由主义者团结起来的"第三左翼"，认为社会主义不再只是生产方式的国家所有制，"其本源的更为宽泛的含义是一种建立在价值观基础上的意识形态"，以及把"民主和推动真正参与"统一起来的"运动"（VAS 1995a，1998）。这类"第三左翼"将个人自由、环境保护和女权主义置于优先地位，超越了从工业革命中发展起来的第二左翼——"社会主义左翼"，以及在法国大革命后兴起的资产阶级-民主第一左翼。

芬兰左翼联盟准确的政策形象一直存在争议。由于前共产主义政党左翼党只是简单更名，阿特（2002：5）认为，作为一个"完全的新型"政党，左翼联盟在发展中本应比瑞典左翼党面临更少的问题。但瑞典左翼党最终努力塑造了一种对白领工人更具连贯性的生态社会主义、女权主义身份。芬兰左翼联盟在青年、受教育程度更高的选民中一直影响较弱；虽然在重要的工会联盟——芬兰工会中央总会中获得少数派的实质支持，但与社会运动联系松散（Zilliacus 2001）。

理查德·邓菲（2007）认为，就内部争论和战略/策略的优柔寡断而言，芬兰左翼联盟受其共产主义历史的影响仍然颇深。这种看法的确具有说服力，尤其因为芬兰左翼联盟是两个先前相互敌视的派别突然融合在一起的产物。其中的一个遗产在于，如果像此前的芬兰共产党一样，芬兰左翼联盟仍然在整个欧洲激进左翼，更不必说在北欧绿色左翼中是最不激进的政党之一。其长期的参与政府传统尤其表明，它在很久之前就已成为"政治建构的组成部分以及具有合法性的政府伙伴"（Dunphy 2004：140）。这种温和性政策，加之芬兰在冷战中保持中立，直到20世纪80年代末加入大西洋共同体才被提上议事日程，而在挪威和丹麦则是从60年代就开始讨论这个议题，这意味着芬兰左翼联盟传统上就比其他北欧绿色左翼政党更少疑欧倾向。但随着加入欧盟成为现实，芬兰社会的疑欧主义日渐增长，到20世纪90年代末，芬兰左翼联盟的多数选民及其3/4的党员反对加入欧盟。

尽管芬兰左翼联盟从未将疑欧论作为其核心认同，但在欧盟问题上一直以来的混乱态度造成了党分裂的主要原因。党的领导层认为，欧洲一体化不可避免，这有利于芬兰经济的发展，但为了不影响芬兰左翼联盟的发展潜力，它们"区别化"对待各种质疑，相信这对于在后苏联时期恢复党的威信是必要的（Aylott 2002；Dunphy 2007）。在批评欧盟影响国内工人和工业发展的同时，芬兰左翼联盟宣称，欧盟"在运转良好时，是能够控制超国家市场力量的最佳方式"（VAS 2003），并支持建立一个"对社会负责任的"欧盟，使其发展成为"新的民主论坛"（VAS 1995b）。这种欧盟决策透明、去军事化，更加强调平等、保护环境和工人，捍卫"北欧福利国家模式"，更多地采用公决形式，能够在欧洲议会中发挥更大作用。因此，芬兰左翼联盟没有正式反对 1995 年加入欧盟，也没有反对采用欧元或拟采用的欧盟宪法条约，这些决定是在漫长且偶尔激烈的党内讨论之后以微弱支持率做出的（Dunphy 2004）。芬兰左翼联盟的立场不仅混乱，而且令党失去了相对于社民党的一个关键性身份标识。的确，它一直存在的问题，就是不能利用选民对社民党的不满情绪（Tuominen 2009）。与之相比，瑞典左翼党则令疑欧主义和女权主义成为其存在的理由。

进而言之，芬兰左翼联盟是一个分裂的政党，"仍然在寻找其意识形态和政治定位"（Andersson 1995：2）。党内存在三种主要倾向（Dunphy 2007）：首先是"现代左翼"。这是党内的多数派，在一些最为成功的芬兰产业部门中得到工会成员和工人的支持，在政府参与和欧洲一体化问题上它支持采取一种实用主义路线。其次是弱小但直言不讳的"民粹主义"左翼，它反对既有建制，对全球化、政府参与和欧洲一体化的增强持最坚决批评立场，从而获得了来自边缘化工人和前共产党"少数派"的最多支持。最后是生态－女权主义"第三"左翼，它得到芬兰左翼联盟"左翼青年"组织中知识分子、女性和青年人的支持，这个组织支持政府参与，但却担心因此淡化了组织的激进身份。芬兰左翼联盟领导层在政府参与以及对欧盟/北约的态度问题上对党的分裂表现出一种相对自由放任态度，从而避免了党的大规模分裂（Dunphy 2010）。然而，芬兰左翼联盟仍然面临着政策的非连贯性、缺乏战略灵活性以及偶尔转投向右侧的社民党。比如，党内主要的工联主义者马蒂·维莱内（Matti Viialainen），在 2006 年辞职之前，长期一直主张左翼联盟融入社民党。在党的左侧，重建的芬兰共产党是 1997 年从芬兰左翼联盟中重新形成的，它在全国选举中只得到 0.7% 的支持率，不是左翼联盟主要的选举威胁，但却加剧了左翼联盟的选举停滞。

最具破坏性的，是左翼联盟领导人茜麦斯在 2006 年 3 月突然辞职，其部分原因在于她未能令联盟承诺更大地参与欧盟以及与北约进行军事合作。茜麦斯被认为是一个拥有个人魅力的领导人，她"上镜、年轻、有口才"，曾经帮助芬兰左翼联盟巩固了可敬的绿党和女权主义形象（Karvonen 2006）。她对芬兰左翼联盟异常严厉的批判恰恰在 2007 年 3 月大选前公开发布，从而将左翼联盟的内部纷争公之于众。当时众多媒体猜测左翼联盟将解体，这给党造成了"无法估量的"损失（Dunphy 2010：79）。茜麦斯宣称自己从来不是一个真正的"社会主义者"，指出芬兰左翼联盟的现代化只是一种表象，认为只有摆脱躲在议会党团本能抗拒参与政府、欧洲一体化和北约背后，由雅各·拉克索（Jaako laakso）领导的所谓"邪恶"、亲莫斯科、墨守成规的共产主义"缅怀运动"，它才适合执掌政权（Helsingin Sanomat 2007）。茜麦斯在 2007 年完全脱党。

从选举看，芬兰左翼联盟在 20 世纪 90 年代的全国、欧洲议会和地方议会选举中稳定地获得了 9% ~11% 的选票。但它从未超越芬兰人民民主联盟/民主替代 1987 年 13.4% 的得票率，此后其选票数逐步下降，在经历了灾难性的 2009 年得票率是 5.9% 的欧洲选举之后，2011 年 4 月得票率为 8.1%，在总共 200 个议席中只获得 14 个。选举问题因为计算方法而变得更加复杂。尽管芬兰不再是萨托利所谓极端化多党制的例子，但仍然是没有选举门槛的、建立在比例代表制基础上的体制，有 9 ~10 个政党经常获得议会席位，社民党相对弱小，从未获得超过 28% 的选票，整个左翼和绿党的选票少于 45%。随着党内成员与核心领导层的观点趋于一致，党也能够与其他政党联合执政，左翼联盟变得更加"随心所欲"（Arter 2007）。因此，在 1995 ~

1999 年和 1999~2003 年"彩虹联盟"政府期间，左翼联盟既与中左翼社民党、绿党，也与中右翼民族联合党和瑞典族人民党建立了联盟政府。这在意识形态和选举上都存在问题：前者表现在其伙伴党的亲欧盟导向以及第一届彩虹政府削减针对失业者的住房补贴、失业津贴和养老金，后者表现在尽管多数左翼联盟成员已经逐渐适应了做出相关妥协，但在 17 位内阁部长中两位没有取得任何具体成就（Dunphy 2007）。①

尽管政府参与对左翼联盟选票的影响微乎其微（1995~2003 年间只丧失了 2 个议席和 1.3% 的选票），但政府在经济上的成功，比如创造就业岗位，没能增加它的支持率。尽管 2003~2007 年间社民党的受欢迎程度有所下降，左翼联盟也未能充分利用它在中央党 – 社民党 – 人民党政府的这段在野时期。尽管左翼联盟注意到与新政府右倾导向间的临界距离，指责新政府提议的私有化和减少社会保障，但党的内部分裂加剧了，而且也未能提出一个具有较高质量的新战略发展方向：无论是作为一个关注边缘化工人阶级、更加反对既有建制、反对欧盟的"民粹主义政党"，还是"第三左翼"所倡导的关注年轻人的深绿政党（同上）。

深层次的障碍与芬兰总统选举相关。尽管总统权力在 2000 年有所减少②，但仍然拥有决定对外政策和人事任命权。虽然总统的作用比法国小得多，但它会让作为左右翼政党核心的主要领导人信心倍增。在 2000 年和 2006 年，芬兰左翼联盟支持在第一轮选举中胜出的

---

① 在第一届"彩虹联盟政府"期间，芬兰左翼联盟出任的部长包括文化、青年和运动部长以及医疗和公共服务部长。在第二届政府期间，芬兰左翼联盟成员担任财政部副部长，主管住房税和欧盟预算政策，以及城市和地区事务部长。

② 根据 2000 年 3 月实施的芬兰新宪法，总统的权力被削弱，内阁和议会的权力与地位明显得到加强——译者注。

社民党候选人塔里娅·哈洛宁（Tarja Halonen），没有推举自己的候选人。这至少使其避免了 1994 年的尴尬处境，当时党的领导人安德森独立参选，只得到 3.8% 的选票，但必然也令党在构筑不同于社民党的独特形象方面变得更加困难。影响芬兰左翼联盟选择权的更具限制性的因素，仍然是芬兰绿色联盟巨大的选举成就。1983 年，当芬兰共产党仍在专注于内部斗争的时候，它已在议会中站稳了脚跟。此后，绿党的得票数非常稳定，尤其吸引了众多年轻城市中间阶级的支持，并在 2007 年议会选举中获得 8.5% 的选票，尽管在参加政府之后，2011 年得票率回落到 7.2%。尽管绿党采取的是温和政策：支持欧盟、"既非左也非右"，但却令左翼联盟超越年龄、地域和经济上边缘化的蓝领核心选民，展现作为一个女权主义和后物质主义政党的能力变得更加复杂（Dunphy 2004）。左翼联盟仍然保持着"旧式的、男性占主导地位"的形象（Tuominen 2009）。

因此，今天的芬兰左翼联盟面临着较之 90 年代形成之初更大的挑战，包括苏联意识形态、战略和人员遗产的可转移性，政府参与的效用，在欧洲一体化、向新选民开放及其与更大的社民党的关系问题上澄清立场。甚至左翼联盟是否已经形成稳定的后共产主义身份，都令人怀疑。

2006 年，在马蒂·科尔霍宁（Martti Korhonen）接替茜麦斯之后，左翼联盟才开始发展一种更具连贯性的导向，试图吸引各种"民粹主义"情绪和"第三左翼"倾向。在 2007 年 6 月的后选举纲领中，左翼联盟首次自我界定为反资本主义政党，强调"团结起来并以可持续的替代方案……挑战全球资本主义的时刻到了"，重新强调左翼联盟"认同社会主义思想"，把社会主义界定为"民主和所有人的真正自由"以及对经济行为进行调控和收入与财富的再分配（VAS 2007）。左翼联盟的欧洲一体化立场变得强硬，指出在新自由主

表5-1　1990~2011年泛欧洲议会选举中的民主社会主义政党

年份	1990	1991	1992	1993	1994	1995	1996	1997	1998	1999	2000	2001	2002	2003	2004	2005	2006	2007	2008	2009	2010	2011
丹麦红-绿联盟	1.7				3.4				2.7			2.4				3.4		2.2				
丹麦社会主义人民党	8.3				7.3				7.5			6.4				6.0		13.8				
爱沙尼亚联合左翼党										6.1 (a)				0.4 (a)				0.1 (b)				—
芬兰左翼联盟		10.1				11.2				10.9				9.9				8.8				8.1
希腊左翼联盟	10.3 (c)			2.9			5.1					3.2				3.3		5.0 (d)		4.6 (d)		
冰岛左翼绿色运动（e）		14.4				14.3				9.1				8.8				14.3		21.7		
卢森堡左翼党										3.3					1.9					3.3		
挪威社会主义左翼党				7.9				6.0				12.5				8.8				6.2		
葡萄牙左翼集团										2.4			2.8			6.4				9.8		
瑞典左翼党		4.5			6.2				12.0				8.4				5.9				5.6	
乌克兰社会党					2.7				8.6				(6.9)*				(5.7)*	(2.9)*				

注释：（a）作为社会民主党工党与爱莎尼亚联合人民党联盟；（b）作为爱莎尼亚左翼党；（c）在1989~1990年间作为"希腊左翼"与希腊共产党联盟；（d）作为激进左翼联盟；（e）1998年前，作为人民联盟；*作为社会民主党

资料来源：www.parties-and-elections.de, 2011年5月20日进行数据修订。

义政治下，"欧盟不能得到欧洲人的信任"（同上），认为欧盟应该"倾听其公民的心声"，就《里斯本条约》进行人民公决（NELF 2007）。

但邓菲（2010）认为，这种新确立的一致性"太少也来得太迟"，并不能消除人们对一个公开分裂的政党终将衰落的认识，更重要的原因在于左翼联盟的实际立场与以往一样混乱。比如，2008 年 6 月，其 17 名议员中有 12 名投票反对《里斯本条约》，而包括科尔霍宁在内的 5 人则投了赞成票（Helsingin Sanomat 2008）。2009 年 6 月，左翼联盟失去了唯一一个欧洲议会议席，其中青年选民转向支持绿党，而一些老选民则投票支持右翼民粹主义的正统芬兰人党，这两个党分别获得 12.4% 和 9.8% 的选票。

2009 年 6 月，帕沃·阿勒希迈基（Paavo Arhinmäki）接替科尔霍宁成为党的新任领袖。这个 32 岁、极富个人魅力的生态社会主义"第三左翼"领导人的走马上任，标志着将发生一场新的背离，因为他打算将党的重建置于优先地位，同时也不拒绝更长期的"职位取向"。阿勒希迈基旨在挑战绿党的城市青年选票，将左翼联盟重新定位于超议会运动，并将联盟与包括社民党在内的其他政党明确区分开来（Dunphy 2010）。左翼联盟重新导向更加疑欧论的、运动友好型政治，其典型表现就是在 2009 年 10 月加入了欧洲左翼党。通过以网络为基础的社会媒体运动，比如反对引入学费运动，阿勒希迈基尤其在青年人中成功地部分提升了左翼联盟的形象。到 2011 年，约 18% 的选民可能考虑投票支持左翼联盟（Tuominen 2011）。

但是，这种新形象一直难以转换成选票，因为左翼联盟仍然被认为对社会民主主义黄金时代怀有一种逆潮流而行的怀恋情结，不能充分理解更具当代性的后物质主义议题（同上）。2011 年 4 月党的选举结果是丧失了 3 个议席和 0.7% 的选票，这表明，它既不能有效认识芬兰的经济顽症，也不能充分利用人民对执政的右翼－自由党－绿党联盟和在野社民党的不满情绪。左翼联盟唯一获得的部分补偿，是从绿党那里分得了一些选票，这是自 1995 年以来左翼联盟最糟糕的得票率（Helsingin Sanomat 2011b）。阿勒希迈基在全国第四大选区赫尔辛基获胜，联盟仍然保持着第四大党的地位，其表现比此前可能掉落至第七，为倒数第二大党的预测要好（Tuominen 2009）。但在这次选举中，民粹主义的正统芬兰人党的成功引人注目，它获得了 19% 的选票，是 2007 年选举结果的 4 倍多。这一成就不只是建立在其排外的反伊斯兰立场之上，也是因为它表达了对社会经济状况的不满，比如反对欧盟对葡萄牙的紧急援助，以及表明自己是一个"不搞社会主义的工人政党"（Helsingin Sanomat 2011b）。鉴于正统芬兰人党已经排除了进入政府的可能性，因此它们仍然对左翼联盟抗议党的角色定位构成巨大挑战。然而，2011 年选举也清除了左翼联盟的一些"保守势力"。与以前相比，2011 年左翼联盟的新议会党团更加年轻且由女性占主导，同时由于联盟在赫尔辛基赢得胜利的纲领中提出了建立"一个更加民主、解放、参与和生态导向的新型左翼政党"目标（Holm 2011），因此它最终仍然可能要遭遇其长期以来一直面对的问题，即如何获得一个更具连贯性、放眼未来的后物质主义和后共产主义身份。

社会主义人民党：从正红到纯绿？

丹麦社会主义人民党是最古老的新左翼政党。2009 年，是自前丹麦共产党领导人阿克塞尔·拉森（Aksel Larsen）创建该党以来的第 50 个年头，而拉森本人则因在 1958 年支持赫鲁晓夫的去斯大林化进程被开除出党。从一开始，社会主义人民党就强调其对外政策的独立性、爱国主义、非教条式解释马克思主义和民主、抛弃民主集中制（Dunphy 2004）。它在1960年的选举突破主要依赖于拉森极富人格魅力的个人声誉，以及丹麦共产党的不妥协立场。社会主义人民党获得了6.1%的全国选票，比丹麦共产党1947年以来在任何一次选举中的得票数都要多，而后者由于只获得1.1%的选票且没有任何议会席位而沦于政治边缘化境地，直到70年代才短暂回归议会。1968年后，通过增加对新左翼议题的支持，比如中立、与第三世界团结一致、反核环境保护、女权主义以及反对欧共体，社会主义人民党能够继续保持并超越工人阶级，成为一个非苏维埃、非共产主义、非正统、充满活力、富有弹性的政党。社会主义人民党逐渐将反对欧共体作为自己的标识——它是1972年加入欧共体全民公决中唯一持反对立场的议会党（Dunphy 2004）。

苏联解体时，社会主义人民党不只是在丹麦政治舞台上担当既有的角色，而且取得了巨大成功：在1986年全民公决正式批准了以建立单一欧洲市场以及进行更大程度的政治合作为内容的《单一欧洲法案》之后，社会主义人民党加入了"反对"运动，虽然最终未能取得成功，但是社会主义人民党在1987年议会选举中获得14.6%的选票，这也是迄今为止它的最高全国得票率。的确，自90年代初以来，不是共产主义的衰落而是不断增强的欧洲一体化，导致其面临一些重要问题。1986年前，社会主义人民党一直支持撤出欧共体，认为它是一个非民主、对丹麦有百害无一利的军事集团；但尤其在反对《单一欧洲法案》失败之后，社会主义人民党开始承认加入欧共体/欧盟的事实，致力于欧共体/欧盟的内部改革，向政府参与敞开大门（Christensen 1996）。到90年代，党在欧盟问题上的立场发生变化，逐渐转向一种温和的疑欧论，成为选择性一体化主义者，而不再是一个持拒绝欧洲立场的政党，最终在1999年放弃了丹麦脱离欧盟的主张。社会主义人民党支持把参与欧盟作为一个"政治战场"，为推动能够增加工人、女性和环境保护而非导致更大程度联邦主义或军事设施建设的深入一体化而斗争（SF 2000）。

为了调和约占 1/3 党员的"支持一体化主义者"和"传统主义者"之间的意见分歧——其中前者寻求在欧盟内运作以为将来执政打开方便之门，而后者则认为欧盟改革毫无成效，担心丧失自身区别于社民党的独特性——这种立场的演进充满曲折和谎言（Dunphy 2004）。比如，社会主义人民党在马斯特里赫特和阿姆斯特丹条约（1992/1998）以及接受欧元的全民公决中积极呼吁投"反对"票，但在 1992 年 12 月爱丁堡欧共体会议上却又是支持"全民妥协"的关键角色。除了激进右翼政党"进步党"外，所有议会党都赞成马斯特里赫特条约的"四点保留"，尤其是货币联盟和防务层面的保留①，最终使该条约在 1993 年 5 月的全民公决中获得通过。政策的不连贯以及源于该党民主性的内部文化的党内公开争论，在很大程度上导致了表 5－1 所显示的支持率下降（Christensen 2010）。然而，由于丹麦民众开始逐渐倾向于支持欧盟，支持率从 80 年代的 40% 增加到 21 世纪最初 10 年的约 60%，从而有助于社会主义人民党澄清自己在欧盟问题上的立场。到 2004 年时，党内的疑欧论几乎已经荡然无存（Knudsen 2004）。在 2004 年 12 月的一次党内公决中，63.8% 的党员支持欧盟宪法草案。

社会主义人民党不只是单一议题政党。它极大地偏离了起源，而成为欧洲左翼中"最绿的政党"之一，在这方面它比芬兰左翼联盟更加具有说服力。它致力于发展建立在多元主义、经济民主和环境主

---

①　1993 年，为了让丹麦接受《马斯特里赫特条约》，欧盟给予丹麦"四点保留"，即同意其不参加欧盟在货币、防务、司法以及欧洲公民权四个领域的合作——译者注。

义基础上"结合了红－绿观点以及民主观"的社会主义,其战略目标是"用一种社会主义方式"向中左翼施压,以改造而非仅仅管理资本主义(SF 2000)。它支持"两条腿走路"政策,既重视议会工作也积极参加包括工会、女性主义、环境和消费者网络在内的社会运动(SF 2005)。然而,就党的"社会主义"身份而言,这种绿化存在很多问题。显然,社会主义人民党正在发展成为一个仅仅类似于荷兰绿色左翼的非激进"红－绿"政党。

北欧绿色左翼政党具有极强的地区性身份特征、试图打破红－绿边界、厌恶联邦主义和斯大林式极权主义,这促使其不愿意完全参与可能带有超国家主义或共产主义意味的任何国际倡议。然而,就其在欧盟层面的行动看,社会主义人民党最近更加偏向红而非绿。在联合欧洲左翼的欧洲议会党团解体后,1992~1994年间,社会主义人民党在加入欧洲联合左翼/北欧绿色左翼党团之前一直支持绿党党团。但在2004年欧洲议会选举后,社会主义人民党再次背叛了欧洲联合左翼/北欧绿色左翼,其接替了疑欧派的帕尼拉·弗拉姆(Pernille Frahm)的新任欧洲议会议员、温和派的玛格丽特·艾肯(Margrete Auken)加入了绿党－欧洲自由联盟,因为她强烈反对部分欧洲联合左翼/北欧绿色左翼政党,发现在这个党团中不可能完成任何工作。① 这是极具争议性的一步,在党内引发激烈讨论。尽管她事前没有与社会主义人民党执行委员会协商,但党内多数人都认为"这一决定有利于党的发展"。② 这与社会主义人民党其他方面的国际行动当然是一致的:2000年以来,社会主义人民党一直是欧洲绿党的观

---

① 社会主义工人党国际秘书与笔者本人在2008年8月8日的通信。从艾肯的博客(http://talkbox.dk/auken/index.php? article = 5089)看,她认为尤其应该拒绝"斯大林主义"的捷克和希腊共产党加入其中。

② 社会主义工人党国际秘书,2008年8月8日。

察员党，并且在 2004 年后也没有加入欧洲左翼党。在 2009 年欧洲议会选举后，其两位现任欧洲议会议员再次加入了绿党－欧洲自由联盟。

从国内看，社会主义人民党面对的选举和宪法环境，对其采取温和政策既有所促进同时也形成挑战。与芬兰一样，丹麦也存在大量具有选举相关性的政党，2007 年有 8 个政党获得议席。丹麦社会民主党现在的力量大大削弱，在 21 世纪头 10 年只获得约 25% 的选票，自 90 年代以来下降超过 10 个百分点，并在 2001 年被保守派自由党所反超。与芬兰相比，丹麦的左－右翼区分更加明显，尽管政治特征表现为共识性实用主义，芬兰联盟"无限制"跨越意识形态的做法在这里很少发生——丹麦社会民主党传统上一直与中间主义小党而非右翼结盟。90 年代末以来，伴随着丹麦经济发展相对繁荣以及明显的政治右转，社会民主党的发展前景堪忧。与被右翼民粹主义丹麦人民党极度政治化的所谓"移民危机"——尤其是日益增长但人数仍然很少的穆斯林——问题相比，全国选战已经很少关注失业、经济和环境议题。

尽管社会主义人民党长期以来一直不被认为是可以结盟的对象，但社民党的衰落提出了建立左－左联盟的可能性。尤其随着亲欧盟的社民党与持疑欧立场社会主义人民党间对外政策差距的缩小，社会主义人民党现在转而支持与社民党和社会自由党的红－中间结盟，尽管社会自由党在这个问题上仍然犹豫不决，但这种可能性确实大大增加（Christensen 2010）。① 社民党曾经认为，单凭一己之力就能够阻止右

---

① 在英语中通常翻译为社会自由党，在丹麦语中称为 Det Radikale Venstre，字面意思是"激进左翼"，因为自由党具有自由派左倾分裂的起源（Venstre 的字面意思是"左翼"），在这种情况下"左翼"是指"进步的自由者"，而非"社会主义者"。

翼对福利国家进攻，而它确实也曾成功利用这一策略最终赢得了
1998 年大选，但它现在不断遭遇的各种麻烦已令其动摇了这种看法
（Qvortrup 2002）。这造成大量一般左翼选民的浮动选票流向社会主义
人民党或社会自由党（Christensen 2007）。左翼浮动选票赋予社会主
义人民党与社民党和社会自由党竞争的更大空间，但却必然不会减少
左翼总体上的得票数。

　　而且，如同在芬兰那样，社会主义人民党的绿化也遏制了一个强
大的绿党与其争夺白领选民。所有这些因素，加上经常得到宪法保障
的欧盟全民公决作为党内紧张关系的安全阀，以及政府能够呼吁提前
进行议会选举，给社会主义人民党带来更大的压力，推动其更加偏向
议会和政策灵活性（Christensen 1996；Dunphy 2004）。

　　然而，社会主义人民党完全没有回旋余地。尤其在欧盟问题上的
相对绿化和温和性政策，在很大程度上已经将反欧盟、反建制的选票
推给了反欧盟的右翼民粹主义丹麦人民党，后者在 1998 ~ 2007 年间
选票几乎翻倍，增加到 13.8%，以及另外一个左翼政党——这是社
会主义人民党在北欧绿色左翼政党中唯一需要长期面对的一个相关竞
争者。红 - 绿联盟是丹麦共产党、左翼社会党和托派社会主义工人党
在 1989 年建立的，并吸引了一些毛派和独立社会主义者。在国内政
治方面，红 - 绿联盟除了更加强调"阶级意识"外，提出了与社会
主义人民党相类似、融合了"民主社会主义"的红 - 绿主题。

　　社会主义人民党和红 - 绿联盟经常在议会，比如 1994 ~ 2001 年
间给社会民主党少数派政府提供了有条件的支持，以及议会外行动，
比如在丹麦社会论坛和反伊拉克战争游行中进行合作。然而，红 - 绿
联盟一直通过其反建制形象保持着一种强烈的"革命性"自我认同
（EL 2003）。在议会中，它执着地反对新自由主义，反对与社民党建
立任何长期性联盟，而社会主义人民党却越来越自视为一个积极寻求

影响决策的政党。在欧盟问题上，红－绿联盟支持坚定的欧洲拒绝主义立场，认为"欧盟必须解散，代之以拥有成熟民主以及关注充分就业、团结、人权和环境的独立国家间之民主的国际合作"（EL 2002）。而且，红－绿联盟在 2010 年加入了欧洲左翼党，此前它一直是观察员党，加之其长期对草根民主的偏好，这一切都表明，它现在应该被视为一个"激进"而非"极端"角色（参考 Johansen 2010）。

1994 年，红－绿联盟第一次在议会中站稳了脚跟（参见表 5－1），赢得了那些因社会主义人民党在爱丁堡协议期间的"背叛"行为转而支持他党的选票（Thomsen 1995）。但是，由于党内意见不统一及其做出的错误决定，红－绿联盟一直未能充分且连续一致地利用社会主义人民党的温和立场。比如，对于一个左翼自由意志主义政党来说，选择阿丝玛·阿布杜－哈米德（Asmaa Abdol－Hamid）作为 2007 年议会选举候选人极富争议。阿布杜－哈米德是一个频频失言的宗教保守派，她拒绝与男性握手，不反对死刑，虽然吸引了移民选票，但同时也受到右翼的猛烈攻击，或许正是这一原因导致红－绿联盟在 2007 年选举中丧失了总共 6 个议席中的 2 个议席和 1/3 的选票，而其中的绝大多数都流向了社会主义人民党（Kosiara－Pedersen 2008）。

2007 年议会选举，社会主义人民党的得票率从 6.0% 增加到 13.4%，议会代表数在总共 197 个议席中，从 11 个增加到 23 个，提高了两倍多，这是其自 1988 年以来最好的全国选举结果，并从议会第 6 大党一举跃升至第 4 大党。然而，由于先前的政策混乱和政治竞争，这一结果并未产生很大轰动。这个结果在部分意义上源于一些超出政党控制的因素：所谓"漫画危机"——2005 年 9 月一家丹麦日报刊载了先知穆罕默德的 12 幅漫画，几个月后在伊斯兰世界引发极大负面回应——导致了丹麦选民的两极分化，社会主义人民党等要求彻查，选票数迅速大量增加（Bille 2007）。2005年2月大选后，为应对严重的选举停滞，在新领袖赫勒·托宁-施密特（Helle Thorningp - Schmidt）领导下的社民党，开始向中间转，而社会自由党在经过一段时期的摇摆不定之后，在2007年竞选中坚决支持社民党。

社会主义人民党利用了这一"右转"。2005年4月，在担任社会主义人民党领袖14年之久的霍尔格·尼尔森（Holger Nielsen）辞职后，极富左翼声望、经验丰富的议员威利·瑟芬达尔（Villy Søvndal）成为党的新领导人，他尝试在经济议题上明确阐述左翼的原则性立场，重新强调社会平等和再分配税收（SF 2006）。的确，在一场社会政策议题重新回到议程上的选举中，社会主义人民党通过运用团结等传统左翼辞藻，使自己"比其他反对党看起来更像是福利的维护者"（Knudsen 2007）。瑟芬达尔被视为"媒体财富"（Johansen 2009：51）。其个人排名很快超过托宁-施密特；2004～2009年间，社会主义人民党的党员数翻了1倍。

但在其他方面，社会主义人民党更多转向实用主义和职业化：虽然它不赞同社会民主党的一些核心议题，比如支持冻结收入税以及在北约问题上态度积极，但它仍将加入社会民主党联盟（Copenhagen Post 2007）。2007年大选后，由于打破了其先前的一些禁忌，包括支持删除1992年签署的欧盟四点保留中的两项——军事合作和公正问题、支持不必举行全民公决直接采纳《里斯本条约》以及在2008年首次支持自由党主导的政府预算，社会主义人民党的声望提升（Copenhagen Post 2008）。瑟芬达尔甚至严厉批评激进的伊斯兰组织和移民暴力，打破了激进左翼将移民问题归咎于东道国的传统。2010年，社会主义人民党的反北约态度也开始软化，党的发言人奥勒·索恩（Ole Sohn）认为北约没有可靠的替代（Johansen 2010：16）。

这些倾向在党内引发不安情绪，但在 2009 年 6 月欧洲议会选举中，它却也凭借一个强调社会公正、具有强烈环保主义倾向的纲领吸引了社民党选民，获得历史新高 15.9% 的得票率和 2 个议席（Knudsen 2009）。由于在政策上逐渐达成谅解，社会主义人民党和社会民主党在 2009 年 8 月首次宣布将建立一个由托宁－施密特领导、不排除与社会自由党合作的潜在联盟，其目标是"确保实现社会再分配、扩大福利和更大程度地致力于气候改善"（SF 2009）。正如社会主义人民党指出的，这是一个"重要的里程碑"，2011 年初的民意测试显示，在经济危机背景下，社会民主党－社会主义人民党－社会自由党的选举联盟能够得到红－绿联盟潜在的批判性支持，在同年 11 月前举行的选举中占微弱优势。在这一联盟中，社会主义人民党打算获得 1/3 的部长职位（Copenhagen Post 2011）。

即使是在 2011 年，社会主义人民党仍将自己描述为一个"社会主义政党"——它的社会主义非常宽泛，被界定为"赋予个人通过广泛的民主方式就个人生活以及社区发展做出决定的自由"（SF 2011）。但是，瑟芬达尔领导下的社会主义人民党的日益职业化提出了这样一个问题：其复兴是否主要是通过占领社民党已经退出的阵地来实现？它在真正意义上是否依然保持激进？或者它只是社会民主党一个边缘化的更红和更绿的复制品？

葡萄牙左翼集团：一个新"新左翼"

与前述政党相比，在 1999 年才建立的左翼集团（一般称作 Bloco）是一个政治新手。左翼集团是作为三个政党的选举联盟兴起的，包括毛派的人民民主联盟、托派的革命社会主义党和共产党中持不同政见者建立的"政治21"。这三个党在政治舞台上一直处于边缘地位，在20世纪90年代已经逐渐转向选举和政策协调。作为一个起源于革命左翼"广泛左翼"政党，现在的左翼集团尽管马克思主义取向弱于红－绿联盟，民粹主义取向弱于苏格兰社会党，但与红－绿联盟相比，它同丹麦社会主义人民党的共性更少。其他广泛性左翼政党，比如苏格兰社会党的确同样如此。然而，其政治立场不断演进，如同社会主义人民党在很长时间之前一样，愈益发展成为红－绿左翼自由意志主义的急先锋。

左翼集团形成于几个紧要关头。一是日益僵化的葡萄牙共产党不再能够阐明葡萄牙革命传统。在与希腊共产党长期竞争最"斯大林式"当代共产党的过程中，葡萄牙共产党一直致力于改变葡萄牙作为第三世界国家的概念，尝试通过社会主义革命将其从欧洲资本主义中解救出来（Dunply 2004）。① 在整个90年代，革新言论逐渐消失，葡共成为一个植根于不断减少的男性工人阶级老迈的、防御性政党，对参与因葡萄牙1986年后的欧盟成员身份引发的结构变革，包括强劲的经济增长、就业增加和第三部门的发展（在21世纪头十年急剧衰退之前）准备不足。左翼集团为那些异化于葡萄牙共产党的教条主义以及逐渐"布莱尔化"中左翼社会党的激进人士提供了一个安身立命之所（Socialist Worker 2005）。而且，左翼在1998年"流产无罪"全民公决中的惨败，以及1999年以来支持葡萄牙前东帝汶殖民地反印尼独立运动的情绪，推动非共产主义革命左翼团结起来（Louçã 2008；Reis 2008）。

左翼集团起初更像一个运动而非政党，它采取集体领导形式，与

---

① 邓菲（2004：114）指出，葡萄牙共产党长期处于非法状态（1926～1974年），及其在1974～1975年间差点成功地参与掌权，促进了其保守主义的发展。

社会运动联系密切。直到 2005 年，它才发展成为一个成熟政党，由前革命活动家、经济学教授以及革命社会主义党首脑弗兰西斯科·洛桑（Francisco Louçã）领导。其各个选区党则改造成为各种协会组织，比如革命社会主义党成为"革命社会主义政治运动"。左翼集团具有一些新左翼特征，比如毫无组织纪律性的"分散的权力结构"，党内民主发达，地方组织软弱；但在洛桑领导下，它在保持一种合作性内部文化的同时，逐渐发展成为一个集中化、媒体导向的政党（Lisi 2009：8；Tsakatika 2010）。

起初，作为旨在"打破政治模式"的外部党，左翼集团展现出一种广泛的反建制形象。其创建者视其为一个非宗派的统一体，用一种源于"当前的纲领而非过去的争论或试图实现意识形态纯粹化"的身份特征将联盟集合起来（Soeiro 2009：177）。作为"大众性、多元主义、富于战斗精神和影响力的"左翼，在各种"具体的、民主的反资本主义建议"背后（Reis 2008），革命性言论被抛弃了，甚至不再提及社会主义，以尝试争取社会大多数人的支持（Bloco 1999）。左翼集团旨在避免"就社会主义性质问题进行过度的理论讨论……社会主义不可能是一个即期目标"（Louçã 2008）。当然，左翼集团最初的吁求更多的是进行抵制而非提出建议：它抨击全球化是"非正义的文明化"，而欧盟则是全球化最大的"内部市场"（Bloco 1999）。其 1999 年和 2002 年竞选运动"切中要害，极尽挖苦讽刺之能事，推动一些明确的政治事业（包括税收再分配和废除天主教会），蓄意令现有政权坐卧不宁"，以吸引政治上的被排除者和边缘化者（Vitorino 2002）。

1999 年，左翼集团在议会中站稳脚跟，赢得包括洛桑在内的两个议员席位。在其首届议会任期内，左翼集团在很大程度上是丹麦红－绿联盟"忠犬"角色的写照，它给社会党少数派政府提供了实质性支持，虽然认为这是一个无可救药的新自由主义政府，同时也与议会外运动，比如逐渐兴起的世界社会论坛以及 2000 年在里斯本召开首次会议、反欧盟的"欧洲反资本主义左翼"（EACL）（参见第七章）保持着联系。然而，2002～2005 年间在议会中被中右翼政府孤立之后，左翼联盟开始转向树立一种更富建设性的职位寻求形象，"逐渐专注于展示……联盟的发展潜力以及分担政府责任"（Lisi 2009：136）。尽管社会党和左翼集团一直反对正式结盟，其意识形态差距也使得这一目标几乎不可能实现，但左翼集团也逐渐开始展示自己的能力和职业化形象，以与社会党争夺选票。

左翼集团 2005～2011 年的议会宣言冗长而复杂，题目分别是"自信的左翼""政府计划""改变未来"，旨在表明"一个尊重社会正义、反对不平等的政府应该如何行动"（比如 Bloco 2009）。每一宣言都建议加强传统国家干预，比如反对私有化以及私营医院国有化、扩大公民权利、防止种族主义和同性恋恐惧症、改善监狱状况、支持葡萄牙军队撤出伊拉克/阿富汗。左翼集团的彻底反欧盟立场也有所变化，现在主张"左翼－欧洲主义"，即建立在充分就业、性别平等、防止贫困、社会公平和生态可持续发展基础上的一种欧洲社会模式。35 小时工作周等传统承诺逐渐淡化，而把性别问题列入议事日程，这在党内引发争论，导致党内一些人士呼吁明确提出与资本主义决裂的社会主义政策，以及对执政的社会党采取一种更具批判性的态度（Bloco 2006a）。作为回应，左翼集团的几个纲领强化了党的激进形象，自我描述为能够为反对军事主义和私有化搭建平台和多元主义多数派的"社会主义替代"力量。而相关欧盟言论也转向强硬：左翼集团指责拟议的欧盟宪法是在强制推行一个"缺乏真正公民权的市场"，是诈骗行为和对民主的颠覆，它建议直接选举欧洲议会两院（Bloco 2006b，2007）。左翼集团一直站在议会外运动的最前列，比如

2002～2003 年间反对美国领导的伊拉克战争，以及反对大学征收学费的学生运动。

在 2004 年欧洲议会选举中，左翼集团的地位得到巩固，共获得 4.9% 的得票率（自 2002 年议会选举以来提高了 2.2 个百分点），并经选举产生了第一位欧洲议员。但其真正引起轰动的是在 2009 年 6 月份获得了 10.7% 的选票和 3 个议席，9 月份获得了 9.8% 的选票和共和国议院 230 个席位中的 16 席，是先前代表数的 2 倍。与相对富庶的北欧国家相比，对左翼来说，葡萄牙的社会经济和选举环境在一些方面是非常理想的。2001 年以来，葡萄牙经济恶化；2008 年经济危机发生后，金融和经济形势呈现自 20 世纪 30 年代以来最糟糕水平，2011 年失业率达到创纪录的 11.2%。作为传统上与欧盟最为亲近的国家之一，即使在 2008 年之前，遵守《欧洲稳定和增长协议》而采取的紧缩措施，已经极大冲击了对欧盟的支持。

2005 年大选造成了软弱无能的中右翼社会民主党政府垮台，推动了该国重要的左翼转向。包括共产党和社会党在内所有左翼政党的选票都有所增加，其中社会党获得了历史上最高 45% 的得票率（Magone 2006）。2009 年，若泽·苏格拉底（José Sócrates）的社会党政府未能续写辉煌。削减卫生和教育部门对经济增长几乎没有产生积极影响，反而诱发了由左翼集团和葡萄牙共产党支持的许多公共部门罢工。持续的经济下滑和腐败丑闻，令社会党得到 1991 年以来最差选举结果（36.6%），这意味着社会党在 2009 年重新成为一个少数派政府。只是由于社民党未能成为可靠的替代，社会党的胜利才成为可能（Lisi 2010）。

国内强大的左翼传统也令左翼联盟获益匪浅。比如，中右翼社民党的名称就反映了左翼在 1974 年革命中扮演的核心角色（Hamann and Manuel 1999）。尽管左右翼巨大的两极分化以及党的忠诚度已经减弱（Lobo 2002），但左翼的整体力量依然强大——左翼周期性（包括 2005 年）地获得 50% 以上的选票。与此同时，葡萄牙社会仍然充斥着浓厚的保守主义因素。天主教会尤其扮演着重要角色，比如葡萄牙就堕胎问题严厉立法，除极个别情况外（比如强奸），堕胎都要被判处监禁。

总之，左翼集团试图利用明确但却未被占据的小生境，以成为被葡萄牙共产党声称放弃的革命传统的继承者，尤其是发展成为一个能够吸引那些未被社会党和共产党充分代表的新政治政党，这需要保持原始的旧政治身份。因此，在公民权问题上，比如争取批准同居权、家庭暴力、同性民事伴侣关系、软性毒品自由流通、堕胎的相关立法，左翼集团一直充当着舆论制造者的角色。这些问题部分因为左翼集团对社会党积极施压，最终在 2007 年合法化。因此，左翼集团吸引了一批年轻的都市白领和受教育程度较高的选民，到 2008 年，已成为受青年人欢迎的第三大政党，这部分上归功于其对新政治媒体的积极利用（Reis 2008；Louçã 2010）。它在以都市为主的一些较大地区，比如里斯本、波尔图以及与里斯本接壤、曾经是社会党和共产党工人阶级大本营的锡士巴尔，赢得了巨大支持。2005 ～ 2009 年间，左翼集团在更大地区争取青年和受教育程度较高选民的支持。在地方选举中，与 2001 年的 78 位地方代表相比，2011 年的地方代表数达到 383。随着在地方选举中成绩的提高，左翼集团愈益成为一个全国性组织（Bloco 2011）。

迄今为止，选举计算方法鼓励左翼集团保持一种与社会党截然不同的小生境状态，而且它也没有卷入北欧绿色左翼各党间混乱的妥协。比如，葡萄牙的全国选举体制存在大量小选区、采用"德洪特"（d'Hondt）法的比例代表制，设置了一个非正式的选举门槛，导致小集团在全国议会中一直不能得到充分代表（álvarez – Rivera 2006）。

2005 年，左翼集团 6.4% 的选票只转换成刚刚超过 3% 的议会席位，而社会党则获得 53% 的议席，这意味着不需要左翼集团的支持就能执政。与芬兰一样，葡萄牙总统选举是主流政党扩大影响的良机，因此左翼集团最初选择独立参加总统选举以吸引公众注意力。这一战略没有取得显著选举进展，2001 年和 2006 年分别只获得 3.0% 和 5.32% 支持率，但却的确帮助 2006 年总统候选人洛桑成为备受媒体关注的人物。2011 年，部分为了争取对社会党感到不满的选民，左翼集团支持社会党左派人士曼努埃尔·阿雷格雷（Manuel Alegre）参加总统选举，尽管阿雷格雷只获得了 19.75% 的选票，在第一轮选举中就被淘汰出局。

目前，如同丹麦一样，左翼集团的左翼自由意志主义地位受到一个重要绿党的威胁。这就是生态主义政党——"绿党"，它在 1987 年后一直与葡萄牙共产党结盟，是"团结民主联盟"的组成部分，普遍被视为葡萄牙共产党的选举附属党。2006 年以来，为了占领这一小生境，左翼集团确立了一种更加偏向生态社会主义者的形象。比如，其 2009 年议会宣言指出，"今天比以往任何时候都需要在环境灾难与生态社会主义间做出抉择"（Bloco 2009）。

然而，尽管面临着老龄化问题，但葡萄牙共产党不会立即消失，仍然是左翼集团从红-绿疑欧论视角批判新自由主义的主要挑战者。在 2004 年后担任葡共领袖的热罗尼姆·卡尔瓦略·德索萨（Jerónimo Carvalho de Sousa）主导下，葡共在经过持续 6 年的衰落之后，在 2005 年议会选举和 2006 年总统选举中实现了部分复兴，分别获得 7.6% 和 8.6% 的支持率。尽管在 2009 年获得了 7.9% 的支持率，葡共的实际得票率仍然少于 1999 年。这一复兴的实现与其说是通过政策变革，不如说是形象变化——德索萨原来被视为一个传统主义者，现在他展现了一种不爱遵循教条、更为灵活多变的媒体形象，尝试强化葡共反欧盟和注重生态保护，以及一种充满活力、类似于拉美左翼民粹主义的民族主义、反美主义形象（Magone 2007）。

在德索萨领导下，左翼集团与葡萄牙共产党的关系从冰冻转向更为实用主义。左翼集团对其他左翼一直采取一种"单边"立场，尝试动员左翼社会主义者和共产党人以最大限度地推动反新自由主义潮流（Louçã 2010）。尽管在欧盟问题上存在根本差异，比如葡共更加质疑欧洲左翼党倡议的欧洲合作的可能性，但两党在葡萄牙议会中的合作逐渐加强。起初，葡共捍卫自己的"先锋队角色"，认为左翼集团是一颗政治新星（PCP 2005b）。但在 2011 年 6 月大选前，随着右翼社民党的力量越来越强大，各党同意为了"左翼－爱国主义替代"的利益独立发起反右翼运动（PCP 2011）。

无论如何，尽管左翼集团拥有一支更加年轻、受教育程度更高的选民队伍，但它似乎不可能很快取代葡共。葡共在学生联合会中仍然保持着一些残余力量，在地方上的影响也更大——2009 年，在最近一次地方选举中，它获得了 301 个城镇议席中的 28 个，而左翼集团只得到一个席位。而且，尽管左翼集团努力向共产党的工人阶级支持者中渗透，比如皮革生产和皮鞋制造工会，并在位于塞图巴尔的葡萄牙最大工厂"福特－大众汽车"（Ford－Voklswagen）中拥有多数支持（Reis 2008），但在组织化的劳工中葡共仍然占绝对优势。尤其是由葡共成员曼努埃尔·卡瓦略·席尔瓦（Manuel Carvalho da Silva）领导的葡萄牙最大工会联合会——"葡萄牙工人总工会"，仍然是葡共的传送带。

同样，在利用对社会党的不满情绪方面，左翼集团也受到很大限制，尽管它曾在 2009 年从中获得很多新选票（Louçã 2010）。起初，若泽·苏格拉底的少数派社会党政府只拥有 230 个议席中的 97 个，因而需要不断与其它政党进行协商，这种情况令左翼集团的影响力急剧增强。2009～2011 年间，随着苏格拉底建议推行欧盟规定的多轮紧缩措施以挽救葡萄牙债务危机，左翼集团提出了自己的立法动议，包括增加资金转移和个人财富税、增加国有银行在债务管理中的作用以及通过公共住房计划创造工作岗位（Bloco 2010；Louçã 2010）。因此，左翼集团领导人阿尔达·索萨（Alda Sousa 2010）预测：

> 作为少数派政府，（社会党）……将被迫在左翼的提议（正如我们将提出的源于我们的纲领和使命的各种建议）——其中包括呼吁就业立法、征收大财富税和金融社会保障——或加入反动的右翼（人民党）间做出选择。

左翼集团因而能够再次成为舆论制造者，证明它仍然是建设性的左翼替代者。苏格拉底的紧缩措施自然适得其反，造成了经济的进一步下滑，并在 2010 年 11 月和 2011 年 3 月引发大规模公众游行。由于所有议会反对党都拒绝苏格拉底在提交议会讨论前就与布鲁塞尔（致命地）协商野蛮的一揽子紧缩方案和欧盟紧急援助，从而导致了苏格拉底政府垮台，被迫将在 2011 年 6 月举行新一轮选举。但民调显示，中右翼社民党很可能成为主要受益者。左翼集团似乎不可能提高其 2009 年选举结果：右翼赢得大选的潜力，意味着心怀不满的社会主义者极有可能重新回归社民党，投出反对右翼的"有用票"，而葡共的不妥协立场也仍将对那些投抗议票的选民具有吸引力。总之，虽然左翼集团在政党体系中已经创造了一个独特的小生境，但若想超越这一生境成为社会党的主要左翼伙伴，仍然面临显著障碍。

东欧：民主社会主义的真空

即使粗略地扫描一下东欧，我们也可以发现，这一地区几乎不存在具有全国显著影响的相关民主社会主义政党（参见表 5 - 1）。正如我们指出的，占主导地位的激进左翼政党或者是共产党，或者更为常见的是社会民主主义的"继任党"。现在已经成为欧洲左翼党成员的那些东欧民主社会主义政党（参见第八章），比如罗马尼亚社会主义联盟和捷克民主社会主义党，无一例外都是没有全国议会代表的小党。具有代表性的是爱沙尼亚联合左翼党，它曾与"俄罗斯族爱沙尼亚联合人民党"组成选举联盟，在 1999～2003 年获得 2 个全国议席，但在 2007 年只得到 0.1% 的支持率，获得的选票数甚至少于其党员数。[①]

民主社会主义者在 1991 年后的社会民主主义继任党中形成了一些党内派别，这些党所获选票的很大一部分都源于对国家社会主义因素的缅怀（Dauderstädt et al. 1999）。一个相对具有影响力的组织，是匈牙利社会党的"左翼论坛"，它由前社会政策部长贝戴尔·基什（Péter Kiss）领导，一直试图推动党的领导层远离新自由主义。但是，这些派别一直未能成为主导力量，也未能带动党的政策朝着更为激进的方向发展。的确，两个部分意义上的例外是这一规律的最好证明：比如，虽然 90 年代中期参加政府，保加利亚社会党和罗马尼亚社会民主党将反市场、反国际货币基金组织等口号，与对马克思主义和共产主义等表述残存的依赖结合起来（Murer 2002）。即使在当时，这些党糅合了社会民主主义、民族主义和共产主义的口号，使得它们成为社会民粹主义政党的例证，而非具有说服力的民主社会主义政党。无论如何，在经历大选失败和政策重塑之后，这两个党到 2001 年时都采取了更为清晰的"现代中左翼"立场，最终在 2003 年成为社会党国际成员。

---

① 感谢理查德·邓菲使我注意到这个问题。

东欧的民主社会主义真空有以下几个原因:首先无疑是其共产主义遗产,尤其是那些先前民族调和、官僚集权的中东欧政权,导致了马克思主义、社会主义和阶级政治持续而全面的去合法化。在这一地区,1989 年革命被视为"重新回归欧洲",认为苏联遗产是一场失败的试验,并将社会主义与共产主义一起抛弃殆尽——"向民主过渡"具有基本的"反社会主义导向"(Dauderstädt et al. 1999:75),"精英政治等术语的争论集中在政治光谱的右端"(Bunce 2002:310)。在爱沙尼亚等国,右翼政党在很大程度上塑造了选举偏好,以至于"左翼思想甚至根本不值一提"(Mikkel 2006:24)。除拥有强大工人阶级传统的前官僚集权制政权捷克共和国和民主德国外,真正的激进左翼政党不具有相关性,处于边缘化地位。对"共产主义"阶级身份的回应以及普遍性的国家建构议程,使得阶级政治纳入了身份议题(Ost 2005)。因此,对后共产主义经济的愤怒情绪,通常呈现为激进右翼或准左翼社会民粹主义者所表达的民族主义 – 民粹主义形式。东欧绿党仍然保持着环保运动的反共产主义特征,同样表明了这一特点。当绿党后来开始动员未得到充分代表的东欧后物质主义小生境时,这些党通常加入中右翼联盟,比如在拉脱维亚、爱沙尼亚和捷克共和国,以及保加利亚和斯洛伐克。在西欧地区经常出现的激进红色政党与绿色政党的结合,似乎因为东欧红色政党的物质主义与绿色政党的反共产主义而不具有可能性。

其次,由于意识到共产党过去的污名及其自身潜在的边缘化,前执政党经常竭力表明自身的改革性、品格高尚及其对共产党历史的忏悔。最便捷的方式自然是采用社会民主主义身份,这种身份尽管一直被列宁所鄙视,但同时也展现了一种亲西方和反极权主义立场。正如前面章节指出的,东南欧和苏联传统的共产主义政权地区,共产主义的衰落很少导致"回归欧洲",共产主义历史也很少遭到污名化,但是即使在这一地区，激进主义呈现的也是社会民粹主义、激进右翼形式，比如罗马尼亚、塞尔维亚、保加利亚；或共产主义形式，比如俄罗斯、摩尔多瓦、乌克兰，这在很大程度上是因为真正的民主社会主义传统已经被连根拔除，当代民主主义一直难以立足。

再次，无论继任党的意识形态发展轨迹如何，它们保持共产主义时代的政治资本和便携式技巧的能力，已经转换成后共产主义时期的选举成功，从而长期垄断了左翼地带，无论是共产党取得统治地位之前就已存在的一些"具有历史意义"的社会民主主义政党，还是非共产主义激进左翼政党，这些替代性左翼政党几乎没有发展空间。只有在捷克共和国，波西米亚—摩拉维亚共产党一直寻求一种"亚文化"战略，继任党一直不是占主导地位的左翼力量。而且，所有继任党，即使那些在执政中遵循新自由主义政策的政党，都严重依赖于缅怀福利主义和家长式社会主义价值文化情感，试图独占"民族的真正的社会主义"。比如，克罗地亚社会民主党继承了选民对旧政权的怀恋，极力赞扬前南斯拉夫领导人铁托及其敌后游击队运动。① 保加利亚社会党也仍然是社会民主主义继任党最正式的左翼，它声称是一个马克思主义政党，但同时也宣称忠实于"现代民主社会主义"（BSP 2006）。

最后，国际环境促进了多数东欧左翼政党的迅速去激进化。共产主义经济模式在后共产主义时期的迅速衰落令其彻底丧失了信誉，加之对欧洲－大西洋政治和经济制度，其中主要是对欧盟、国际货币基金组织和世界银行的浓厚兴趣，共同培育了后共产主义欧洲，首先是所有中东欧国家的"依附型现代化"。尤其在 20 世纪 90 年代，"西方的指导、管控和影响"极大塑造了后共产主义经济和政治发展

---

① 2007 年 7 月 3 日与克里斯托弗·莱蒙特（Christopher Lamont）的私人通信。

（Nagle and Mahr 1999：273），经济限制、财务纪律和私有化成为欧洲化必需的组成部分。失败的执政经历无疑也促进了保加利亚社会党和罗马尼亚社会民主党等政党的政策温和化，它们不得不强忍对国际金融机构和市场改革的厌恶情绪，以摆脱严重的经济衰退。

社会党国际以及与其联系密切的欧洲议会党团——欧洲社会党党团，一直是重要的去激进化渠道，它们令后共产主义左翼被极大"殖民化"。对许多继任党来说，加入社会民主党俱乐部是身份、合法性、改革和西方化的一个重要徽标；反之，在东欧地区扩大影响，也是普遍被认为在 20 世纪 90 年代初陷入"危机"的社会民主主义重申其相关性的主要方式（Delsodato 2002；Sloam 2005）。尤其是激进左翼在 90 年代初没有自己的跨国性政党组织，社会党国际因而能够吸引许多起初存在某些问题的社会民主主义政党，充当了帮助其进一步朝着温和中左翼方向转型的社会化机制。社会民主主义的社会化经常表现为干预主义——比如 2001 年，欧洲社会党积极鼓励保加利亚左翼在社会民主主义旗帜下统一起来（Spirova 2008）。最能体现社会党国际的这种工具性的例证，或许是塞尔维亚社会党。这个斯洛博丹·米洛舍维奇（Slobodan MiloŠvič）缔造的前极权主义、反西方的社会民粹主义政党，在党内现代化遭遇长期失败之后，于 2008 年被"华盛顿、柏林、伦敦、巴黎以及时任（具有决定性的）社会党国际主席……乔治·帕潘德里欧（George Papandreou）"说服，从民族主义阵营转向加入支持欧盟的执政联盟（Glenny 2008）。

在 20 世纪 90 年代多数时间里，乌克兰社会党似乎是东欧真正成功的民主社会主义政党的唯一例证。它具有自身的民族特性，但也展现了去激进化的总的发展趋势。乌克兰社会党从被禁止时期的乌克兰共产党（KPU）发展而来，并在 1991～1994 年间形成了一种温和的马克思－列宁主义导向，宣称其目的是建立社会主义，摒弃社会民主主义（Rakmanin and Mostovaya 2002）。随着乌克兰共产党的复苏，社会党丧失了许多党员，但却一直作为乌共明显稳定的"旅伴"存在下来，直到 2007 年的领导层危机才破坏了这一状态。乌克兰社会党的长期存在是苏联地区的一个异数，在这里非共产主义激进左翼政党一直在占统治地位的更大的共产党的身侧为生存而挣扎，而乌克兰独特的选举地理，即俄罗斯人和亲俄者占优的东部和南部地区（乌克兰共产党蓬勃发展的地区）与乌克兰和亲欧洲人士主导的西部和中部地区间的历史分裂，可以解释这一现象（Wilson 2002）。

尽管乌克兰社会党最初曾与法国和俄罗斯共产党、塞尔维亚社会党、西班牙联合左翼等政党保持着良好关系，但它逐渐受到社会民主主义的诱惑。波兰民主左翼联盟在 1995 年总统选举中的胜利，以及随后俄罗斯共产党人在 1996 年的失利，在社会党疏远共产主义、致力于复制民主左翼联盟"现代欧洲"中左翼联盟战略的过程中发挥了关键作用（Wilson 1997）。乌克兰社会党从未达到目标——即使在 2007 年时，其纲领仍然坚持民主集中制，宣称其得益于马克思主义和列宁的"社会转型概念"；尽管声称支持乌克兰未来的欧洲发展方向，但却认为民主集中制而非社会民主主义才是其"最高纲领"（SPU 2007）。

据认为，乌克兰社会党领导层本应该更早、更深入地完成社会民主主义化，但却一直苦于应付一些党员的激进思想倾向和党内的几次分裂，而仍然占主导地位的乌克兰共产党也一直在阻止社会党的转向。而且非共产主义左翼的构成政党规模非常小，也太容易妥协，从而不能成为稳固的盟友（Wilson 2002）。然而，它最终在 1999 年加入社会党国际，并在 2003 年成为咨询党。

总之，在社会民主党化过程中，乌克兰社会党的例子展现了外部因素相对于内部动机的重要性。社会党的内部动机使其建立了与共产党的合作关系，并驱使其维持一种激进的表象，而直到 2005 年，社会党也一直没有执政经历，这本可能加速其温和化倾向。然而，在 2004 年橙色革命之前，即使是乌克兰也不存在欧洲一体化的现实发展前景，欧盟尤其在两次世界大战期间曾经在属于波兰的西部地区人口中施加"软实力"。因此，从逻辑上看，乌克兰社会党更可能受到波兰前共产党而非俄罗斯共产党的吸引。即便一开始就发现社会党国际的培训课程与乌克兰社会现实无甚关联，乌克兰社会党与其他"过渡的"社会民主党一样也逐渐把社会党国际视为其欧洲使命和超越其共产主义历史的主要保证（Rakhmanin and Mostovaya 2002）。

结 论

民主社会主义政党是源于不同传统以及面临不同环境的广教会派。其共同特征是寻求非教条式的社会主义，反对马克思－列宁主义的权力主义，关注推动政治和经济民主。它们很少强调意识形态永恒的真理性，更加关注实用的增量解决方法，并保持着明显区别于当代社会民主主义的长期性变革视野，无论这被明确称为社会主义的"第三左翼"（芬兰左翼联盟）、"替代性社会主义"（葡萄牙左翼集团）还是丹麦社会主义人民党的"民主社会主义"。在上述案例中，这种平衡一直难以打破。

在上述三个西欧个案中，民主社会主义一直试图采取后物质主义新左翼议程，成为提出非传统性议题、强调被排除者利益的生态社会主义政党。它们尝试在从外部向社会民主主义施加压力确保产生影响并迫使其"吸纳"它们的主张，以及成为利用疑欧论和反建制抗议的单一抗议党之间保持平衡，这样虽然能够在短期内深得人心，但从长期看或许会边缘化。尤其在丹麦，从长期看，反欧盟情绪正在减弱。

这些努力之所以成功，在很大程度上因为竞争者的存在，无论它们是绿党（芬兰）还是其他激进左翼政党（葡萄牙和丹麦）。上述所有党都面临身份问题：作为最明确的"继任党"，芬兰左翼联盟一直致力于采取一种清晰的后共产主义新左翼形象，以表明其执政期间既积极影响了社会民主主义，但又在实践上与之相区别；丹麦社会主义人民党是在选举上最成功的政党，其形象虽然灵活多变但似乎愈益像是一个温和的主流绿党。日益提升的与社会民主党共同执政的可能性，是其激进性的试金石。似乎只有葡萄牙左翼集团迄今相对没有受到身份问题的困扰，一直垄断着左翼自由意志主义小生境，故意回避了意识形态问题，专注于具体的日常运动。然而，即使是左翼集团也要面对各种指责，尽管它极力否认。比如认为它支持一种防卫性的凯恩斯主义议程，缺乏连贯一致的反资本主义视野（Louçã 2008），而越来越多地寻求执政角色或许也将令其丧失了某些抗议潜力。这些党的一个共同特点，是对草根民主自由意志主义的强调，而这进一步加剧了其面临的身份问题，因为党内以及领导层间的紧张关系有时被过分暴露在公众视线之中。随着共产主义时代的各种不满情绪再次浮现，领导层的政策经常与其成员相冲突，芬兰左翼联盟受到的影响最大；丹麦社会主义人民党通过党内公决以及逐渐转向选票取向战略，将这种不满压制在最低限度；由于极力强调党内团结，而且面对的外部压力更少，葡萄牙左翼集团受到的影响也最小。

就东欧而言，民主社会主义政党的生存土壤非常贫瘠，面对着普遍存在的反共产主义遗产，以及迅速社会民主主义化和去激进化的强大国际和国内压力。民主社会主义政党通常加入前执政的继任党行列，无论它们是社会民主党、共产党还是处于政治边缘地位的诸多小党。乌克兰社会党的经历表明，即使在没有欧洲一体化发展前景的那些国家，起初沿着民主社会主义方向发展的独立政党，不可能而且最终也不愿意反对被纳入主流社会民主主义，那些从未努力形成新左翼或议会外身份的政党尤其如此。总之，后共产主义东欧的民主社会主义只是处于左翼完全社会民主党化（甚至新自由主义化）的过渡阶段，这或许是西欧相关政党也要面临的命运。

第六章

左翼民粹主义

——民粹社会主义政党和社会民粹主义政党

民粹主义政党可以是左翼，这一事实近来已被重新发现。直到 20 世纪晚期，民粹主义还主要是作为一种理论概念被研究，也很少应用于政党（Taggart 2000）。政党民粹主义或者主要被视为一种拉美现象，或者被认为几乎只与激进右翼相联系（Betz and Immerfall 1998）。21 世纪初，随着乌戈·查韦斯（Hugo Chávez）和埃沃·莫拉莱斯（Evo Morales）等拉美领导人主导下具有左翼倾向政权的蓬勃发展，"左翼民粹主义"才广泛流行开来。然而，民粹主义不是先验地就与某种特定的意识形态立场相联系，这一点曾得到一些人的肯定——的确，正如迈克尔·卡津（Michael Kazin）指出的，在 20 世纪 40 年代前，美国的民粹主义通常与社会主义情感相关联。然而，欧洲的左翼民粹主义直到现在才开始得到关注（如 March and Mudde 2005；March 2007）。

因此，在本章中，在对具有争议的"民粹主义"概念本身进行界定之后，笔者将详细分析欧洲激进左翼民粹主义的性质。一般而言，左翼民粹主义者是"民粹主义者"，因为"有道德的人"和"腐败精英"的二分法是其意识形态的核心。他们对理论纯粹性或阶级意识的关注远远不及传统左翼。他们可能具有政治光谱中其他民粹主义政党共有的组织特性，比如重视与人民关系、具有超凡魅力的领导人，以及厌恶正规组织。然而，他们在强调平等主义、支持集体经济和社会权利时仍然是"左翼"。

我们可以看到两种主要形式：民粹社会主义政党拥有与第五章所指出的那些政党相类似的民主社会主义意识形态核心，我们应该视之为民主社会主义政党的一个子类型，而非与之截然不同的类别——它们的社会主义身份仍然是核心的。然而，与其他民主社会主义政党相比，这一核心与更强烈的反建制吁求，更大的意识形态折中主义以及对特殊身份的强调相重叠（包括支持地区主义甚或民族主义）。本书探讨的三个西欧民粹社会主义政党，是最为重要的案例，尽管它们对民粹主义的支持程度存在差异。虽然清楚地表达过强烈的东德地区主义和反建制情绪，但是因其明显的国际主义和相对亲欧的立场，德国左翼党（2005 年前都称作民主社会主义党，出于方便此后一般简称为左翼党）一直是最缺乏民粹主义色彩的政党。荷兰社会党仍然坚持反精英立场、明确的民族独特性意识和疑欧论，但近来其民粹主义温和化，以至于现在可以只是被视为民主社会主义政党。苏格兰社会党一直具有最浓厚的民粹主义色彩，坚持一种反精英的民族主义立场，其兴衰与前领导人汤米·谢里丹（Tommy Sheridan）的命运有着千丝万缕的关系。这些党的命运形成鲜明对照：德国左翼党和荷兰社会党的反建制言论，令其对先前占主导地位的社会民主党构成重要挑战，而苏格兰社会党在戏剧性崛起之后，2006～2007 年开始显著衰落，此后一直看不到复苏迹象。

社会民粹主义政党与典型的民粹主义运动最为相似，其特点是领袖个人地位突出、组织相对薄弱、缺乏连贯一致的意识形态、在反建制的诉求下将左右翼的观点融合起来。大多数社会民粹主义政党并不被激进左翼认可为左翼。而且，大多数政党不是一贯坚持反资本主义甚或一贯表现激进，许多党只是昙花一现，所以本章将不在细节上给予这类政党同等关注。然而，这类政党在阐释为什么除共产党外真正的激进左翼政党在东欧比西欧软弱方面至关重要，因为它们经常存在于民粹主义盛行的地方。社会民粹主义政党支持准左翼和伪激进口号，在东欧政党体系相对自由的政治环境中，"左翼"和"右翼"区分不那么清晰，社会经济贫困状况比西欧严重，政治信任感也比西欧低，这意味它们很可能成为东欧那些真正的激进左翼政党的发展障碍。因此，笔者在此仅对几种主要类型进行简略概览。

区分民粹主义

"民粹主义"是最具争议性的政治术语之一，这在一定意义上是因为它被广泛运用为缺乏责任感、煽动和机会主义等侮辱性含义。比如，左翼的再分配论可能被视为"廉价的"或"危险的"民粹主义，就像在拉丁美洲，左翼政党被简单以"好"（非民粹主义者）和"坏"（民粹主义者）来区分一样（Castañeda 2006）。在此笔者追随越来越多的分析家，把民粹主义作为一个中性词来使用，相比其他同义词，民粹主义更具启发性意义。比如，虽然民粹主义者本质上反对政治精英，但是"反现行体制的政党"（如 Abedi 2004）未必是民粹主义政党，如共产党，法西斯分子，甚至绿党。

然而，即使不被当作贬义词来使用，民粹主义这个词也很难与贬义分离开来。目前没有"民粹主义国际"；像其他"中心稀薄型"的意识形态，尤其是民族主义一样，民粹主义是一个"反复无常"的概念，很容易与更为"丰满"的意识形态，比如保守主义或者社会主义结合起来（Taggart 2000；Fieschi 2004）。而且，尽管民粹主义可以定义为一种意识形态，但其缺乏知识上的连贯性——它只是众多理论的集合，称不上是一种学说（Wiles 1969）。

然而，我们仍然可以指出民粹主义起码应该包含的几个必然特性。默德（Mudde 2004：543；cf. Albertazzi and McDonnell 2007）将其界定为：

> 一种意识形态，这种意识形态认为社会最终分裂为两个同质的对抗性群体，即"纯粹的人"与"腐败精英"，并且它认为政治应该是公意的表达。

民粹主义意味着一种独特的政治风格，使用"日常化"的语言，按直觉做事，运用简单化的口号和处理问题方式——默德称之为酒吧政治。这是一种一目了然的组织形式——集中化但却具有流动性的组织结构，可以让占有重要地位和超凡魅力的领袖"接近民众"（Taggart 2000；Weyland 2001）。充满人格魅力的权威、反制度化动员以及简单化的语言并非民粹派独有，但"腐败精英"与"道德民众"的二分法是民粹派专有的。所以，民粹主义政党就是那些严重依赖煽动性演说以及民众抗议性情绪，自我界定为与其他所有"主流"或"当权"政党相对抗，并且视自己为"普通人"利益的唯一有原则性立场捍卫者的政党。

左翼民粹主义精神？

作为一种"内核空洞"的意识形态，民粹主义本质上既不属于左翼也不属于右翼；的确，民粹主义从道德和情感层面关注重视作为整体的"人民"，本质上是反程式的。民粹主义的反智主义，跨阶级诉求和意识形态模糊经常让人怀疑它是左翼，但左派也能够在这些倡议中找到共同点，其意图"乍看起来像一个社会主义者和激进民主派议程的愿望清单"——反精英主义、赋权、包容，道德和福利主义（Arditi 2003：18）。一些人确实还认为社会主义本质上就是民粹主义。最著名的左翼民粹主义是19世纪中期的俄国民粹派。他们反对宪法对国家的限制，断言农民具有革命潜力，这些对列宁主义产生了关键影响（Clarke 2002）。而且，在20世纪初期，工人阶级在多数民主国家中的少数派地位，导致社会主义政党将阶级斗争扩大到"人民"之中（Przeworski and Sprague 1986）。基于同样的理由，拉克劳（Ernesto Laclau 1977：196）已把社会主义称为"民粹主义的最高形式"。由于马克思主义者认为无产阶级的利益具有普遍性，所以很容易忽略工人阶级与人民之间的区别，在"民族解放战争"也易于偏向强调为这些人①而斗争。尼基塔·赫鲁晓夫（Nikita Khrushchev）1961年提出的"全民国家"构想，表明苏联的无产阶级思想已经沦落为民粹主义。

然而，这种说法过于夸张了。真正的民粹主义者信奉民众的"共识"，旨在改变民众的政治地位而非其价值观。对于马克思主义者来说，关注教育和阶级意识至关重要。对列宁主义者而言，由具有奉献精神的革命者组成的精英政党，本质上是反民粹主义的。苏联共产党积极塑造人民的利益，而不是简单地反映人民的利益，因此，苏共经常发动反民粹主义运动以强化劳动纪律和社会主义道德。

不过，在当代欧洲，社会主义和民粹主义之间的相似性在逐渐增加，部分原因是欧洲政治本身正变得越来越民粹主义。的确，欧洲出现了一股"民粹主义精神"——一些主要的欧洲政治家经常会利用民粹主义话语，在涉及要标榜自己为"民众"的"普通"代表，把

---

① 指工人阶级。——译者注

反对派描述成精英或者不食人间烟火时尤其如此（Mudde 2004）。因此，所有当代政党都有可能在某种程度上利用民粹主义诉求（Deegan-Krause and Haughton 2009）。这股精神的形成有其长期原因，并且可能持续存在，这尤其表现为全球化和战后社会民主主义共识衰落导致的"现代化危机"的出现；现代大众传媒"曝光"政治家，将政治家的言行置于民众更加严格的监督之下；呼吁超越特定阶级的"全方位型"政党的兴起；以及最后，作为由精英主导、侵犯国家主权之规划的欧盟一体化，已经成为民粹主义动员的"众矢之的"（Canovan 1999：6；Mudde 2004，2007）。

20世纪80年代和90年代，尽管右翼民粹主义自然比社会主义者和社会民主主义者更擅长利用民族和国家的不满情绪，更加适应新自由主义的反国家以及注重个人主义的理念，但当代的社会经济环境有利于欧洲左翼民粹主义精神的兴起。越来越多的人对新自由主义提出质疑，教条化共产主义对左翼激进主义的主导地位衰落，以及社会民主主义右转成为"现存政权"显而易见的构成要素，所有这些导致民粹主义动员在传统左翼中很有市场。特别是2008年后，欧洲经济困境表明，就业、社会福利和救济等社会经济问题潜在地与民粹主义右翼经常提及的国家主权、移民等身份议题一样凸显出来。

毋庸置疑，"民粹诱惑"对于左翼已越来越具有吸引力。虽然笔者在本章重点阐述那些最具鲜明民粹主义元素的政党，但显而易见，那些具有不同意识形态倾向的激进左翼政党已经在逐渐采纳民粹主义诉求，关注反现存体制的主题，以提出较之传统蓝领无产阶级更加广泛的"民众"所关心的议题。比如，一些共产党，如希腊共产党、俄罗斯联邦共产党和葡萄牙共产党，已经清晰地提出了一种斯大林式的"一国社会主义"，呼吁反对资本主义精英及其帝国主义宗主国的"民族解放"，但与此同时却也弱化了马克思列宁主义和国际主义，尽管没有完全替代它们。新兴的前托派政党，比如法国新反资本主义党和爱尔兰社会党［苏格兰社会党的姊妹党，拥有 1 名来自都柏林的欧洲议会议员，在 2011 年爱尔兰大选中，它与"人民先于利益联盟"（People Before Profit Alliance）共获得 2.2% 的选票和 5 个议席］，虽然仍保持着强大的工人阶级话语体系，但都具有高度的个性化风格，并倾向于打破旧习和姿态政治①。甚至一些坚定的非民粹主义政党，比如芬兰左翼联盟，都拥有一个"民粹主义左翼"的分支（参见第五章）。

左翼民粹主义精神的含义是什么？就其本身来说，民粹主义是中性的，而非有时所称谓的"病变"（如 Akkerman 2003）。的确，加诺芬（Margaret Canovan）很有说服力地指出，民粹主义可以敏锐地批判自由民主国家的民主局限性，尤其是精英的人民代表与人民自身之间的差距。自由民主国家的表现与其承诺间的差距，给"像影子一样紧紧跟随民主主义"的民粹主义动员提供了不竭动力（Canovan 1999：10）。这正是民粹主义成为当代民主话语不可分割的组成部分的原因所在。在一定程度上，民粹主义提醒精英们重视民众的诉求以及代表被排斥者的利益，这未必是一个否定现象，不管这对于政治精英来说是多么难以容忍。正是因此，卡普拉斯（René Cuperus 2003：108）主张左翼朝着"更加'民粹主义'的方向走""以左翼的方式"处理经济和文化现代化遗留下来的问题，摆脱弱化政治冲突、强调专家政治的"第三条道路"战略——这样，民粹主义可以从激进右翼的垄断中分离出来而"文明化"。左翼民粹主义必然是相对"文明的"，这是因为它强调平等主义和包容性，而非右翼民粹主义公然排他主义的反移民或排外，也就是说，它关注的是民众而非

---

① 参见 http：//www.socialistparty.net/；http：//www.peoplebeforeprofit.ie/。

民族。

　　然而，约翰·斯图尔特·密尔（John Stuart Mill）警告道，作为"多数人暴政"的典型，民粹主义可能成为民主发展更为黑暗的阴影（Arditi 2003）。多数民粹主义者对庶民民主的解释，表明其不能容忍宪法对民众直接意志的限制。因此，民粹主义具有潜在的偏执性，甚至极端性。而且，民粹主义对政治稳定具有潜在的深刻影响，因为其民主诉求所提出的期望，是自由民主政治精英和民粹主义行为者通常无法实现的。由于缺乏组织上的稳健性，连贯一致的计划导向或任何一种"人民民主"模式，它们执政时经常表现很温顺。那些为了批判现存体制而存在，一旦执政却不能始终代表其"人民"的政治行为者，需要进一步的政治觉醒。

　　所以，当代欧洲左翼面临的挑战，是成为时髦而非实质上的民粹派。在西欧，应对这一挑战还是很容易的，因为西欧的政治体制更加稳定、更有组织、更受议会支配，组织化的社会民主主义是占统治地位的左翼力量，从而限制了真正的民粹主义运动的范围。以下勾勒的民粹社会主义政党的民粹主义，并没有取代传统的社会主义承诺，而且西欧最近也还没有出现能够与拥有占统治地位的领导层和广泛社会动员的拉美左翼 - 民粹主义者相媲美的社会民粹主义运动的成功案例。泛希腊社会运动在 20 世纪七八十年代符合这一定义，但在 1996 年后，它抛弃民粹主义转而支持"第三条道路"的社会民主主义（Lyrintzis 2005）。目前唯一在一定程度上类似的政党，是爱尔兰/北爱尔兰新芬党（Sinn Féin），它们出于实用考虑在 2004 年加入了激进左翼的欧洲议会党团——欧洲联合左翼 - 北欧绿色左翼，目前没有参加其他明确的左翼组织。鉴于其历史上曾经是恐怖主义"爱尔兰共和军"的政治组织，新芬党的党纲与众不同，其民族主义、独裁主义和民粹主义让人很容易就联想到激进右翼，但他们却认为自己是倡导平等和支持移民权利的左翼（O'Malley 2008）。

然而，在强有力的制度、法律体系和竞争性政党提供的外部限制相对较弱的环境中，民粹主义的"阴暗面"往往面临更多挑战。在这种情况下，民粹主义与魅力型领袖和组织去制度化相联系，往往导致出现造成独裁统治的救世主式领导层以及民众的被动化。这个特征在拉美精英主义的"委任式民主"中尤其具有危险性。比如，在查韦斯统治下的委内瑞拉，不得不重塑制度，民众也不断被动员起来以维持查韦斯主义的"革命"势头，从而引发了一轮又一轮民粹主义动员和解除动员，甚至在一些查韦斯的支持者中，也出现了对独裁的恐惧情绪。正如我们将要看到的，东欧缺乏稳定性的政党体制和贫穷的社会经济形势，为一种不那么温和的民粹主义提供了肥沃的土壤。

左翼党——从民粹主义到实用主义……然后重返？

1990 年两德统一后，左翼党成为前德意志民主共和国统一社会党之外的唯一一个共产主义"继任党"。尽管该党在西德已成为一股重要力量，在一些重要方面，它可与其他继任党尤其是捷克的波西米亚－摩拉维亚共产党相媲美，它们同样拥有"官僚专制"的共产主义遗产。正如第四章指出的，这种遗产意味着一个具有高度压制性、缺乏活力的执政党，它既不会尝试改革，也不接受反共抗议，在柏林墙倒塌之后面对群众的压力，只会很快崩溃。

如波西米亚－摩拉维亚共产党一样，左翼党从前执政党继承了众多缅怀过去的群众基础。在 20 世纪 90 年代的东德，这些党员是一个意外的惊喜，左翼党的党员数比西德主要政党德国社会民主党和德国基督教民主联盟在东德支部的总和还要多。此外，左翼党如其他继任党一样受益于强大的社会主义价值文化——所谓的"东德情节"。然而，事实证明，这一遗产好坏参半。虽然在 20 世纪 90 年代末，左翼党成功地吸引了来自东德各社会阶层和年龄段的选民，但由于左翼党内因循守旧，再加上倾向于实行基层民主，导致左翼党领导意图复杂化，而不能采取更加现代化、实用的立场（Padgett 1998）。目前，也如波西米亚 – 摩拉维亚共产党一样，左翼党面临老龄化，平均年龄 63 岁（Striethorst 2011）。如若德国没有统一，东部地区左翼党的发展轨道将可能与捷克党的情况更为接近，即处于稳定的小生境地位，意识形态转型极小，政治影响力也较弱。

当然，德国统一了，这对于左翼党来说既是机遇，也令其面临两难困境。联邦德国迅速同化民主德国，但民主德国持续贫困的社会经济状况，以及新德国中联邦德国精英的主导地位，使得左翼党成为一个坚守独特的民主德国传统、价值观和象征物（甚至包括共产党执政时代行人专用的小绿人交通标志），"建立在社会主义原则基础上的地区性政党"（Hough 2001：22）。20 世纪 90 年代中期，左翼党在联邦德国地区获得票数低于 2%，但在民主德国地区却获得 20% 的选票，成为主要政党，尽管在萨克森自由州、图林根州和萨克森 – 安哈尔特州，获得的选票甚至超过德国社会民主党。然而，在民主德国的政治文化遗产不断削弱德国社会民主党和绿党在民主德国地区的影响的同时，出于同样的原因，左翼党也一直未能在联邦德国地区扩展其组织和选举基础。在联邦德国地区，德国社会民主党和绿党拥有更加深厚的根基，并且由于反共传统仍然凸显，左翼党依旧被视为陈腐的、东部斯大林主义残余，即使在较为激进的左翼选民中也有类似认识（Olsen 2007）[①]。

---

① 这不是没有原因的，在 2005 年之前，西德的德国民主社会主义党就是一支由毛派分子、托派和前德共党员主导的"激进边缘政党"（McKay 2004）。

只是在 2005 年，当德国民主社会主义党（PDS）与劳动与社会公平党（WASG）合并之后，左翼党才设法克服了这一长期存在的障碍。劳动与社会公平党是由德国社会民主党的背叛者、工会分子、全球正义运动积极分子和一些不太重要的极端左翼团体成员组成的联盟。他们在抗议社会民主党——绿党政府领导人、总理施罗德 2003 年 3 月提出的"议程 2010"新自由主义经济和福利改革，尤其是抗议旨在削减失业救济金和领取失业救济金人权利的所谓哈尔茨 4 号方案（Hartz IV）改革中联合起来[①]。

左翼党的意识形态立场粗看起来非常明确，但在具体细节层面却模糊不清——它是承诺草根多元主义与德国联邦制的各种规章制度相结合的产物。在 2011 年，拥有 25 个具有自己的纲领和组织自治的官方团体和 15 个非官方团体。在国家层面上，左翼党经历了多次战略方向的转变，从 20 世纪 90 年代中期的反现存体制、反资本主义和东德的地区民粹主义，到世纪之交逐渐转向实用主义温和化，自 2005 年以来，其具有民粹主义特征，但同时也注重寻求执政的反资本主义立场更加凸显。总的来说，该党拥护被广泛承认的民主社会主义宣言：既追求普遍的社会正义，同时也反对新自由主义；承诺在不减少工资的情况下实现周工作时间不超过 35 小时，税收再分配，充分就业以及强制执行每小时 10 欧元的最低工资。此外，左翼党坚决支持和平、反对德国在海外驻军（如阿富汗）、支持解散北约。

我们可以看出四个明显的党内发展趋势（Hough et al. 2007；Houghand Koß 2009），现在，这四大趋势中包含了由劳动与社会公平党的"抗议分子"和"极左翼"所补充的一些特点。领导层中占主

---

① 2005 年 6 月，当两党在联邦议院选举中作为"左翼党 – 德国民主社会主义党"参与选举竞争时，两党进行了选举合并。在 2007 年 6 月合法合并之后，该党简称为"左翼党"（Die Linke），这通常被翻译成"左翼党"（the left party）。

导的"现代社会主义者",力图通过将左翼党定位为德国社会民主党的激进、务实的社会主义替代,以增强德国政治体系的民主责任和社会正义感;"务实的改革者"主要致力于解决地方层面的实际而非意识形态问题;与莎拉·瓦根科奈赫特(Sahra Wagenknecht)的"共产主义平台"联系密切的"恢复型理论家",主张坚持共产主义真理和国家社会主义遗产,而反现存体制和独裁统治的"激进替代派"则抵制原德意志民主共和国的遗产,与社会运动合作,支持自由意志主义的社会立场,如毒品自由化,一般反对左翼党参与政府。前劳动与社会公平党的"抗议分子"包括德国社会民主党和工会的积极分子,对他们来说,社会正义比意识形态更加重要;"极左派"则包括致力于为"社会主义"而斗争的一些小型共产党/托派团体①。

总之,与劳动与社会公平党的合并,增强了党内反现存体制的抗争情绪,也导致了党员人数增加,对于这些党员来说,社会公正和就业往往比左翼自由意志主义和绿色议题重要得多(Olsen 2007)。这些党员对德国社民党深恶痛绝,并认为左翼党在地方州政府(如柏林)与社民党的合作属于行动上的新自由主义。毋庸置疑,意识形态和战略上的龃龉是党的发展的主要特征,尽管马列主义和民主集中制已在1989~1990年间销声匿迹,但直到2003年时,现代社会主义者才开始占上风,党纲不再提及马克思主义和革命,对待市场经济的态度也有所缓和(Patton 2006)。左翼党内很难在纲领性问题上达成一致(Hough 2010)。虽然民主社会主义党和劳动与社会公平党之间达成了共识,比如,即使联合国也支持反对德国在海外进行军事干预行动,以及尽可能地反对新自由主义改革,这有助于两党顺利合并,

---

① 这些组织包括托派团体 Linksruck(后来称为"马克思21")和"社会主义替代"——参见 Lewis(2007)。

并在 2010 年初形成了一个纲领草案，但这份草案至今仍未最终完成（LP 2010c）。

仅把这个复杂的政党混合体简化成民粹主义显然过于简单化了，尤其因为在左翼党活动中，意识形态和国际主义元素始终占据重要地位。关注国际而非国家并非典型的民粹主义者，而左翼党一直是新欧洲左翼论坛和欧洲左翼党的关键发起党之一（参见第八章）；尽管并不支持"精英统治、精英享受"的欧盟政治，左翼党自认为是欧洲的支持者（Bisky 2008）。此外，尽管左翼党极大利用了两德合并中损失惨重的东德人的反抗情绪，这集中体现在 1994 年"选举日即是抗议日"的口号，但左翼党不单纯是一个抗议党，到 1998 年时，它在年轻人和白领选民中支持率的增加，令其自命为与绿党具有相似选举优势的东德地区的人民党（Betz 1999）。而且，在梅克伦堡－西波美拉尼亚州（1998～2006 年）、柏林（2001 年至今）和勃兰登堡州（2009 年至今）与社会民主党的"红—红"区域联盟，表明左翼党全面的反现存体制立场已经温和化了。

然而，民粹主义仍然是左翼党诉求中的重要元素。这个党传统的自我认知是一个"日常党"（Alltagspartei），是与远在波恩的所谓殖民化精英相对的"普通"东德公民，甚至东德"人民"的代表（Decker and Hartleb 2007：448）。当然随着该党成为在全德都具有影响力的一股力量，这种自我认知在 2005 年后有所淡化。的确，民粹主义的一个关键特征，是将流行的"故乡"概念神化（Taggart 2000）。德国民主社会主义党本身就是许多东德人都不希望失去的"故乡"的代表（Hough 2001：132）。此外，左翼党的反资本主义以一种对"财富再分配……基于人民利益并由民众自决实施"的强调，在很大程度上呈现为"好人"与"十恶不赦"大财团间的斗争（LP 2005）。与劳动与社会公平党的合并，强化了左翼党通过增加包括经济、性别民主化和公民投票在内缺乏明确性的参与式元素重塑德国民主的关注，而其 2010 年纲领草案也涵盖了典型的民粹主义需求，比如"实现有利于民众需求和利益，而非上层阶级发财致富的经济、社会和政治改革"（LP 2010c）。

另外，左翼党的领导风格一直具有强烈的民粹主义色彩，极大依赖于格里高尔·居西等几个上镜的关键性领导人——的确，在 2005 年之前，民主社会主义党有时会被称为"居西党"（Gapper 2003）。居西和奥斯卡·拉方丹一直是令人印象深刻、极具超凡魅力的媒体明星，他们向公众呈现的是一个能够用"常识"和简单措辞，为那些"沦为牺牲品的"弱势群体利益抗争的现代但同时又机敏、非正统的捍卫者。拉方丹尤其是典型的民粹主义者，他攻击提出"哈茨 4 号"方案的政党，并在 2005 年竞选过程中极具争议地使用了"外来工"（fremdarbeiter）一词。这是纳粹时代曾使用的一个词，表明他可能想争取极右翼选民的支持①。总的说来，左翼党的民粹主义在很大程度上似乎是一种政党风格和战术工具，是意识形态的核心而非核心的构成元素，它反映的是领导风格和党在政治体系中的边缘地位，而这也巩固了党内不同倾向的存在。

左翼党在全国大选中的表现可大致归类为从 1990～1998 年重新兴起、2004 年前的停滞不前、2010 年前的呈指数式增长以及随后再次遭遇停滞等几个时期。1990～1998 年间，其不断增强的东德民众基础使得左翼党能够勉强进入德国联邦议会。由于未能超过 5% 得票率的议会门槛，左翼党只能靠选举规则获得了单一席位选区的 3 个代

---

① 在纳粹集中营工作的工人，在历史上被委婉地称为"劳役工"（Zwangsarbeiter）。

表。虽然在 1998 年获得 5.1% 的得票率而通过了议会门槛，但在这次成功后却是一段时间的波动，最终在 2002 年只获得了 4.0% 的全国得票率，并且因为当年仅获得两个单一选区的下议院席位而未能组成一个议会党团。2002 年的失败是几个因素相互作用的结果：首先，重新划定选区；其次，在加比·齐默尔（Gabi Zimmer）死气沉沉的领导下，出现了持续性的党内意识形态和战略分歧，而居西在腐败丑闻之后也于 2002 年夏天辞去了柏林经济部长之职，在这种情况下，左翼党在东德腹地得票率急剧下降，从 1998 年的 21.6% 到 2002 年只有 16.9%；最后，社会民主党总理施罗德投机性地向左转，他利用反美言论以及在 2002 年 8 月德国东部水灾中极力证明自己是一个熟练的危机处理者，造成了左翼党选民进一步减少（Smith 2004）。

然而，2002 年的选举为左翼党敲响了警钟，推动现代社会主义者和实用主义者尝试建立了一个灵活而可靠的全国性政党。然而，要不是社会民主党犯下了错误，也就是说驱逐劳动与社会公平党的积极分子，以及施罗德决定提前举行议会选举，导致拉方丹离开社会民主党和居西重返政坛，那么就不会出现民主社会主义党和劳动与社会公平党的合并，以及左翼党在 2005 年大选中所取得的令人惊讶的结果：8.7% 的得票率和 622 个席位中的 54 个（Olsen 2007）。通过与社会民主党前领袖，以及担任过施罗德第一任期政府财政部长（1998~1999年）的拉方丹合作，左翼党在新近时期将社会民主党最高级的叛逃者网罗至欧洲激进左翼政党。

2009 年 9 月，左翼党再一次充分利用了社会民主党的弱点。2005~2009 年间，社会民主党和安吉拉·默克尔的德国基督教民主党组成"大联合政府"。然而，"议程 2010"遗留的负面影响，社民党领导人弗兰克-瓦尔特·施泰因迈尔（Frank-Walter Steinmeier）单调乏味、毫无新意的领导以及党内的战略分歧，导致社民党在

2009 年取得自第二次世界大战以来最低的 23% 得票率。与此形成鲜明对照的是，左翼党成功得到了 11.9% 的选票和 76 个议席。2005年，大约 1/3 左翼党的新选民来自社民党的背叛者，而在 2009 年，在那场很大程度上受经济危机所影响的选举中，这一份额达到 75%。在这两次选举中，绿党甚至是前基督教民主党的支持者也大量转向左翼党，尽管它所获得的支持尤其集中在蓝领工人和失业者中（Hildebrandt 2009a；LP 2010a）。

自两德统一以来，德国的地域体系令左翼党的大选成绩变得更加扑朔迷离，因为联邦和各州的政党体制越来越不相容，从而使得协调和控制各党派的难度大大增加（Jeffery 2004）。左翼党在东部地区的优势，促使它较早地面临在地区层面分享执政权的机会，而这种联盟也带来了执政的灵活性和务实性。最明显的是在柏林，左翼党一直扮演着务实型角色，在削减公共服务资金时期，关注推动社会规划，比如免费的儿童日托以及为综合性学校提供资金支持。到 2006 年，柏林的左翼党在大选期间成为社会民主党的正式、可靠的联盟伙伴（McKay 2007）。然而在其他地区，比如萨克森自由州和勃兰登堡州，各州的左翼党相对务实，却更喜欢民粹主义和举行反新自由主义抗议，甚至反对其他左翼党的州政府（Hough et al. 2007）。

然而，在地区层面寻求执政的运动已经发展起来（Hough 2010）。2007～2008 年间，在不来梅州、下萨克森州、黑森州和汉堡，左翼党闯进了西部地区的州议会。2011 年，德国 16 个联邦州中的 13 个中都有左翼党的代表。虽然左翼党在德国西部地区的选举和组织方面仍然较弱，但它现在已经可以令人信服地宣称是一个全国性政党。职位寻求的动机也越来越明显：如左翼党在图林根州的地区领导人拉梅罗（Bodo Ramelow）直言不讳，"我们希望能够执政"（Becker 2009）。然而，尽管在"斯大林主义"的左翼党参与西部地区性联合政府的禁忌有所缓和，但迄今仍然尚未打破。的确，社会民主党内在对待左翼党的战略上的分歧，曾迫使库特·贝克（Kurt Beck）在2008 年 11 月卸任社民党领袖。尽管在 2009 年中，作为左转的部分内容，社民党领导层曾允许地方领导层自行决定与左翼党合作，但社民党一直在避免出现如 2009 年在图林根州和萨尔州那样与左翼党的"红—红"合作。2010 年，在北莱茵 - 威斯特法伦州，社民党和绿党宁愿建立一个依靠左翼党支持的少数派联盟，也不愿把左翼党纳入正式的联盟之中。2011 年在萨克森 - 安哈尔特州，社民党与基督教民主党一起重新执政，而不是向左翼党抛出橄榄枝。

在国家层面上，"红—红—绿"联盟仍然不可行。社民党认为拉方丹是叛徒，虽然存在一些政策趋同——比如社民党更新了对"民主社会主义"、最低工资和社会市场经济的承诺，而左翼党在其纲领草案中也提出要尊重社会民主主义传统（LP 2010c）——但在外交政策上却存在巨大鸿沟：左翼党主张消极的欧洲怀疑论，而社民党则秉持大西洋主义的欧洲联邦主义[1]。反共产主义仍是社民党和绿党的武器，而左翼党在全国层面对这些党很大程度上仍然保持着一种反体制的对抗性态度，并且对参与政府设置了很高的要求，比如要求与新自由主义彻底决裂，尤其是在紧缩年代，这导致左翼共同执政计划根本不可能实现（Hildebrandt 2011）。

的确，在 2009 年末拉方丹因健康原因卸任党主席之后，左翼党愈益面临不能胜任执政的风险。左翼党在民调中停滞不前，甚至

---

[1] 对于许多社民党人士来说，拉方丹的"背叛"有着很深的根源，最初由于反对"议程 2010/哈茨 4 号方案"和科索沃战争，他于 1999 年辞去了财政部长的职务，2001 年加入阿塔克，2004 年参与反对社民党执政府的"星期一游行"。欲了解更多关于拉方丹辞职及其与民主社会主义党逐渐和解的内容，参见 Lafontaine（2000）。

2011 年在巴登—符腾堡州和莱茵兰—普法尔茨州也未能进入州议会。在洗去左翼党在西部的污名以及团结不同的党派方面，拉方丹起了非常重要的作用。但是内部分裂很快又浮出水面，按照左翼党主席洛塔·比斯基（Lothar Bisky）的说法，左翼党长期面临"些许东－西冲突，有点专横跋扈，还有点意识形态流感"（LP 2010b）。拉方丹和比斯基的替代者，是由相对不太出名的罗茨施（Gesine Lötzsch）和克劳斯·恩斯特（Klaus Ernst）主导的新任领导层，他们目前让这些议题变得更加突出。恩斯特（绰号"保时捷克劳斯"）被指控生活作风奢侈，而罗茨施在给一份左翼报纸撰写评论时，在标题中援引了左翼党欲寻找"通向共产主义道路"的说法，而对左翼党造成负面影响（Berg and Pancur 2011）。

然而左翼党存在的问题远远不止领导层软弱。2005～2009 年间，左翼党之所以拥有作为"新自由主义"的"社会民主党－基督教民主党""大联盟"之反对派的超然地位，而选民也向其蜂拥而来，其更多的原因是选民对主流政党替代方案不满意，而非左翼党具有解决问题的能力（Hough and Koß 2009）。左翼党仍有许多机会扮演因"议程 2010"而声名狼藉的社会民主党的反对者。左翼党内分歧的核心，仍然是未能够将作为"务实和具有广泛基础执政党"的东部传统与作为"激进政治派别"的西部遗产整合起来，从而获得明确的身份定位（Berg and Pancur 2011）。此外，尤其是在与劳动与社会公平党合并之后，左翼党太注重"旧政治"的社会公正议题，而很少关注和参与生态等问题（Hildebrandt 2011）。这样，绿党利用反核情绪及其明确的"替代"立场挫败社会民主党在民意调查中获得 28% 的支持率，并且 2011 年在巴登—符腾堡州破天荒的第一次获得州长职位。在德国三派左翼力量中，现在尚不能确定哪一派能够因其反对立场而最终胜出，但是现在越来越清楚的是，左翼党无法调和实用主义和民粹主义的状况，有可能导致其长期无法形成真正的全国性影响。

荷兰社会党——趋向后民粹主义？

荷兰社会党起初是不知名政党，它在 1994 年才进入全国议会，并于 2006 年获得最高选举支持率。的确，荷兰社会党拥有不同寻常的前史，它是主要从毛派——荷兰共产党（马克思－列宁主义）发展而来的唯一具有相关性的欧洲激进左翼政党，而后者的前身则是荷兰共产党。1972 年更名为社会党，其意图是与中国以及学生/知识分子对后 1968 年激进主义的强调拉开距离（SP 2007a）。尽管 1975 年后经历了"去毛化"，但毛主义的"群众路线"仍然保持下来，成为一种极具适应性和理论性的工人阶级民粹主义（Voerman 2008）。荷兰社会党"走向群众"宣传"工人权力"概念，建立起密集的本地工人联络网、医疗和社区组织以及附属工会。

尽管荷兰社会党在 1977 年试图进入国会下议院（TweedeKamer），但在其存在的最初 22 年里，其全国得票率一直不到 1%。在实现全国性突破之前，社会党在地方上的强大存在赋予其全国性支持基础。它尤其获得了大量市议员席位，如社会党的未来党主席简·马莱尼森（Jan Marijnissen）的家乡奥斯市，就是社会党的根据地，以及省立法机构的代表席位，如北布拉邦省。1988 年后，新党主席马莱尼森带领着更加年轻、务实的权力精英，利用民主集中制将社会党集结起来（Keith 2010b）。尽管作为"植根于人民的社会运动"，社会党强调参与性民主以及与选民直接、无中介的接触，但其领导层一直牢牢控制着全党（SP 2007c；Keith 2010）。

纲领的实用主义——"异常实际的社会主义取代了理论的社会主义"（SP 2007a）——在荷兰社会党的缓慢崛起中起了重要作用，这种实用主义在其1991年抛弃马克思列宁主义以及20世纪90年代的"去社会化"过程中达至顶峰。1989～1991年间，其他激进政党如荷兰共产党、和平社会党、激进生态党和福音派人民党也进行了重组，以一个生态社会主义纲领为基础组建了绿党，即绿色左翼。这使得社会党成为一个明显区别于其他政党、更加激进的劳工导向政党，同时，社会党也吸收了一些对绿色左翼相对温和的左翼自由意志主义不满的叛逃者，比如，绿色左翼的前副主席埃里克·梅杰尔（Erik Meijer）于1996年加入社会党，并在1999年成为该党的首位欧洲议会议员。

由于定位为反建制的外部党，社会党在20世纪90年代一直保持着一种民粹主义形象：它在1994年打出了"投票反对！"的竞选口号。然而，社会党成功地吸引了那些不满的工党选民（PvdA），从2001年开始，这使得它有可能与工党、绿色左翼建立全国性联盟。值得注意的是，社会党2002年的选举口号是"投票支持"，而在2004年，社会党则提议建立"社会联盟"，这一建议被工党拒绝（SP 2007d）。社会党在地市政府选举中的胜利，也促进了它的去激进化。与德国左翼党一样，社会党在地方层面表现得越来越务实。它加入了几个大城市，比如埃因霍温（Eindhoven 2002～）、格罗宁根（Groningen 2006～）、奈梅亨（Nijmegen 2002～）的执政联盟。其首选联盟伙伴是工党或绿色左翼，比如在奈梅亨，但也接受了基督教民主党（CDA），甚至是支持自由市场的自由民主人民党（VVD），比如2002～2006年间在格罗宁根。

社会党的民粹主义传统有几个主要构成要素。第一是抗拒"政治野心家"，以及"政治等级"中高高在上、腐败的"社会技术官僚"，他们将类似于"新自由主义的阿亚图拉"（Neoliberal Ayatollahs）计划强加于民众意志之上（Marijnissen 2006）。相反，社会党提议实行最高工资标准、政客薪水减半、取缔政治捐款、增加公民投票以"赋予民众更多控制权"（SP 2003b）。此外，社会党的国会议员们向党上缴工资，其工资水平与一般工人无二。第二是呼唤过去那个在凯恩斯主义福利共识下工人拥有安全和尊严的"家园"回归，尽管在新自由主义之下其基础已然"开始溃烂"（SP 2003a）。第三是极力强调荷兰的认同政治。社会党已经基本上成为一个持"强硬"欧洲怀疑论的左翼政党，它抨击欧盟是在"大财团和大国"主导下"多余、非民主的欧洲超级国际"，认为欧盟造成了"虚假国际主义……腐败和贪婪"（SP 1999a）。社会党打出了"荷兰不需要布鲁塞尔"等口号，要求建立一个权力下放、"瘦身"的欧洲，提出削减欧盟预算以及荷兰的捐献份额，终结欧盟的解除管制、私有化以及权力移交布鲁塞尔，重新回到各国审查欧盟立法的轨道上来（SP 2006）。最具争议的是，社会党主张限制自由劳动力市场，包括阻止廉价东欧劳动力的涌入，而非关注为贫穷的欧洲国家提供资金支持，从而使得"移民不再必要"。同样，荷兰社会党在泛欧洲左翼网络中相对超然（参见第八章）。虽然社会党也是新欧洲左翼论坛和欧洲议会党团欧洲联合左翼－北欧绿色左翼的成员，并且支持一个更强大的欧洲议会，但它反对欧洲议会选举更多程度地协调一致，或者为跨欧盟范围的政党提供资金支持，认为没有必要成立欧洲左翼党（SP 2007e）。因此，社会党遭遇骂名，被视为一个迎合狭隘地方利益、排外的"社会民族主义"政党，它认为"荷兰不是一个孤岛，社会主义者是国际主义者，而一个更加公平、正义、和平的世界必须在地方层面首先实现"（SP 2007f）。

在沃尔曼（2008）看来，荷兰社会党的去激进化程度使其已经社会民主党化，只能勉强算得上是民粹主义政党。社会党领导层也在不断强化这种印象（Wikileaks 2011）。当然，社会党的多数民粹主义思想与马莱尼森联系密切，他因为身体原因于 2008 年 6 月辞去了党主席和社会党议会主席之职。马莱尼森是典型的民粹主义领导人，他宣扬超越党派的世俗诉求，擅长现代媒体技巧，强调同情普通民众的疾苦，与在 2002 年迅速全国闻名、特立独行的民粹主义者皮姆·弗杜恩（Pim Fortuyn）一样，批评"畸形"的荷兰政府（McGiffen 2006b；Marijnissen 2006）。然而，虽然民粹主义和强化民众的控制权相比以前已经没有那么突出，但在该党"为人民服务做准备"以及"扎根于人民的特征"中仍然占有重要地位（SP 2010c）。社会党 2010 年大选纲领提出了一些具体的政策建议，展示了其执政取向，比如捍卫国家养老、支持北约改革，而且它反对政治和经济精英的立场没有变化，认为正是这些人对利润的贪婪"致使许多人忍饥挨饿"（SP 2010a），呼吁通过全民公决扩大民众的控制权。

总的来说，社会党采用的是非正统和幽默的竞选策略，这包括用社会党的标志，即鲜亮的、飞起来的小西红柿来表示对手不堪一击。它勾勒了人们耳熟能详的左翼建议，包括增加福利支出、收入再分配以及税收政策、就业保护法规和扩大最低工资实施范围（SP 2003b）。虽然仍致力于取代"赌场资本主义"，但到 20 世纪 90 年代末时它一般只是抨击新自由主义，已经很少在"人类尊严、价值平等和团结"之外直接提及社会主义（SP 1999b）[①]。为了能够吸引更多的盟友，社会党在 2006 年修改了其长期以来的提议，比如立即废止北约和君

[①] 的确，马莱尼森说："我很少称自己是一个社会主义者。那听上去太自命不凡了，也很不舒服，这个称谓束缚了我"（Marijnissen 2007）。对于马莱尼森而言，社会主义是一项致力于解放和"提升人"的实际的"人类工作"。

主制，以及以72%税阶向富人征税等（Zonnevylle 2006）。相比于德国左翼党和苏格兰社会党的民主社会主义，荷兰社会党的反资本主义是折中的、非理论化和日益温和化的。然而，对基督教伦理人道主义、超议会动员和民众直接控制权的强调表明，说它是社会民主党化过于夸大了（Weissbach 2009）。

事实证明，20世纪90年代以来，荷兰为反建制情绪的滋生提供了土壤。1994~2002年间，工党参与了社会自由主义的"民主66"和市场自由主义的自民党（VVD）的所谓"紫色联盟"，给人以荷兰正在不可阻挡地向右转的印象①。2000年后，经济增长放缓，民众对引入欧元、移民和多元文化主义的担忧，导致了弗杜恩（Fortuyn）的崛起，他成为"介于国家政治精英与普通选民的担忧之间一种出乎意料、普遍的毫无关联感的焦点，同时也让支撑所谓'浮地模式'（polder model）的相对不容置疑的选择更加逼近临界点"（Harmssen 2002：2）——这种模式是一种涉及工会、政府和私营部门间的亲密协商、基于共识的合作主义。90年代以来，欧洲一体化已经不再符合荷兰"国家利益"的强烈共识，尤其是预算分摊额和移民的增加，增加了人们对欧洲一体化的质疑（Harmsen 2004）。

社会党在体制中的逐步前行，很大程度上应归功于荷兰的选举体制。荷兰全国选区而非划分选区议席的比例代表制，帮助大量新兴政党进入到选举体系中。1994年，社会党仅以1.3%的全国得票率获得下议院总共150个席位之中的两个席位。荷兰社会党在随后的每一次选举中都不断增加席位，这种情况一直延续到2003年1月，社会党获得的席位稳定在9席，而选票率稍稍提升至6.3%（参见表5-1）。

在这一背景下，这种稳定性令人失望。2002年5月15日，工党

---

① 之所以如此称谓，源于荷兰工党的红色和自民党的蓝色。

的得票率暴跌，从 1998 年的 29% 下跌至 15.1%，"紫色联盟"全面溃败。但新成立弗杜恩党（LPF）却获得了 17% 的选票，虽然其中的部分选票是因弗杜恩 5 月 6 日被刺杀而得到的同情票。但很明显，弗杜恩党反移民的民粹主义明显比社会党的民粹社会主义更具吸引力。然而，在 2003 年 1 月的前期选举中，弗杜恩党的选票率跌至 5.7%。党内争执不断，导致了从 2002 年 7 月 22 日至 10 月 16 日执政的自由党—基督教民主党—弗杜恩党的巴尔克内德第一任期内阁（Balkenende I，以新当选的荷兰首相让·彼得·巴尔克内德命名）解散。然而，社会党 2003 年微小的选票增加表明它没能从中受益。尽管社会党的民测支持率一直不错，但在 2003 年 1 月，工党新任领袖博斯（Wouter Bos）温和左转，为赢得选举而向心怀不满的支持者发出吁求（Harmsen 2004）。虽然最终没能成功，但 27.3% 的选票率却表明其复苏显而易见。然而，尽管面临停滞不前，但到 2003 年时，社会党已经取代继绿色左翼成为工党的主要左翼替代力量。它保持着这种势头，在 1999 年获得了欧洲议会的第一个议员席位，在 2004 年获得了第二个议席，在 1999 年获得上议院第一个议席共有 75 个，在 2004 年获得了第四个议席。

随着这种渐进崛起，社会党在 2006 年 11 月取得了令人惊异的全国选举成功，获得 16.6% 的投票率及 25 个席位，一跃成为荷兰第三大党。我们需要对这一现象做出解释，尤其由于 2006 年之前经济状况一直在改善，因此经济并非选举期间的一个主要议题（Van Holsteyn 2007）。一个变化是社会党提升了公众形象。自由党—基督教民主党的巴尔克内德第二任期内阁（2003 年 5 月到 2006 年 6 月）实施了一个被反对派称为"右翼冬天"的一揽子紧缩计划，包括砍掉免费的牙科护理和残疾人福利、限制提前退休（Van der Zwan 2006）。社会党与工党、绿色左翼、荷兰总工会和社会运动一道，在

"力挽狂澜"的议会外运动中扮演了关键性角色。在 2004 年，总共发生了 30 万次大规模反政府示威。社会党塑造了一个独特的定位，既强化其"值得尊敬"的形象以吸引不满的工党选民，也强调其疑欧立场。在 2005 年 6 月全民公决中，它成为唯一支持 62% 反对拟实行的欧盟宪法选民的议会党，一时间社会党的声望极大提升，而工党同样表现出色的 2006 年 5 月地方选举，则展现出一种"向左转"迹象。社会党的候选人为原来两倍，在地方立法机构的席位也从 157 个增加到了 333 个（总共 8861 席）。

社会党在 5 月的这些选举中也只获得 5.7% 的得票率。社会党 11 月获得了 16.6% 的得票率，超出 5 月得票率 11 个百分点，这得益于马莱尼森擅长辩论以及民众对工党领导人博斯信任度下滑——由于博斯提出的养老金改革建议，特别是对建立左—左联盟的逃避态度，他被视作一株"墙头草"，而社会党则认为，单靠一张社会主义选票就可以成全这样的联盟（Dutch News Digest 2006）。这个策略是成功的：工党 2003 年选民中的 24% 投票给了社会党，而社会党也吸引了大量来自绿色左翼和不愿意投票的选民，约 15% 的选票则来自弗杜恩党（McGiffen 2006a；Van Holsteyn 2007）。

2006 年选举后的统计表明，至少需要三个政党才能形成一个多数派执政联盟，社会党从而具有了新的相关性；然而，因为荷兰最大政党是中右翼的基督教民主党，而社会党与之几乎不能达成任何共识，这导致左—左联盟不可能实现。此外，社会党认为，工党之所以将其从谈判中排挤出，部分原因是猜疑其共产主义根源，而这一点也得到了维基解密的部分证实（De Jong 2011；WikiLeaks 2011）。最终，2007 年 2 月组建的巴尔克内德的第四任期内阁，由工党以及基督教民主党和基督教联盟构成。

虽然工党与右翼的合作强化了社会党反建制的反对派地位，但事实证明，2011 年 6 月，在这个"邪恶联盟"解体后的提前大选中，社会党没能很好地利用这一地位。自 1992 年以来，社会党党员人数每年都在增加，2001 年至 2007 年期间翻了 1 倍，达到 50740人，尤其是妇女、年轻人和学生党员增加了很多——这让社会党越来越展现出一种后物质主义形象，尽管其选举大本营仍然集中在埃因霍温等工业中心（SP 2010b）。然而，社会党党员在 2008 年减少了 502 人；社会党在 2006 年未能组成执政联盟尤其表明，它没有将其原有的民粹主义和新的"受人尊敬"的立场结合起来，从而既让老积极分子感到理想幻灭，也不能有效地动员新成员（Keith 2010）。

更具破坏性的是，尽管发生了经济危机，社会党在 2009 年 6 月欧盟选举中的得票率也只是稍稍提高了一点，达到 7.1%，仍然拥有 2 个议席。而它在 2010 年 3 月地方选举中表现惨淡，只有 4.1% 的得票率，丢掉了 10 万张选票，这直接导致了社会党议会领导人卡恩特（Agnes Kant）辞职。卡恩特的形象生硬粗暴，不能替代马莱尼森成为该党有效的选举财富（NRC Handelsblad 2010）。

2010 年 6 月，社会党仅仅获得 9.9% 的选票，并且失去了 10 个议席。主要的赢家是基尔特·威尔德斯（Geert Wilders）的右翼民粹主义自由党（PVV），它获得了 15.5% 的选票和 24 个席位，位居第三大党，并最终支持由自由党和基督教民主党组成的中—右翼少数派政府。在这种情势下，社会党甚至都没能进入执政联盟的协商流程。虽然由基督教民主党、工党及绿色左翼组建中—左翼联盟的建议遭到后述两党的拒绝，但社会党至少成功地让各党重视这一提议。社会党失去的选票流向工党和绿色左翼，但大多数选票或许都流向了自由党，后者窃取了社会党广受欢迎的一些政策，以补充其宣扬的伊斯兰恐惧症，这些政策包括改善养老服务、增加巡逻警察人数，以及反对提高领取养老金的年龄（Van Heijningen 2011）。

然而，社会党视之为"失败中的一线希望"（Van Heijningen 2011）。社会党新任领导人埃米尔·卢默（Emile Roemer）在很短的时间内就为自己塑造了一个天性活泼又切合实际、有远见且能牢牢把握问题要害的形象。该党的最终选举结果是一个月前灾难性预测的两倍。新政府意图实施紧缩措施及其盟友自由党的分裂性言论，势必将为社会党的复苏留下一些空间。沿着这一方向提出的动议，是社会党与工党、绿色左翼和自由派"民主66"在2010年9月达成的一项关于削减支出的共同性替代方案，强调缩减国防开支、维持当前对利润的税收水平以及缩减企业补贴。同时，社会党打算与工党开展更加紧密和务实的合作，以推动工党实施一些左倾政策（De Jong 2011）。2011年民意调查显示，社会党正在缓慢复苏①。然而，未来的宏伟任务仍然表明，荷兰社会党2006年的选举结果并非一种异常现象，它能够从抗议到务实中获得充分发展。

苏格兰社会党：民粹主义的突破性
进展，然后崩溃……

苏格兰社会党起源于准托派的小团体，主要是苏格兰工党战斗派（SML），1996年该党最先合并成立苏格兰社会主义联盟（SSA），并在1998年成为一个正式的政党，其后，1999年5月，在新组建的苏格兰议会中获得1个议席（其时任领导人汤米·谢里丹）。这微小的一步，却是自1950年以来英国激进左翼政党第一次获取议会席位，这为苏格兰社会党在2003年5月获取6.9%得票率以及6个议席，从

---

① 参见 http://www.politiekebarometer.nl/。

而取得突破性进展提供了平台。

社会党如苏格兰工党战斗派一样起源于工党战斗派，与社会主义工人党（SWP）以及其他为应对英国工党的"右转"、以现存地方层面的联盟为基础建立的其他政党，于 1999 年成立了社会主义联盟（SA）。在该联盟中，苏格兰社会党在英格兰和威尔士有其直接的对应党①。2004～2005 年间，社会主义联盟被纳入前工党议员乔治·加洛韦（George Galloway）领导的"尊重党"。然而，英格兰—威尔士激进左翼的成功却让人难以理解：2005 年，社会主义联盟成功获得几个地方议会席位，比如在考文垂，"尊重党"获得一些地方议会席位，比如在东伦敦和伯明翰，加洛韦在英国议会也获得 1 个议席，这些成绩令人备受鼓舞。但"尊重党"却在 2007 年发生分裂，加洛韦也在 2010 年 5 月失去了议会席位。英国激进左翼不甚光彩的极端宗派主义，以及难以形成选举相关性的现实不断重复出现：社会党和社会主义工人党之间围绕后者所谓的极端控制的争论导致社会党在 2001 年脱离了社会主义联盟②。"尊重党"的纲领也极具争议：尽管其对反建制的多元、民粹主义关注是苏格兰社会党的写照；其反伊拉克战争和强烈支持穆斯林的观点，在与依靠社会主义工人党结合在一起时，则意味着它被广泛视为一个狭隘的宗派主义联盟。最终，社会主义工人党领导层与加洛韦之间的争论加速了联盟的分裂（Galloway et al. 2008）。

因此，我们需要对苏格兰社会党的相对成功做出解释。这些因素包括苏格兰社会党直接继承的苏格兰工人阶级激进主义的长期传

---

① 从技术层面讲，威尔士社会主义联盟（Welsh Socialist Alliance）是从社会主义联盟中独立出来的。

② 根据苏格兰社会党召集人科林·福克斯（Colin Fox 2007）的说法，社会党和社会主义工人党并没有把社会主义联盟当回事，而是各自行事。

统。在这一传统中尤为重要的是"红色克莱德赛德"（Red Clydeside），即从1910年到20世纪30年代，在格拉斯哥发生的工人阶级反抗运动，以及在20世纪20年代初试图建立一个独立苏格兰社会主义共和国的布尔什维克执政长官约翰·迈克莱恩（John Maclean）。前几年，尤其是1989年广为诟病的"人头税"在苏格兰率先试点时，苏格兰站在了反撒切尔主义的最前线。随后发生的反人头税抗议（工党没有积极参加抗议），促使托派和斯大林主义分子弥合了分歧，以及较为协调地开展合作（Cornock 2003）。因此，在20世纪90年代，"良好的意愿"维持着左翼的团结（Fox 2007）。在反对不断扩大的贫富收入差距过程中，尼尔·金诺克（Neil Kinnock）领导下的工党逐渐温和化，这为激进左翼打开了一扇"政治之窗"（Cornock 2003）。1992年，苏格兰工党战斗派决定脱离工党，这标志着其长期"打入内部"传统的终结，而鉴于其积极分子在格拉斯哥的巨大声望，苏格兰工党战斗派的发展前景一片大好。汤米·谢里丹成为"工人阶级的英雄"，他于1992年在格拉斯哥因反对担保销售（warrant sales）而被监禁6个月后，因监禁而赢得了1个议会席位①。在20世纪90年代，苏格兰工党战斗派击败工党候选人，赢得了6个市议员席位和2个地区议会席位（Fox 2007）。

然而，苏格兰社会党最初的成功可以追溯至更为短期性的原因。的确，在整个20世纪90年代，苏格兰激进左翼政党并不比英格兰/威尔士的激进左翼政党成功。1996年，苏格兰社会主义联盟明显模仿西班牙联合左翼等"泛左翼"政党模式：奉行多元主义和非宗派

---

① A warrant sale，即发生在债主进入债务人家中"扣押"其财产的法律条款，这些被扣押的财产在接受担保后被公开售卖，直到2001年在苏格兰这种讨债手法都是合法的

主义的草根联盟，致力于取代工党成为"工人阶级的天然庇护者"
（Cornock 2003：132）。苏格兰社会主义联盟也是对奥得·斯加基尔
（Arthur Scargill）领导的苏格兰劳工党（SLP）的回应，该党成立于
1996 年，曾声称是英国激进左翼的领导者，但后来却演变成反对苏
格兰独立和自身纲领的大型组织。然而，尽管苏格兰社会主义联盟在
格拉斯哥得到强有力的支持，但却几乎没有取得更大的进展，由于它
支持苏格兰独立，英国共产党和社会主义工人党等潜在的盟友并没有
加入其中。

最重要的是，苏格兰社会党之所以在 1999 年首次取得突破，是
有利的选举体制以及汤米·谢里丹领导层共同作用的结果。威斯敏斯
特简单多数选举制鼓励了工党和保守党的两党统治，是导致激进左翼
政党未能成为一支独立于工党的选举力量的关键因素。然而，英国激
进左翼采取的战略，尤其是自我反省、宗派主义和普遍不愿意借鉴欧
洲经验，令其更加处于弱势地位，这从其普遍未能在比例代表制选
举，比如大伦敦议会和欧洲选举中赢得议席可见一斑，而其他一些小
党派比如绿党却曾经取得过成功。

然而在 1999 年，苏格兰的议会选举体制却有利于苏格兰社会党
发挥优势。位于荷里活（Holyrood）的苏格兰议会选举采取联立投票
制（Additional Member System），通过英国传统的简单多数制把 73 个
席位分配到各选区，另在多议席地方选区的 56 个席位按照比例分配，
这种联立投票制大致还是一种比例选举制，但却把获得地区投票率不
到 4%—6% 的政党排除在外（Massetti 2009）。然而，在 1999 年的苏
格兰，斯加基尔领导下的苏格兰工党获得的选票为 55000 张，实际上
比社会党获得的票数 45000 张要多，后者甚至没有组织竞选活动。而
谢里丹的格拉斯哥选民基地通过格拉斯哥的地区名单使其获得了 1 个
议会席位。这对苏格兰社会党来说是"公信力的突破"（Cornock

2003：140），社会党从而成为苏格兰激进左翼的核心。在 1999 年 6 月的欧洲议会选举中，社会党超越了苏格兰工党，2001 年 5 月苏格兰工党加入社会党。

与荷兰社会党和葡萄牙左翼集团颇为相似，苏格兰社会党自视为在"街区"组织"竞选活动"的政党，相比于纯理论探讨，它更加关注为一些紧迫性议题，如学校免费膳食而斗争。的确，考虑到它的联盟和草根起源，苏格兰社会党的内部平台和关系网极具多样性。最重要的平台包括国际社会主义运动，即前苏格兰工党战斗派、社会主义工人和国际社会主义者，代表着工人国际委员会（CWI），以及妇女、青年社会主义者、男女同性恋、动物权利保护者和少数族裔等关系网。

苏格兰社会党认为自己既不是一个专门的马克思主义政党，也不是一个革命党，尽管像其他"泛左翼"政党一样，它也包含这些元素。的确，前领袖谢里丹（2007a）曾提出把"混杂的马克思主义"作为其总的发展方向。现任共同领导人科林·福克斯（Colin Fox）认为，社会党遵循的是为罗伯特·彭斯（Robert Burns）、凯尔·哈迪（Keir Hardie）以及作家路易斯·G·吉朋（Lewis Grassic Gibbon）所倡导的真正苏格兰激进传统（Fox 2007）。社会党的苏格兰议会议员卡洛琳·莱基（Carolyn Leckie）也曾谈到要争取"那些不愿意从露露（Lulu，一个 20 世纪 60 年代的苏格兰流行歌星）那里了解谁是托洛茨基的人"（Preston and Peart 2003）。

将这个多样性政党团结起来的一直是民粹主义。相比于德国左翼党或荷兰社会党而言，民粹主义是苏格兰社会党尖锐但也更为根本的核心：苏格兰社会党自视为"一个代表普通人反对大财团和富豪的工人阶级政党"，一个捍卫那些被现存体制所忽视者利益的异议者（SSP 2007，2011）。苏格兰社会党 2003 年提出的"敢于与众不同"

的竞选口号，就是其集中体现。尽管它没有鼓吹革命，但社会党仍保持着强烈的反体制倾向，主张"摧毁国家"，并把苏格兰议会贬低为被"无聊的克隆"政党占据的"臭气熏天的粪坑"（SP 2003b）。然而，苏格兰社会党致力于成为左翼的"良知"，迫使其他党的左派支持自己的措施。社会党成功地领导了 2001 年债务追偿法案改革，加大了议会对学校免费膳食的支持力度以及地方政府的税收改革。尽管通过这种方式支持改善普通群众日常生活的"改革"，但社会党仍然自视为一支敢于挑战"资本主义不可战胜"等观点的"有理想"的力量（Cornock 2003：212）。因为在苏格兰议会中的边缘地位，加之仅在地区议会中拥有少量席位，社会党从来没有考虑过要节制其有原则的反对派立场。

苏格兰社会党的民粹主义还有其他几个关键元素。首先，社会党将主流政党特别是工党贬斥为腐败且满脑子陈规陋习的"大财团政党"。与荷兰社会党一样，苏格兰社会党建议规定最高工资，其苏格兰议会议员要把他们的工资上缴给党，且只能拿"技工的平均工资"。社会党设想通过本地的社会和环境立法倡议，在社区和工作场所推行参与式民主，包括在更大程度上运用公民投票、让无家可归者和囚犯也拥有公民权以及废除君主制（SSP 2007，2011）。其次，苏格兰社会党的"庇护所"是理想化、无所不包、社会主义的工党，它宣称要捍卫工党以前的一些理想。一组常用的竞选图片从撒切尔变为布莱尔，谢里丹把工党首相布朗（Gordon Brown）和布莱尔（Tony Blair）视为"同一个屁股的两半"（Sheridan 2007b）。再次且最具争议性的，是苏格兰社会党的分离主义。它承诺利用英国议会被迫对其提供资金支持的基本支出保证，建立一个"独立的苏格兰社会主义共和国"（SSP 2003a）。尽管社会党因其"民族主义"而备受批评，但它认为，对应列宁的帝国主义论，一个独立的苏格兰将粉碎大不列颠帝国，并将在国际上推进民主社会主义事业（Sheridan and McCombes 2000）。苏格兰社会党很少谈及欧盟（因为苏格兰议会没有外交权）。它自认为支持欧洲而非欧盟，支持"社会的"欧盟，提议就决定欧盟制宪权和苏格兰是否加入欧盟举行全民公决（SSP 2004，2007，2011）。不过，曾打算加入欧洲议会党团欧洲联合左翼/北欧绿色左翼的苏格兰社会党，在2004年欧盟选举中获得了自己的议席。最后，苏格兰社会党第一任领袖汤米·谢里丹是民粹主义的化身，"是人民的代表，一个有原则的人"（SSP 1999）。谢里丹是一个极具魅力且充满活力的演说家，风格粗鲁但却朴实，谢里丹名气远远超过了社会党，他也经常被选为"苏格兰在世的伟人"。他曾几次被拘禁，如与核裁军运动一起封锁法斯莱恩核基地时，这显然表明他与普通民众团结在一起。2003年大选后，当社会党的苏格兰议会新当选议员抗议效忠王权时，社会党的民粹主义和共和主义生动地结合在一起。在宣誓就职前，罗西·凯恩（Rosie Kane）用口红在手上写下"向人民发誓"几个字，而科林·福克斯则唱起了罗伯特·彭斯歌颂平等主义的诗《无论何时都要保持尊严》。

苏格兰社会党的选举高潮发生在2003年5月，在这次选举中它从外部因素获益颇多：人们对苏格兰工党－自由民主党联盟的幻灭，以及主要反对派——左翼民族主义的苏格兰国民党（SNP）竞选活动开展不利，导致反建制的选票向小党分流，包括绿党，其所占选票份额接近苏格兰社会党。反对当时刚刚发动的对伊拉克战争"巴格达命运"的情绪，也有利于社会党：它要求立即撤军，并向苏格兰的少数族裔穆斯林示好，彰显了鲜明立场。到2007年，所有这些外部因素都不再存在了，大选变成了苏格兰工党和国民党之间的竞争，包括绿党在内的小党受到排挤，它丧失了仅有的2个议席，而伊拉克战争成为一个背景性议题。①

无论如何，对苏格兰社会党来说，一直都难以将良好的发展势头保持到2007年大选。在某种意义上，它在2003年太成功了：随着党的主要领导人进入了议会，社会党已很少出现在议会之外的社区中（Fox 2007）。社会党2004年6月的欧洲议会选举结果令人失望，只有5.2%的选票，没有获得任何议席，这预示着其前进道路上问题重重。

然而，2003～2007年社会党的第二个也是最后一个议会任期，证明了这只是自身招致的一场惨败，其主导性事件是谢里丹为反击《世界新闻报》爆出的关于其性丑闻指控而在2004年11月突然辞职，以及随后在2006年8月发生的诽谤事件。老练但却缺乏与谢里丹一样有着良好公众形象的党的活动家科林·福克斯取代谢里丹，社会党的支持率迅速下降，在2005年5月英国大选中仅获得1.9%的选票；2001年5月得票率为3.1%。

这场持续性危机的错综复杂的细节在此就不展开了②。但回头来看，关键原因是苏格兰社会党执行委员会拒绝支持谢里丹。社会党领导人宁可让谢里丹忽视或者承认他们明显已经相信了的指控，而反对进行法律上的争辩，"问题从来就不是谁在说真话，谁在说谎……而是从战略上考虑是否应该去法庭说谎，而谢里丹则认为那是一件极有意思的事情"（Fox 2007）。谢里丹为清白进行辩护，并把此事视为反

---

① 谢里丹（Sheridan 2007a）认为，在2003年，苏格兰社会党每从工党中得到一张选票，就会相应地从苏格兰国民党中得到两张。但到了2007年，其多数支持者都回归苏格兰国民党，主要原因在于，与1999～2003年相比，苏格兰国民党获得了执政机会。

② 了解更多信息，可参见2006年第13期和2011年1月10日的《解放和自由》，2006年8月6日和2010年12月26日的《星期日先驱报》（The Sunday Herald）。

抗"亿万富翁……反工会逃税者"、传媒大亨默多克炮制丑闻的小报①的阶级责任（Solidarity 2008）。社会党强迫谢里丹辞职。

党的路线完全缺乏一致性导致的不光彩结果，是社会党许多党员在这起民众高度关注的诉讼案件中站在了对立面（6人支持谢里丹的证词，11人则表示反对）。虽然谢里丹在2006年的初审中获得了20万英镑的赔偿金，通过自我辩护，凸显了他的"接班人"形象，但他也为这个胜利付出了高昂代价：事实证明，这是一场惨胜，2011年1月谢里丹因作伪证而被判处3年监禁。这场激烈的法庭审理结果必然是党的分裂，谢里丹很快脱党并创立了极具讽刺意味地命名为"团结－苏格兰社会主义运动"的组织。在2007年5月苏格兰议会选举中，"团结－苏格兰社会主义运动"试图利用谢里丹初审的胜利——一张谢里丹与妻子和女儿一起阔步前行的照片来为其选举宣言增色（Solidarity 2007）。社会党的余部则采取了一种左翼自由主义形象，尝试重新与促进更广泛运动"人民而非利润"的主题联系起来，重新强调议会成就的重要性（SSP 2007）。

"团结－苏格兰社会主义运动"和苏格兰社会党的党纲极其相似，具有相同的选民基础，这种糟糕宣传导致的结果可想而知。所有6个前社会党议员，包括现在代表"团结－苏格兰社会主义运动"的2个议员都丧失了议会席位。尽管只获得社会党3000党员中20%～30%的支持，但"团结－苏格兰社会主义运动"仍获得了相对成功，得票率为1.7%，而社会党仅为0.6%，这或许是因为谢里丹的公众形象比苏格兰社会党的领导人要好。谢里丹指出，无论这起案件是对还是错，许多前社会党选民已经"置身于这场案件"，并"站在了敌人一方"。或许他说的是对的（Sheridan 2007a）

---

① 指《世界新闻报》。——译者注

鉴于伪证罪的审判结果，福克斯的观点证明是正确的，他把社会党的瓦解几乎完全归咎于谢里丹个人"灾难性的烂决定"以及社会党内在如何处理该事件上的争执（Fox 2007）。无疑，社会党的分裂并非源于传统的党派之争。社会主义工人党，以及经常因其倡导民族主义而批评谢里丹的苏格兰工人国际委员会，都加入了"团结－苏格兰社会主义运动"。然而，与政策相关的紧张关系也加剧了分裂，比如由罗西·凯恩和卡洛琳·莱基领导女权主义派在谢里丹辞职后对他的批评最为猛烈，而谢里丹反过来指责她们是"痴迷于性别讨论的小集团"。

然而，导致苏格兰社会党失败的长期性原因或许是该党未能在具有超凡魅力的个人领袖与集体领导之间找到平衡（Rogers 2006）。未能使领袖魅力形成一种习惯，是民粹主义政党的主要缺陷之一。社会党领导人极力否认该党是一个人指挥的乐队，而是一个把占主导地位且公众认可的魅力型领袖与相对分散化的内部结构结合起来，通过投票选举所有主要领导、地方组织者和会议代表的政党。2003 年，在 5 个寂寂无闻的新议员加入谢里丹领导层后，领导风格和公众形象方面的重要差异加剧了内部摩擦。比如谢里丹（2007a）认为他的同事在议会中的表现，包括穿着牛仔服，缺乏严肃性——"我们是成年人还是一群孩子？"

2007 年分裂后不久，苏格兰社会党和"团结－苏格兰社会主义运动"都乐观地认为，自己能够利用始获选举成功的苏格兰国民党在履行左倾议程方面的无能（比如 Sheridan 2007a）。然而，苏格兰国民党一直保持着受欢迎度，而且在 2011 年 5 月以压倒性优势再次赢得选举胜利。前苏格兰社会党和"团结－苏格兰社会主义运动"领导层之间仍然在相互攻讦，这两个互相竞争的激进左翼政党几乎不可能获得 4% 的支持率以获取议席。2010 年议会选举中，这两个党无疑都没有实现任何复苏，它们的得票率都只有 0.1%①。

然而，苏格兰社会党的瓦解以及谢里丹被监禁，显然为"尊重党"创造了发展真空，该党在 2010 年丧失了其在英国议会中的席位。加洛韦（此前曾向他的朋友谢里丹承诺，尊重党不会在苏格兰建立组织）加入"团结－苏格兰社会主义运动"，组织领导"反对削减支出联盟"，提出了一个典型的民粹主义纲领，代表那些受英国保守党－自由民主党联合政府的腐败政策迫害者的利益，推进现存政府改革（Coalition 2011）。由于加洛韦在 1987~2005 年间一直是格拉斯哥市议员（代表工党），并且只要在格拉斯哥市的地区选举名单中获得 6% 的选票即可获得苏格兰议会席位，因此这是一个非常精明的举措。但他最终只获得了 3.3% 的选票，而苏格兰社会党和"团结－苏格兰社会主义运动"的得票率则跌至新低（参见表 6－1）。特别是后者的选举成绩表明，"谢里丹事件"令苏格兰激进左翼名声扫地，并可能持续影响一代人。在 1999 年获得一个充满希望的开局之后，尽管出于个人而非意识形态原因，英国"极左翼"体系性的宗派主义再次强烈地表现出来。

东欧"民粹主义盛况"

在西欧，民粹主义吁求广泛但却停留在表面：虽然民粹主义言论在政党体系内无处不在，但民粹主义政党的成功仍然只是例外，而非普遍规律。然而，在一些东欧国家，纵然民粹主义政党

---

① 2010 年，"团结－苏格兰社会主义运动"作为苏格兰工会和社会主义联盟的组成部分参加竞选。

仍然在为其长期生存而斗争，但民粹主义诉求受到选民的响应和支持。

　　东欧为什么会出现适合民粹主义生长的土壤？这有几种解释。东欧的政治形势在许多层面与拉美"左转"的驱动力相似（Castañeda 2006）：相对于西欧，东欧社会对政府的信任度低得多，社会阶层分化程度更大，政党制度更不稳定、更加缺乏结构性，政治环境总体上更加缺乏制度性，也更加依赖人治（Tismaneanu 1996）。东欧历史上一直缺乏稳固的政党，这与许多拉美国家缺乏与社会运动、阶级、工会等组织存在稳定制度化联系的"群众－官僚型"政党相类似（Levitsky 2001）。在拉美，"群众－官僚型"政党的匮乏使得"民粹主义群众性政党"迅速发展起来，它们依靠极具人格魅力的领袖来领导组织松散的社会运动。东欧的情况同样如此：民主"过渡"也是由精英推动的，加之前共产主义者、裙带关系和腐败的普遍存在，以及缺乏强大的民主中介机制，导致出现了"背叛革命"等反精英话语，并为"民粹主义反弹"，即重申一些沉寂多时的独裁政治文化主题，提供了有利的环境（Rupnik 2007）。

　　当然，也存在一些显著的例外：在相对拥有结构性政党体制、政治较为稳定、经济也更为繁荣的国家（如捷克共和国和斯洛文尼亚），除了一些边缘性声音外，很少出现民粹主义吁求。但在许多国家，民粹主义政党一直是长期存在的主流政党。那些"继承了前共产党遗产"的国家尤其面临这种情况，紧密的裙带关系网、软弱的政党体制和总统制的治理形式，为民粹主义动员提供了理想环境。而那些存在巨大民族－文化分裂的国家，比如拉脱维亚、斯洛伐克，也为"捍卫"多数人或少数人利益的民族民粹主义提供了发展动机。

表 6-1　泛欧洲议会选举中的相关民粹社会主义政党（1990～2011 年）

年　份	德国（左翼党）	荷兰（社会党）	英国（苏格兰社会党）	英国（苏格兰团结-社会主义运动）(a)	英国（苏格兰尊重党）(a)	英国（尊重党）(a)
1990	2.4					
1991						
1992						
1993						
1994	4.4	1.3				
1995						
1996						
1997						
1998	5.1	3.5				
1999			2			
2000						
2001						
2002	4	5.9				
2003		6.3	6.9			
2004						0.3
2005	8.7	16.6	0.6			
2006				1.7		
2007						
2008						
2009	11.9	9.9				
2010			0.4	0.1		0.1
2011					0.4	

注释：a 按照笔者的定义，不是具有"相关性"的政党。为了清晰起见，在文中提及的政党也包含在表格中。2011 年，苏格兰团结-社会主义运动和尊重党作为"反对削减支出联盟"的一部分共同参加竞选。

资料来源：www.parties-and-elections.de（2011 年 5 月 20 日修订数据）。

难以归类的东欧社会民粹主义形式

尽管东欧和拉丁美洲在政治环境上有很多相似之处，在东欧却没有发生类似的"左转"态势。冷战后促进了拉美左翼重新合法化的、"地缘政治污名的丧失"现在并不存在（Castañeda 2006）。正如笔者已经指出的，"重返欧洲"以及抛弃具有争议的共产主义遗产的诱惑力，推动东欧的继任党采取了亲欧洲的社会民主主义以及公然非激进化的话语体系。与拉丁美洲相比，除了那些外围国家以及面临经济困难的国家，对新自由主义及华盛顿共识的幻灭在后共产主义关键的形成时期显著存在。

的确，搞清楚东欧"左翼"民粹主义的确切形式要比在拉丁美洲困难得多。重新发现历史、语言和身份，边境争端及少数民族融入等"民族构建"议题的普遍存在表明，许多著名的东欧民粹主义政党已经明显滑向了极端右翼，如塞尔维亚激进党和日里诺夫斯基（Vladimir Zhirinovsky）的俄罗斯自由民主党。此外，辨别左翼民粹主义政党的显著复杂性在于，典型的民粹主义政党在不断出现，其意识形态随着环境的变化而变动不居。这类政党包括在 1990～1999 年间执政、图季曼（Franjo Tuđman）的克罗地亚民主联盟（HDZ），以及弗拉基米尔·梅恰尔（Vladimír Mečiar）领导的"争取民主斯洛伐克运动－人民党（HZDS）"，该党在 1992～1998 年执政。按照莎朗·费舍尔的说法（Sharon Fisher 2006：61）：

> 克罗地亚民主联盟和争取民主斯洛伐克运动－人民党的定位，令政党体系的稳定发展复杂化。这两个政党都宣称自己是基督教导向的中间党，但是……由于他们随时会根据有利原则

在保守派与左派之间摇摆不定，并利用民粹主义言论来吸引秉持各种信念的选民，因此很难把他们放在传统的左－右翼天平之上。

其他不可归类的民粹主义政党还包括乌克兰的季莫申科联盟（Yulia Tymoshenko Bloc），该党经常玩弄左翼言论，其中包括改变过去的私有化状况，并在 2007 年作为观察员加入保守的欧洲人民党之前，曾考虑过参加社会党国际。但是，有几种社会民粹主义政党，至少是准左翼的那些政党可以分辨出来。

左翼社会民粹主义政党

相对于上文所列出的民粹社会主义政党，左翼社会民粹主义政党明显拥有一个占主导地位的领袖，它们不是纲领导向的，而是更加注重单一性议题：它们谴责主流左翼的"背叛"行为，采取一种富有感情色彩的、简单化的方式，来捍卫一些令它们魂牵梦绕的"纯粹"社会主义理想。这类政党是唯一具备资格的准激进左翼社会民粹主义政党。其中最具相关性的，是从社会民主主义政党——民主左翼党中分裂出来的斯洛伐克工人协会（ZRS），其领导人是极具煽动力的约翰·L·聂曲（Ján L'upták）。作为蓝领工人的捍卫者，这个党明确塑造了一种非意识形态化的反知识和反建制形象，关注于根本反对私有化进程，认为私有化为"投机经济奠定了基石"，这种经济形式破坏了斯洛文尼亚的整个经济基础，将世界引向了"野蛮主义"（Fisher 2006：87）。斯洛伐克工人协会的发展轨迹是反复无常的典型：在 1994 年 10 月选举中获得了令人尊敬的得票率，它加入了民粹主义政党争取民主斯洛伐克运动－人民党（HZDS）和民族主义政党斯洛伐克国民党（Slovak National Party）的联盟，但它仍继续攻讦其他两个联盟党从私有化中获益（它的联盟伙伴也对其提出了同样指控）。斯洛伐克工人协会对连贯一致的纲领性政治完全不感兴趣：其纲领文件中完全支持加入欧盟，但实际上该党却拒绝加入其中——L·聂曲竟然轻描淡写地说是党纲打印时出错了（Kopecky and Mudde 2002）！由于在执政期间未能发挥有效作用，斯洛伐克工人协会在1998年之后长期处于边缘地位。

乌克兰进步社会主义党（PSPU）也是一个典型代表，它是1995年当乌克兰社会党试图社会民主化时从中分裂出来的。其领导人娜塔莉亚·维特连科（Nataliya Vitrenko）因极具煽动性的民粹主义言论，以及与任何人争吵的能力而获得了"穿着裙子的日里诺夫斯基（Zhrinovsky）"的绰号（Wilson 2000）。维特连科自视为乌克兰唯一"真正的马克思主义者"，并且设计了一个具有强烈怀旧情结的反西方的党纲，斥责国际货币基金组织把乌克兰变成了殖民地，许诺将驱逐所有的外国顾问。尽管该党在1998～1999年间表现强劲，在1999年总统选举中获得了11%的得票率，但这在很大程度上是因为它得到了总统办公室为分流共产党/社会党的选票而对其进行的暗中支持。在这个目的达到之后，当局就对其失去了兴趣；尽管在克里米亚（Crimea）等局部亲俄地区还拥有一些残余力量，但进步社会主义党得票率长期低于2002年规定的4%议会门槛。其他左翼社会民粹主义政党还包括拉脱维亚团结党（LVP），它由共产党正统派建立，领导人阿尔波利斯·考斯（Alberis Kauls）是苏联时代的集体农庄主席；以及摩尔多瓦祖国选举集团，该党在2009年加入竞选名单之前，曾与摩尔多瓦共产党人党争夺具有社会主义怀旧情结的选民（ADEPT 2011）。

民族－社会民粹主义政党

民族－社会民粹主义政党把左翼关于福利的相关言论，与显著的"右翼"民族主义、民族中心主义甚或排外政策结合在一起。典型的例子是安杰伊·雷佩尔（Andrzej Lepper）领导的波兰自卫运动（自卫党），其发展高潮是在 2005 年的波兰立法选举中获得了 11.4% 的得票率。自卫党激进的反全球化、反新自由主义言论，与工会合作，与排外的民族主义结合起来（Krok – Paszkowska 2003）。尽管该党总的意识形态折中主义/无政府主义令人难以将其归类，但其发展"主线"是作为"自由主义之社会反抗声音"的社会民粹主义（Pankowski 2010：142）。

大多数其他民族－社会主义政党都是来自"世袭共产主义"的继任党，它们轻易地将民族民粹主义视为通往更加清晰的左翼形象的一个过渡阶段。从共产主义到社会民主主义，它们已被部分地"改造"；从国际主义到民族主义（Bozóki and Ishiyama 2002：6 – 7），它们已经部分或完全"变质"。因此罗马尼亚社会民主党（PDSR，之后是 PSD）、保加利亚社会党（BSP）、阿尔巴尼亚社会党（PS）和黑山共和国社会主义人民党（SNP）——它是仍然与塞尔维亚社会党保持着联系的、共产主义继任党社会主义民主党（Democratic Party of Socialists）的分支——宣布放弃列宁主义，但却在整个 20 世纪 90 年代支持经济上的民粹主义，捍卫共产主义时代的福利国家和内部关系网，在文化上推动实行民族主义政策。

典型且最激进的民族－社会民粹主义政党，无疑是斯洛博丹·米洛舍维奇领导下的塞尔维亚社会党（SPS）。塞尔维亚社会党表面上是民主社会主义政党——其 1992 年纲领甚至认为"民主社会主义的本质是承诺……政治、经济和文化民主"（Malesevic 2002：195）。同时，塞尔维亚社会党实行的民族主义政策，即从 20 世纪 90 年代与塞尔维亚激进党结盟，到暗中支持在整个前南斯拉夫实行"种族清洗"政策，遭遇全世界的指责。作为执政党，塞尔维亚社会党的民粹主义既关注共产主义时期"傲慢、轻蔑地对待民众"的官僚主义，也重视外部敌人——它认为塞尔维亚人是反抗世界的受害者（Malesevic 2002：194，210）。

然而，如前所述，一旦这些国家开始进行政治改革，开始向欧盟开放，其继任党就会变成社会民主主义政党。幸存下来的民族 - 社会民粹主义政党完全边缘化。比如，罗马尼亚社会主义劳动党是由齐奥塞斯库时期的前总理伊利耶·维尔德茨（Ilie Verdeţ）领导的。它自我描述为国家共产主义执政党的唯一合法继任党，但却是极右翼大罗马尼亚党的亲密盟友（Mungiu - Pippidi 2002）。然而，由于缺乏吸引人眼球的领袖且遭遇内部分裂，罗马尼亚社会主义劳动党的得票率 1996 年之后就一直低于 3% 的选举门槛。2003 年，罗马尼亚社会工人党（PSM）与现在已经成为社会民主主义政党的罗马尼亚社会民主党（PSD）合并，剩下的那些希望维持共产主义遗产的党员组建了社会主义联盟党（PAS）。社会主义联盟党保持着国家社会主义倾向，甚至在 2010 年投票重新命名为罗马尼亚共产党，但迄今还没有重新获得全国议会议席①。

更具影响力同时也具有代表性的政党，是俄罗斯祖国党（Rodina）。2003 年，祖国党凭借一个将"抗议性民粹主义和身份民粹主义"（用该党自己的话说就是"社会爱国主义"）结合起来的左

---

① 根据该党网站，社会主义联盟党"与罗马尼亚人民的历史和命运紧密相连"。参见 http：//www. pasro. ro/index. php? ID = 11，2011 年 5 月 2 日。

翼－民族主义纲领参加竞选，其主张集中表现为建议没收俄罗斯寡头的财产，以及恢复民众对政府的控制权（Laruelle 2006）。在其日益增长的受欢迎度最终触怒当局及其已经高度分裂的领导层于 2006 年 3 月被替换之前，祖国党的意识形态立场一直因为领导层间的纠葛及其面临的机遇——利用民众对福利货币化的强烈反应（2005 年 1 月），针对反移民情绪提出沙文主义诉求——而摇摆不定。在与一些规模更小的左翼小党结盟后，祖国党最终演变成更具明显左翼色彩的公正俄罗斯党，尽管仍然是民粹主义政党。在 2007 年竞选中，该党作为"劳动人民的政党"，提出了一个社会公正的"社会主义"纲领，把矛头指向官僚腐败（March 2009a）。公正俄罗斯党在激进的准共产主义言论与社会民主主义形象之间犹豫不决，最终在 2008 年 1 月决定作为社会党国际的观察员。该党唯一始终坚持下来的事情，是对政府的忠诚态度，而后者在某种程度上也是为了分化共产党的选票才选择支持它。

中间派社会民粹主义政党

最后，我们能够确定的是，彼得·尤森（Peter Učeň 2007）所谓"中间派"社会民粹主义政党的数量在日益增加：这些政党大多务实、信奉技术统治、非意识形态化——其民粹主义建立在攻讦所有现存精英的所谓腐败和无能基础之上。它们决不会激进地批判资本主义，但却会利用某些左翼的口号，并经常会获得巨大成功（参见表 6-2），许多政党已经执政。这种类型的政党包括立陶宛工党（DP），它于 2004 年与社会民主党、社会自由主义的新联盟组成了一个灾难性的联合政府，直到 2006 年因陷入腐败丑闻而退出。在欧洲议会中，立陶宛工党在欧洲自由与民主联盟党团的成员身份很容易使人

表6-2 泛欧洲议会选举中的相关社会民粹主义政党（1990~2011年）

年 份	1990	1991	1992	1993	1994	1995	1996	1997	1998	1999	2000
阿尔巴尼亚（社会党）	47.2	56.2	25.7		43.5		20.4	52.7			
保加利亚（社会党）	38.6	33.1						22			
希腊（泛希腊社会主义运动）(a)				46.9			41.5*				43.8*
爱尔兰（新芬党）			1.6			5.9		2.6		6.1	
拉脱维亚（团结党）				0.1					0.5		
立陶宛（工党）						7.2					
摩尔多瓦（祖国选举集团）(b)					22				1.8		
黑山共和国（社会主义人民党）									36.1		
波兰（自卫党）				2.8				0.1			
罗马尼亚（社会民主党）			27.7				21.5				36.6
罗马尼亚（社会工人党）			3				2.2				0.8
俄罗斯（祖国党）											
塞尔维亚（方向-社会民主党）	46.1		28.8	36.7				34.3			13.8
斯洛伐克（工人协会）					7.4				1.3		
（公民谅解党）									8		
乌克兰（进步社会主义党）							15.5		4.1		
英国-北部爱尔兰（新芬党）									17.7		

年 份	2001	2002	2003	2004	2005	2006	2007	2008	2009	2010	2011
阿尔巴尼亚（社会党）	41.5*				8.9*				40.8*		
保加利亚（泛希腊社会主义运动）	17.1*				31.0*				17.7*		
希腊（泛希腊社会主义运动）				40.6*			38.1*		43.9*		

续表

年份	2001	2002	2003	2004	2005	2006	2007	2008	2009	2010	2011
爱沙尼亚（联合人民党）(a)			2.2				1				—
爱尔兰（新芬党）		6.5					6.9				9.9
拉脱维亚（团结党）											
立陶宛（工党）				28.4				9			
摩尔多瓦（祖国选举集团）(b)	0.5				5				—		
黑山共和国（社会主义人民党）	40.6	37.9*				13.9*			16.5*		
波兰（自卫党）	10.5			36.8*	11.4		1.5				
罗马尼亚（社会民主党）								33.1*			
罗马尼亚（社会工人党）							7.7(c)				
俄罗斯（祖国党）			9								
塞尔维亚（社会党）			7.6				5.6	7.6			
斯洛伐克（方向－社会民主党）		13.5				29.1				34.8	
（工人协会）		0.6				0.3				0.2	
（公民谅解党）											
乌克兰（进步社会主义党）		3.2				2.9	1.3				
英国－北部爱尔兰（新芬党）			23.5				26.2				26.9

注释：
*代表社会民主党

a EURP 与爱沙尼亚左翼党在 2008 年合并成爱沙尼亚联合左翼党，2011 年参加爱沙尼亚人民联盟的选举名单。

b 1994 年作为"社会主义和团结运动"的组成部分，1998 年作为"社会主义团结"的组成部分，2001 年作为"团结选举营"的竞选名单。2009 年后加入共产党人党的选举名单。

c 公正俄罗斯党。

资料来源：www.parties-and-elections.de（2011 年 5 月 20 日修订）。

产生误解：立陶宛社会民主党已经否决立陶宛工党加入欧洲社会党的申请。

更为成功的是斯洛伐克的方向－社会民主党（Smer－SD），它是成立于1999年的斯洛伐克民主左翼党（SDL）的衍生物，后者最初曾采取一种"非意识形态化"立场，但后来与中间派民粹主义政党公民谅解党（SOP）以及包括民主左派党在内的其他三个较小社会民主党合并，逐步演变成反对现存体制的社会民主党（Učeň 2007）。2006年6月，方向－社会民主党与民粹主义政党争取民主斯洛伐克运动－人民党以及极右翼斯洛伐克民族党（SNS）组成了富有争议的执政联盟。这一联盟造成方向党因"与极端民族主义和排外主义妥协"而遭到欧洲社会党停权处分（从2006年10月开始到2008年2月）（PES 2006）。尽管在方向党和斯洛伐克民族党承诺遵守欧洲人权和少数族裔权力后欧洲社会党废止了该禁令，但方向党领导人罗伯特·菲科（Róbert Fico）最初的回应纯粹是民粹主义式的，他认为方向党是因其"造福于民众的政策"而受到了惩罚。①

这一简短的分析表明，东欧的社会民粹主义政党经常能够体现民粹主义政党普遍的生命周期：由于提出了一些抗议性主题，因而能够取得迅速但却短暂的成功，随后却不能把反精英的反对派转换为有效的政府治理。此外，这种社会民粹主义经常只是模棱两可的左翼，在意识形态上前后矛盾。东欧相对非结构化的政治环境，意味着"更好的匈牙利运动党"（Hungarian Jobbik）是该地区典型的民粹主义政党，它宣称自己"不受意识形态束缚，并且有能力从左右两翼的政策中做出最佳选择"（Jobbik 2010）。

这样的环境可能给真正的非共产主义东欧激进左翼的发展造成不

---

① 参见http：//www. slovakradio. sk，2006年10月15日。

可逾越的障碍。当然，准左翼的社会民粹主义政党可以去直接吸引左翼选民；例如，斯洛伐克工人协会、乌克兰进步社会主义党和公正俄罗斯党对前共产党人具有吸引力，而季莫申科联盟及波兰自卫党（Samoobrona）则对前社会党人具有吸引力……但更大的问题在于，社会民粹主义政党，正如在 20 世纪 20 ～ 40 年代爱尔兰共和党（Fianna Fáil）阻碍了爱尔兰工党的成功一样，可能会阻碍真正的社会主义左翼的发展壮大（Dunphy 2005）。当然，立陶宛工党"可以通过一些听似激进的口号，比如捍卫贫穷而勤劳的立陶宛人的利益，而很快从一无所有到……获得选举成功"（Green 2004）。同时，占主导地位的社会民主党也会偶尔利用激进言论而"漂红"（一些虚假编造的左翼政策），这与一些西欧主流政党经常借鉴绿党的环境议题借机"漂绿"是一样的。而且，执政效率低下的政党利用左翼口号以及民族中心主义和排外言论，可能彻底损害公众对左翼的好感。

结 论

左翼民粹主义是社会主义的未来吗？一方面，左翼民粹主义不是什么新鲜东西：民粹主义强调反精英主义、民主和被排除者的代表权，这使得它不管如何变化，在任何环境下，永久都是伴随着左翼的影子。新的情况在于，当代社会的发展允许在民粹主义和社会主义之间重铸平衡。在共产主义崩溃之前，马克思主义对阶级意识、组织和教条的坚持，充其量是给传统激进左翼政党的方法和策略镀上了一层民粹主义的光环。而现在，马克思主义的衰落为民粹主义从中发挥重要作用的新策略开辟了道路。因此，民粹主义已经成为整个欧洲激进左翼政党成功的日益重要的因素了：尤其是本章指出的那些民粹社会主义政党，通过将民主社会主义意识形态与包容性、跨阶级的民众反建制呼声重叠起来而受益良多。这些政党经常利用所谓社会民主党的"背叛",像民粹主义右翼一样提出当代反全球化和反欧盟言论,尽管它们的批评仍然更多集中于社会经济的不稳定而非种族或民族问题。

然而,我们也指出了这些党在成长中可能存在的问题,其中最重要的是如何将反精英主义身份转化为获得执政的机会。由于这种反精英主义身份是其诉求的核心内容,因此其面临的问题或许比其他激进左翼政党曾经经历过的大得多。当然,到目前为止,民粹社会主义政党把民粹主义更多是作为一种话语工具而非意识形态的核心内容,这反映了特定的领导风格及这类政党在政治体系中的边缘化地位,然而这同时也促进了党内不同派别倾向的巩固,特别是在德国左翼党那里。就这点来说,民粹主义使得疑欧主义成为"意见分歧的试金石"(Taggart 1998),这主要限于那些处于政党体系边缘的政党,而且在面临着执政前景时,它们的疑欧倾向经常会弱化——这一过程在德国左翼党,尤其是荷兰社会党中表现得尤为明显。然而,德国左翼党、荷兰社会党及苏格兰社会党都面临着采取一种后民粹主义身份问题,特别是依赖占主导地位、极具个人魅力的领袖问题。此外,在许多国家,民粹主义右翼在利用具有选举相关性的反抗情绪,比如反对外来移民方面能力更强。因此,在西欧,民粹主义很可能既是与当代社会主义相伴相生的影子,也可能处于当代社会主义的影子之下,至少从中期来看是这种情况。

在东欧,民粹主义是一个更明显的存在,也更具生命力,左倾社会民粹主义的近期发展前景因此也更加明朗。虽然东欧民粹主义往往表现为一种民族主义的跨阶级现象,强调的是左翼而非那些真正的激进左翼关注的问题,但相对的社会经济不平等以及对反精英的不信任感为社会民粹主义提供了可资利用的丰富的背景性议题。出于同样原因，意识形态的不连贯性以及糟糕的执政记录依然是它们的阿基里斯之踵，至少在选举格局下，这些会成为它们稳固的特征。这种不稳定性也许给更加制度化的激进左翼政党在这一地区重获立足点带来了希望。

这样，唯一不能确定的因素仍然是国际经济危机可能产生的后果。不可否认，高失业率及普遍的社会经济不稳定，很可能导致更强烈的反体制情绪，并催生了那些宣称"普通"民众希望破灭的激进民粹主义动员新形式，如2010～2011年在"更好的匈牙利运动"和"正统芬兰人党"中所看到的那样。政府的不稳定将可能在某些西欧国家埋下持续性危机的种子，同时也可能导致选举波动成为最近时期东欧国家的典型特征。不管这种预测是否成真，左翼及其对手至少都应该进行反思，左翼民粹主义在东欧实实在在地存在着。

第七章

跨国性政党组织：通向新国际？

马克思和恩格斯的著名论断"工人没有祖国"，是对 19 世纪欧洲许多工人所面临形势的现实评估：他们生活在多国家、跨国家的帝国中，拥有极少权力和代表。马克思主义呼吁国际工人团结，因而是对法国大革命提出的国际兄弟关系理想的有力补充。自此之后，左翼总是自称为一种国际现象，标榜超越国家边界的全球相关性。

然而，社会主义的国际主义实践远比其理想复杂得多。即使马克思和恩格斯也承认，无产阶级是"民族的"，因为它必定要成为各国的领导阶级，在世界革命爆发前与各国资产阶级做斗争。然而，社会民主主义的第二国际在 1914 年的耻辱垮台令共产党人相信，国际社会民主主义只是在"这个词的资产阶级意义上"，即屈服于民族利己主义以及抛弃国际阶级目标时，才是民族的。

但是，苏维埃的实践证明，在如何将"共产主义的国际主义及其被容纳的形式即民族国家"结合起来，也几乎没有什么好对策（Sakwa 1998：254）。起初，共产国际是一个处于萌芽状态的全球政党，旨在帮助各国党捍卫苏联，推翻全球资本主义。但斯大林的"一国建设社会主义"理论认为，尽管世界革命的前景不容乐观，但俄国能够建立社会主义，并且能够将各国党和"无产阶级国际主义"改造成"苏维埃堡垒"的忠实捍卫者，也就是说屈从于苏联的民族利益（Mandel 1978：14）。1947～1956年存在的共产党和工人党情报局将这一过程制度化，其目的是遏制苏联在东欧的权力，而非在西欧扩大共产主义（Sakwa 1998：261）。从更多表征上看，在共产党和工人党情报局解散后，共产主义"运动"成为一系列逐渐不再经常召开的国际会议（最后一次会议于1969年召开）；而随着一些党试图捍卫自身的民族自治，这些会议勉强地维持着一种脆弱的"多样性中的团结"。1985年，在米哈伊尔·戈尔巴乔夫成为苏联领导人之后，国际共产主义逐渐被视为克里姆林宫不再需要的一种意识形态、组织和经济负担（Urban 1992）。引人关注的是，最后一次著名的国际共产主义事件，即1987年11月"纪念十月革命70周年"，邀请了许多非共产党参加，这表明克里姆林宫希望克服共产主义和社会民主主义之间存在的障碍。这种渴望颠覆了作为一种独立共产主义运动的基本原理。

前文曾指出，当代激进左翼政党已经转向"各民族真正的社会主义"。有鉴于此，我们可能认为国际主义在今天已经不再具有意义。然而，正如本章指出的那样，事实显然并非如此。尽管较之苏联时代，激进左翼政党的民族利益明显是其优先考虑的问题，但对多数党而言，对国际合作与团结的承诺仍然强烈，并且确实得到加强。如同在国家层面一样，国际激进左翼正在经历持续衰落（尤其是各国共产党）以及组织/意识形态转型的复杂进程。然而自20世纪90年代末以来，整个图景展现出愈益连贯的团结趋向，这首先表现为欧盟层面各种新兴的多边组织。尽管远非形成了一个新的国际，欧洲激进左翼政党普遍一致的国际战略和意识形态主张（除部分保守的共产党外），是其作为一个明确的"政党家族"愈益连贯性的铁证。

当代激进左翼政党主要的国际主义形式包括以下方面（Gleumes and Moreau 1999）：

1）政党－政党间的双边主义：政党间正式和非正式的双边/地区协议；

2）政党－政权间的双边主义：政党与现存共产党政权以及/或非共产党但却对共产党持同情态度的政权的双边协议；

3）政党－政党间的多边主义：连贯的国际激进左翼政党论坛和组织；

4）政党参与"阵线"及其附属组织：比如，工会、青年组织与和平组织，其中许多组织坚持国际协议；

5）政党参与社会运动：主要是全球正义运动。

在本章中，我们关注的是激进左翼政党国际行动的前三个方面，因为这里的政党占据主导地位。后两个方面则是政党与非政府组织和压力集团展开竞争的领域，第八章将其作为讨论政党、非政府组织和社会运动间的互动，进行详细探讨。

政党－政党间的双边主义/地区主义

共产党仍然保持着最发达的双边关系，尽管这种关系由于许多党经济状况不好而经常以发表宣言的形式表现出来。多数共产党继续邀请众多国际伙伴定期参加党的代表大会，即使许多政党和组织并非实际出席，而只是给其发去贺信。很少有政党像规模很小的德国共产党一样开放，它在1996年列出了110个仍然保持国际关系的"兄弟党"，尽管其中多数党的规模微乎其微（Gleumes and Moreau 1999）。而波西米亚－摩拉维亚共产党宣称与包括印度、日本和南非在内的

"世界 100 多个共产党、左翼党和工人党"保持联系。① 有几个党与在意识形态或地理位置上尤其相关的党保持着定期的双边联系。比如，波西米亚－摩拉维亚共产党与斯洛伐克共产党和德国左翼党建立了最为密切的联系，而俄罗斯联邦共产党、乌克兰共产党和摩尔多瓦共产党人党在整个 20 世纪 90 年代一直保持着密切联系。但由于前两个共产党的衰落，这种联系减弱了。2007 年以来，荷兰社会党和瑞典左翼党（它反对形式化的跨国民族主义）与一些非保守主义的、在对待社会民主党及政府参与上具有一定经验的政党，比如北欧绿色左翼、塞浦路斯劳动人民进步党、左翼党建立了非正式的聚会机制，

表面上看，那些拥有不同传统政党间的联系经常少之又少，尽管下文将详细阐释的多边论坛已经在克服这一倾向。比如，前托派政党苏格兰社会党与前托派政党法国"革命共产主义者同盟"而非法国共产党（仍然被视为"斯大林主义"政党）保持着密切联系；而希腊共产党的网站（www. kke. gr）只是列举了它的共产主义伙伴，其中包括一些极其弱小的政党比如芬兰共产党，但却对北欧绿色左翼视而不见。

一些保守的共产党，主要是希腊共产党和葡萄牙共产党重新建立了苏联曾经实践过的一年一度的国际共产党会议。最具显著意义的一次会议，是 1998 年 5 月希腊共产党为纪念其成立 80 周年以及《共产党宣言》发表 150 周年而在雅典组织召开的会议，会议主题是"现实中的共产党"（Gleumes and Moreau 1999）。有 57 个政党参加了这次会议，从而成为此后历年普遍以反对欧盟教育改革、劳动政策、北约和 2003 年伊拉克战争、反军国主义、支持古巴等主题的世界共产

---

① http：//www. kscm. cz/index. asp？thema = 3217&category =（accessed 2 May 2011）.

党和工人党国际会议的典范。比如，2007 年 11 月由俄罗斯联邦共产党和白俄罗斯共产党为纪念十月革命 90 周年在白俄罗斯明斯克组织召开的会议，汇聚了来自 72 个共产党和工人党的 154 名代表（Solidnet 2007）。

希腊共产党显然认为自己是新国际主义的核心，它建立的"团结网"（www. solidnet. org）是对国际共产主义行动进行在线通报和协调的首次（尽管是初步的）尝试。希腊共产党也一直主导着一些地区性的倡议，比如 2011 年 1 月包括众多东南欧小共产党（比如南斯拉夫新共产党和土耳其劳动党）参加的巴尔干地区共产党会议，以及邀请东南欧地中海以及中东地区共产党参加的会议。而其他一些党也曾提出会议倡议，比如 2005 年 4 月波西米亚 – 摩拉维亚共产党在布拉格组织召开纪念"法西斯主义失败"60 周年大会。

由于来自欧洲各国以及远至阿根廷和苏丹等国共产党的参加，这些会议在组织、信息交流和宣传中发挥了显著作用。尽管保守主义的共产党是会议的核心组织者，但改良主义的共产党，比如法共、意大利重建共以及一些非共产主义政党，如瑞典左翼党偶尔也会出席。但由于许多参与者的政治影响微乎其微（比如英国共产党），会议的主要成就无疑仍是心理上的。当然，没有哪一个党乐意承受被莫斯科所抛弃的资金负担。

政党 – 政权双边主义

激进左翼政党保持密切联系的主要是三种政权：1）仍然存在的共产主义国家；2）委内瑞拉和玻利维亚等具有左翼倾向的拉美国家；3）虽然形式上不是社会主义，但却是"反帝国主义"的国家。

多数共产党已经克服了历史上对毛主义的质疑，将中国视为设法

"从资本主义获利但却不屈从于资本主义"的当代"实存"社会主义的主要典范（Gleumes and Moreau 1999：129）。中国的经济增长、政治稳定以及中国共产党的长期执政，与苏联耻辱的解体形成了鲜明且令人鼓舞的对照。因此，对于那些曾经执政、认为前执政党传统仍然具有相关性的共产党，比如波西米亚－摩拉维亚共产党、摩尔多瓦共产党人党和俄罗斯联邦共产党来说，中国尤其扮演着重要的意识形态角色。但对作为整体的当代共产党而言，尽管会举行双边会议，出席党代会的共产党代表也会展开交流，但中国更多是被视作一个符号函数，而非可以效仿的典范（Handl 2005）。尽管没有屈服于资本主义，但中国也没有对（尤其是境外的）资本主义形成什么挑战，并且一直在与其意识形态"敌人"，首先是美国保持着建设性关系。保守的共产党，诸如希腊共产党、葡萄牙共产党和部分法国共产党人批评中国日益发展的市场经济，而反斯大林主义政党比如意大利重建共产党或民主社会主义政党，则很少迷恋中国的威权主义。

共产党与越南社会主义共和国的联系也相对低调，主要局限于政党论坛上代表团的交流。对多数欧洲左翼政党来说，尽管经济增长迅速，作为一种政治或经济模式而言，越南仍然是一个缺少直接相关性的相对贫穷的国家，其经济的开放性尤其受到保守共产党的质疑。但自从越南战争之后，"英雄的越南人民"反对"美帝国主义"的神话得到强化，这使得越南的相关性在共产党报刊上重新复活（Gleumes and Moreau 1999：130）。此外，多数西欧国家，尤其是德国、法国和英国，都有一些类似"法国－越南友谊社"之类的社团，它们产生于20世纪70年代，是战争持续性后遗症的产物，比如由于化学武器应用带来的各种疾病，它们为战争受害者寻求补偿，连续举办战争纪念活动，一直以来都是引人关注的热门话题。

鉴于朝鲜民主主义人民共和国是一个极权主义政权，因此对其采取支持态度（通常表述为与朝鲜人民团结起来反对西方帝国主义）是保守共产党取向的一个确切标志。表面上看，希腊共产党和葡萄牙共产党是持最强烈支持态度的政党，它们参加了几次对朝鲜的工作访问；而波西米亚－摩拉维亚共产党偶尔也会对朝鲜表示同情。法国共产党曾经同情但现在却公开批评朝鲜。比如，它指责朝鲜挑衅性地进行导弹试验（PCF 2006）。朝鲜和平统一国际联络委员会（CILRECO）仍然由前法共中央委员会成员居伊·杜普雷（Guy Dupré）领导，寻求实现朝鲜统一，推动美国撤军。总的来说，由于朝鲜奉行单边主义，倾向于建立"新共产国际"（1995 年在索菲亚建立，但一直存在于纸面上）等强硬倡议，多数共产党与朝鲜间的关系一直存在问题（Gleume and Moreau 1999）。除希腊共产党以外与朝鲜联系最密切的欧洲政党是毛主义小党比利时工人党，该党主办一个重要的世界共产党聚会——"国际共产党会议"。① 多数改革的共产党都与朝鲜保持距离，几乎所有非共产党左翼也同样如此。比如，2005 年 11 月 59 个共产党和工人党签署了"团结声明"，但并不包括法国、意大利、西班牙或塞浦路斯（KKE 2005b）。

对共产党和非共产党左翼来说，古巴是最具有护身符般重要意义的共产党国家。共产党赞美古巴的地缘政治作用，视其为打破帝国主义山姆大叔完全控制的社会主义利刃。对非共产党左翼来说，切·格瓦拉、人民的革命动员以及古巴 1968 年的启示更为重要（Raby 2006）。因此，激进左翼和非激进左翼政党同古巴的直接和间接联系迅速增加。党的领导人根纳季·久加诺夫（俄罗斯联邦共产党）、汤米·谢里丹（苏格兰社会党）、肯·利文斯通（Ken Livingstone，前伦敦市长，英国工党）和斯蒂夫·斯特瓦特（Steve Stevaert，前比利

---

① 参见 http://www.icsbrussels.org/。

时社会党领导人）都曾造访古巴进行"社会主义日光浴"。政党间会议经常会做出结束美国贸易禁运的团结宣言和决议。各党活动家对古巴的经常性访问，是由党与古巴联系沟通的一些团结机构比如德国左翼党的"与古巴人民团结在一起"（Cuba Si）和法国共产党的"法国与古巴人民团结在一起"（Cuba Si France），以及更多独立的友好组织比如英国的"古巴团结运动"促成的，其中后者每两年提供一次在古巴的政治教育工作假期之"旅"，并且同工会保持着密切联系。法国共产党、德国左翼党和意大利重建共产党一直最为积极地组织与古巴的国际联系以及对古巴的援助（Gleume and Moreau 1999）。

近来，自 20 世纪 90 年代末在拉美兴起的诸多左翼政权，主要是委内瑞拉、玻利维亚、巴西和尼加拉瓜，赋予激进左翼政党一些新的国际亮点，其吸引力已经赶上古巴，虽然其社会主义凭证并非总是毫无瑕疵。比如，委内瑞拉总统查韦斯的"玻利维亚革命"最初曾经绕过组织化的左翼；只是在 2004 年 12 月之后，他才宣布革命是社会主义的，并且开始组建统一的社会主义政党。然而，委内瑞拉激烈的反美和反新自由主义、进行财富重新分配以及与古巴团结起来等言论，显然令即使是保守主义的共产党也感到欣喜不已，因为它预示着"开展更加深入的反帝斗争以及实现社会主义的光明前景"（PCP 2006）。那些非共产主义政党往往更加强调在玻利维亚总统莫拉莱斯的"社会主义运动"等运动核心进行本土的草根动员，并且从草根民主发展中为相关更广泛的反资本主义运动汲取教训（Raby 2006）。

自世界社会论坛在全球正义运动的震源地之一——巴西的阿雷格里港创立以来，欧洲激进左翼政党与拉美政权各机构间的联系迅速发展起来。新的友好社团，比如"英国－委内瑞拉团结运动"和"不许干涉委内瑞拉"，这两个组织都是在2002年美国支持发动反对查韦斯的政变之后建立起来的，利用媒体，鼓励在政党与工会活动者中建立跨国性联系。后一社团在30多个国家拥有附属组织，这些组织在比利时、法国、意大利、波兰、德国和丹麦尤其强大。拉美左翼现在已成为欧洲左翼著作和电影钟爱的对象（Ali 2006；Pilger 2007）。查韦斯尤其受到青睐，获得来自伦敦（利文斯通）、罗马（贝尔蒂诺蒂）和莫斯科（俄罗斯联邦共产党）的关注。这样，他一举超越巴西的卢拉总统（2003～2011年执政），成为激进左翼政党主要的国际英雄。卢拉的工人党（PT）遵循一条更为中左且与美国保持友好的道路，这让许多激进左翼政党感到失望。有的党，尤其是那些拥有托派血统的政党，比如苏格兰社会党和新反资本主义党，已经将注意力从工人党转向其分裂后出现的一个激进小党——"社会主义和自由党"（P - SOL）。

　　保守的共产党精通马克思 - 列宁主义帝国主义理论的主要特征，是其表示要与那些"反对帝国主义的"国家团结起来，这些国家虽然不是共产党执政，但却在阻挡"帝国主义的"欧洲 - 大西洋联盟中发挥着非常有用的地缘政治作用。多数激进左翼政党一致谴责1999年北约对南斯拉夫的轰炸（这是没有获得联合国授权、在其区域之外的行动，最初曾经令这场人道主义灾难进一步恶化），以及2003年由美国主导的、无疑带来灾难性后果的对伊拉克的入侵，试图表达与这些国家遭受精神创伤的人民团结一致的决心。同样，支持巴勒斯坦和黎巴嫩人民反对以色列极具争议性的"反恐怖主义"入侵，也是激进左翼政党的一个显著特征。

　　然而，一些保守的共产党长期以来一直表示要与一些极为有害的非共产党政权团结一致，其程度远远超越对其被压迫人民的支持。尤其是俄罗斯联邦共产党和乌克兰共产党，在斯洛博丹·米洛舍维奇和伊拉克复兴社会党（Ba'ath Party）垮台前一直与其保持着紧密联系，而与白俄罗斯极端专制的总统亚历山大·卢卡申科（Alyaksandr Lukashenka）的关系也非常密切。对这些政权的支持不只出现在东欧地区：2001 年 1 月，希腊共产党领导人阿莱卡·帕帕莉卡曾提出"完全支持"米洛舍维奇（Athens News Agency 2001）。2005 年 11 月，55 个共产党（主要是在这次会议上支持朝鲜的共产党）抗议北约主导对白俄罗斯的"政权演变"施加压力，但却一点也没有提及卢卡申科糟糕至极的人权纪录（KKE 2005c）。

这种本能的反帝主义至少是具有连贯性的。而其他一些共产党则必须在批判欧洲－大西洋政权以及捍卫独裁者之间划出界线。比如，前意大利重建共产党领导人贝尔蒂诺蒂在米洛舍维奇倒台前一直否认该党成员曾出席 2000 年塞尔维亚社会党代表大会（Radical Association Adelaide Aglietta 2003）。相反，法共和意大利共产党人党则承认需要进行干预，宣称策略性地支持北约的科索沃行动（Pratschke 1999）。有人曾试图把左翼反对 2003 年伊拉克战争描述为由一种类似盲目的反帝主义驱动的（Cohen 2007）。这的确适用于一些极端左翼以及俄罗斯联邦共产党等侯赛因的盟友。然而，就伊拉克战争而言，美国主导的联盟带来的灾难性纪录，似乎证明了左翼批判的正确性！

传统多边论坛的衰落

尽管这些旧形式的双边主义在冷战后延续下来，但同样的情况并不适用于那些仍然存在的共产主义国际组织，它们的影响微乎其微，总体上已经被上文提到的地区性政党会议以及下文将要提到的一些以欧盟为中心的新组织所取代。一些保守的共产党经常表示希望第三国际的组织形式能够保持下来，但除了前面提及的"新共产国际"外，源于西欧的唯一倡议是法国、希腊和葡萄牙各党与东德、越南和朝鲜在 1990 年为维持"第三个半"国际而进行的短暂尝试（Bell 1996）。

　　1993 年后，为促进信息和代表交流，作为前苏共 19 个组成部分的主要论坛——共产党联盟 – 苏联共产党（SKP – KPSS）也并不怎么成功（KPRF 2011）。这个组织与其说是为了建立一个新国际，倒不如说是为了保持前苏共的优势，它从来没有尝试超越苏联地区国家扩大自身的范围。但即使就这一有限目标而言，也因为苏联缅怀者（其创建者）与反对任何实质性超国家倾向、具有民族主义取向的实用主义者间的内部分裂而难以实现。在 2001 年的领导层政变中，俄罗斯联邦共产党内的实用主义者重申该党对"共产党联盟 – 苏联共产党"的控制权，以一种奇特的历史倒转错位的方式使"联盟"党成为民族党软弱的卫星党。

　　从表面看，无论是托派还是毛主义的国际都未能填补这一真空。它们一直缺乏充分的国家支持以实现即使形式上的团结，后来其细小的分支迅速发展起来。现在，至少存在 20 个托派国际，其中包括几个宣称自己是 1938 年托洛茨基创建的原初的第四国际。甚至还有几个第五国际正在孕育形成，它们至少承认其前身无可救药地分裂了。资格最老的据说是"统一第四国际"（FI），它在 1963 年重新统一起来，自称是最大的第四国际，涵盖包括"批判左翼"（Sinistra Critica，2007 年前一直在意大利重建共产党内）和法国革命共产主义同盟/新反资本主义党（有迹象显示它可能会退出）在内的 60 多个小团体。① 以伦敦为基地的工人国际委员会和国际社会主义倾向

---

　　①　参见 http：//www. internationalviewpoint. org/。

（IST）也宣称地理范围覆盖很广。① 其成员数虽然没有公布，但鉴于多数团体的边缘性，多数国家的所有积极分子数量应该只有数百人而非数千人。然而，这些国际组织以其丰富的活动，尤其是网上活动弥补了数量上的劣势。世界社会主义网站等门户网站（www.wsws.org，隶属于第四国际的国际委员会，是受众最广的社会主义网络资源）甚至得到一些非托洛茨基主义者的广泛引用，极大促进了植根于意大利重建共和西班牙联合左翼等更大政党的小团体间的网络互联。但是，整个托派国际的直接政治影响微乎其微。

最后，鉴于中国共产党明显缺乏参与构建新的第三国际的热情，毛主义国际在欧洲和世界政治中一直微不足道。一个主要的例外是革命国际主义运动（RJM），它创建于1984年，拥有约15个成员党。革命国际运动支持革命战争，其主要成员比如秘鲁共产党［也被称为"光辉道路"（Sendero Luminoso）］和尼泊尔联合共产党（毛主义）已经将理论付诸实践。但革命国际运动没有重要的欧洲成员。在欧洲更为活跃的是马列主义政党国际会议和组织，它是由德国马列主义党组建的，联合了30几个政党（Van Hüllen）。② 但从表面上看，这个党在全国选举中最高得票率也不过只有0.1%（2005）。

欧洲左翼联合的兴起

欧洲激进左翼最显著的当代发展，是对于在欧盟层面实现更大程度整合的愈益关注，这对重建的全球保护伞组织具有影响。毫不奇

---

① http：//www.socialistworld.net/；http：//internationalsocialists.org/wordpress/about/.

② http：//www.icmlpo.de/.

怪：1992 年签署的《马斯特里赫特条约》启动了货币联盟和更大程度的政治一体化，使得"欧洲"成为群众性政治意识的现实，促进了各种增加、适应或抵抗一体化进程的尝试。

　　率先出现的是在西班牙联合左翼倡议下，于 1991 年在马德里建立的新欧洲左翼论坛（NELF），它以法共和德国左翼党为轴心逐渐扩大，涵盖了来自 17 个国家各种类型的政党（Gleumes and Moreau 1999）。论坛每年在欧洲不同城市举行两次会议，这是第一个消除了共产主义和非共产主义传统间分裂的多边论坛，但它也刻意回避建立类似于第三国际的组织结构，而支持进行松散的网络联系。它促进了荷兰绿色左翼、北欧绿色左翼以及法国、意大利和奥地利共产党等不同类型政党间的联系，帮助巩固了与欧洲议会以及欧洲社会论坛等议会外组织的联系（参见表 7 - 1）。

表 7 - 1　相关欧洲激进左翼政党附属的组织（2011 年）

国家	政党	共产党联盟 - 苏联共产党	新欧洲左翼论坛	欧洲反资本主义左翼	北欧绿色左翼联盟	欧洲联合左翼 - 北欧绿色左翼	欧洲左翼党
塞浦路斯	劳动人民进步党		观察员			√	观察员
波西米亚共和国	波西米亚 - 摩拉维亚共产党					√	观察员
丹麦	红绿联盟			√		√（a）	√
	社会主义人民党	√			√		
芬兰	左翼联盟	√			√	非正式	√
法国	共产党	√					√
德国	左翼党	√					√
希腊	共产党					√	
	左翼联盟	√	观察员			√	
冰岛	左翼 - 绿色运动				√		
意大利	重建共产党	√	观察员			非正式	√
	共产党人党	√				非正式	观察员
拉脱维亚	社会党					√	
卢森堡	左翼党	√				非正式	√

续表

国家	政党	共产党联盟－苏联共产党	新欧洲左翼论坛	欧洲反资本主义左翼	北欧绿色左翼联盟	欧洲联合左翼－北欧绿色左翼	欧洲左翼党
摩尔多瓦	共产党人党	√					√
荷兰	社会党		√	观察员		√	
挪威	社会主义左翼党		√		√	非正式	
葡萄牙	共产党		观察员			√	
	左翼集团			√			√
俄罗斯	联邦共产党	√					
圣马力诺	重建共产党						√
斯洛伐克	共产党						观察员
西班牙	共产党/联合左翼		√			√	
瑞典	左翼党		√		√	√	
英国(苏格兰)	社会党			√			
乌克兰	共产党	√					

注释：(a) 红－绿联盟没有正式独立地参加欧洲议会选举，而是支持欧洲怀疑论的六月运动和人民运动反对欧盟。凭借反对欧盟的人民运动的选票当选的议员桑德迦（Søren Søndergaard），曾经是红绿联盟的议员。

资料来源：www. parties－and－elections. de，欧洲联合左翼/北欧绿色左翼网站，www. broadleft. org/leftsoc. htm，www. anticapitalistleft. org（2011 年 5 月 6 日修改）。

　　正如哈德森（2000：18）指出的，新欧洲左翼论坛最显著的作用，是在反新自由主义、欧盟民主化、倡议创造工作机会、增加公共开支、反对北约主导的军事干预等议题上建立了国际政策共识。的确，1999 年反对北约在南斯拉夫的行动，有助于扩大与东欧国家的联系，在 1999 年 7 月召开的马德里新欧洲左翼论坛会议上，波西米亚－摩拉维亚共产党、俄罗斯联邦共产党等都参与到关于欧洲安全问题的讨论中。尽管现在仍然存在，但到 2004～2005 年时，新欧洲左翼论坛逐渐被以类似政党为基础的欧洲左翼党所取代。

　　另一行动是为了反对《尼斯条约》，表达坚定的反一体化立场，在 2000 年建立欧洲反资本主义左翼。该组织由极端左翼和前托派政党，比如法国革命共产主义同盟/新反资本主义党、丹麦红绿联盟和苏格兰社会党构成。[1] 尽管汉利（Hanley 2008：154）将其视为欧洲左翼党曾经潜在的政治对手，但自 2005 年以后，欧洲反资本主义左翼不定期会面，很大程度上已经中止活动。而意大利重建共产党、希腊左翼联盟和葡萄牙左翼集团等欧洲左翼党成员党的偶尔参与，也在一定程度上消弭了这种竞争关系。

欧洲议会中的激进左翼政党

20 世纪 90 年代初以来，跨国性政党（TNP，即欧洲层面的政党联盟，对各国政党和欧洲议会中的党团工作进行协调）的作用呈指数增长，尽管民族性政党在联盟中的统治地位表明，跨国性政党仍然只是跨国家而非超国家（Bardi 2004；Hanley 2008）。虽然稍微滞后于其他主要的政党家族，激进左翼政党逐渐不再是一个例外。这一进程的核心，是尝试赋权欧洲议会并部分地使其实现民主化。自 1979 年举行首次选举以来，党团在欧洲议会中发挥着越来越大的作用。在此之前，其成员主要由各国议会代表构成。尤其在《马斯特里赫特条约》签署之后，欧洲议会拥有了更大的权力和形象，其中最显著的一些权力包括与欧洲理事会分享立法核准权等"共同决定"权、修订欧盟预算、批准欧洲委员会任职。[2] 一些跨国性政党，比如基督教民主党的欧洲人民党党团（EPP）、社会民主党的欧洲社会党党团（PES），最早可以追溯至 20 世纪 70 年代，在设定欧盟议程的欧洲理事会会议之前，主要通过欧洲议会中联合的立法行动、日常执行委员

---

① http://www.anticapitalistleft.org/.

② 《马斯特里赫特条约》关于"政党的条款"（第 191 条）、欧洲议会和理事会第 2004/2003 号规定（从欧洲议会预算中给欧洲政党提供部分资助），是欧洲政党形成的主要催化剂。

会会议、党的领导人"峰会"以及每五年举行一次的欧洲议会选举期间的宣言配合，来发挥协调作用（Lightfoot 2005）。

激进左翼党团 1973～1989 年间通过"共产党及其联盟党团"组织起来，历史上曾是最弱小的欧洲议会党团之一。围绕欧盟的性质及其潜力问题，它曾发生根本分裂（Bell 1996；Dunphy 2004）。意大利共产党和西班牙共产党等"欧洲共产主义"政党愈益成为一体化主义者，它们相信，在复兴的欧洲左翼政党的主导下，欧共体能够从内部实现进步的改革。而法国共产党、葡萄牙共产党和希腊共产党（国外派）则仍然忠实于莫斯科将欧共体视为无法改革、反苏联的资本主义规划，继续反对超国家主义，支持撤出欧共体/欧盟以及走"实现社会主义的民族道路"（更多内容参见 Dunphy 2004）。因此，激进左翼政党甚至一直不能形成共同的政策立场，更不必说一个欧洲选举宣言或者正式的跨国联盟了。1989～1994 年间，它一直分裂成两个力量大大缩减的党团：围绕意大利共产党形成的欧洲联合左翼党团，以及围绕法国共产党形成的左翼团结党团。

直到 1994 年欧盟选举之后，激进左翼政党的欧洲议会党团才得以复苏。在更多改革的共产党，比如西班牙联合左翼和意大利重建共产党（该党是这一联盟的发起党）强劲的选举成就，以及 1995 年欧盟扩大到瑞典、芬兰和丹麦后北欧绿色左翼成员增加等因素推动下，欧洲联合左翼/北欧绿色左翼联盟党团在 1994～1995 年间组建。但它仍然只是第五大党团（参见表 7－2），远非一个有凝聚力的整体，其"联盟"名称反映了各成员党极力抗拒第三国际的组织形式及其对自治的渴望。正如其成立宣言指出的那样，这是一个"不同政治要素进行合作的论坛，每一成员都保持自身独立身份以及对自身立场的承诺"（GUE/NGL 1994）。

1995 年以来，欧洲联合左翼/北欧绿色左翼巩固并保持着相对稳定的选举结果（参见表 7－2）。它不再由法共和意共两极统治，而发展成为一个更具多样性的团体，在 2009 年的第 14 次集会时，共有来自欧盟 27 个成员国中 12 个国家的 17 个政党参加，其中包括第一次参加会议的爱尔兰和拉脱维亚社会党议员。此外，欧洲联合左翼/北欧绿色左翼也成为一个积极的国际合作论坛，成为政党领袖间经常性会见、各国代表团接待以及（这与 1989 年前的情况形成鲜明对照）就劳工立法、美国导弹防御、欧盟－巴勒斯坦关系和气候变化等多样性议题发表一致的政策声明的场所（GUE/NGL 2009）。

这样，欧洲联合左翼/北欧绿色左翼围绕欧洲问题进一步达成了暂时性的政策共识（参考 Benedetto and Quaglia 2007）。激进左翼政党对欧盟的看法是明确的，它们的观点比通常的"欧洲怀疑论"更加微妙（Dunphy 2004：4－6），包括反一体化、选择性的一体化、批判地支持一体化以及不加批判地支持一体化。1989 年前，激进左翼政党的反一体化派（比如法国共产党、希腊共产党）与批判地支持一体化派（比如意大利共产党、西班牙共产党）之间存在巨大分裂。但现在，坚决支持退出欧盟的反一体化派，比如希腊共产党、葡萄牙共产党和瑞典左翼党只是少数，而许多党，比如法共、塞浦路斯劳动人民进步党和荷兰社会党都采取一种选择性的一体化立场，也就是说反对实际存在的欧盟新自由主义议程，但接受能够使欧盟民主化或促进劳工保护、环境保护、女权主义和少数民族权利的渐进的一体化。许多党，尤其是西班牙联合左翼、芬兰左翼联盟、意大利重建共产党和德国左翼党逐渐成为批判地支持一体化派；换言之，它们更加乐观、积极主动地看待在欧洲层面通过欧洲一体化发展一种左翼政治的可能性。

相对的政策共识令欧洲联合左翼/北欧绿色左翼可以提出一系列具体的政策建议，比如 35 小时工作周、对国际金融交易征收托宾税以及在 2005～2006 年带头反对旨在欧盟内建立单一服务市场的欧盟服务指令。该指令也称作"博尔克斯泰因指令",因其提出者欧洲委员会委员长弗里茨·博尔克斯泰因(Frits Bolkestein)而得名。其中最臭名昭著的部分,是"起源国原则",即允许欧盟企业只遵守其"母"国(企业进行登记的地方)的法律。欧洲联合左翼/北欧绿色左翼认为,"博尔克斯泰因指令"将导致工人权利陷入一种"向下竞争"(race to the bottom)以及公司通过迁移至更少调控的经济体,比如东欧进行"社会倾销"。

然而,欧洲联合左翼/北欧绿色左翼远非一个统一的行动者:的确,除了极端右翼之外,其选举行为仍然是欧洲议员各派中最缺乏凝聚力的(Votematch 2011a)。尽管整体上达成了选择性一体化共识,但它很难超越一种最低限度的统一,在政党立场迥然相异的一些领域形成更加明确而积极的政策,比如欧盟扩大和增加欧洲议员的权限。此外,欧洲联合左翼/北欧绿色左翼仍然坚决承诺意识形态多元主义是"良好合作的基石"(Bisky 2009)。而且,由于该党团规模较小,这也使其面临着成为各类心怀不满的左翼人士之容身处的风险(Dunphy 2004:172)。2004 年,争吵不休的法国托派组织"革命共产主义同盟"和"工人斗争党"丢掉了议会席位,从而令这种风险大大减弱;但是,反欧盟的爱尔兰左翼民族主义新芬党(Sinn Féin)和丹麦人民运动在 2004 年选举后的加入,使得这一风险再次增大。

而且,欧洲联合左翼/北欧绿色左翼也比不上 1989 年前激进左翼在欧洲的实力(参见表 7-2)。尤其在 2004 年欧盟东扩后,东欧地区的弱势令其从欧洲议会第四大党团下滑至第六大党团。在议会中缺乏分量,加之欧洲议会在性质上只是建立在共识基础上的机构,它没有能力组建一个执行机构,而必须一直与欧盟理事会和委员会共同达成决定,并在委员会中完成其绝大部分工作,从而令情况变得更加复杂（Ladrech 1996）。在这样一种制度构建下，"两大"党团——人民党党团和社会党党团（现在是社会党和民主党党团，S&D）经常与自由党和民主党联盟进行合作以务实地在立法机构中组成多数，这样许多小党团只能面临边缘化地位（Votematch 2011b）。

左右翼在社会经济议题上的巨大政策分野在欧洲议会中的确存在，欧洲联合左翼/北欧绿色左翼与社会党和民主党党团以及绿党党团的合作，有时有助于推动左倾议程，但这三个党团的联合从未占有多数议席。欧洲联合左翼/北欧绿色左翼拥有按比例分配份额的议会职位，其主席和副主席自然参加议会领导小组（议会党团主席联席会议和事务处）。但 2009 年，欧洲联合左翼/北欧绿色左翼只获得了 20 个委员会主席中的一个，即伊娃－布里特·斯文森（Eva-Britt Svensson，来自瑞典左翼党）领导的女权和性别平等委员会。这种边缘化地位令欧洲联合左翼/北欧绿色左翼根本没有机会独立推行政策或者选择自己的议会主席。实际上，在 2009 年 7 月欧洲议会主席选举中，斯文森向人民党党团成员耶日·布泽克（Jerzy Buzek）发起挑战，尽管获得了令人尊敬的 89 票，但由于社会党、人民党和自由党党团达成一致，从而提前决定了这场竞赛的结果（Willis 2009）。同样，2006 年 11 月，也正是这三个党团确保欧洲议会通过了经淡化处理

表 7-2　欧洲议会选举：激进左翼政党的成绩和议席

党团	1979 年		1984 年		1989 年		1994 年		1999 年		2004 年		2009 年	
	得票率（%）	议员数（名）	得票率（%）	议员数（名）	得票率（%）	议员数（名）	得票率（%）	议员数（名）	得票率（%）	议员数（名）	得票率（%）	议员数（名）	得票率（%）	议员数（名）
共产党及其联盟党团	11.1	48	9.1	47										
欧洲联合左翼党团[a]					5.4	28	5.3	33	6.7	42[b]	5.2	41	4.8	35

续表

党团	1979 年		1984 年		1989 年		1994 年		1999 年		2004 年		2009 年	
	得票率 (%)	议员数 (名)	得票率 (%)	议员数 (名)	得票率 (%)	议员数 (名)	得票率 (%)	议员数 (名)	得票率 (%)	议员数 (名)	得票率 (%)	议员数 (名)	得票率 (%)	议员数 (名)
左翼团结					2.7	14								
排位		第四		第四		第六/第九		第五		第五		第六		第六	
总数		434		518		518		626		626		785		736	

注释：a：1994 年后是欧洲联合左翼的联盟党团；1995 年后是欧洲联合左翼/北欧绿色左翼；b：到 2004 年时，有 50 名议员.

资料来源：www. parties – and – elections. de。

的"博尔克斯泰因指令"，去掉了"起源国原则"，尽管欧洲联合左翼/北欧绿色左翼仍然投了反对票。此外，由于激进左翼在各国政府中一般没有代表，从而令其在欧盟中缺乏执行权：它没有机会成为委员，或者影响委员会主席选举。劳动人民进步党虽然在塞浦路斯执政，但也未能改善这一境况：共产党主席赫里斯托菲亚斯关注塞浦路斯问题而非社会主义，暗示会支持人民党党团的胡塞·巴罗索（José Barroso）担任 2009 年欧洲委员会主席。欧洲联合左翼/北欧绿色左翼以及塞浦路斯劳动人民进步党的一些议员的确是反对巴罗索的。①

此外，欧洲议会中的小党团也是一个不稳定的存在。人们通常认为，对选民而言，作为"二级"选举的欧洲议会选举远不如在国家背景下举行的"一级"选举利害攸关（比如 Reif and Schmitt 1980）。而由于选民会出现一些非正常的或者抵触情绪，绿党和激进左翼政党等小党团可能在欧盟选举中表现得略微好些（比如 Hix and Marsh 2007）。然而，这些情绪转瞬即逝，随着其构成党的兴衰，这些欧盟小党团更容易遭遇选举逆转，这让政策整合变得更加复杂，比如意大

---

① 布鲁塞尔访谈，2011 年 2 月。

利共产党的危机令欧洲联合左翼/北欧绿色左翼在2009年付出了7个欧洲议会席位的代价。毋庸置疑，欧洲议会在整个欧洲公众中的低能见度，减少了欧洲联合左翼/北欧绿色左翼利用其议会党团作为巩固激进左翼欧洲地位之"论坛"的可能性。

欧洲左翼党

2004年后，随着在各国党以及欧洲议会党团间（尽管是松散地）开始充分发挥协调作用，欧洲左翼党才成为一个相当于人民党党团、社会党党团甚至绿党党团的跨国性政党。欧洲左翼党起源于1998年6月新欧洲左翼论坛柏林会议，这次会议明确尝试结束20世纪90年代的"重新定位"，"构建一种更加具体的合作形式……以表达欧洲左翼的共同姿态"，1999年欧洲议会选举的共同演说成为这一行动的起点（PEL 2009a）。随后在2002年和2003年召开的新欧洲左翼论坛会议上，德国左翼党建议组建一个欧洲左翼党。在欧盟层面弥合分裂，以抗衡占统治地位的新自由主义，证明自己是能够吸引全球正义运动的伙伴，抵消竞争对手极端左翼组织的影响等需要，推动了欧洲左翼党的整合进程（Hanley 2008：146）。从一开始，欧洲左翼党就在尝试克服历史上"从莫斯科获得'资助'"的问题，通过承诺一体化进程的透明性和自愿性，表达了"党的主权和独立是非常敏感地带"等主张（EL 2009a）。

但是，在2004年6月欧洲议会选举之前，欧洲左翼党的建议进展缓慢。尽管2004年5月的成立大会选举意大利重建共领导人贝尔蒂诺蒂为欧洲左翼党主席，但2004年欧洲议会选举宣言极其模糊，只是承诺"一个广泛的社会和政治联盟，通过发展推动当前资本主义社会必要转型的具体替代和建议，争取实现激进政策变革"（PEL

2004a）。宣言的题目"这仅仅是开始"，确实过于老实了。

欧洲左翼党的制度化在 2004 年选举后迅速发展起来。到 2011 年时，它共拥有来自欧洲 24 个国家的 27 个成员党和 11 个观察员党。尽管明显比欧洲社会党（PES，拥有 50 个成员党、非正式成员和观察员党）小很多，但有大量证据显示欧洲左翼党更加巩固。首先，2009 年第一份欧洲议会共同宣言的形成，在欧洲左翼党第二任主席洛塔·比斯基看来具有一定"轰动效应"（Bisky 2009）。尽管宣言仍然概括性内容过多而具体细则过少，但却连贯地浓缩了激进左翼政党的主张，即建立一个"拥有社会和生态可持续发展的经济、保护妇女权益、在民主和团结基础上实现发展的和平、公民的欧洲"（PEL 2009b）。欧洲左翼党谴责"新自由主义全球化的失败"，主张"改变国际经济和金融体系的现存规则"，比如使欧洲央行处于"公众和民主控制之下"、对欧洲金融交易征税、信贷和金融体制国有化、改变公共服务私有化状况、以泛欧洲的最低工资和养老金为标准重建欧洲福利制度。在其他政策方面，欧洲左翼党建议进一步减少气体排放、重申支持解散北约、支持建立以欧安组织和联合国为基础的新的去军事化的欧洲安全体系、继续扩大欧盟、发展欧盟基本权利宪章。

其次，作为自下而上的"网络党"，即一个"建立在共识基础上"，向所有利益相关政党、公民和运动开放，"独立和拥有主权的欧洲左翼政党和政治组织的灵活、松散联盟"，欧洲左翼党形成了一套创造性的行为方式（PEL 2004b）。欧洲左翼党尤其愿意接纳其组成党之外的个人党员以及一些"友好人士"。此外，欧洲左翼党也拥有越来越多的工作小组（2011 年是 10 个），致力于"面向公民的公开政治"，精通工会、性别（"欧洲左翼党－女性"工作小组）、同性变性双性恋议题（LBGT）、地方政治和气候变化等领域。2006 年以来，欧洲左翼党开始运作夏季大学，组织约200名积极分子讨论金融危机、欧洲－地中海合作、拉美和欧盟选举等议题。正如下一章将指出的，欧洲左翼党也成为全球正义运动中愈益显著的行动者。

的确，欧洲左翼党似乎在短期内就实现了欧洲激进左翼政党几十年都无法拥有的整合和共同目标，这使其在2007年致力于建立"更密切的联系"，并"在欧洲层面各党中发展新形式的联系与合作"，以"发起……有效的左翼替代"（PEL 2007）。但在这一目标上，欧洲左翼党面临一些重要障碍。最为严重的是，它未能设法将所有相关欧洲激进左翼政党纳入羽翼之下。尽管它现在已不再只是最初改革的共产党的核心组织（Hanley 2008），欧洲左翼党从一开始就面对明显质疑，有些党或者一直是观察员党或者根本就未加入其中（参见表7－1）。一些党认为欧洲左翼党过于温和，尤其在跨国性政党得到欧盟部分资助之后，过于倾向支持欧洲一体化。比如，"欧洲反资本主义左翼"引用欧洲左翼党的反新自由主义来说明其不足以反资本主义，引用其反对政府参与来说明其不够坚决（International Correspondence 2005）。

"欧洲反资本主义左翼"没有参加欧洲左翼党，其实际影响可以忽略不计。更具潜在破坏性的，是一些保守的共产主义大党的缺席。希腊共产党和葡萄牙共产党反对加入欧洲左翼党，这完全在预料之中：它们认为欧洲左翼党是一个旨在管理而非脱离欧盟，以及分裂左翼的改良主义集团（KKE 2005d；PCP 2005b）。波西米亚－摩拉维亚共产党在日益与左翼党加强联系及其固有的传统主义之间摇摆不定，它反对欧洲左翼党的章程（该章程谴责"非民主、斯大林主义实践和罪恶"），告诫欧洲左翼党要将东欧的一些盟友比如俄罗斯联邦共产党吸纳进来。尽管这些倡议遭到拒绝，但波西米亚－摩拉维亚共产党最终接受成为观察员党。

几个非共产主义政党也不赞成欧洲左翼党融入欧盟结构中，同时也反对它依赖大量小党——无论是斯大林式政党（比如 2009 年前作为其成员党的匈牙利工人党以及罗马尼亚社会主义联盟）、保守的共产党（德国共产党）还是不具相关性的小党（捷克民主社会主义党、爱沙尼亚联合左翼党）。当前，所有成员党，无论最小的政党甚或不在欧盟内的政党，比如摩尔多瓦共产党人党，都在欧洲左翼党的治理结构（主席理事会和执行委员会）中拥有同等数量的代表。另一权力下放式、运动类型的跨国性政党——欧洲绿党承认，这种平等性原则造成了决策的无组织状况，因而它现在已经赋予一些更大的政党以更大的角色（Dietz 2000）。虽然欧洲左翼党承认存在一些烦琐的决策问题，但它不可能这样去做，因为它认为自己是小党重要的生命线，承认如果采取一种更为集中化的路线，有些党会弃之而去（Soeiro 2011）。

最重要的缺席（荷兰社会党除外，它满足于非正式的组织联系，认为建立欧洲左翼党毫无必要）是北欧绿色左翼政党。2004 年 2 月，它们在冰岛的雷克雅未克建立了北欧绿色左翼联盟（NGLA）（参见表 7-1）。北欧绿色左翼联盟显然不是一个新党，而只是"独立和拥有主权的政党间进行合作"的组织，它试图加强现存的地区合作，在国家和国际层面增强社会主义的环保和女权主义因素（NGLA 2004）。除了 1999 年加入欧洲议会绿党党团的丹麦社会党外，参加北欧绿色左翼联盟的政党一直是欧洲联合左翼/北欧绿色左翼党团的成员党，也曾派观察员出席欧洲左翼党活动。

由于未能与欧洲联合左翼/北欧绿色左翼实现一体化，这或许对欧洲左翼党的目标实现最具破坏性。尽管对多数政党家族而言，欧洲议会党团是跨国性政党将其宣言承诺转换成行动的立法机构，但欧洲联合左翼/北欧绿色左翼显然并非欧洲左翼党的议会党团；因此，欧洲左翼党仍然是联合起来的"政党中的政党"。的确，欧洲左翼党一些主要的成员党和观察员党是欧洲联合左翼/北欧绿色左翼的成员，但葡萄牙共产党、希腊共产党、荷兰社会党、爱尔兰新芬党等非欧洲左翼党成员仍然在该党团中占1/3多数。欧洲左翼党主席比斯基在2009年当选欧洲联合左翼/北欧绿色左翼领导人，这本来预示着二者可能实现更大的整合。但由于意识到这可能造成欧洲联合左翼/北欧绿色左翼的分裂，比斯基在2010年12月辞去了欧洲左翼党主席一职。法共主席皮埃尔·洛朗接替其成为新任党主席，而外界认为洛朗对欧洲左翼党作为超国家政党的可能性更持一种怀疑态度[1]。然而，欧洲左翼党仍然吸引了一些比较小的新成员。最显著的是2009年末芬兰左翼联盟的加入。芬兰左翼联盟是在同年6月欧洲议会选举中失去唯一议席之后加入左翼党的，它意识到欧洲左翼党既能帮助其稳固在欧洲的地位，又能将欧盟化解为一个政党间议题——欧洲左翼党支持一体化，从而能够让党的亲欧洲派安心；它反对新自由主义，也足够"共产主义"，从而能够令"守旧派"满意（Dunphy 2009）。

但在2009年6月的欧洲议会选举中，激进左翼政党泛欧洲整合的实际状况并不太妙。激进左翼政党在欧洲议会中选票和议席的下降（参见表7-2），以及欧洲社会党糟糕的选举结果，普遍被描述为右翼在经济危机下的胜利，而人们本来曾经预期危机能够推动左翼实现大发展（Euractiv 2009）。这种认识过于简单化了，因为欧洲议会选举传统上反映的是狭隘的民族共识，从而令其难以成为泛欧洲的教训。而且，有几个激进左翼政党，比如塞浦路斯劳动人民进步党、德国左翼党、法国共产党、荷兰社会党、希腊左翼运动和生态联盟、葡

---

① 布鲁塞尔访谈，2011年2月。

萄牙共产党和左翼集团实际上选票得到增加，而作为经济危机的直接结果，爱尔兰和拉脱维亚社会党获得了欧洲议会议席。但是，中右翼和激进右翼的相对成功，似乎佐证了安德鲁·甘布尔（Andrew Gamble）的看法：在经济危机令选民对"保证而非激进主义"的需要大大增加时，更好地表达身份关注意味着右翼能够捞到更多好处。当萨科齐和默克尔等重要的欧洲中右翼领导人也开始批判新自由主义以及提出进行更大程度的市场调控建议时，这一发展趋向变得更加突出。此外，实践证明，激进右翼和绿党在利用民众的反抗情绪方面表现得更好。绿党选票份额增加了2个百分点，达到7.5%，似乎尤其善于表达"进步的"抗议选民的利益。激进左翼政党也致力于议程的选择，以提供一种积极的发展前景——比斯基指出："没有人会因为你现在才明白一开始就应该知道的事情而支持你"（2009）。

　　总之，激进左翼政党愈益增强的以欧洲为关注点的跨国行动和政策趋同，可以被视为"欧洲化"，即欧洲一体化对政党制度和政策产生影响的主要例子（Ladrech 2009）。欧洲左翼党具有与其他既存跨国性政党相同的持续性弱点——最重要的是，无论多么协调巩固，它们并不能直接确保成员党在举国关注的欧洲议会选举中获得选举成功。此外，欧洲左翼党和欧洲联合左翼/北欧绿色左翼对成员党自治和灵活性的偏好（尽管已开始重视这些问题），进一步阻碍了它们期望在欧盟层面达成连贯一致的政策和选举方法。但从历史角度看，激进左翼现在已经达到的真正自愿的国际合作水平令人印象深刻。

结　论

　　在20世纪90年代，激进左翼"政党家族"与任何一致性国际共产主义运动的消亡，已是一个"不争的"事实（Bull 1994）。在此之后，日益发展的、以欧盟为中心的国际联系在某种程度上使这一形势得以扭转，催生了一个具有广泛共同世界观的欧洲激进左翼，这预示着一个更具一致性的政党家族的兴起。欧洲左翼党和欧洲联合左翼/北欧绿色左翼的欧洲化，反映在其核心支持者现在也开始采取选择性一体化甚或批判性支持一体化立场——也就是说，它们愈益渴望通过欧盟机构来实现更大程度的跨国性整合，以从内部抗衡"新自由主义"资本主义，支持国家干预、环境保护、女权主义和少数民族权利，这与民主社会主义的普遍立场相类似。而且，欧洲左翼党和欧洲联合左翼/北欧绿色左翼正在成为国际社会愈益可见的存在力量。那些更为极端、更加倾向欧洲拒绝论的左翼政党，越来越少地表达其反一体化、不妥协和坚决的反资本主义立场。在这一过程中，各党从先前敌对意识形态实现过渡的障碍变得更加易于渗透，欧洲共产主义者和斯大林主义者、毛派和托派间的历史恩怨明显减弱了。

　　然而，要实现更大程度的整合，仍然存在明显的意识形态障碍：对共产党的历史质疑，令作为前托派组织的"欧洲反资本主义左翼"和民主社会主义的"北欧绿色左翼联盟"拒绝加入欧洲左翼党。相反，欧洲左翼党的反斯大林主义也让一些作为欧洲最大共产党的保守的共产党（葡萄牙共产党、希腊共产党、波西米亚－摩拉维亚共产党中的一些因素，更不必说俄罗斯联邦共产党和乌克兰共产党，它们很少关注欧洲左翼党）深恶痛绝。而且，欧洲左翼党逐渐倾向支持欧洲一体化，不仅在保守的共产党，而且在更加倾向选择性一体化立场以及厌恶共产国际的北欧和荷兰各党中制造了麻烦。但是，毋庸置疑，除了保守的共产党外，这种意识形态－战略差异，比如"第三条道路"和传统社会民主党、新自由主义者和社会自由主义者间的差异，并不比其他政党家族明显。

总之，这个"国际"政党家族的跨国行动和组织，仍然滞后于其他主要政党家族。尽管欧洲联合左翼/北欧绿色左翼和欧洲左翼党最终也在开始克服 20 世纪 90 年代初的裂变和民族孤立主义中发挥主导作用，但其内部分裂、权力分散及其对于并不具有相关性的各国众多小党的依赖，令人对其能够在欧盟层面（更不必说进一步东扩之后）提供一个有效的替代方案感到怀疑。

第八章
政党与更广泛的运动

笔者在本章关注的，是迄今为止各种文献常常只是附带提及的问题，即政党行为的两个方面：非政党组织和亚文化。这两种议会外政治形式，传统上一直是激进左翼政党的主要领域（Minkenberg 2003；Mudde 2005）。"非政党"组织是指一些形式上独立的团体，它们不参与竞争政府职位，但认同并有助于动员更广泛的社会运动，激进左翼政党则试图对这些组织发挥影响力。其实际上的独立性存在差异：从几乎完全被政党控制下的附属组织（比如共产主义青年团），到名义上独立的"阵线"组织，在后一种组织中，政党主导较弱且更有争议，比如和平团体、反纳粹团体和工会。"亚文化"是组织更为松散的非附属性个人和运动的集合（用明金柏格的话来说，是"网络中的网络"），但其支持和行为可以为激进政党提供显著的动员潜力。在实践中，这些团体经常相互重叠。

我们将看到，激进左翼政党在这些领域中的行动，是证明存在的问题与面临机遇的缩影。群众性共产党的衰落，促进了附属组织整个"社会宇宙"的弱化。因此毋庸置疑，共产党与其长期性附属组织，比如工会、阵线组织和青年组织间的关系，现在已经减弱了。但是，与新社会运动尤其是全球正义运动等更广泛的网络和亚文化间的联系，使其激进主义和国际主义得以重新复兴，这对现存政治建制构成了得到最广泛承认的全球性挑战。

然而，这种新的激进主义仍然只是在部分意义上推动了激进左翼政党社会支持的扩大，对其"社会宇宙"的丧失起到补充作用：首先，多数全球正义运动充斥着一种反政党、反政治、新无政府主义情绪。许多部分并不认为自己是"左翼"，回避与政党本身的密切合作。其次，全球正义运动的政治影响迄今仍然分散，难以量化。虽然它在精神层面显然起到了复兴激进运动的作用，但与经常随后出现的夸大宣传相比，其具体成就并不那么令人震惊。

非政党组织："社会宇宙"的终结

正如笔者指出的那样，即使是在 20 世纪中叶鼎盛时期，共产党也只是工人阶级政党，而非工人阶级的政党。然而，就意识形态而言，在与社民党竞争支持者以及巩固共产党在其"红色地带"的地区性统治地位的过程中，这种自称的"无产阶级先锋队"地位具有重要意义。

传统上，西欧共产党曾尝试通过培育附属工会，比如西班牙劳工联合会（CC.OO），推动所谓工人阶级领导层制度化，抑或通过"中心主义"（entrism，这首先是托派的主要战略）渗透表面独立的工会。与之类似，那些最为成功的共产党曾经是资产阶级社会中整个"反社会"力量的代表。比如，意大利文化和娱乐协会（ARCI）拥有数百万会员，涵盖同性恋、运动和狩猎者等附属组织。它经营"人民之家"，通常包括酒吧、咖啡馆、休闲设施和意大利共产党党支部。①

---

① 非常感谢理查德·邓菲提供了这个信息。

然而，多数工人不是倾向于革命国际主义，而是由温和社民党做出最佳表述的狭隘的就业要求。即使在其巅峰时期，共产党也只是在社民党弱势的工会中保持着重要影响力，比如在法国和意大利。从表面上看，1949 年冷战伊始大西洋国家的国际自由劳工联盟（ICFTU）与苏维埃集团的世界工会联合会（WFTU）分裂之后，法国和意大利的总工会（CGT 与 CGIL），是迄今为止西欧最大的、仍然参加世界工会联合会的亲共产党工会。

作为"群众性"政党总转型，也就是说从明确的社会选区转向与市民社会联系松散的"全方位"和"卡特尔"政党的组成部分，到 20 世纪末时，西欧大党与社会组织的联系减弱了（Kirchheimer 1966）。而且，自 20 世纪 80 年代以来，在传统产业减少、失业增加以及明显试图削减劳工集体权的新自由主义意识形态进攻等的共同作用下，西欧工会遭受很大损失。[1] 共产党工会的危机，即成员减少、领导层分裂、政治影响下降以及反社会性的减弱，成为西欧共产主义危机最为显著的特征（Lazar 1988）。现在，只有塞浦路斯劳动人民进步党仍然维持着许多共产党曾共有的广泛的社会、娱乐和文化行动。

没有迹象表明，1989 年后这些趋向发生了实质性改变。从全球范围看，在 20 世纪 80 年代经历了方向迷失和边缘化后，工会最初曾经有所复苏。"华盛顿共识"的弱化、通过 www.labourstart.org 等网站的全球联网以及强调反合作主义和反资本主义的全球正义运动的兴起，将新形式的国际劳工团结提上了议程，这在最需要这种团结的南方国家表现得尤为突出（Munck 2002；Lee 2007）。具有象征意义的

---

① 只有北欧国家和比利时没有出现工会衰落的情况，这主要与"根特体制"有关。在这一体制下，由工会来管理失业救济和保险。

是，1996 年国际自由劳工联盟提出，全球化是全球工会面临的最大挑战，而实现国际团结是工会的一个主要目标（Munck 2004）。有些人认为，这是一种"新的社会运动工联主义"出现的标志（Moody 2005；Mason 2007），即工会的关注点从工资要求和政治协商，扩大到全球正义以及越来越多地对与全球正义运动相关的游行、议题和运动协调行动等问题。

在欧洲，1995 年反对法国总理阿兰·朱佩（Alan Juppé）福利改革的总罢工，打响了欧洲工会反击新自由主义的第一枪，而在欧盟峰会期间举行抗议则开始将工联主义者与推动建立替代的"社会欧洲"的激进主义分子联合起来（比如 Mathers 2007）。2005~2006 年针对欧盟波尔克斯坦指令的抗议，标志着工会、社会运动和政党间的合作达到另一制高点（Gajewska 2009）。然而，据说在 1999 年西雅图反八国峰会抗议后成立、备受称赞的"卡车司机和海龟"工会，尚未在全球或欧洲层面统一起来。南方国家工会仍然认为欧洲和北美工会对劳动和环境高标准的关注只是一种保护主义（Silver 2003；Munck 2007）。从表面上看，2008 年经济危机后欧洲劳工行动的高涨（比如冰岛、法国、拉脱维亚和希腊）经常是自发的，缺乏组织性，其直接影响很难估量。比如，尽管 2010~2011 年希腊和葡萄牙发生总罢工，2011 年的劳工行动也直接造成了爱尔兰和葡萄牙政府垮台，但没有证据表明各国领导人因为民众抗议而对紧缩措施进行实质性的重新反思——可以说他们"更加担心欧盟、国际货币基金组织和市场压力"（Phillips 2011：12）。表面上看，爱尔兰和葡萄牙的主要受益者似乎是中右翼。而且，劳工抗议经常表现出来的是民族主义和保护主义，而非国际主义情绪。突出的例子，是英国建筑和精炼厂工人提出了"英国的工作是英国工人的工作"等口号。

而且，西欧激进左翼政党也没有直接从工会的这种部分复苏中获益。首先，如果工会尝试缔结新的联盟，往往也是全球正义运动中更为温和的部分（比如阿塔克——旨在救助平民的金融业务征税联合会，下文会谈到这个组织）而非激进左翼政党。欧洲工会联合会（ETUC）代表着欧盟范围内各国 82 个工会联合会，它总体上支持欧洲一体化，与全球正义运动保持距离（Gajewska 2009）。2008 年后，尽管也渐次发表了一些反对"赌场资本主义"的激进声明（Monks 2009），并在 2010 年 9 月组织了一次泛欧洲的行动日，但欧洲工会联合会仍然只是一个压力组织，它不能控制各国工会或工人；因此，它不是雇主和政府需要花心思对付的一支力量（Sassoon 2010：xvi）。

其次，共产党对工会的影响一直持续下降，即使拥有最强大的工团主义和改革 – 革命传统的南欧国家也同样面临这种境况（Ebbinghaus and Visser 2000）。虽然一些国家，比如希腊、塞浦路斯和葡萄牙的确仍然存在具有一定规模的"共产党"工会，但最大的工会法国劳工总联盟、意大利劳工总联盟和西班牙劳工联合会，或许不再能够被视为明确的共产党工会。它们加入了国际自由劳工联盟的继承者——国际工会联合会（ITUC），世界工会联合会成为一个框架性组织，其多数成员来自南方国家。比如在法国，尽管劳工总联盟全国领导层中的多数成员仍然是法共党员，但二者间的正式联系正在减弱。1997 年担任劳工总联盟总书记的贝尔纳·蒂博（Bernard Thibault），是不在法共领导层中任职的第一人。在意大利，尽管重建共最初的两位领导人塞乔·加拉维尼（Sergio Garavini）和法乌斯托·贝尔蒂诺蒂曾是劳工总联盟的积极参与者，但无论是在劳工总联盟还是其他主要的合作社和文化协会中，重建共都不再占据主导地位（Bertinotti 2003b）。

当然，这种衰落在部分意义上因为一些前社民党工会的激进化而抵消。比如，为寻求建立"左 – 左"执政联盟，挪威和瑞典工会逐渐开始支持激进左翼和中左翼。通讯工人工会（CWU）和铁路海运交通工会（RMT）在2004年脱离英国工党，并在2006年分裂之前一直支持苏格兰社会党；而在德国，尽管随着左翼党处境艰难，一些工会成员据称正在重新回归德国社民党，但工会在"劳动和社会正义党—选举替代"以及其后左翼党形成过程中的影响，或许是欧洲国家中最为明显的例子（Berg and Pancur 2011）。在法国，极端左翼政党尤其对于"工人力量总工会"以及"教师工会联盟"的影响力正在逐渐增加。一些激进左翼政党仍然深深植根于工会中；比如，芬兰左翼联盟的多数党员同时也是工会成员，大约1/3的工会官员是其党员（Dunphy 2007）。

但在东欧，工会面临的总体形势，尤其是工会与激进左翼政党的关系更加严峻。鉴于各国在向自由民主资本主义"过渡"中遭遇严重的社会经济危机，组织化劳工的总体平静成为该地区的一个显著特点。许多原因造成了这种情况的出现（Crowley and Ost 2001；Martin and Cristescu – Martin 2002）：市场过渡严重削弱了苏联时代工会最为强大的那些共产主义经济部门；接下来出现的大规模私有化和高失业时代，很难说是有利于工会的复苏；尽管20世纪90年代后经济开始恢复，但多数新兴的私营部门仍是去工会化的。

最初，苏联时代的工会也曾努力克服其过去作为执政共产党发布指令的"传送带"作用，在这种情况下，它们代表的是劳动管理层而非劳工本身的利益。尤其在苏联，事实证明，官方的劳工联合会，比如俄罗斯的独立工会联合会和乌克兰的工会联合会在态度和组织上都不足以捍卫资本主义经济下劳工的利益。在东欧，劳动关系最初是通过官方的工会联合会、资方和国家间半合作主义的"三方"协定进行管理（Dimitrova and Vilrokx 2007）。但是，这被认为是"象征性地掩盖了新自由主义转型"（Ost 2009：15），这种方式现在已经不再采用了。工会更大的问题在于，在后共产主义背景下，社会选区相对不固定，"阶级"意识一般被归为身份政治：工人不相信工联主义，更不必说工人政党了（Ost 2005，2009）。更新、更独立的工会开始涌现，但总体上仍然软弱无力、内部分裂，而所有工会都要与公众的不信任或冷漠情绪做斗争。

而且，工会经常回避建立激进的政治联盟。在一些国家，主要工会，比如波兰团结工会和保加利亚支持劳动联合会在摧毁共产党统治过程中发挥了主要作用，现在仍然是反社会主义的力量，甚至继续与右翼政党保持联系。在其他国家，工会或者与中间政党（在俄罗斯和乌克兰），或者与中左翼政党（比如波兰和匈牙利的社会民主主义继任党）发展联系。这类政党多数主导了向资本主义的过渡，其与共产党时代工人权利和权益的联系减弱，因此它们与工会的结盟迫使后者只能接受自身的边缘化命运。但这并不是说工人抗议变得毫不相关：矿工和教师一直是其中最为激进的力量，工会抗议甚至在 1997 年帮助推翻了保加利亚社会党政府（Robertson 2004）。一些工会一直在尝试利用工会抗议以形成一个更为连贯的激进工人计划。比如，"八月 80"工会（Sierpien 80）在 2001 年帮助组建了边缘化的波兰劳动党。但迄今为止，这种计划的成就时有时无，且多局限在地方层面（Kowalewski 2006）。

其他附属组织也表现出类似的发展轨迹。传统上，"阵线"组织不是正式政党，但部分或完全由共产党秘密控制，旨在发展更为广泛的社会影响，扩大共产主义亚文化，展现共产党的"先锋队"作用。最为明显的党的卫星组织，显然是共产主义青年团，其目标不仅是施加共产党对青年人的统治，而且向青年人灌输共产党的价值观，培训选择下一代共产党精英。这些组织的衰退，是共产主义危机的明证（Lazar 1988）。正如本书第三和第四章强调指出的，共产党仍然面临着党员年龄老化问题。波西米亚共产主义青年联盟有不到 500 名成员，这或许只是一种极端情况：重建共的共产主义青年团、法共的共产主义青年运动，最近宣称分别拥有 1.5 万名成员，这与法国社会党只有 6000 人的青年组织形成鲜明对照。其他许多非共产主义激进左翼政党，其青年组织在学生中影响很大，在全球正义运动中也能见到它们的身影，比如荷兰社会党的青年组织"红色"（Rood）尤其积极参与了争取青年人就业和住房权利的斗争。

但是，鉴于欧洲青年人中普遍存在的政治疏离感，即使激进左翼政党最大的那些青年组织，也很难说比其他非左翼、非激进政党青年组织的影响力大。而且，青年和学生也是众多托派或非附属性激进团体成员招募的摇篮，尽管它们在全国范围内规模较小，但与既有激进左翼政党在青年人中形成激烈竞争。比如，当 20 世纪 80 年代初在哥本哈根兴起的左倾地下"舞台"的联系纽带——"青年之家"（Ungdomshuset）在 2007 年 3 月被摧毁时，与警察爆发冲突的激进分子是一队非法占领者以及与现有政党几乎没有明确联系的"自治"组织——这最好被视为下文勾勒的"新边缘运动"的组成部分。①

激进和极端左翼政党其他典型的阵线组织，传统上还包括和平运动和各种反法西斯主义组织，比如德国的纳粹政权下被屠杀者协会——反纳粹主义者联盟。最近，共产党（最明显的是托派）建立了一些反种族主义阵线组织，包括泛欧洲青年反种族主义和英国反纳粹联盟，以及各种反全球化组织，比如英国主要的反资本主义保护伞组织"抵抗全球化"（Globalise Resistance）。激进或极端政党在个别情况下能够获得领导职位——比如，由托派社会主义工人党主导的

① 更多关于"青年之家"的内容，参见《青年之家运动：丹麦的非法占领》（"The Ungdomshuset movement: squatting in Denmark"），http：//resistancestudies. org/? p = 228，7 May 2011。

"抵抗全球化"，而 2003 年后在英国发展起来的"核裁军运动"的领导者，一直是边缘化的英国共产党党员凯特·哈德森（Kate Hudson）。但总的来说，左翼政党的渗透尝试（最明显的是对法国和德国阿塔克的渗透），并未成功转化或创造出能够始终作为激进左翼政党利益捍卫者的组织。

左翼亚文化：从"新边缘运动"到全球运动？

自 1999 年"西雅图战役"，即 8 个工业化国家峰会在华盛顿州首府举行而遭到群众抗议围攻以来，全球正义运动一直是报纸杂志和学术界的核心关注焦点。对激进行动者来说，西雅图是一个转折点，代表着"一种可能性的感知，一股清新之风"（Klein 2005：xxv），其心理影响与政治影响一样大。另一个世界是可能的：新自由主义共识遭到贬斥，抗议文化和激进政治重新获得合法性。进一步的组织动员，比如 2001 年 7 月得到更多群众支持但也遭遇更大警察暴力压制的热那亚反八国峰会游行，创造了强大的发展动力。一种新的激进亚文化和社会运动正在形成。然而，这种势头能够在多大程度上保持下去呢？尤其是，它对激进左翼政党的命运能够产生多大程度的影响呢？

1999 年是个转折点，但却不是起始点。最近的一些迹象显示，其最初起源于 1968 年的反建制情绪，以及 20 世纪 70、80 年代随之出现的西欧"新社会运动"的鼎盛时期。这包括关注生态、动物权利、和平、女性权利和第三世界团结的各种组织网。在学术界，也有一些研究宣称政党已经终结，而新社会运动占据了统治地位（Lawson and Merkl 1988）。但是最终结果，主流绿党兴起，而新社会运动则逐渐丧失了影响力。

当前的这股激进主义潮流可以命名为"新边缘运动",这个术语涵盖了强调动物权利、环境保护和"反全球化"等各种议题的组织(Mudde 2002)。与过去几十年"典型的"新社会运动一样,新边缘运动是网络中的网络。它包括各式各样的组织和个人,如"生态斗士"(比如"地球优先!")、动物权利行动者(比如善待动物组织)、男女同性恋者(比如"愤怒")、反法西斯主义者(比如反法西斯行动)、自治者("自治"民众)和反全球化主义者(比如"2000年5月")。

新边缘运动的兴起,填补了组织化反资本主义力量,尤其是西欧工会衰落留下的真空地带(Heartfield 2003)。此外,20世纪80年代新社会运动表现愈益温和,这导致受政治机构拉拢以及在根本上反对政治机构的运动间发生分裂。在部分意义上,正是所谓温和旧社会运动的"背叛",令其他运动变得更加激进,其中少数人逐渐诉诸暴力行动来推进其事业(Wall 1999)。20世纪90年代,小规模但组织良好的恐怖主义组织在更广泛的运动内外发展起来。动物解放阵线(ALF)和地球解放阵线(ELF)等组织,在保护动物权利和环境的名义下破坏财产、威胁民众安全(Monaghan 1997)。尽管经常被更大的运动,诸如"地球优先!"或更为温和的地球之友领导人拒斥,但这些恐怖主义小团体能够指望获得部分广泛亚文化的同情(Wall 1999)。

所谓"反全球化"运动兴起后,在新边缘运动中占据重要位置。的确,它是唯一超越了边缘地位的潮流。到20世纪90年代末,对新自由主义全球化、自由贸易和全球不平等的日益不满,为许多群体提供了一项共同的事业。1994年以来墨西哥恰帕斯的萨帕塔民族解放军,从反对《北美自由贸易协定》转向武装起义,并成功地宣布脱离联邦政府实现萨帕塔地域自治,这进一步赋予反全球化运动以意识形态灵感。萨帕塔"领袖"马科斯副司令利用互联网散布其被授权的消息（"我们都是马科斯"），以获得国际社会的同情和支持。在这一过程中，他成了现代运动的切·格瓦拉（Kingsnorth 2003；Jordan and Taylor 2004）。

我更喜欢采用"全球正义运动"这种说法，因为"反全球化"是个误称，意味着运动只是反动地、顽固地反对全球化，而这经常只是被用来诋毁运动的目标（Klein 2005：xv）。尽管其中的一些构成部分无疑是这种拒绝派，但一般而言，将全球正义运动团结起来的并非反全球化本身（一些最激进的行动者表示怀疑：一种全球运动如何能够与全球化对立），而是反对新自由主义以及渴望建立全球化的替代形式［因此在法语中是"另类全球化"（alter - mondialisme）］。全球正义运动目标的可行性确实令人怀疑，但这并不是说（如有些评论者认为的那样）它们根本没有目标。的确，其目标是建立一个以包容和社会正义为原则基础的世界（比如 Ashman 2004），具体建议包括限制全球自由贸易、改革（即使不是取消）现存国际经济和政治治理机构，主要是国际货币基金组织、世界银行、八国集团和联合国取消第三世界债务、增加全球环境和社会立法，尽管围绕如何实现这些目标存在激烈争论。

这并非如同一些尽情发挥的文献，是在夸大全球正义运动的成就（Solnit 2004）。的确，除了对政治环境具有不可否认的影响、能够令政治精英惊慌失措、尴尬难堪、担心不已外，其具体成就难以量化。

此外，全球正义运动在数量、组织和影响上获得很大发展。它通过"独立媒体"——www.indymedia.org 等网络渠道对拥有不同信仰的新激进团体进行动员，令其合作并组织起来。比如，在 2007 年欧洲各国为抗议摧毁"青年之家"，以及 2008 年 12 月雅典警察射杀 15

岁的亚历山大·格里戈罗普洛斯（Alexandros Grigoropoulos）而举行的游行中，"独立媒体"发挥了明显作用，对这两个事件进行了大量现场报道。从为支持 2005 年 7 月的"让贫困成为历史"运动，22.5 万人聚集爱丁堡影响八国集团峰会，到 2003 年 2 月欧洲数百万人游行反对伊拉克战争，全球正义运动组织或影响下的游行示威成倍扩大。通过 2001 年在巴西阿雷格里港首次举办的世界社会论坛，运动获得了自己的制度形式。世界社会论坛现在已发展成为一个年度事件，规模很大，甚至在几个国家同时举行，召开数千场专题讨论会、研讨会和集会，参加者包括激进分子、工会代表、非政府组织和慈善机构，同时还发起了几个地区性的分论坛［比如 2002 年首次在佛罗伦萨举办的欧洲社会论坛（ESF）］。世界社会论坛和欧洲社会论坛是 2003 年反伊拉克战争游行示威的主要原动力（Walgrave and Rucht 2010）。

在运动发展过程中，一些重要人物［包括菲律宾分析家沃尔顿·贝洛（Walden Bello）、知识分子娜奥米·克莱恩（Naomi Klein）、诺姆·乔姆斯基（Noam Chomsky）、乔治·蒙比尔特（George Monbiot）以及法国农民若泽·博维（José Bové）］成为全球正义运动的非正式领袖，尽管运动本身回避"领导人"之类的说法。世界社会论坛在全球和欧洲层面的主要组织者一直是法国人建立的阿塔克（Walter 2006）。阿塔克的主要思想，即对投机性外汇转移征收国际托宾税，越来越为大众所接受。现在，几乎所有激进左翼政党都支持这一思想，它甚至还意想不到地获得了一些主流人士的支持。比如，在 21 世纪初，法国总统希拉克、1/3 的法国国会议员和比利时议会都支持它；2009 年，法德政府以及英国主要的金融调控者特纳勋爵（Lord Turner），也支持将一项变种的托宾税作为后危机时代全球金融体系调控的组成部分，尽管英国工党政府对这一主张态度冷淡。

然而，全球正义运动的直接影响迄今仍然有限。2003 年后北方国家的发展势头似乎减弱（Harvey 2007）。"9·11"事件的余波令精英们对这一运动保持高度警惕，运动的激进参与者更经常地遭遇限制性立法或诸多装备精良的警察。全球正义运动后来暂时性参与了反战和反贫困运动，这使其再次得以复苏，但对其长远目标却是有害的。"让贫困成为历史"运动尤其表明，运动的目标面临着被名流和精英所吸纳的风险，而一旦媒体关注度减少，运动的实际成就非常值得商榷了（Duffy 2005）。尽管伊拉克战争的破坏性后果证实了其反对者的预言，但一个明显的事实是，即使发生了大规模的游行示威并得到大众的普遍支持，也不能阻止一场老早就已决定要打的战争（Walgrave and Rucht 2010）。而且，有些民众对世界社会论坛和欧洲社会论坛的过于复杂、碎片化和无效性颇有微词（Harvey 2007）。欧洲社会论坛尤其被公认面临危机，其受关注程度和参与人数都在下降（2010 年在伊斯坦布尔举行的欧洲社会论坛只有 3000 人参加）。尽管提出了"辩论的左翼政治文化"，但欧洲社会论坛几乎没有持续性的社会影响（Dellheim 2010）。

2005 年后法国、荷兰和爱尔兰出现的反《欧盟宪法》/《里斯本条约》运动相对更为成功，所有这些运动都涉及议会、议会外政党和社会运动的明显合作，并且成功地令欧盟和各国精英感到极度不安。然而，《里斯本条约》在 2009 年末得以通过，并未对更为"社会式"欧洲的支持者做出显著妥协。总之，西雅图之后 10 年间，全球正义运动可以提及的最大成就，就是现有政治机构吸纳了运动的一些重要思想，比如更大程度地调控金融体系、自由贸易体制以及支持托宾税，但这种吸纳却削弱了运动的受关注度。全球正义运动当然展现了另一个世界在原则上是可能的，但却不能在根本上改变现存世界。

　　而且，全球正义运动也不是一个真正全球甚或泛欧洲的"运动"：它在南方国家拥有日益增长的发展潜力，但在亚洲和欧亚大陆的极权主义政权下几乎没有存在的空间。在欧洲，运动的影响同样是破碎的。虽然它在法国、德国和英国等国家中已成为一种显著的政治因素，但在其他后物质主义趋向模糊以及/或市民社会软弱的国家（最显著的是在东欧和南欧），运动很难存在抑或非常弱小。比如，阿塔克单在法国就拥有 3 万多名成员，但在俄罗斯和塞浦路斯的成员只有数百之众。表面上看，东欧地区爆发的最显著的内乱，即塞尔维亚（2000）和乌克兰（2004）的所谓"颜色革命"，与全球正义运动的目标毫无关联，而除了对更为公开、廉洁、亲欧洲政治的渴求之外，也的确没有什么"全球"内容。

　　地理多样性加之意识形态的不确定性，使得"新边缘运动"难以成为激进左翼政党的最佳盟友。的确，新边缘运动很难说是一种激进左翼甚或左翼现象。尽管许多激进参与者确实来自左翼，但其他一些人完全是新政治群体，并未分享传统的左翼理论（Wall 1999）。不同的思潮，尤其是单一议题组织、动物权利行动者和环保主义者提出了太多纲领，但很难与传统的左 - 右翼计划相契合。而且，激进右翼的民族主义以及极端主义伊斯兰组织，比如"基地"组织反美和反建制的国际主义，使其替代了"红色旅"等左翼恐怖主义组织留下的真空，站在了反全球化斗争的意识形态最前线（Olsen 1999；Roy 2004）。比如，法国国民阵线和荷兰威尔德斯领导的政党①等激进右翼政党，是反对欧盟立宪进程的显著力量。而且，英国尊重党、丹麦红 - 绿联盟和比利时工人党［其弗兰德斯派与伊斯兰阿拉伯欧洲

---

　　① 新自由党。——译者注

联盟（AEL）组建了一个联盟（RESIST），参加 2003 年联邦选举］表明，激进左翼政党越来越能够与穆斯林团体联合起来反对欧洲－大西洋共同体的政策。然而，这种趋势尚处于萌芽状态。迄今为止，新边缘运动和激进右翼一直未能联合起来。这主要由于它们认为自己是对另一方的否定力量——多数新边缘运动深入参与到"Antifa"（反法西斯主义）行动中，而极端右翼则越来越关注反"Antifa"行动。与之类似，极端伊斯兰主义者的议程和方法，则几乎受到所有极端左翼和无政府主义组织的诅咒；而全球公平贸易，更不必说动物权利和性别平等了，对与基地等组织来说也是毫无意义的。

　　全球正义运动的意识形态范围虽然比作为整体的"新边缘运动"狭窄，但仍过于宽泛，不能在与激进左翼政党发展关系时不发生冲突。当然，全球正义运动也可以被视为一场左翼运动，因为其社会正义、国际主义、反新自由主义（的确经常表现为反资本主义和反帝国主义）等主题，与传统的左翼主题重叠。全球正义运动的许多积极参与者及其议题源于先前的第三世界组织（Starr 2000；Green and Griffith 2002）。而且，它所参与的 2003 年反战抗议与左翼取向密切相关（Rüdig 2010）。但总的来说，全球正义运动回避意识形态的一致性，陶醉于代表着"拥有共同的拒绝、不同的追求"（one no, many yeses），亦即存在形形色色的反新自由主义，而不试图强加任何一种"主义"于其构成部分之中（Kingsnorth 2003）。这种杂乱无章被视为一种优势，尽管它意味着运动"经常不能表达，尤其是用任何一种连贯一致和乌托邦的方式表达我们的追求"（Milstein 2004：279）。

　　"不同的追求"的纽带和意识形态光谱，涵盖了从本质上是改良主义、反合作的社会民主主义力量（比如阿塔克、许多工会和非政府组织）、革命的反资本主义托派和新无政府主义者。总而言之，温和力量对那些通过世界社会论坛形成的制度化的运动更具影响力，而激进力量则对运动的日常实践及其缺乏的意识形态具有影响力。

温和派与激进派间的鸿沟经常不可逾越，因为它们对国家的看法迥然相异。温和派认为国家是"必要之恶"，更为公正的世界秩序能够通过传统的游说和游行示威等渠道建立起来。而最具影响力的激进倾向则把国家视为等级制的统治结构，认为必须通过水平、自治和多元的"逆向权力"来摧毁（Reitan 2011）。这种观点是1968年后的反文化理想塑造的，它深切质疑传统权力和制度，与其说是反对统治性文化，不如说是在其之外创立一种替代文化（Jordan and Lent 1999）。

当代的"反文化主义"拥有很多知识渊源，其中就包括意大利共产党人安东尼·葛兰西的一些思想，他强调在将市民社会团体联系起来反对资产阶级国家统治过程中"文化、道德和意识形态"霸权的作用（Forgacs 1999：194−9）。最有影响的或许是受自治主义强烈影响的新无政府主义，因此新边缘运动充斥着一种反意识形态、反马克思主义、反政党，甚至反政治情绪，陶醉于其无领袖、无理论以及反对结构化的政治权威之中（Carter and Morland 2004）。比如，几个有影响的边缘团体，如"收复街道"和"地球优先！"发展起一种"自助文化"，尝试完全独立于现有机构进行组织（McKay 1998）。在萨帕塔主义的影响下，这种自助因素得到极大加强。马科斯副司令（自称是前马克思主义者，在解决恰帕斯印第安人的日常生活问题时，直接遭遇马克思主义的局限）极度推崇自我组织，甚至宣称"我鄙视所有革命先锋队"（Tormey 2004：132）。甚至那些自视为左派的新边缘运动活动家，也认为激进左翼政党和葛兰西等理论家是传统等级制权力以及反动、专制的代表（Lent 2001）。

　　全球正义运动的一些最具影响力以及被广泛引用的理论著作，很好地表达了反文化主义的影响。米切尔·哈特和安东尼·耐格里（Michael Hardt and Antonio Negri）的《帝国》（2000）、《大众》（2004）和《共同体》（2009）等书认为，今天的帝国主义采取的是非领土形式，即决策是以八国集团、国际货币基金组织和世界银行等全球超国家组织为纽带，在外部以及民族国家之外做出的。而"大众"作为替代无产阶级成为社会变革动力的无组织、非领土建构，能够通过采取退出以及不顺从统治结构等政策来抵抗帝国。这一思想暗含着贬低既有工人组织和政党作用，支持结构松散、自治的反抗运动的意味。约翰·霍洛威（John Holloway 2005）表达了类似的思想，认为革命的可能性不是通过掌控国家，而是存在于拒绝参与资本主义社会的日常行动中（他称之为"反权力"或"惊声尖叫"）。

　　这些思想对于动员全球正义运动自身的激进潜力能够产生奇妙作用，但其对战略、组织、实践政治以及彼岸世界的轻视遭到严厉批评，因为正是这种轻视态度导致全球正义运动迄今难以成为与工会和政党等传统组织同步发展、能够在全球协调一致的运动（Mouffe 2004；Wainwright 2004；Blackledge 2005）。的确，政党和政府官员被公开排除在世界和欧洲社会论坛的组织和纲领之外，它从一开始就拒绝组建全球左翼政党的想法（Bello 2002）。这在部分意义上只是为了减少托派团体的掠夺性渗透，但却也反映了对于政党政治和组织本身的深切质疑。对于"运动中的运动"多样性的固有信念，一直阻碍着运动的制度化。最为明显的首先表现在坚持"自由放任"、回避连贯一致战略和领导层的"一窝蜂式"游行策略（Harman 2000；Klein 2005）。其次，具有暴力倾向的无政府主义先锋队（"黑色组织"，the Black Bloc）的专长是"刻意破坏"财产，目标是激怒警察产生大规模的过度回应，这些组织的影响存在广泛争议（Anonymous

2004：154）。

这种反政治精神，令其与左翼政党的关系更加错综复杂。尽管一些更加保守的政党轻视全球正义运动（希腊共产党），或只是口头上对其表示尊重（俄罗斯共产党），但多数党现在已经承认其在思想启发、政党成员和更广泛社会支持方面的动员潜力，认为只有与欧洲的全球正义运动协调行动，才能成功地反对新自由主义（Bertinotti 2003a）。因此，激进左翼政党（尤其是意大利重建共产党、希腊左翼运动和生态联盟以及德国左翼党，它们在 2002 年的佛罗伦萨欧洲社会论坛上获得了与社会运动合作的直接经验）曾经尝试成为全球正义行动，比如 2003 年反伊拉克战争抗议以及首先是各种社会论坛的主要推动者，尽管必然但并不直接使其处于政党的正式保护伞之下（Rüdig 2010）。比如，隶属于德国左翼党的罗莎·卢森堡基金会，就是激进左翼的几个智库之一，其他包括法国马克思园地和"改造！意大利"。它在 2002 年建立了社会论坛积极参与者间协调对话的"改造！"网。① 在 2010 年伊斯坦布尔的欧洲社会论坛上，"改造！"围绕左翼生态观及对"社会危机的政治回应"等主题组织了数次专门讨论（Transform！2010）。欧洲左翼党和欧洲联合左翼/北欧绿色左翼也经常派代表团出席社会论坛。

无论人们如何评价列宁，掌握国家政权是他提出的主张，而全球正义运动几乎完全无视这一目标；这也与激进左翼政党领导层愈益转向政府参与直接对立。而且，葛兰西预期的"霸权"，是在国家之上而非完全从外部实施的（Forgacs 1999：222－9）。正如我们从意大利重建共产党的例子中看到的那样，政党过于接近那些本能上不相信为了获得和保持权力而进行必要妥协，也不相信"政党"和"国家"

① 关于"改造！"网，参见 http：//www. transform－network. net/。

概念的运动，是灾难性的。现在，全球正义运动中一些无政府和自治倾向已开始接受"某种程度的内部组织和参与国家政权"（Reitan 2011：65）。

结 论

实践表明，激进左翼政党在议会外领域中的复苏仍很微弱。政党与附属组织间的联系几乎一直在减少，共产党过去喜欢采用的正式的结构性联系已成为遥远的回忆。尽管激进左翼工会仍在欧洲存在，但其政治地位几近完全边缘化。与之类似，这类激进左翼工会在东欧地区的影响也是微乎其微。最近，我们看到出现了国际性工会复苏及其与激进左翼政党关系初步缓和的一些迹象。社民党与工会的传统联系越是松散并且/或者越是采取"新自由主义"政策，而激进左翼政党越是积极参与政府，我们就越可能看到一些活动家甚至工会改变从属状况。但至少从中期发展看，社民党和中间政党的执政前景，使其能够成为工会利益更好的游说点，而工会大尺度地重新定位也不可能出现。

同样，共产党其他各种类型的阵线组织在欧洲各国几乎绝迹，而对一些成功的进步组织，如阿塔克的掌控企图也无果而终。在最初也因由柏林墙倒塌而受到沉重打击的激进亚文化中，大量"新边缘"团体正在兴起并进行动员，这些也是新"激进左翼"通过网络、伞状运动（社会论坛）和许多"反全球化"著名事件而彰显的最突出的国内和国际表现。然而，群众游行尽管吸引了媒体的关注、令人印象深刻，但全球正义运动仍然面临着如何在积极、统一的呼求上联合起来，以及很大程度上完全是刻意地自我孤立于政党政治（包括众多激进左翼政党）等问题。

因此，迄今为止，激进左翼政党一直在致力于有效地与全球正义运动协调行动，而为了替代随着共产党反社会性的衰落而丧失的更为广泛的社会影响，激进左翼政党仍然需要付出更多的努力。尽管新的激进主义形式在欧洲社会愈益丰富地发展起来，激进左翼政党充其量只是获得了部分好处。

第九章

解析选举成功与失败

（与夏洛特·罗默斯基兴合写）

在第二章里，通过在需求面因素（外部社会经济"土壤"）、外部供给面因素（政治制度和政党体制因素）及内部供给面因素（政党自身的策略）之间做出基本的区分，我们为理解苏维埃时期共产党的成功勾勒了一个框架。总的来说，有助于共产党的关键需求面因素，是持续的社会经济及意识形态分歧和政治上的两极分化。关键的外部供给面因素包括，共产党与社会民主党竞争工人阶级选票的能力，从抗议性和庇护性投票中获利的能力，以及避免诸如禁止令或莫斯科直接干预等负面性"外部冲击"的能力。内部供给面因素最重要的，是政党能够将意识形态和实践适用于本国和当地条件、避免大伤元气的内部分裂。这样的政党能够最有效地协调由苏联强加其上的"目的论"和"社会的"迫切需求之间的矛盾。

本章对当代激进左翼政党进行了类似考察。现在还没有研究对激进左翼政党的选举成绩进行明确的比较分析。正如第一章提到的，新近有限的比较性研究多是对政党发展的详细个案研究，而非真正的比较分析，因而存在明显的经验和理论局限。在政党和政党体制已经发生变化，而"莫斯科因素"缺失的情况下，不能先验地假定解释苏联时期的那些原因可以成功地适用于今天。而且，本章除进行定性分析，还采用了定量方法，这种结合方法旨在用一种方法的优势来抵消另一种方法固有的弱点和缺陷。此外，这使我们可以更加明确地利用反建制与民粹主义政党的相关文献以确定有关变量（Müller – Rommel 1998；Abedi 2004；Norris 2005；Ignazi 2006；Mudde 2007）。鉴于绝大多数文献谈的都是激进右翼政党，没有理由仅仅因为激进左翼政党通常只是"小生境"和/或反建制政党，而假定一些确定性因素，比如选举门槛和卡特尔化的作用不会对其产生影响，尽管这种影响可能不尽相同。

我们将会看到，实际上，过去的共产党和今日的激进左翼政党之间有很强的共性。当代激进左翼政党在恶劣的经济环境下也会有出色表现，尽管强大的竞争性政党会削弱它们的力量。此外，总结这些个案研究的结果我们会发现，当代最成功的政党同样拥有务实和灵活的战略、内部团结、拥有能够处理外部冲击、利用需求面机遇的成熟而有魅力的领导人。然而，今天的环境发生了根本变化，既面临机遇，也存在挑战。现在，反欧盟和反全球化为激进左翼政党提供了可以动员起来的根本性议题。此外，没有了莫斯科的消极影响，今天的激进左翼政党比过去的苏联卫星国更有机会采取灵活性战略。然而，正如我们一直强调的那样，今天的竞争对手已经不仅仅是以往的社会民主党，而且还有绿党和激进右翼政党。

因变量：量化激进左翼政党的成功

定量研究方法适用于大量案例的集中讨论研究，尤其适用于自变量（如"失业"）和因变量（如"选举成功"）等变量不断变化的情况。然而，这些不同的方法必须考虑与前面章节中略有不同的一些案例。比如，相关数据的缺失需要排除一些国家，比如塞尔维亚、阿尔巴尼亚、苏格兰，尽管考察苏格兰时可以运用英国的数据。而且，在前面的章节中，笔者使用过"相关性"阈值，关注至少有一次获得超过3%选票的政党。如果不用此种阈值，那么本书的泛欧洲视角将会使得分析高度复杂化，不易把握。然而，尽可能地将激进左翼政党纳入定量研究模式是可行的，这种方法的确也是经验模型所需要的①。而且，只关注取得过一定比例选票的激进左翼政党，会导致我们的研究出现选择性偏差。因此，本章着重分析1990～2008年间34个国家中的37个激进左翼政党（见表9-1）。②

表9-1 考察的国家和政党

国 家	政 党
澳大利亚	n/a
比利时	n/a
保加利亚	n/a
克罗地亚	n/a
塞浦路斯	劳动人民进步党
捷克共和国	波希米亚和摩拉维亚共产党
丹麦	社会主义人民党，红－绿联盟
爱沙尼亚	n/a
芬兰	左翼联盟
法国	共产党
德国	左翼党
希腊	共产党，左翼联盟，民主社会运动

---

① 的确，我们的研究对推动所涉及34个国家中激进左翼政党成功的因素进行了相对全面的考察，这确保了研究具有更大程度的典型性，以及最终推论最大程度的准确性。这一方法与贝叶斯（Baysian）基本原理中把证据的多元化作为因果推论的一个重要检验标准相类似。

② 笔者在第六章提到的左翼社会民粹主义政党，其他社会民粹主义政党没有被纳入本书的研究范围。这是因为只有左翼社会民粹主义政党还能勉强称得上是真正的激进左翼政党；其他社会民粹主义政党可能对更广泛、更不同的选民具有吸引力，但如果将它们纳入研究视野将会对回归分析造成不利影响。

续表

国　　家	政　　党
匈牙利	n/a
冰岛	左翼绿色运动
爱尔兰	民主左翼党,社会主义党
意大利	重建共产党,共产党人党
拉脱维亚	拉脱维亚社会党,拉脱维亚联合党
立陶宛	n/a
卢森堡	共产党,左翼党
马耳他	n/a
摩尔多瓦	摩尔多瓦共和国共产党人党,祖国选举集团
荷兰	社会党
挪威	社会主义左翼党
波兰	n/a
葡萄牙	共产党,左翼集团
罗马尼亚	社会主义劳动党
俄罗斯	俄罗斯联邦共产党
斯洛伐克	斯洛伐克共产党,斯洛伐克工人联盟
斯洛文尼亚	n/a
西班牙	联合左翼/西班牙共产党
瑞典	左翼党
瑞士	瑞士劳动党,团结党
乌克兰	乌克兰共产党,乌克兰社会主义党(20 世纪 90 年代),乌克兰进步社会主义党
英国	尊重党

　　我们应如何测定因变量（选举成功）呢？对选举成功的研究容易陷入许多误区。我们面临的最大挑战之一是数据归并问题。目前的研究依据分析的着重点和数据可用性，提出了各种类型政党获得选举成功的不同测量方法。比如，默德（Mudde 2007：208）虽然没有采用定量法，但提出将激进右翼的选举成败定义为三种：不成功（低于 2%）、比较成功（2% ～ 5%）和成功（高于 5%）；戈尔德（Golder 2003）采用的是全国大选的支持率；玛蒂拉和劳尼奥（Mattila and Raunio 2004）认为只有执政才是选举成功；而前田

（Maeda 2010）采用的是选票份额的变化。

在本章中，笔者用两种方法估量选举是否成功：首先是合计所有激进左翼政党在立法机构中所得票数的总比例（LEGA）；其次是具有最大选举优势的激进左翼政党在立法机构中所获得选票的总比例。由于7个国家，即丹麦、希腊、意大利、卢森堡、葡萄牙、瑞士、乌克兰，在立法机构中有不止一个激进左翼政党，我们因而可以对激进左翼政党的选举成功得出更广泛、更准确的认识。而且，通过观察所获选票百分比，我们看到激进左翼政党的选举成功是一种微妙的现象，最好不要认为这是一种二元或者是绝对的结果，以避免不必要的简单化。在我们研究的时间段内，因为许多激进左翼政党兴起或者重组，我们没有采用选票份额的变化（特别是在前共产主义国家）。

关于因变量的问题在于，我们只是对样本中特定时间段内因变量进行了考察——在41%的案例中，没有激进左翼政党的选票份额纪录。换句话说，我们的样本混合了零和正值的观察结果。此外，我们在0处进行左归并，因为在那些不存在组织化激进左翼政党，或者激进左翼政党在立法机构中因未能获得足够选票而赢得议席的国家，这些数据无法观测。一种可能性是我们采用logit/probit模型，如果激进左翼政党在议会中有代表，那么二元回归变数取值为1；如果没有议会席位，则取值为0。然而这种策略不能保留未归并部分的变化。特别是在因变量的变化范围为0～51时，采用logit/probit模型则不合适，因为它将解决的完全是另一个问题：立法代表的决定因素是什么？激进左翼政党选举成功的决定因素是什么？如果采用简单的普通最小二乘法（OLS）模型将这些党的选举支持编码为零，那么将会产生同样的问题，因为该模型假定因变量如失业和选举体制对这些国家激进左翼政党的支持率没有影响，且忽略了在没有激进左翼政党组织参与选举的国家里激进左翼政党的支持率。不过，我们大可假定每个国家都存在激进左翼政党的潜在选举支持者。在本例中，零选举支持可解读为左归并变量，当 $y^* \leqslant L$ 时，该变量等于零。依据杰克曼和沃普尔特（Jackman and Volpert 1996），我们采用了一个 tobit 模型，利用最大似然估计值对本例中的归并变量进行分析。由此估计系数代表回归量对激进左翼政党潜在选举支持的边际影响。

我们用两个因变量 LEGA 和 LEGST 来运作 tobit 回归。我们同意阿尔茨海默和卡特尔（Arzheimer and Carter 2006：428）的说法，没有什么有力的理论观点可以证明，政党成功的外源性（"需求"和"外部供给面"）解释应该依据国家和时间而变化。尤其因为除按国家进行分析之外，我们还考察了各个国家和年代的具体特征，因此我们将不再添加虚拟国家对象。完整的模式说明如下（接下来的部分将提出自变量）：

$$LEGA(LEGST) = \beta_0 + \beta_1 LLEG + \beta_2 UNEM + \beta_3 GDP + \beta_4 FEDR + \beta_5 THRE + \beta_6 PROP + \beta_7 SU + \beta_8 OPP + \beta_9 PAGE + \beta_{10} YEOF + \beta_{11} EXECR + \beta_{12} EXECL + \beta_{13} RAGR + \beta_{14} VOTUR + \beta_{15} ANTIEU + \varepsilon$$

激进左翼政党成功的决定因素

在接下来的部分，我们将用前面提及的需求面因素和供给面因素，来分析影响激进左翼政党政治机会结构的不同元素。那么必然地，我们的定量分析将主要关注外部因素（需求面和外部供给面）以及非内部供给面因素。

表 9－2　因变量概述

变量	绝对值	平均值	标准偏差	最小值	最大值
LEGA	180	6.69	9.05	0	50.1
LEGST	180	6.25	8.74	0	50.1

党内生活"很难研究"（Mudde 2007：267）。政党是秘密组织，相关成员和组织数据经常缺失或难以获得。而且，党内非正式权力关系的显著特点，使得潜在可用的一些概念像"领导层""领袖""党派主义"对于定量分析来说非常难以操作，但对于内部供给面因素来说却使得深度的定性比较成为一种更好的方法。比如，关于激进右翼政党中领袖和党内组织之影响的比较研究，严重依靠定性的案例研究或难以满意归纳的轶事证据，尽管富于魅力的领袖和团结统一的组织对政党成功起着重要作用是一个合乎逻辑的假定（Norris 2005；Carter 2005）。因此，在分析定量结果之后，本章最后部分将通过引用全书呈现的经验性证据，总结归纳出影响政党成功的关键内部因素。

需求面

我们曾提到过这样一个流行的观点：激进右翼政党和其他新兴"小生境"政党成功背后的驱动因素是"现代化危机"。在有些人看来，这种"现代化危机"通过新分裂的形成或原有分裂的修正，转化成反建制政党的直接支持性力量（Betz 1994；Kitschelt and McGann 1995；Minkenberg 2000）。尤其是遵循英格利哈特通过后物质主义政治超越阶级定位的转型理论（1971，1977），绿党自20世纪80年代以来的兴起（最初曾是反建制政党）可以追溯到"新政治"政党所拥护的后物质主义新议题的分裂，而新民粹主义激进右翼政党的出现同样可以追溯到那些将"新政治"的反政治立场，与反对战后和解危机等更为传统的右翼主题融合在一起的政党。激进左翼政党可能适合这一范式，它们是否也代表着一种新议题的分裂呢？这些尚不明朗。一方面，许多激进左翼政党明显不是新兴政党——乌克兰共产党、希腊共产党等许多保守的共产党，都拥有"老左派"的马克思－列宁主义意识形态核心以及长达 90 年的发展前史。另一方面，丹麦社会主义人民党和葡萄牙左翼集团等党则公开支持"新左派"论题，比如环境保护和女权主义。

因此，我们要衡量激进左翼政党与物质主义/后物质主义取向的关系。最容易但可能比较粗糙的做法，是通过用世界价值观调查（WVS）和"欧洲晴雨表"采用的所谓英格里哈特指数将政党成功与选民价值观联系起来。我们没有用欧洲晴雨表的数据，因为一些国家的数据完全缺失，调查问卷已经更改，导致纵向比较已无任何意义。

然而，采用世界价值观调查的数据（1990 年、1995 年、2000 年和 2005 年的数据在 http：//www. worldvaluessurvey. org/index_ surveys 网站上可获得）有这样一个优势：很长一个时间跨度内的所有国家都被包括其中。英格里哈特指数这样问受访者："如果你必须在以下选项中选择，哪两个对你来说最有吸引力？这四个选项分别是 a）'维护国家秩序'；b）'在重要政治决策中让民众有更多的发言权'；c）'反对物价上涨'和 d）'保护言论自由'"。选择 a）和 c）的受访者认同贪得无厌/物质主义价值观，这反映了生理和经济上的不安全感。那些选择 b）和 d）的受访者具有一种后物质主义价值取向。那些同时选择物质主义和后物质主义选项的受访者被贴上"混合体"的标签（Inglehart 1971，1997：994）。

我们采用世界价值观的标准作为 1990～2005 年调查的标准，构建变量 MAT 以测量"物质主义"受访者的比例，另构建变量 PMAT 作为被划分为"后物质主义"的受访者。为解释后物质主义/物质主义分歧的作用，变量 CLEAV 测量了后物质主义和物质主义所占比例间的差异——我们指出二者间的巨大分歧将会反映"现代化的危机"，所以 CLEAV 将对激进左翼政党的选举命运产生积极的影响。

遗憾的是，由于数据每 5 年才可获得，我们的观察值（n = 90）并不多，无法将这些变量纳入 tobit 模型。因此，利用简单相关来确定 MAT 和激进左翼政党在行政和立法机构都构成负相关，PMAT 和 CLEAV 则都构成正相关（见表 9 - 3）。若激进左翼政党参与执政，则参与行政机构的 EX 不过是个虚拟量，值为 1；若不是，则 EX 值为 0。若激进左翼政党参与立法机构，则参与立法的 LEG 取值为 1；若不是，则 LEG 取值为 0。激进左翼政党参与立法机构的相关结果，实际上要比激进左翼政党参与行政机构的强且更为显著。

表 9 - 3　MAT 和 POSTMAT 议题偏好及激进左翼政党的选举成功

	EX	LEG
POSTMAT	0. 09	0. 32 **
MAT	− 0. 075	− 0. 27 **
CLEAVAGE	0. 08	0. 30 **
N	90	90

注释：
＊显著性 10% 水平；
＊＊5% 水平；
＊＊＊1% 水平。
资料来源：数字源自 World Value Survey 1990 ~ 2005 年。

参与行政机构的观察值我们只有 12 个以及未参与的 78 个，而参与立法机构的观察值却多达 54 个（未参与的 36 个）。不仅如此，可以说成为政府的一员和加入立法机构取决于不同的因素，这与选举分歧，比如联盟协商几乎没有直接关系。然而，表 9 - 3 也确实表明：a）激进左翼政党选举成功的确与现代化危机正相关，b）和绿党一样，激进左翼政党现在提出的是后物质主义问题，而不是"老左派"马克思主义者的阶级情感。

是否普遍拥护欧盟是另一个突出的新问题，我们期望这个问题与激进左翼政党的选举命运形成互动，因为激进左翼政党一般说来持疑欧立场，试图改变欧盟的基础，开启一种新的欧洲观（PEL 2009b）。当然，我们发现在某些环境下，比如在北欧国家，激进左翼政党已经把反对"现存"的欧盟作为一个关键的身份标签，对于社会民主党以及其他力图把自己与"现存"政党区别开来的小生境政党来说尤其如此。对于是左翼还是右翼小生境政党从反对欧盟中获利最多，人们一直争论不休。胡戈等人（Hooghe et al. 2002）发现，随着人们的右转，越来越多的人支持欧盟。相反，德·弗里斯（De Vries）和爱德华兹（Edwards）指出，疑欧论与左右翼"极端主义"政党都能产生共鸣。前者以捍卫国家主权的方式来反对欧洲一体化，成功地动员人们从民族身份的角度考量欧盟；后者基于欧洲一体化方案的新自由主义特点而反对一体化，基于经济不稳定观而有效地暗示选民应反对欧盟。

我们认为，支持加入欧盟并不只是为了吸引眼球。欧盟政策的绝大部分都偏向于制造旺市。的确，如果"欧洲市场力量"（Damro 2010）是因为偏向于市场一体化而非市场监管，或者会终结传统福利国家而对民族认同构成了一种世界性的威胁，那么人们对这种力量的抱怨，在更广泛意义上与激进左翼政党等对全球化"镶嵌新自由主义"的普遍控诉具有同样意义（Van Apeldoorn 2001）。因此可以认为，所谓"全球化焦虑"与疑欧论具有高度内生性：欧盟的不利评估一方面可能导致个人对全球化的良性发展结果产生怀疑；而另一方面，反全球化情绪可能成为反欧盟立场的先兆吗？

疑欧论和全球化焦虑的内生性，阻碍了对这两种情绪之关系的研究，对经验评估也提出了根本性挑战[①]。然而，依据四分相关来对欧

---

① 换句话说，是全球化焦虑激起了反欧盟情绪，还是全球化焦虑随着反欧盟情绪的积累而增长？

盟成员国与支持全球化的相关作出推测也是可行的。我们所用以测定全球化焦虑的一些衡量标准与欧盟成员国之间关系的数据，来源于建立在标准趋势以及 2009 年对于欧盟的态度基础上单个层次的"欧洲晴雨表 72.4"。使用 2009 年数据有这样的优点：迄今可以获得的欧洲晴雨表调查，囊括了欧盟诸国中最大的那些国家样本（27 个欧盟成员国）。表 9－4 表明了支持加入欧盟与全球化焦虑的三项指标之间的部分相关性。反对加入欧盟用变量 ANTIEU 来表示，如果受访者认为加入欧盟是一件坏事情则用数值 1 表示，否则用 0 表示。GLOBTHREAT 定为虚拟变量，如果受访者同意或者完全同意全球化对就业和企业构成威胁，则为数值 1，否则用 0 表示。当受访者同意或者完全同意全球化只对大公司而非公民有利，则 GLOBCOMPANIES 标记为数值 1，否则为 0。当受访者不同意或者完全不同意全球化是经济增长的契机，则标记 GLOBGROWTH 分布变量为 1，否则为 0。

表 9－4 反对加入欧盟与全球化焦虑（部分相关）

	欧盟 27 国	东欧	欧元区
GLOBTHREAT	0.44 ***	0.48 ***	0.41 ***
GLOBCOMPANIES	0.24 ***	0.23 ***	0.22 ***
GLOBGROWTH	0.37 ***	0.35 ***	0.37 ***
N	22384	10311	11682

注释：
GLOBTHREAT = 认为全球化对就业和企业构成威胁；
GLOBCOMPANIES = 认为全球化仅仅对大公司而非公民有利；
GLOBGROWTH = 认为全球化不是经济增长的契机；
EU27 = 全部 27 个欧盟成员国；
＊显著性 10% 水平；
＊＊5% 水平；
＊＊＊1% 水平；
四分相关系数。
资料来源：Eurobarometer 72.4，available at gesis. org。

  由三项测量可看出，全球化焦虑与反对加入欧盟呈正比关系，并且这些系数很有意义——这有力表明，加入欧盟的态度与反对全球化高度相关。为了提供更多反欧盟情绪的背景，我们在同一欧洲晴雨表中找到受访者政治从属关系的数据。具体来说，受访者被问及以下问题"在政治上，人们经常说'左翼'和'右翼'。按照这样的标准你认为你的观点属于哪一种？"数值范围界于 1（激进左翼）到 10（激进右翼）之间。如果受访者把自己的观点分别归于 1 或者 10，则变量"激进左翼"和"激进右翼"都标示数值为 1。有趣的是，只有受访者把自己归于"激进左翼"而非激进右翼时，才与反对加入欧盟呈正比（r = 0.1），而"激进右翼"与反对加入欧盟呈反比关系或者意义不大。这种微观角度证实了我们的猜测，即激进左翼光谱上的政党敌视欧盟，并且这也让我们更有理由认为，民众对欧盟的敌视，也可能与激进左翼政党更高的选举成功率相关。

  为实证地检测后者，我们把基于标准以及中东欧晴雨表中涉及的各种问题的变量 ANTIEU 纳入 tobit 回归中。这个变量代表一个国家中认为加入欧盟是一件糟糕事情的受访者的滞后比例。采用这一滞后比例是为了避免内生性，因为激进左翼政党选举成功可能反过来影响民众对欧盟的敌意。接下来，我们用数年间欧盟成员国 ANTIEU 回归模型的残差（从 51 到 0）、实际失业率以及左翼还是右翼执政，来构建敌视欧盟的测量值。用这种方法，我们力图从"经济与政治噪音"中捕捉反欧盟情绪[①]。

[①] 基本变量 ANTIEU 变量（尤其是东欧国家）的数据缺失。我们选择由加里·金等人（King et al. 2001）开发的多重插补处理缺失值程序（Amelia II）来估算遗漏观察值。反欧盟数值缺失 17%，对此我们利用一个覆盖了 1989～2008 年时期的 7 个变量数据集来进行估算。

最后的需求面因素或许是最为明显的。如第二章指出的，我们预测，激进左翼政党对经济和就业保障问题的强调，可能在社会经济状况比较差的国家中找到共鸣。我们利用两个变量（GDP 和 UNEM）来测定宏观经济环境。第一个变量表明 GDP 每年的比例变化，这是经济整体发展成就的传统指标。第二个变量测量失业率年度百分比。我们预测，激进左翼政党在 GDP 下滑，尤其是失业率增长情况下，能够取得更好的选举成就，因为这从政治上来说是更加敏感的议题（参考 Fidrmuc 2000；Bohrer and Tan 2000）。

外部供给面

正如第二章指出的，文献资料让我们认识到选举制度的"宽容性"与激进左翼政党的选举成功呈正比关系。对共产党的实证研究提供的证据有些模棱两可，但总体来说能够支撑这个结论。我们也注意到，与苏联时期不同，当代大多数激进左翼政党没有完全被取缔。所以最相关的选举体系因素，可能是选举的代表门槛。现有文献在选举门槛的作用问题上存在争议。比如，李帕特和吉伯德（Lijphart and Gibberd 1977）发现，只有一些混杂的证据能够证明选举门槛与新政党兴起的正比关系，而赫格（Hug 2000）认为这两者之间没有显著联系。相反，哈默尔（Harmel）和罗伯森（Robertson）的跨国分析则认为，选举门槛的高低会产生重要影响。有限制性的英国多数票制的确表明选举制度很重要（参考 Eatwell 2000），而每个国家众多小规模激进左翼政党的存在让我们可以预期选举门槛的高低也有重大关系。所以我们采用了虚拟变量 THRESH，当一个政党必须获得最少 3% 的选票份额才能在比例代表制中获得至少一个席位，那么 THRESH 标示为值 1。而后我们列入变量 PROP，如果根据政党所获票数的比例来决定该党的候选人是否当选，则 PROP 标记为数值 1。根据杜瓦杰（Duverger）大量被引用的假设（1951），比例代表制有利于多党制。因此，我们预测这个变量对激进左翼政党选举成功产生正向影响。

第三个外部供给面因素变量与联邦制或者扩大自治权要素有关系。苏联时代共产党的证据仍然模棱两可，但相关文献指出，联邦制应该有助于反建制政党在地方到国家层面的发展（Müller - Rommel 1998）。相应地，变量 FEDERALISM 测量这一结果。如果州/省政府由地方选举产生，则标示为数值 1。如果有多层级的次国家政府，我们把"州/省政府"作为最高层级。间接选举产生的州/省政府，即由直接选举产生的市政机构选举产生州/省层级，不被认为是地方选举。由直接选举产生的州/省机构间接选举产生的州/省政府被认为是地方选举。我们假设这个变量对激进左翼政党的选举成功有正向影响。

当前共产主义国家致力于获得东西欧的潜在差异，尤其是东欧共产主义思想相对的社会归属感时，虚拟变量 EXCOM 取值为 1。显然，前面的章节非常详细地讨论了这个问题。通过引用"后继党"的文献（Shiyama 1995；Kitschelt et al. 1999；Grzymała - Busse 2002），他们认为，尽管在许多前共产主义国家中，共产主义遗产引起很大争议，但是源于前共产主义政党在组织、人事、经济，甚至是意识形态方面的政治资源，总体上有助于激进左翼政党获得选举成功。

虚拟变量 LLEG 表示之前获得成功的激进左翼政党可能产生的正向影响；如果一个激进左翼政党已进入原来的立法机关，则虚拟变量 LLEG 值取为 1，否则取 0。这个变量用来衡量选举的自回归过程。我们假设这个变量是非常重要的，因为它是对政党自身所采取的选举策略之前所获得成功及其与政党体制相互作用的证明。

考虑到激进左翼政党首先也是政党，关键的供给面环境是在政党体制内的竞争（参考 Mudde 2007：237）。这种竞争既表现在水平层面上，即为争取选民，激进左翼政党与其直接竞争者间的关系，也表现在垂直层面上，即它们作为"小生境政党"与更具建制性的政党以及执政党之间的关系。因此，我们测算了绿党和激进右翼政党产生的竞争影响。如果在先前的立法机构中，绿党或者激进右翼政党已经有代表了，那么变量 COMETITION 取 1，否则取 0。滞后的立法机构被用于避免内生性问题。我们将通过纳入虚拟变量来测量它们各自之前的选举结果，以进一步考察绿党和激进右翼政党所造成的竞争性影响的差异。通过本书的分析，绿党和激进右翼政党为什么会成为激进左翼政党的两个主要竞争者将变得清晰：绿党在白领选民中的竞争力很强，而激进右翼政党的"福利沙文主义"往往会吸引蓝领选民投抗议票。应当注意的是，竞争效应以两种方式发生作用：就像现存的绿党或者激进右翼政党可能排挤掉激进左翼政党一样，比如澳大利亚极右翼自由党和奥地利绿党，现存的激进左翼政党也可能挫败绿党，比如丹麦的社会主义人民党。

然而，可以说激进左翼政党最直接的竞争者是社会民主党："真空论"必定认为，"新自由主义"第三条道路的社会民主党已为激进左翼政党开辟了巨大政治空间。这种观点与激进右翼相关文献的阐述相类似，这些文献一直认为反建制政党因主流政党的意识形态融合而受益，这在日益增强的左－右政策共识以及"大联盟"方面最为明显（Abedi 2004：205；Mudde 2007）。我们已经看到，一些激进左翼政党取得重大突破很大程度上是以牺牲"新自由主义"社会民主党为代价的。然而，社会民主主义的右转到何种程度才能对激进左翼政党产生实质性影响，一般来说太复杂，不可能进行定量测度。①

　　显然，政党反对现政府政策的动员能力会影响其成功。分析社会民主党影响的一种方法，是测量经济政策方面执政党的党派偏见，这是传统上激进左翼政党的主要兴趣点所在。如果即将卸任的执政党被定义为左翼（共产党、社会党、社会民主党），则变量 EXECL 取值 1，否则取 0。如果即将卸任的执政党被定义为右翼（保守党、基督教民主党等），则虚拟变量 EXECR 取值为 1，否则为 0。把被定义为中间党的执政党作为基本组。

---

① 我们将会把一个更为复杂的变量（"漂红"）纳入分析中，以测量其他政党即绿党、激进右翼政党和社会民主党是如何在激进左翼选民中捞取选票的。"漂红"变量的一个来源是"比较宣言计划"（Budge et al. 2001），包括在对政党竞选宣言进行广泛地量化内容分析基础上测量左右翼定位。毫无疑问，虽然比较宣言计划（CMP）从政党的角度提供了大量的经验数据，但即使我们去研究分布最广的政党家族——社会民主党，它仍然不能给我们提供适当的代用值。我们找到一个可以测量社会民主党在左右翼中定位的变量，它既不在 tobit 回归模型中也不与选举成功变量相关联。然而，这并不意味着竞争效应不是一个决定性因素。相反，它提出了这样一个问题：我们是否真止测量了我们所希望测量的东西。欧洲社会民主党在左右翼中定位从左面的 -45 到右面的 +33.33 之间（在比例尺上，-100 代表极左，+100 代表极右）。但这个"纯粹性的"变量真是这些政党策略"漂红"的一个好用的代替值吗？我们更希望获得一些能够反映激进左翼政党与既存社民党在左右翼定位中差距的数据。在所考察的 66 次选举中，对于激进左翼政党来说，这一变量的范围是 -48 到 +24.78 之间。尤其是因为这些党的分值存在很大差异，这种重新定义似乎更加可行。然而，对于大量的激进左翼政党来说相关数据是缺失的，这与许多激进右翼政党和一些绿党的相关数据缺失相类似。而且后一分值（+24.78）表明采用"比较宣言计划"存在另一个潜在问题：一些激进左翼政党的实际得分比中左翼显得更加"偏右"。这也具有潜在的解释意义，或许社会民主党也在寻求进入激进左翼政党的空间？——然而，"比较宣言计划"自己的解释（这一怪异定位基于激进左翼政党对待现状的"保守主义"态度）却很少说明为什么在某些情况下激进左翼政党甚至被归为比中右翼更右的政党（参考 Klingemann et al. 2006：22-23）。另一选择方案是在大选年之间采用社会民主党在中左翼定位中的得分差异值，但同样也是因为缺乏数据，尤其是缺乏 1990 年前的数据，我们也不能采用这个方案（采用差异值）。

鉴于上述社会民主党和激进左翼政党成功的模棱两可的关系，这些系数的作用并不能证明一种显而易见的假设，因此我们能够对这两种变量的正负面影响做出一些解释。举例来说，EXECL 的负系数即左翼执政党与激进左翼政党成功呈负相关关系表明，现存的中左政党成功地争得了激进左翼政党的选票。EXECL 的正系数表示，中左翼政党选民变成了激进左翼政党的选民。EXECR 的正系数表示，激进左翼政党的选民通过对现任右翼政府投抗议票表达了自己的诉求。EXECR 的负系数表明，其他政党获得这些抗议票，这包括社会民主党为反对右翼政党而呼吁选民投"有效票"，比如 2008 年意大利就是这种情况，或者强势的右翼价值观影响了选民的选择，并削弱激进左翼的抗议性吁求。

我们纳入三个变量来探讨政党格局。第一，OPPOSITION 表示随机从反对党中挑选的两个代表属于不同政党的可能性。这个值越高，政治格局就越碎片化——相比于只有 2~3 个议会政党稳固的政党格局来说，这种碎片化的政治格局将赋予激进左翼政党更多选举、宣传和联盟的选择机会，从而对其选举成功产生潜在的正向影响。第二，总统的执政年数 YEAROFFICE 将被作为一个国家政府垄断权力的代替值。这个变量为政治体制的轮换率提供了一个很好的指标。轮换率越高，卡特尔化，即主要政治行动者垄断政党竞争以及排除政治挑战者的可能性就越小。激进右翼政党的相关文献指出，如同意识形态的融合一样，卡特尔化具有增加反建制，尤其是民粹主义的怨恨情绪以及旨在"打破政治模式"的社会动员倾向，而这也潜在地有利于激进左翼政党取得选举成功（Katz and Mair 1995；Kitschelt and McGann 1995）。第三，同理，变量 AGE 通过采用第一届执政党、第二届执政党以及第一届反对党的平均任职期限，来衡量立法机构中政党变动的情况。与 YEAROFFICE 相比，这个变量不仅能够获得执政党的任职信息，也能捕捉其他议会党进入建制的时间长短情况。AGE 值越低，政党体制对新政党的开放度越大。由于许多激进左翼政党都是相对较近时期才进入全国性政党家族行列，所以这个变量会对激进左翼政党的选举机会产生反向影响。

我们引入了变量 VOTURNOUT 来衡量所有参加投票选民的百分比变化。一些证据（White and McAllister 2007）显示，低投票率对东欧的继任党派有利，因为这些党的选民更守纪律、更地方化、更具稳定性（尽管并非所有继任党都是激进左翼政党）。相反，一些作者（Radcliff 1994；Pacek and Radcliff 2003）认为，在欧洲和美国，增加的投票率同样有利于左翼政党，因为与社会地位较高的公民相比，构成左翼政党传统核心选票的"社会地位较低"的公民投票率和前后一致性往往较低。因此，增加的选票主要来自那些左倾、具有"较低社会地位"的选民。激进左翼政党必然对被排斥者及边缘化人群具有吸引力。因此我们推测，变量 VOTURNOUT 和激进左翼政党选举命运正相关。

表 9－5 是对所有自变量和我们假设的因变量（政党的成功）之间关系的概览。

表 9－5　自变量小结

变量	数据来源	激进左翼政党成功的假定关系
ANTIEU	反对加入欧盟人口的滞后百分比，不考虑作为欧盟成员国存续时间（从 51 到 0）、实际失业率以及右翼或左翼政党执政产生的影响；欧洲晴雨表（年度议题，1989～2009）。	＋
GDP	GDP 年度增长百分比；经济合作与发展组织（OECD）经济展望（1989～2008）。	－

变量	数据来源	激进左翼政党成功的假定关系
UNEM	总失业人数年度百分比;经济合作与发展组织经济展望(1989~2008)。	+
THRESH	在比例代表制中,若一个政党需要获得至少3%的选举票数才能获得至少一个席位则取值1,否则为0;根据贝克等(Beck et al. 2001)。	-
PROP	若候选人是根据其所属政党所获得的选票而产生的则取值为1;贝克等(2001)。	+
FEDERALISM	若州/省政府由当地选举产生则取值为1,否则为0;若存在多级次国家政府,我们把"州/省"为最高层级;贝克等,2001)。	+
EXCOM	如果这个国家曾是苏联成员国则标记为1,否则为0。	+
COMPETITION	若绿党或/和激进右翼党在之前的立法机关拥有席位则取值1,否则为0;作者计算结果来源于 www. parties-and-elections. de。	-
LLEG	若激进左翼政党在此前的立法机关中拥有席位则标注为1,否则为0;贝克等(2001)。 作者的计算来源于 www. parties-and-elections. de。	+
EXECL	左翼政党此前执政则取值为1,否则选0;贝克等(2001)。	-
EXECR	右翼政党此前执政则取值为1,否则为0;贝克等(2001)。	+
OPPOSITION	随机从反对党中挑选的两个代表来自不同政党的概率;贝克等(2001)。	+
YEAROFFICE	总统在位年数;贝克等(2001)。	+
AGE	第一执政党,第二执政党以及第一反对党的平均任期;贝克等(2001)。	+
VOTURNOUT	总投票人数的变化百分比,www. idea. int。	+

外部因素和选举成功

同时运用 LEGA 和 LEGST 作为因变量的实证结果如表9-6所示。

表9-6　激进左翼政党选举成功的外部决定性因素

回归量	回归变数			
	LEGA		*LEGST*	
ANTIEU	0.79 **	(0.32)	0.9 **	(0.38)
GDP	- 0.1	(0.32)	0.02	(0.32)
UNEM	0.72 **	(0.32)	0.70 **	(0.32)

续表

回归量	回归变数			
	LEGA		*LEGST*	
THRESH	- 7.82 **			
	(1.94)	- 7.71 **	(3.11)	
PROP	- 5.7	(3.58)	- 6.64 *	(0.07)
FEDERALISM	- 1.36	(1.94)	- 1.47	(2.10)
EXCOM	9.6 **	(4.12)	11 ***	(4.14)
COMPETITION	- 3.1 *	(1.78)	- 2.86 *	(1.68)
LLEG	22.14 ***	(4.56)	22.2 ***	(4.74)
EXECL	- 3.93	(2.67)	- 3.62	(2.74)
EXECR	0.92	(1.6)	1.42	(1.48)
OPPOSITION	0.02 **	(0.01)	0.01 *	(0.01)
YEAROFFICE	0.05	(0.19)	0.12	(0.19)
AGE	- 0.06	(0.04)	- 0.06	(0.04)
VOTURNOUT	0.3 *	(0.16)	0.3 *	(0.17)
Constant	- 36 **	(- 13.76)	- 38.75 ***	(13.9)
PseudoR2	0.18		0.18	
Log ikelihood	- 285.22		- 283.95	
N	128		128	
Noncensored	77		77	

注释：

Tobit 回归，各列为系数，括号内为标准误差；

* 显著性 10% 水平；

** 5% 水平；

*** 1% 水平。

显而易见，变量 LLEG 可被视为解释激进左翼政党选举成功的最关键因素。如果一个激进左翼政党曾在上届选举期内进入议会，那么将比不进入议会的政党多获得 22% 的选票。而且，单此变量一项就占据了因变量变动的 10%（R2 分别等于 10.02 和 10.03）。这一证据对于强大的自回归动态选情来说实属平常：进入议会将赋予任何政党更大的曝光度和资源——一个进一步发展的平台。举例来说，激进左翼政党取得"可信性突破"入驻议会，进而在下届选举中显著提升选票的例子不胜枚举：比如 1999 年至 2003 年间的苏格兰社会党，

1994 年至 1998 年间的荷兰社会党，以及 1998 年至 2001 年间的摩尔多瓦共产党人党。这表明一旦激进左翼政党建立了选举支持，那么它有可能继续保持这一地位，尽管这需要优秀领导层作保证，2006 年苏格兰社会党的解散便充分证明了这一点。有趣的是，具有决定意义的是过去在立法机构中的成功，而非激进左翼政党是否进入上届政府。与之相应的虚拟变量 LEX 在（若激进左翼政党曾执政，则取值为 1；否则为 0）任何常规层面都不具有显著性。在我们观察的案例中，虽然有接近 14% 的激进左翼政党都曾参与政府，但这与它们在立法机构是否成功毫无关系，正如之前提到的虚拟变量 LEX 显示的那样，这与 LEGA 或 LEGST 弱相关 ｛r（179）分别等于 0.063 和 0.065｝。这进一步证实了贝尔和邓菲（Bale and Dunphy）2011 年的研究结果，即在大多数情况下，激进左翼政党只是小型的联盟伙伴，苦苦挣扎着向其支持者展示其执政成就。

通过进一步分析图表可以看出，正如我们所料想的，变量 ANTIEUA 显示反对欧盟确实对激进左翼政党的选举成功具有显著影响。反欧盟情绪上升 10%，激进左翼政党的选票将增加 9%。这更加印证了反对欧盟已经成为激进左翼显著的身份标识，同时也表明了激进左翼政党是全球化焦虑症和"现代化危机"的显著受益者。同样在我们意料之中的是，来自最关键经济变量 analySed（年度失业率）的结果显著且数值为正。如果失业率超过 10%，激进左翼政党的支持率将增长 7 个百分点。此外，我们所观察的国家中有 17% 的失业率超过 15%，这将使激进左翼政党的选举票数增加超过 10%。也许是因为失业本身已经包含太多潜在的经济发展动态，而且具有普遍政治敏感性的议题是失业水平而非单纯的经济发展速度，所以单独使用变量 GDP 并不具有显著意义。然而一项关于联合显著性的检验却显示，当处于 0.005 水平时（p 等于 0.0052 和 0.0016）失业和 GDP 都具有极大的显著性。GDP 系数的符号正是我们假设的正号：激进左翼政党在糟糕的经济形势下发展得更好。这与贯穿全书的许多经验证据都相符合。比如，葡萄牙左翼集团在国内经济动荡时期却繁荣发展；在 2009 年欧洲议会选举中，激进左翼政党在直接遭受经济危机冲击的国家大都表现良好。欧洲最强大的激进左翼政党存在于一些最贫穷的国家，比如摩尔多瓦，这种情况绝非偶然。

3% 或更高比例选举门槛的存在，削减了激进左翼政党超过 7% 的选票数。这也在情理之中，因为对于那些选票只有一位数的激进左翼政党来说，选举门槛证明是一个强大的阻碍。例如匈牙利工人党（Munkáspárt）在 20 世纪 90 年代获得了 4% 的选票，却没能赢得一个议席。通常而言，东欧更高的选举门槛可被视作激进左翼政党边缘化的推动因素。

变量 PROP 只在第二个模型中具有显著性，但它的系数为负却实属意外。或许这是因为我们样本中的绝大多数国家（93% 的选举）都采取了比例代表制。变量 FEDERALISM 无论单独或联合检验都不具有显著性。以下结果也许同样出人意料，但从经验例证我们可以清楚地看出，如同苏联时期一样，激进左翼党无论是在单一制国家，比如法国、塞浦路斯、摩尔多瓦，还是联邦制/权力下放的国家，比如德国、西班牙都取得了成功。也许，与激进右翼政党一样，联邦制或分权制的主要作用，就是帮助政党建立显著的本地化支持基础（参考 Mudde 2007：301）。实例包括存在于原东德的中心地带的德国左翼党和苏格兰社会党。所以说联邦制的作用只是有利于扎根于地方的政党，而非一般意义的激进左翼政党。经验证据表明，在微观层面上，选举规则确实重要。举例来说，荷兰高比例代表的选举体制，帮助社会党赢得了在议会的第一个立足点，而选举规则的一项改变也导致德国左翼党在 2002 年被驱逐出联邦议会。选举规则的变化迫使意大利重建共产党寻求机会主义的竞选联盟。

系数 EXCOM，分别在 1% 和 5% 水平上具有显著性，如同我们的预测一样，这表明激进左翼政党在前共产主义国家表现更好；在这些国家，他们拥有超过 9% 的选票。这也佐证了关于继任党的研究结论：共产主义的遗产可以转化为后共产主义的成功。这给我们留下了数据的可混合性问题；换句话说，前共产主义国家的系数与样本中的其他国家不同吗？运用邹氏检验法检验这两组国家的结构变化，能够发现两组系数没有显著差异。一些政党体制的特征同样显著。如我们预测的那样，变量 COMPETITION 具有显著性，而且它的系数为正值：在上届选举中，来自激进右翼政党和绿党的竞争分别成功地削减了激进左翼政党 3.1% 和 2.86% 的选票。如果即将解散的国会中只有绿党（−2.7～−3）或只有激进右翼政党（−2.8～−3.1），这一影响的外边距也不会有如此明显的变化。单独检验的话，这些政党竞争的影响拥有差不多相同的系数（激进右翼政党 −2.78，绿党 −2.67），并在 10% 水平上具有显著性。

对于激进左翼政党来说，其选举表现与左翼政党或者右翼政党此前是否执政似乎无甚关联，变量 EXECL 和 EXECR 单独或联合检验都不具有显著性。正如变量 OPPOSITION 的正显著系数所显示的那样，高度碎片化的政党格局才有助于激进左翼政党取得选举成功。然而变量 AGE 和 YEAROFFICE 单独或联合检验都不具有显著性，这表明"卡特尔化"的影响并不明显。这些发现之间存在着一种逻辑关系：多党制对小生境政党的发展表现出更大程度的开放性，使得特定政党很少有机会将竞争卡特尔化。另一方面，这些发现与关于激进右翼政党的文献及本书中提到的经验证据相悖：主流政治家垄断政治和经济制度，从而将非正统行为者排除在外，这一直是激进左翼政党特别是那些更加偏向民粹主义的政党频繁提出的指控。

　　然而，一些激进右翼政党的分析学家认为，卡尔特化只有与意识形态趋同结合在一起，才具有重要性（Mudde 2007：300）。上面我们已经指出，由于缺乏数据，我们无法准确估计激进左翼政党的意识形态趋同。但我们前文提供的一些经验案例显示意识形态趋同确实具有一定作用：对于许多激进左翼政党来说，重要的不是权势集团本身对政治光谱的垄断，而是"几无二致"的中左翼与中右翼政党纲领趋同形成的所谓新自由主义意识形态霸权——比如，让我们回想一下荷兰社会党对"政治特权阶级""新自由主义阿亚图拉"的抨击。

　　变量 VOTURNOUT 在 10% 水平上具有显著性。我们的分析支持以下观点（Radcliff 1994；Pacek and Radcliff 2003）：高投票率有利于左翼政党，这也意味着在接纳被排斥者，比如德国左翼党 2009 年的一个竞选主题，就是终结"对弱势群体的社会排斥"，从而找到与那些通常不参与投票、社会地位较低的选民之间的共鸣时，激进左翼政党才在部分意义上取得了选举成功（LP 2009）。

内部供给面

　　以上分析实在不应拿来证明激进左翼政党只是对外部环境做出机械回应的被动参与者。显而易见，欧洲大部分国家确实存在很多有利于激进左翼政党成功的外部条件，比如现代化危机、高失业率、苦苦挣扎的社会民主党极其虚弱的竞争对手，但并非所有欧洲国家都有强大的激进左翼政党。所以，如果外部因素是激进左翼政党选举突破的最佳解释，那么内部因素可能更有效地解释选举成就的持续性（Mudde 2007：301）。因此，套用马克思的话来说就是，我们承认政党可以书写自己的历史，但它们无法在自己选择的环境中创造历史。

　　那么，哪些内部特征会影响激进左翼政党的选举命运呢？通过第二章的内容，我们可以将关注重点放在以下几个方面：政党起源、党内权力平衡、意识形态、政党目标以及这些因素如何影响政党发展中一些关键的转折点。

政党起源：我们已经指出，那些在共产主义解体之前主动改革共产主义，特别是在斯堪的纳维亚地区的共产党，是最有条件幸免于难的共产党。还有一些共产主义有效的、"可用的历史"能够转化到后共产主义环境中，因而使得一些共产党可以继续生存下来。这尤其适用于东欧的继任党，而希腊共产党、法国共产党和意大利重建共产党，同样也可以依赖其"史诗般的"长期性革命传统，这一传统可以追溯到 19 世纪 20 年代初，并在"二战"后达至顶峰。相反，在 1989 年前共产主义传统已经不复存在（如奥地利和英国），或反共力量强大（波罗的海国家、西德）的那些国家，激进左翼政党一直在试图卷土重来。总的来说，许多激进左翼政党自 1989 年至 1990 年重新建立以来的演进过程，印证了它们对格里亚马拉－伯西、石山和基茨切尔特对政党起源路径依赖效应的关注：先前"可用的历史"是否可以运用到后共产主义时代，取决于共产主义过渡时期精英间的斗争，在党的重建过程中在多大程度上得到解决。这对于一个政党是否能够采取一种清晰的后共产主义政策方向来说影响深远，比如荷兰社会党迅速实现集中制和去列宁化。而对于那些没有果断解决内部冲突的党，比如芬兰左翼联盟、波希米亚－摩拉维亚共产党以及意大利重建共产党来说，新政党仍然纠结于围绕战略方向的内部争论，而其中一些争论在苏联时期就一直存在。

党内平衡

显然，党组织也是一项重要变量。第二章已经指出，传统共产党的致命弱点是对列宁主义民主集中制的过度依赖，而那些最能灵活解释这一制度的政党则是具适应性的政党。在后苏联时代，这一模式重又出现：一些党将民主集中制与意识形态及战略灵活性结合起来，比如摩尔多瓦共产党人党和塞浦路斯劳动人民进步党，而其他很多党，比如希腊共产党、俄罗斯联邦共产党则展现出与民主集中制政党相同的战略僵化。

大体来说，许多激进左翼政党已经用一种新左翼的基层民主取代了民主集中制。这一策略伴随着与全球正义运动的密切协作，但只是增加了人们对传统共产主义组织形式的不信任感。尽管很多党表现得更加多元化，但也因而面临严重的内部分歧。这在意大利重建共产党身上尤其明显，最初表现为党内权力分散，随后形成了一种领导层在关键时刻分裂的传统，而2001年后社会运动的"污染"也并未给它带来丝毫帮助。

本研究清楚地指出了政党领导层的重要性。在某些关键时刻出现的"占主导地位的派别"，能够产生一种长期的路径依赖影响。举例来说，政策取向的保守派在20世纪90年代初掌控着局面（如俄罗斯联邦共产党和希腊共产党），因而这些党继续奉行一种在很大程度上表现为意识形态、内向的政策取向型策略。如果是务实的政党领袖控制了党的组织，并且能够将党集中起来，实现党的职业化（如荷兰社会党或摩尔多瓦共产党人党），或者是将其核心价值观统一起来（如葡萄牙左翼集团），那么这些党很大程度上已经可以灵活应对其所处环境，而几乎不必担心发生党的分裂。

在最具影响力的一些政党中，领导层的角色也发生了变化。许多现代领导者，特别是民粹主义者，不再是教条化、坚持传统共产党"民主集中制"的乔治·马歇（Georges Marchais）和阿尔瓦罗·库尼亚尔（álvaro Cunhal），而是娴熟的媒体表演者，他们展现出一种不教条但却坚持原则的形象，连他们的政敌都认为他们具有"领袖魅力"。这类领导人包括德国左翼党的居西、葡萄牙左翼集团的弗兰西斯科·洛桑和瑞典左翼党 1993～2004 年间的领导人古德伦·希曼（Gudrun Schyman），后者因对其过去酗酒问题的坦诚、拥护女权主义和反共产主义而受大众欢迎。摩尔多瓦共产党人党领导人沃罗宁极富个人魅力和领导才能，至少在 2009 年发生一些严重的判断失误之前是这样。与之相比，那些更加传统和不苟言笑的共产党领导人，比如俄罗斯联邦共产党的久加诺夫和希腊共产党的帕帕莉卡，除了持相同观点的人外鲜有吸引力。

当然，本书中也同样提到了领导力不足问题。久加诺夫便是一个例子，他多次错失了扩大俄罗斯联邦共产党影响力的机会。过度依赖单个民粹主义领袖也会带来风险，最明显的案例便是苏格兰社会党。由于急于建立彩虹左翼联盟的行为没有得到支持者的认同，意大利重建共产党面临土崩瓦解。法国共产党的持续性改革"太少也太迟"了。总之，正如哈默尔和简达（Harmel and Janda）所说的那样，领导层的变动确实成为影响政党成功的最重要因素：许多党直接因为领导层变动遭遇选举问题，如芬兰左翼联盟、荷兰社会党、苏格兰社会党、齐默尔领导下以及拉方丹之后的德国左翼党；在其他案例中，新的领导人则迅速带来选举优势，如拉方丹领导下的德国左翼党、瑟芬达尔领导下的丹麦社会主义人民党以及罗贝尔·于领导下的法国共产党。

意识形态

本书共描述了激进左翼政党的五种意识形态类型，即保守的共产党、改革共产党、民主社会主义政党、民粹社会主义政党和社会民粹主义政党。某些意识形态发展轨迹是不是比其他类型成功呢？表9-7

依据意识形态的类型和平均选举成功率将那些拥有国会议席的政党全部分门别类。前面提到的默德关于成功的三合一定义对我们来说没有足够的分辨度，很多激进左翼政党都获得了超过5%的支持率，因而被认为是"成功的"。我们将这些政党重新划分为以下三种类型：不成功（支持率小于3%）、较成功（支持率介于3%和10%）和成功（支持率大于10%）。从表9-7我们可以看出，最成功的组别是保守的共产党和社会民粹主义政党，两者都有近乎50%的成功率。这正好证实了本书的三大观点：第一，东欧国家"可用的历史"发挥了巨大作用，而唯一成功的西欧政党存在于塞浦路斯、冰岛、北爱尔兰和20世纪90年代的希腊。第二，东欧国家的国情对民粹主义极其有利，非共产主义的激进左翼政党在那里几乎不存在。第三，即使是在西欧，非共产主义激进左翼政党大都努力开拓出了一个成功的小生境。虽然改革的共产党较为成功（只有两个失败），接近40%的民主社会主义政党也成功了，但大部分民粹社会主义政党都没有取得成功。当然，这个图表没有涉及发展轨迹。与表1-1进行比较，我们可以看出，很多改革的共产党，如意大利重建共产党和西班牙共产党正在经历经常是急剧的衰落，民主社会主义政党相对来说比较稳定，民粹社会主义政党变化很大，既容易获得飞速发展，如德国左翼党和荷兰社会党，也很容易土崩瓦解，如苏格兰社会党和英国尊重党。

表9-7　意识形态和激进左翼政党的选举成功

政党	1990年以来平均选举成功率
保守的共产党	
波西米亚-摩拉维亚共产党（2005年前）	高
希腊共产党	中
卢森堡共产党	低

续表

政党	1990 年以来平均选举成功率
俄罗斯联邦共产党	高
斯洛伐克共产党	低
乌克兰共产党	高
法国共产党（1994 年前）	中
摩尔多瓦共产党人党（2003 年前）	高
葡萄牙共产党	中
拉脱维亚社会党	高
改革的共产党	
波西米亚 – 摩拉维亚共产党（2005 年后）	高
法国共产党（1994 年后）	中
瑞士劳动党	低
意大利重建共产党	中
摩尔多瓦共产党人党（2003 年后）	高
意大利共产党人党	低
塞浦路斯劳动人民进步党	高
圣马力诺重建共产党	中
西班牙联合左翼/共产党（IU/PCE）	中
民主社会主义政党	
希腊左翼联盟/激进左翼联盟	中
希腊民主左翼党	低
希腊民主社会运动	低
爱沙尼亚联合左翼党	低
芬兰左翼联盟	中
冰岛左翼绿色运动	高
葡萄牙左翼集团	中
瑞典左翼党	中
丹麦红绿联盟	低
挪威社会主义左翼党	中
荷兰社会党（2008 年后）	中
乌克兰社会党（20 世纪 90 年代）	中
丹麦社会主义人民党	中
苏格兰团结 – 社会主义运动	低
卢森堡左翼党	低
民粹社会主义政党	
德国左翼党	中
法国新反资本主义党	低

续表

政党	1990 年以来平均选举成功率
英国尊重党	低
苏格兰社会党	低
爱尔兰社会党	低
荷兰社会党（2008 年前）	中
社会民粹主义政党	
斯洛伐克工人联盟	低
保加利亚社会党（2000 年前）	高
斯洛伐克方向 - 社会民主党（2000 年前）	高
摩尔多瓦祖国选举集团	中
爱沙尼亚联合人民党	中
公正俄罗斯党	中
立陶宛工党	高
拉脱维亚团结党 *	低
俄罗斯祖国党 *	中
泛希腊社会主义运动（希腊）（1996 年前）	高
斯洛伐克公民谅解党 *	高
乌克兰进步社会主义党（PSPU）	低
罗马尼亚社会民主党（2000 年前）	高
波兰自卫党	中
爱尔兰/北爱尔兰新芬党	中/高
罗马尼亚社会主义劳动党 *	低
阿尔巴尼亚社会党（2000 年前）	高
塞尔维亚社会党（2008 年前）	高
黑山社会主义人民党（2001 年前）	高

注释：* 代表现在已经不存在。

资料来源：www. parties – and – elections. de

政党目标

现代激进左翼政党还是传统内向型、政策取向型的政党吗？事实上可以说很多不太成功的政党依然采用着这种模式：宗派主义和/或为执政而进行必要妥协的策略性争论在许多党中格外突出，比如意大利重建共产党、法国共产党和俄罗斯联邦共产党通常是在政治动乱之后。一些党，满足于占优势的政策取向型小生境地位，如波西米亚－摩拉维亚共产党、希腊共产党和俄罗斯联邦共产党，这种地位能够保证党的稳定，但却几乎没有什么影响。然而，许多党正逐步发展成为选票取向型或职位取向型政党。可以说，摩尔多瓦共产党人党和塞浦路斯劳动人民进步党向来便是这类政党。而一些党，如丹麦社会主义人民党、德国左翼党、荷兰社会党和葡萄牙左翼集团，正在尝试建立甚至是国家层面的"左－左"联盟。其他许多党则在1990年后开始寻求新的选区、联盟和支持者。它们中的一些现在结成了永久或半永久性同盟，如葡萄牙共产党团结联盟和西班牙联合左翼：很多政党，如"泛左翼"政党最早就是一些联盟。其他一些党仍然采用明确的跨阶级联盟战略，如摩尔多瓦共产党人党与右翼基督教民主党建立的联盟。

在微观层面上，我们可以观察到一些有利于政党的策略。这些策略中很多已经极少依赖抽象的意识形态口号和理论，试图将所有激进左翼倾向纳入反新自由主义的保护伞下，在参加选举时基本不提及马克思主义或社会主义，这其中最值得注意的是葡萄牙左翼集团和荷兰社会党。强调短期性、接近实际的"竞选"议题，有利于政党拓宽支持面，如荷兰社会党2005年大选期间支持"反欧盟宪法"运动。很多党采取了非传统意识形态的方法，如环境保护主义、女权主义和地区主义。即便是保守的共产党也时不时地利用民粹主义和民族主义。

结　论

我们的分析过程表明，无论是运用供给面因素还是需求面因素来解释激进左翼政党的选举成功都需花费很大力气。我们发现，一些尤其有利的因素包括：此前拥有议席；极其反对欧盟；高失业率；无选举门槛；激进左翼政党是否执掌前共产主义国家；缺乏具有竞争力的激进右翼政党和绿党；更高程度的多党制以及最后一项，更高的选民投票率。唯一始料未及的结果，是以下这些因素缺乏显著性，比如右翼政党执政，政党体制的联邦制和卡特尔化，以及比例代表制没有产生正效应。总体来说，激进左翼政党的支持率与"现代化危机"，以及对与全球化和"市场权力欧洲"相联系的新自由主义影响的强烈不满高度相关。

我们也指出，共产党和社会民粹主义政党最有条件利用这些机遇，在东欧国家尤其如此，这表明激进左翼政党的成功仍然深受共产主义遗产的影响。然而，民粹主义依旧是一把双刃剑——在东欧国家明显有利，但对西欧国家的政党稳定却不那么适用甚至是危险的。很多激进左翼政党仍然似乎满足于扮演政策取向和抗议党的角色，但为了最大限度地利用其面临的机遇，所有激进左翼政党都需要优秀的甚至是富有魅力的领导层、战略统一的政党组织以及灵活的职位取向型战略，以此来寻求建立新的联盟和争取选民。

第十章
结束语

现在我们可以对所研究的问题进行分析：1. 当代欧洲激进左翼政党的主要意识形态和战略立场；2. 其观点的一致性和"激进主义"；3. 获得选举成功的原因；4. 它们对欧洲各国和国际政治的总体影响。

意识形态和战略趋同

笔者在本书中所采用的不同政党分类，的确反映了它们在意识形态和战略上的显著差异：尽管折中主义不断滋长，但共产党仍然最有可能自称为马克思主义者，在东欧则称为马克思列宁主义者。它们较少批评苏联遗产，也仍然维持着传统的虽然有所弱化的国际联系（包括与其他地区共产党的联系），对与"资产阶级"政治力量合作持强烈的保留意见，比如意大利重建共产党。与此相反，并与其适应新左派主题的努力相一致（虽然并不总能取得成功），民主社会主义政党和民粹社会主义政党抵制"斯大林式"的苏联遗产，强调采取非中央集权制和参与式民主的解决方案，不是那么侧重理论，也很少把自己视为马克思主义或革命政党。后述两种类型的政党有许多共同特点，但主要区别表现为意识形态关注点不同：民主社会主义政党更明显地拥护传统的左翼自由主义议程，以务实的态度对待政府参与；而反"建制"的民粹社会主义政党，往往认为这些只是次要问题。

笔者在本书中一直强调，这些政党分类是动态的，它们之间的屏障有可以穿透的。许多共产党，比如法国共产党已经越来越转向民主社会主义立场；同样，一些民粹社会主义政党如荷兰社会党为了执政，其独具特色的反精英吁求已经变得温和化，而许多共产党，比如希腊共产党和俄罗斯联邦共产党偶尔会采取民族民粹主义立场。不同政党间关键的差异，已经越来越多地体现在战略和策略而非理论上："斯大林主义者"和"托洛茨基主义者"等间的历史仇恨，以及极左翼之间含糊且导致两败俱伤的意识形态争论，在很大程度上已经边缘化了。自从最具相关性的激进左翼政党已经适应通过"资产阶级"自由民主制度来进行变革，并把系统性变革置于更长远的未来，而不再谋求"打碎这一制度"以来，"改良"还是"革命"的问题真就仅仅与"革命的"极左翼相关了。对许多党来说，现在的问题不是参与政府，而是什么时候以什么条件参与政府。致力于提倡具有竞争传统的党派之间合作的"泛左翼"政党和联盟比如最近加入左翼阵线的法国共产党的大量出现，进一步模糊了各党派之间的区分。

很大程度上是因为新国际论坛，如新欧洲左翼论坛、欧洲联合左翼－北欧绿色左翼以及欧洲左翼党（特别表现在 2009 年欧洲左翼党的欧洲议会宣言）的建立，现在欧洲主要的激进左翼政党拥有共同的核心战略目标，如反对"新自由主义的"资本主义，偏向国家主导、福利主义、创造和保障就业、财富再分配等非市场化干预以及承诺环保、女权主义、少数族裔权利及更广泛的民主参与。它们虽然对本国选民以及在某些特殊场合下对民粹主义会做出让步，但仍保持着一种深刻的国际主义视野：起码它们反对"全球化"或"帝国主义"结构、主张和平以及与全世界被压迫者"团结起来"；在大多数时候，它们积极寻求多边主义和共同目的框架下各种新形式的跨国合作。

此外，欧洲激进左翼政党，特别是那些在欧盟层面进行合作的政党，具体的政策议程在过去 10 年中已越来越清晰。它们的具体建议包括反对或限制教育、医疗和交通等国营部门的私有化；捍卫和增加工人权利，如在薪资不变的情况下，支持每周工作时间不超过 35 个小时，扩大工会承认权，提高最低工资，反对劳动市场解除管制。激进左翼政党想通过全民公决和增加地方/地区性政治参与来扩大政治民主，它们经常会提出一个自由意志主义的社会议程，关注促进性别平等、扩大少数族裔权利，比如葡萄牙左翼集团支持民事伴侣和堕胎权。

在国际上，激进左翼政党支持以下观点：控制国际自由贸易，包括支持托宾税；把通常包括核裁军在内的去军事化作为国际关系准则；强化欧洲安全与合作组织和联合国等组织的作用以维护和平。它们反对作为美国领导下的冷战时期军事机构——北约，并寻求废除或者（这种情况很少出现）改革北约；同样，它们寻求对当前"新自由主义"的国际金融机构，如国际货币基金组织和欧洲央行进行根本性改革，加强经济管制以及实现可持续发展。

反对"现存"的欧盟已证实了一个确定性因素：一般情况下，激进左翼政党支持"社会化"欧洲，寻求欧洲合作以构建进一步推动劳动、妇女和环境权的共同政策和竞选策略，但反对"政治化"欧洲，即更大程度的联邦化；"军事化"欧洲，形成共同的外交和防务政策；以及"市场权力"的欧洲，不受限制的经济竞争，缺乏国家经济调控。因此，一些最相关的激进左翼政党基于以下理由反对欧盟宪法和《里斯本条约》：a）强调新自由主义政策；b）接受政治联邦化；c）缺乏民主协商，但却并不一定反对欧洲一体化本身。有个口号喊得是"拒绝这个条约，形成一个更好的条约"。

这不是否认实现更大程度整合存在的显著障碍。尤其是在东欧的共产党一般都不太关心或支持诸如女同性恋、男同性恋、双性恋与跨性别恋（LGBT）权利、毒品合法化和反对核能等自由意志主义议题，也很少关注改善民主状况，东欧共产党尤其具有强烈的专制倾向。在对欧盟的态度上仍存在分歧，导致对发展"另一个欧盟"没有形成清晰的愿景。一些政党是欧洲拒绝论者，比如希腊共产党、葡萄牙共产党和瑞典左翼党主张退出欧盟，冰岛左翼绿色运动、挪威社会主义左翼党、俄罗斯联邦共产党及乌克兰共产党主张不加入欧盟，但其他一些政党，如芬兰左翼联盟、丹麦社会主义人民党、希腊左翼联盟、塞浦路斯劳动人民进步党、摩尔多瓦共产党人党和德国左翼党则愈益倾向欧洲一体化论。这些主张一体化的政党中有许多支持欧盟实现包括增加欧洲议会的权力在内的更大程度的民主化，同时进一步扩大欧盟。其他政党，如荷兰社会党、希腊共产党和葡萄牙共产党则直接反对这种观点。这种不一致性不能帮助激进左翼政党扩大它们在东欧的影响，在那些存在强烈亲欧情绪的国家这种情况更为明显。类似的趋势在激进右翼中也很明显。尤其是缺乏一致性的"替代欧洲"概念，以及"对欧盟持悲观主义"立场，经常更多受到意识形态而非选民反应的影响（Mudde 2007：158 – 183）。然而，相对于集中在国内的右翼，激进左翼政党的国际合作更具统一性和组织化。

此外，受历史影响的怀疑情绪虽然有所弱化，但并非无足轻重。例如，共产党在欧洲左翼党中明显的主导地位，加剧了一些政党对这一组织的猜疑，而对于另外一些党派来说，则是认为这个组织还不够共产主义。此外，如果拥有不同传统的政党共处于同一政党体系之中，对它们的相互关系而言是有害的。对希腊各党来说尤其如此，虽然这种情况对法国和葡萄牙各党的影响并不是那么大。极端主义倾向在激进左翼政党内部占多数，尤其是它们坚决反对与"新自由主义"社会民主党进行合作，使得这些党的策略选择变得更加复杂，比如在意大利、德国和芬兰。不过，整体而言，这种主要分歧现在并不比许多其他政党家族严重，具有一致性的激进左翼政党显而易见。

左翼激进主义被抛弃了吗？

一种明显的去激进化趋势值得我们关注。最极端的政党通常都是在政治上最边缘化的政党（如在希腊），而即使是它们也口头上赞成程序民主，追求增量而非暴动式政治策略。欧洲一体化为去激进化提供了最显著的动力。这在东欧许多社会民粹主义政党的迅速社会民主党化过程中表现得最为明显，比如保加利亚社会党、阿尔巴尼亚社会党、罗马尼亚社会民主党以及现在的塞尔维亚社会党，它们已经从激进左翼政党家族的潜在成员，转变为社会党国际的核心或潜在成员。随着某些特定关键政党，如芬兰左翼联盟和丹麦社会主义人民党的政策越来越向民意靠拢，其疑欧倾向的弱化显而易见。欧洲议会选举强化了欧洲左翼党从内部对欧盟进行改革的作用。此外，越来越多的政府参与经历产生了显著的温和化效应，因为在面对政治妥协的必要性时，许多党已经不情愿地从政策取向转向职位取向，即使那些没有承担过公职的政党，如表面上仍然"反建制"的荷兰社会党和德国左翼党也已不再排斥这种职位取向行为。在这一过程中，曾在20世纪70年代受到欧洲共产主义政党挑战的列宁的格言"越糟越好"，似乎已经被现实主义的政党领袖，而非其更加原教旨主义的党员所抛弃。这一发展动态在摩尔多瓦共产党人党的经历中表现得最为明显，该党从构建欧洲的古巴，坚决转向了在大选期间不加批判地支持加入欧盟。

去激进化的关键因素，是激进左翼政党自身缺乏一种清晰的战略眼光。这无疑不是最近才发生的：传统上，社会主义思想更多地体现为它所反对而非提出的东西（Bobbio 1988）。然而，苏联的垮台已经使激进左翼政党丧失了替代新自由主义的资本主义之切实可行的发展模式和元叙事。但终究，即使人们批判斯大林主义，谴责苏联缺乏民主，但全球许多左翼人士仍然认为苏联的经济体制基本可行，且在20世纪80年代之前一直是"社会主义的"（Cox 2009）。

今天的激进左翼政党能够提供哪些经验呢？如我们所见，除了最保守的共产党外，几乎没有任何党把贫穷、孤立的朝鲜作为典范。今天的激进左翼政党几乎没有提供任何经验。相比于一些国家，古巴展现了一些长久不衰的魅力，还有查韦斯的委内瑞拉和莫拉莱斯的玻利瓦尔也逐渐正在产生影响。然而，前两个国家显著的威权主义经常令激进左翼政感到困扰，而且根本没有人能够令人信服地勾勒出这些国家的政治经济体制如何才能移植到欧洲的土壤之中。考虑到委内瑞拉与国际资本的对立建立在其丰富的石油储量基础之上，而对于欧洲来说，接下来的数十年将会逐渐面临石油荒，这一情况更加凸显。

的确，激进左翼政党不是建议系统地模仿这些模式，而是经常强调从一系列可能为未来的反资本主义替代构建基础的、更加折中的正面例子当中学习经验——比如，查韦斯采用流行的全民公决以及撤销公职等方式；巴西阿雷格里港推行参与预算的经历；芬兰、挪威和德国各州越来越多（尽管有时也犹豫不决）的欧洲"左—左"联盟；

以及葡萄牙左翼集团开展的单一议题运动（Daiber 2010）。然而，具有显著性的是，许多激进左翼政党，经常是最成功的那些政党很少专注于抽象的"社会主义"问题，而是关注短期性的地方创制权、议会外竞选运动，并设法推动立法议程向左转。这也是诸如苏格兰社会党、德国左翼党、葡萄牙左翼集团和荷兰社会党等党的活动的重要方面。它们的激进主义变得越来越含蓄了。现在大多数激进左翼政党只是间接地强调它们反资本主义，勾勒了一种更加"情境式"的激进主义——提出了一些非正统的政策，以把被排除者纳入进来；总体而言，它们试图"打破传统政治的枷锁"。具有代表性的是，一些领导人，比如荷兰社会党的马莱尼森、芬兰左翼联盟的茜麦斯甚至都没有提及自己是社会主义者，只有极左派才不仅仅只是反对新自由主义，而是经常使用反资本主义和社会主义话语。那些新兴政党现在越来越愿意采用这种带有控诉意味的"左翼"而非社会主义者概念，这表明它们如果不是简单回避的话，则是在尝试弥合那些棘手的理论议题，试图从社会民主党手中独占这个术语的使用权。

当然，反对社会民主主义的"新自由主义"第三条道路，捍卫被其所摒弃的传统政策，吸引其不满的支持者，愈益成为激进左翼政党重要的身份标识，因此阿尔特的观点（Arter 2002：24），即社会民主主义的新自由主义化已经使得北欧绿色左翼成了传统社会民主主义价值观和政策的捍卫者，可以引申来描述更广泛的激进左翼政党。吉登斯认为，被误认作激进主义的那些思想，仅仅是在孤注一掷且保守地捍卫已经失败的国家干预主义（参见第一章），这一指责看似很有道理。特别是极左派经常把激进左翼政党视为"社会民主党"，甚至是奉行"新自由主义"的社民党。一些左翼政党领导人毫无悔意：法乌斯托·贝尔蒂诺蒂承认意大利重建共产党的一些政策就是新凯恩斯主义政策；其他一些领导人，如葡萄牙左翼集团领导人弗朗西斯科·洛桑则否认它们的观点仅仅是左翼－凯恩斯主义。另外一些人仍然采取中间立场：苏格兰社会党的科林·福克斯指出，自从英国工党"对改革不再感兴趣"以来，苏格兰社会党等就拾起了"左翼－改革主义"议程来捍卫否则将会迅速消失的成就，虽然这一议程并不那么具有"革命性"（Fox 2007）。这样，激进左翼政党坚持认为，维护社会民主国家并不代表倒退，而是为了未来能够实现更具革命性的"社会主义"议程，即使这相对来说不确定，而且达到社会主义的过程也仍然模糊难辨。比如法国共产党提出"克服"资本主义弊病，意大利重建共产党是"超越"资本主义，葡萄牙左翼集团则提出要与资本主义"决裂"，等等。

而且，若把激进左翼政党的整个议程简化为凯恩斯主义的回归，那也过于简单化了。它们对环境和女权主义政治、跨国性运动、议会外和基层参与的强调，超越了最左倾的传统社会民主党派。激进左翼政党的国际战略，特别是反对主要的欧洲－大西洋机构表明，需要对当前国际体系进行根本性变革。激进左翼政党主张加强欧洲经济保护，控制无约束竞争以及削弱政治一体化；即使不解散北约，也要对其进行反思；把目光重新转向南方国家，对美国外交政策采取一种更为批判的态度。采取这样的建议，将意味着根本改变战后两项欧洲政策议程。

总的来说，激进左翼政党的发展前景显然是去激进化的，并且在这一发展方向上将会不断面临压力，但它们对当代欧洲政治仍然具有激进意义。无疑，当今的激进左翼政党要么缺乏正确的理论，要么缺乏列宁主义争夺霸权的野心。尽管列宁是否认为当代"共产主义"政党就应该是这种表现仍然有待商榷，但从更系统的激进主义转向"情境式"的激进主义，仍意味着需要采取非正统的政策。尤其是由于大多数激进左翼政党在政治上过于边缘化而不能实施它们的政策，因此其核心是否存在一种具有一致性的激进哲学，可能仍然令人怀疑。而且，在"紧缩"时代里，强调渐进式的国家干预甚至面临着更大的挑战。目前，欧洲选民似乎既担忧不受约束的市场权力，也对国家纠正市场不公正的能力持深切的悲观态度（Policy Network 2011）。这对整个左翼构成了根本性挑战，但对致力于普遍维护社会民主国家的激进左翼政党来说，如何长期保证其信誉仍然面临很大风险。

从整体上说，具体政策，尤其是对欧盟的态度的重要分歧，以及"社会主义"发展前景的模糊性意味着，尽管激进左翼政党拥有"另一个世界/欧洲是可能的"等共同口号，但仍然缺乏一种具体的霸权计划，能够帮助激进左翼政党从守势转变为攻势，并且能令人信服地阐述未来如何建立一个迥然相异的政治经济体制。

选举成功和失败的原因

第九章详细分析了激进左翼政党成功的原因。这一章有两点重要启示。第一，激进左翼政党的动员潜力比其取得的选举成功要更大一些。当然，尽管源于其共产主义遗产，东欧激进左翼政党明显更加强大，但激进左翼政党成功的多数外部条件，尤其是现代化危机、反对欧盟以及糟糕的经济状况在整个欧洲甚至是 2007～2008 年危机前就已存在。此外，虽然激进左翼政党受到高选举门槛，以及来自中左翼政党、绿党和激进右翼政党竞争的负面影响，但在广泛的外部制度和政党体制条件下，它们仍有可能取得成功。

相关的第二点是，由于激进左翼政党取得成功的一些前提条件几乎是普遍存在的，因此它们不应该被视为处于政治光谱边缘位置、所持价值观与当代民主国家主流价值观格格不入的"小生境"政党，相反，它们是能够利用主流所关注议题，比如全球化焦虑和经济不安全感的行为者。所谓"极左"情绪并非无关紧要：在最近一次对欧盟成员国的欧洲晴雨表调查中（74.1，2010），7.16%的受访者认为自己不属于左－右翼光谱范畴，而只有5.64%的人认为自己处于极右翼阵营。鉴于经济发展的主要风向，这种情绪显然将会增长。此外，激进左翼意识形态中许多核心特征，是一些政治主流所持价值观的激进化，如平等主义和国际主义。因此，与激进右翼政党一样，激进左翼政党的要求和动员潜力要比其所取得的选举成功大得多。正如第九章指出的，虽然外部因素为我们预见激进左翼政党取得突破的可能性提供了良好的基础，但内部因素更好地解释了激进左翼政党为什么可以持续存在。在很大程度上，成功是政党本身使然。在克服如领导不力、内部分裂、政策取向的原教旨主义以及战略不一致等历史问题方面，当代许多激进左翼政党已经取得了长足进步。然而，在东欧之外的激进左翼政党真正获得成功的很少，这也表明其面临着很多遗留问题。

政策影响：从马克思主义到主流？

激进左翼政党在欧洲长期存在。如第一章所指出的，激进左翼政党的整体支持率稳定，且在某些情况下甚至还在不断增长。在许多欧洲国家，激进左翼政党已经构成主流社会民主党主要的甚至是现存的政策挑战。而且，在所有情况下，激进左翼政党现在都已成为一种内部现象，并不需要依赖外部支持而存在。作为一个欧洲政党家族，激进左翼政党变得越来越自信、协调和统一，有时与绿党和激进右翼一样强大，当然后两类政党也对社会民主党构成重大挑战。然而，激进左翼政党也存在明显弱点。它主要仍是一个"小党家族"，一般在欧洲一些较小和较外围的国家，如摩尔多瓦、冰岛、塞浦路斯比较强大。此外，它在东欧数量很少，占主导地位的仍然经常是衰落的共产党，而后者基本不能重新赢得其先前的支持率。

再者，激进左翼政党的直接政策影响，目前可以相对忽略不计。笔者在第八章提到，全球正义运动的主要成就，是影响政治氛围和激励运动参加者，而非改变政策。当然，激进左翼政党在国际（如反对《欧盟宪法》草案以及其后的《里斯本条约》）和国内层面（如葡萄牙堕胎合法化、反对德国 2010 议程）一直在参加一些关键性的、形成广泛共鸣的运动，但没有任何一次运动能够根本改变欧洲新自由主义全球化的意识形态乃至发展步伐，是 2007～2008 年新自由主义内部发生的经济危机而非其批评者才使情况发生了变化。

在政府参与中，激进左翼政党在制定具体政策方面暴露出的弱点最为明显[①]。激进左翼政党对与社会民主党和绿党组成联合政府，比如在芬兰与中间或中右翼政党结盟，或者至少在议会中的临时合作以及支持社会民主党少数派政府方面（见表 9 - 1），已经变得越来越开放。通观全书，这是受许多因素驱动的：主要是出于避免被孤立以及摆脱低贱政治地位、成功吸引不满的中左翼支持者，尤其是在地方层面提高选举成绩的需要。

整体而言，如表 10 - 1 所示，对于激进左翼政党来说，政府参与并不是一段特别愉快的经历。在许多情况下，政党随后的支持率就会下降，有时候下降得非常明显（平均下降率为 14.4%）。主要的例外发生在塞浦路斯和摩尔多瓦，在这两个国家中激进左翼政党是占主导地位，因此能够履行权力和责任：摩尔多瓦共产党人党在

---

① 更多的细节解释，参见 Bale and Dunphy 2007 以及 Olsen et al. 2010。

2005 年再次赢得选举成功，在 2009 年 7 月只是因为微小差距而失去执政地位；在塞浦路斯，虽然塞浦路斯劳动人民进步党在 2006 年选举失利，但其领导人季米特里斯·赫里斯托菲亚斯 2008 年当选总统。

表 10－1　1990 年后激进左翼政党的政府参与

国家	政党	日期	参与类型	在选举之后的投票轨迹	投票变化平均值
塞浦路斯	劳动人民进步党	2003 ～	联盟	－3.6	－10.4
		2008 ～	联盟	尚未可知	n/a
丹麦	社会主义人民党	1994 ～ 1998	支持	＋0.2	＋2.7
		1998 ～ 2001	支持	－1.1	－14.7
	红－绿联盟	1994 ～ 1998	支持	－0.4	－12.9
		1998 ～ 2001	支持	－0.3	－11.1
芬兰	左翼联盟	1995 ～ 1999	联盟	－0.3	－2.7
		1999 ～ 2003	联盟	－1.0	－9.2
法国	共产党	1989 ～ 2003	支持	－1.9	－16.8
		1997 ～ 2002	联盟	－5.1	－51.2
希腊	左翼运动和生态联盟/共产党	1989 ～ 1990	联盟	－0.7	－6.4
冰岛	左翼绿色运动	2009(4月) ～	联盟	尚未可知	n/a
爱尔兰	民主左翼党	1994 ～ 1997	联盟	－0.3	－10.7
意大利	重建共产党 共产党人党	1996 ～ 1998 1998 ～ 2001	支持 支持	－1.9（重建共与共产党人党总和）	－22.1
意大利	重建共产党/共产党人党	2006 ～ 2008	联盟	－7.1（重建共、共产党人党与绿党总和）	－69.6
摩尔多瓦	共产党人党	2001 ～ 2005 2005 ～ 2009.2 2009(4 ～ 7月)	执政 执政 执政	－4.1 ＋3.5 －4.8	－8.2 ＋7.6 －9.7
挪威	社会主义左翼党	1994 2005 ～ 2009 2009	支持 联盟 联盟	－1.9 －2.6 还不知	－27.1 －29.6 n/a

国家	政党	日期	参与类型	在选举之后的投票轨迹	投票变化平均值
俄罗斯	俄罗斯联邦共产党	1998～1999	支持	+2.0	+9
西班牙	联合左翼	2004～2008	支持	-1.2	-24
瑞典	左翼党	1998～2002	支持	-3.6	-30
瑞典	左翼党	2002～2006	支持	-2.5	-29.8
乌克兰	共产党	2006～2007 2010～	联盟 联盟	+1.7 尚未可知	+45.9 n/a
平均				-1.6	-14.4

资料来源：Bale and Dunphy 2011，作者的计算源自 www. parties – and – elections. de。

在其他地方，激进左翼政党的规模就更小了，面临着各国小党都需要面对的发展困境：与大党一起承担制定政策的责任，却又没有足够的权力影响政策的制定。的确，从这个角度来说，政府参与后遭受的损失还不是那么糟糕——绿党平均为 20%，激进右翼政党平均 14.2%。[①] 然而，那种靠出借议会选票来支持政府，但是在内阁中又没有正式代表的少数派支持地位，从这方面来说被认为是 "最糟糕的" 了，并且导致其越来越渴望被纳入正式联盟（Bale and Dunphy 2011）。一般来说，激进左翼政党参加这种联盟是通过淡化、减缓或反对等手段来抵制政府的新自由主义，并通过不断提出自己的政策议程以及充当社会民主党的 "左翼良知" 来创造增量进步，推动政府重心左转。

政府参与仍然呈现严重困境。正如我一直指出的那样，采取反建制策略也许可以保证中期选举成功，动员起民粹主义分子对社会民主党的不满，但这几乎不能影响具体政策；然而，若越来越对政府联盟采取妥协态度，虽然能够发挥更大的影响，但是却存在去激进化的风

[①] 作者的评估源自 http：//parlgov. org/stable/index. html and www. parties – andelections. de。

险。激进左翼政党通常充其量也就仅占几位部长席位。通常担任的是就业、福利、环保和妇女权利部长，不足以向其支持者兑现具体的利益诉求。当还有其他替代性左翼或右翼抗议党存在可供不满的选民选择时，比如 2008 年在意大利和 2002 年在法国，政府参与导致的损失尤其严重。此外，如同 2005 年的挪威一样，"左－左"联盟的主要受益者经常是更大的社会民主党（Olsen 2010）。

整体上，执政的激进左翼政党能够提出一些不容忽视但仍影响有限的改革——递增福利和养老金、削弱私有化和市场化、具有进步意义的立法、增加政府补贴和调控——但几乎不可能对资本主义进行"激进的"的变革。一些成功的做法，比如若斯潘政府采取的就业措施，葡萄牙的堕胎合法化，以及反对欧盟宪法草案运动，在其他政党如社会民主党中也都获得了广泛支持，所以我们很难分辨出激进左翼政党是否发挥了关键作用。而且，它们也难以扭转那些被认为是负面或防御性的成果，如阻止一些"糟糕的"政策被采纳（Olsen 2011）。即使在塞浦路斯和摩尔多瓦政府中占主导地位，我们也很难看到激进左翼政党所采取的政策与左翼的社会民主政党有什么显著不同，尽管前者可能更加重视经济干预，更加质疑欧洲－大西洋组织。的确，激进左翼越来越认同摩尔多瓦共产党人党和塞浦路斯劳动人民进步党采取的社会政策，如增加教育和福利支出，但就委内瑞拉和玻利瓦尔来说，现在难以发现欠发达国家的例子如何能够给富裕的欧洲国家带来更广泛的启发。考虑到一些国家，如摩尔多瓦、委内瑞拉被欧洲主流精英视为威权主义的代名词时（这种说法不是完全没有道理的），情况尤其如此。

的确，在一些极其重要的问题上，如反对欧盟宪法、反对政府参与北约行动以及紧缩措施，激进左翼政党很少能够力挽狂澜，也很难将其支持者团结在它们周围。最有危害性的例子，是有些党试图前后矛盾地耍"两面派",一方面参与政府,另一方面又动员民众反对它们不喜欢的政府措施,这在 1997~2002 年的法国和 2006~2008 年的意大利表现得尤其明显(参考 Dunphy and Bale 2011)。这种策略通常会有损党的团结,并且会给下一次选举造成严重损失。正如我们特别指出的国家意大利,抗议政府国防政策的示威游行以及民众察觉到意大利重建共产党在政府和运动中截然相反的表现,是导致重建共 2008 年选举惨败的主要因素。许多参与执政的政党现在意识到耍"两面派"将会弄巧成拙,而且承认提前做出妥协比假装从没有做出过妥协或者把妥协编造成胜利要好得多。许多党也注意到,因为参与政府可能造成的选举结果损失,不一定会比在野时差。相当多党的积极分子仍然认为,绝大多数激进左翼政党应该作为配角党(Daiber 2010)。

对于许多正在考虑参与政府,以及到目前为止所采取的策略仍然很大程度上依赖其反建制身份的政党来说,这些问题可能很尖锐。值得注意的是,两个最重要的民粹社会主义政党,即德国左翼党和荷兰社会党的反建制政策最近开始温和化,因为它们面临着在国家层面上建立左 - 左联盟的发展前景。

总的来说,由于执政时在政策上未能有所建树或者策略上缺乏独特性,导致激进左翼政党缺乏连贯一致的霸权视野:"到目前为止,单一的积极成果……与不能建立一种可能挑战新自由主义基本构成要素、进而步入稳定转型道路的可靠的反霸权结构形成鲜明对照"(Brie 2010:32)。

加之对务实和增量战略的强调,陷入一种"改良主义""现实"的危险就成为更加核心的问题。在当代危机四伏的社会经济环境下,当激进左翼政党的许多国内政治诉求(即使不是其外交政策)变得越来越主流,比如政府调控市场、解决普遍的经济不安全状况、关注欧盟和欧洲民主国家的"民主赤字"以及弥合政治精英和选民们之间的差距，这种情况鲜明地表现出来。尽管这似乎是前所未有的机会，但激进左翼政党并不能对政治光谱中多数政党现在都明显支持的议程发挥确切的领导作用。激进左翼政党被其东欧竞争者，尤其是社会民粹主义政党（第六章）"漂红"的风险显而易见。社会民主党人也可以靠着向"左转"来做到这点，比如在 2002 年的德国和荷兰；即便是中右政党也都在鼓吹保障就业或福利言论，比如匈牙利的青年民主联盟和波兰的法律与公正党，2009 年欧洲议会选举中的默克尔和萨科奇。而且，现代激进右翼政党，如真正芬兰人党、希腊人民东正教阵线（LAOS）和法国国民阵线，都越来越把福利主义当作核心诉求。正如艾利克斯·卡利尼科斯（Alex Callinicos）指出的："当凯恩斯主义进入主流时，基于凯恩斯主义的左翼经济政策就显得不那么有力了"（引自 Beckett 2009）。

显然，如果竞争对手的"漂红"政策只是一种表面文章，那么真正的左翼政党仍有可以利用的空间，就如 20 世纪 90 年代当主流政党的"生态友好"议程止步不前时，绿党获得了发展空间一样。然而，这只是说明，激进左翼政党作为小党派，很少能直接控制自己的命运。尤其是，如果社会民主党将注意力重新放在与传统支持者修复关系，最后摒弃"新自由主义"第三条道路战略（从现在看，前者比后者更为显著）来应对其当代危机，那么激进左翼党会发现，其现存的选举"小生境"将受到极大挤压①。

启　示

正如本书开头指出的，尽管这一研究旨在提供一份有深度和广度

---

① 更多关于社会民主党应对危机的内容，参见 *Internationale Politik und Gesellschaft*，http：//fes. de/ipg/sets_ d/arc_ d. htm，2010 年 4 月。

的分析，但并不能对瞬息万变的欧洲激进左翼政党"盖棺定论"。然而，本研究的确提出并且很有希望地激发了一个具有潜在丰富价值并且是迄今鲜有涉猎的研究议题。

首先，对国际合作研究来说，仍然存在一定的研究空间，突破语言障碍把本研究没有关注的一些有意思的党派如冰岛左翼绿色运动、拉脱维亚社会党以及新兴的爱尔兰社会党纳入进来。对这些党派的经验研究非常重要，因为相对来说人们对其知之甚少。

其次，需要探讨的一个显著领域，是进一步分析上述影响激进左翼政党选举成功的供给面和需求面因素。第九章提供了大样本定量数据集，涵盖了1980年到2008年期间的34个国家的128次选举，这是前所未有的，并且较之前研究拥有许多优势。大部分定性的个案研究，也有可能得出类似的结论，但却很少尝试进行归纳。这些研究结果，通过引用现存的有关激进左翼政党文献，以及考察了反建制和激进右翼政党的现有文献，总结和检验了一些外部供给面和需求面因素。这一大样本数据集引入了许多原始和高质量的自变量，既有助于克服影响许多小样本研究的选择偏向而导致的问题，也使我们可以得出本章关于跨欧洲激进左翼政党的一些结论。

此外，第二和第九章以及各种定性的党派案例研究，引入了一些党内变量，这些变量可以解释政党在多大程度上以及为什么对外部环境带来的刺激做出回应。不管是定量研究还是定性研究，抑或是两者一起，都为未来的研究播下了种子，能够进一步检验和改善本书所采用的变量，或者作为新研究的基础。

例如本书指出，与激进右翼政党一样，激进左翼政党的需求是一个假定而非谜题（Mudde 2010）。所谓谜题以及未来研究的主要关注点，应该是为什么需求面因素相对来说不能转换成连贯的供给面因素——分析应该更多地关注政党体制竞争以及激进左翼政党自身所采取的策略。通过运用不同的政党个案研究，可以进一步做出详细分析。此外，本书概述的一些因素，如魅力型/民粹主义领袖或政党组织和派系斗争对政党成功的影响，对于进一步的研究也非常重要。当然，关于激进左翼政党、绿党和激进右翼政党相互竞争动态的系统探讨，可以成为未来研究的至少两项主题。

此外，社会民主党和激进左翼政党之间的关系，对于二者来说都至关重要。近期激进左翼政党几乎不可能挫败社会民主党，因为社会民主党仍然比激进左翼政党强大，并且有更多的执政经验以及政治和组织资本。尽管部分工会倾向于激进左翼政党，但绝大部分仍然主要支持社会民主党。但是，尤其随着激进左翼政党越来越频繁地成为执政伙伴，而如果社会民主党一直不能找到解决其自身危机的有效方案，我们也可以预期天平会重新转向有利于激进左翼政党。激进左翼政党和全球正义运动之间建立关系，以及在国际层面通过欧洲左翼党等组织加强联系，现在只是得到初步发展，其长期演进需要进一步考察。

激进左翼政党的吸引力，与欧盟、本国的政治体制以及当代社会民主主义内部面临的普遍问题是分不开的。其根本原因包括：反建制情绪；社会经济不景气；认为主流政治行为者，首先是社会民主党愈益技术官僚化、疏远民众、毫无自身特点；公民在全球化力量面前缺乏保障。当前的经济危机也会产生不可预知的长期政治影响，对政党制度和个别政党来说尤其如此。然而，可以想象得到，经济危机不会减少这些问题。因此，激进左翼政党的动员潜力及其推动欧洲政党体制变革的潜力，在重要性上将不可能减弱，进行相关研究的必要性也因而不会减弱。

尽管笔者讨论了激进左翼政党是如何解决永恒的"做什么"的问题，但本研究特意没有给出明确答案，因为若要回答它还需要更多推理和哲学分析。但显然，激进左翼政党仍处在危机中，因为它仍然迫切需要建立一套现代、系统的政治哲学，能够勾勒出一个令人信服、不同寻常、为大众所接受的美好社会蓝图，以从很大程度上的防御观转向更具前瞻性的观点。丹麦社会主义人民党转投向欧洲绿党，以及绿党 2009 年在欧洲议会选举和当前在德国突出的选举表现尤其表明，激进左翼政党很可能在竞争中败北，不再能够代表非社会民主主义左翼。毕竟，目前环境保护比社会主义更符合时代精神，而绿党很少有激进左翼政党那样的历史包袱。匈牙利、芬兰及其他地方最近的选举结果无疑表明，激进左翼总是面临着被激进右翼挫败的风险。

当然，一种新哲学不是希望存在它就会存在，而且其形成迄今一直不断受到经常是"向内看的"、主要表现为政策取向和思维方式的阻碍，而且在关于如何反对欧盟机构以及理性对待与非激进政党伙伴合作问题上出现了巨大分歧。许多党意识到这些问题，但却并非所有党都能充分地去面对。同样，本书已指出了一些帮助激进左翼政党获得成功的关键因素，但并非所有党都利用了这些因素。举例来说，进一步发展意识形态是必要的。尽管最成功的政党仍然是共产主义政党（尤其是在东欧），但即使与 20 世纪 90 年代的水平相比，多数党也明显衰落了很多，而且很少能够摆脱反共主义的诽谤。因此，尽管其目前还算成功，但最为成功的长期性战略仍然可能是强调后物质主义议题的民主社会主义/生态社会主义。同样，目前欧洲的社会经济环境，尤其是东欧非常适合于民粹主义发展：如果激进左翼政党能够找到一条成为"左翼民粹主义者"的道路，那么这也可能强化其后共产主义身份以及增加实现中期目标的可能性，尽管民粹主义战略仍然充满了危险。

此外，即使通过务实的增量措施，激进左翼政党仍然可以取得显著进展。例如，从摩尔多瓦共产党人党和塞浦路斯劳动人民进步党以及荷兰社会党的经历中我们可以得到的教训，是将最大化的内部团结与最大化的外部实用主义结合起来。而从荷兰社会党和葡萄牙左翼集团汲取的教训，是要重视向选民展示实用价值而非理论的纯粹性。此外，激进左翼政党的国际合作相对来说尚处于初级阶段。尽管仍然面临障碍，但欧洲左翼党与欧洲联合左翼－北欧绿色左翼党团之间越来越多的协调沟通可能提供一个关键机制，共产党、非共产党、欧洲拒绝论者、欧洲怀疑论者可以借此进行日常对话与合作，克服萦绕不去的相互怀疑，并且也可能因此（鉴于欧洲议会的缺陷，这必然是间接地）而改善整个欧洲激进左翼的形象。

然而，在寻求建立一种政治哲学的过程中，激进左翼政党无疑还需要更加努力，以超越列宁主义遗产中的专制和计划调控等元素，尤其在东欧地区将限制它们的吸引力。同时，正如在第八章指出的，在与全球正义运动合作时，激进左翼政党仍然可以向列宁和葛兰西学习，关注作为掌握国家权力必要条件的一些实际步骤，尽管目前许多活动家仍然轻视这个目标。比如，对拉美的发展做出浪漫化解释可能有助于建立国际团结，但对于在欧洲政治中扩大影响却几乎不能提供任何具有实用价值的经验。相反，要实现这一目标，要更多关注在欧洲特定环境下所汲取的教训以及面对的问题。显然，激进左翼政党面临的最紧迫的问题，是如何克服在东欧地区一直以来的软弱状况，以及对于东欧共产党的过度依赖——共产党的政策仍然备受非议，其长期生存并不能得到保证。东欧各党积极尝试加入其中的欧洲左翼党和"Transform！"网的相关智囊机构，现在正在积极探讨这类议题。然而，面临的问题是如此之多，除非激进左翼政党找到可行的解决方案，才能保证欧洲未来中有左翼的一席之地，或者左翼拥有欧洲的未来。

参考文献

Abedi, A. (2002) 'Challenges to established parties: the effects of party system featureson the electoral fortunes of anti – political – establishment parties', *European Journal of Political Research* 41: 551 –583.

—— (2004) *Anti – Political Establishment Parties: A Comparative Analysis*, London: Routledge.

Adams, J., Clark, M., Ezrow, L. and Glasgow, G. (2006) 'Are niche parties fundamentally different from mainstream parties? – The causes and the electoral consequences of Western European parties' policy shifts, 1976 ~ 1998', *American Journal of Political Science* 50 (3): 513 – 529.

ADEPT (2002) 'Ideological eclecticism generator of confusion'. Online. Available HTTP: < http: //www. e – democracy. md/en/ comments/political/20031120 > (accessed 27 June 2007).

Akkerman, T. (2003) 'Populism and democracy: Challenge or pathology?', *Acta Politica* 38: 147 – 159.

—— (2011) 'Party of Socialists of the Republic of Moldova "Patria – Rodina"'. Online. Available HTTP: < http: //www. parties. e – democracy. md/en/parties/psrm/program > (accessed 14 May 2011).

Albertazzi, D. and McDonnell D. (2007) 'Introduction: The Sceptre and the Spectre', in D. Albertazzi and D. McDonnell (eds) *Twenty – First Century Populism: The Spectre of Western European Democracy*, London: Palgrave, pp. 1 – 14.

Albertazzi, D. , McDonnell D. and Newell J. (2007) 'Di lotta e di governo: The Lega Nord and Rifondazione Comunista in coalition', paper presented at PSA conference, University of Bath, April.

Alekseev, P. (2006) 'French communists end relations with Russian Communist Party because of gay scandal'. Online. Available HTTP: < http: //english. pravda. ru/russia/politics/ 81793 – 2 > (accessed 8 April 2010).

Alemagna, L. (2010) 'La "longue marche" de Mélenchon vers 2012'. Online. Available HTTP: < http: //www. liberation. fr/ politiques/0101622397 – la – longue – marche – de – melenchon – vers – 2012 > (accessed 8 March 2010).

Alexander, R. J. (1991) *International Trotskyism*, 1929 ~ 1985: *A Documented Analysis of the Movement*, Durham: Duke University Press.

—— (2001) *Maoism in the Developed World*, Westport: Praeger. Ali, T. (2006) *Pirates of the Caribbean: Axis of Hope*, London: Verso.

álvarez – Rivera, M. (2006) 'Elections to the Portuguese Assembly of the Republic '. Online. Available HTTP: < http: // electionresources. org/pt/index_ en. html > (accessed 10 April 2010).

Andersen, J. G. (2003) 'The general election in Denmark, November 2001', *Electoral Studies* 22: 153 – 193.

Anderson, P. , and Camiller, P. (1994) *Mapping the West European Left*, London: Verso.

Anderson, P. (2000) 'Editorial: Renewals', *New Left Review* 2 (1): 5 – 24.

Andersson, J. O. (1995) 'Three fundamental values for a third left', Helsinki: Left Alliance.

Andolfatto, D. (2001) 'Le parti de Robert Hue: Chronique du PCF 1994 – 2001', *Communisme* 67/68: 201 – 264.

—— (2004/5) 'Chronique du PCF, mars 2003 – 31 décembre 2004', *Communisme*, 80/81/82: 235 – 265.

Anonymous (2004) 'Anti – capitalist resistance in Genoa: A personal refl ection', in J. Carter and D. Morland (eds) *Anti – Capitalist Britain*, Cheltenham: New Clarion Press, pp. 148 – 160.

Appel, H. (2005) 'Anti – communist justice and founding the post – communist order: Lustration and restitution in Central Europe', *East European Politics and Societies*, 19 (3): 379 – 405.

Arditi, B. (2003) 'Populism, or, politics at the edges of democracy', *Contemporary Politics* 9 (1): 17 – 31.

Arter, D. (1991) 'The Swedish leftist party: "Eco – communism" or communist echo?', *Parliamentary Affairs*, 44: 60 – 78.

—— (1993) 'Post – communist parties in Finland and Scandinavia: A red – green road to the twenty – fi rst century', in Bell, D. S. (ed.) *Western European Communists and the Collapse of Communism*, Oxford: Berg, pp. 31 – 50.

—— (2002), ' "Communists we are no longer, Social Democrats we can never be:" The evolution of the leftist parties in Finland and Sweden', *Journal of Communist Studies and Transition Politics*, 18 (3): 1 – 28.

—— (2007) 'The end of the social democratic hegemony? The March 2007 Finnish general election', *West European Politics*, 30 (5): 1148 - 1157.

Arzheimer, K. and Carter, E. (2006) 'Political opportunity structures and right - wing extremist party success', *European Journal of Political Research*, 45, 419 - 443.

Ashman, S. (2004) 'Resistance to neoliberal globalisation: a case of militant particularism?', *Politics*, 24 (2): 143 - 153.

Athens News Agency (2001), ANA Daily News Bulletin 26 January. Online. Available HTTP: < http://www. hri. org/news/greek/ana/ 2001/01 - 01 - 26. ana. html#08 > (accessed 22 December 2009).

Aylott, N. (2002), 'Let's discuss this later: Party responses to Euro - division in Scandinavia', *Party Politics*, 8 (4): 441 - 461.

Baccetti, C. (2003) 'After PCI: Post - communist and neo - communist parties of the Italian left after 1989', in J. Botella and L. Ramiro (eds) *The Crisis of Communism and Party Change. The Evolution of West European Communist and Post - Communist Parties*, Barcelona: Institut de Ciències Politiques i Socials, pp. 35 - 52.

Backes, U. and Moreau, P. (eds) (2008) *Communist and Post - Communist Parties in Europe*, Göttingen: Vandenhoek and Ruprecht.

Bale, T. and Dunphy, R. (2007) 'In from the cold: left parties, policy, office and votes in advanced liberal democracies since 1989', paper presented at PSA conference, University of Bath, April.

—— (2011) 'In from the cold: left parties and government involvement since 1989', *Comparative European Politics*, 9: 269 - 291.

Balík, S. (2005) 'Communist Party of Bohemia and Moravia and its attitude towards own history', in L. Kopeček (ed.) *Trajectories of the Left: Social Democratic and Excommunist Parties in Contemporary Europe: Between Past and Future*, Brno: Democracy and Culture Studies Centre, pp. 140 – 149.

Bardi, L. (2004) 'European Political parties: A (timidly) rising actor in the EU political system', *The International Spectator*, 2: 17 – 30.

Bardi, L. and Morlino L. (1994) 'Italy: Tracing the Roots of the Great Transformation', in R. S. Katz and P. Mair (eds) *How Parties Organize: Change and Adaptation in Party Organizations in Western Democracies*, London: Sage, pp. 242 – 277.

Bartolini, S. (2000) *The Political Mobilization of the European Left*, 1860 ~ 1980, Cambridge: Cambridge University Press.

Beck, T., Clarke, G., Groff, A., Keefer, P. and Walsh, P. (2001) 'New tools in comparative political economy: the database of political institutions', *World Bank Economic Review*, 15 (1): 165 – 176.

Becker, T. (2009) 'Oskar Lafontaine: "We want to govern"', Online. Available HTTP: < http://www. cpgb. org. uk/worker/783/oskarlafontaine. php > (accessed 18 September 2009).

Beckett, A. (2009) 'Has the left blown its big chance of success?', *The Guardian*, 17 August. Online. Available HTTP: < http://www. guardian. co. uk/politics/2009/aug/17/left – politicscapitalism – recession > (accessed 17 May 2010).

Bell, D. (1965) *The End of Ideology. On the Exhaustion of Political Ideas in the Fifties*, New York: Free Press.

Bell, D. S. (ed.) (1993) *Western European Communists and the Collapse of Communism*, Oxford: Berg.

—— (1996) 'Western communist parties and the European Union', in J. Gaffney (ed.), *Political Parties and the European Union*, London: Routledge, pp. 220 – 234.

—— (2003) 'The French Left after the 2002 elections', *Journal of Communist Studies and Transition Politics*, 19 (2): 77 – 92.

—— (2004) 'The French Communist Party within the Left and alternative movements', *Modern and Contemporary France*, 12 (1) : 23 – 34.

—— (2010) 'The French extreme left and its suspicion of power', in J. Olsen, M. Koß and D. Hough (eds) *Left Parties in National Governments*, Basingstoke: Palgrave, pp. 33 – 51.

Bell, D. S and Criddle, B. (1994) *The French Communist Party in the Fifth Republic*, Oxford: Clarendon Press.

Bello, W. (2002) 'Pacific panopticon', *New Left Review*, 16: 68 – 85.

Benedetto, G. and L. Quaglia (2007) 'The comparative politics of Communist Euroscepticism in France, Italy and Spain', *Party Politics*, 13 (4): 478 – 499.

Benn, T. (1980) *Arguments for Socialism*, London: Penguin. Benn, T. (2003) *Free Radical: New Century Essays*, London: Continuum.

Berend, I. T. (1996) *Central and Eastern Europe* 1944 ~ 1993: *Detour from the Periphery to the Periphery*, Cambridge: Cambridge University Press.

Berg, S. and Pancur, S. (2011) 'The rise and fall of Germany's Left Party'. Online. Available HTTP: < http: //www. spiegel. de/international/germany/0, 1518, 738934, 00. html > (accessed 29 April 2011).

Berger, S. (1995) 'Anticommunism after the fall of communism?

The anti – left syndrome of the SPD and its impact on contemporary German politics', *Debatte*, 1: 66 – 97.

Bertinotti, F. (2003a) 'Reformist social democracy is no longer on the agenda', *The Guardian*, 11 August. Online. Available HTTP: < http: // www. guardian. co. uk/politics/2003/ aug/11/globalisation. world > (accessed 14 October 2009).

—— (2003b) 'Refounding further', *International Socialism*, 102. Online. Available HTTP: < http: //www. isj. org. uk/index. php4? id = 44&issie = 102 > (accessed 14 October 2009).

—— (2004) '15 Theses for the PRC congress.' Online. Available HTTP: < http: //esteri. rifondazione. co. uk/internazionale/i0037. html > (accessed 25 April 2007).

Betz, H. – G. (1994) *Radical Right Populism in Western Europe*, New York: St Martin's Press.

—— (1999) 'The Evolution and transformation of the German party system', in C. S. Allen (ed.), *Transformation of the German Party System: Institutional Crisis or Democratic Renewal?*, New York, Oxford: Berghahn, pp. 30 – 62.

Betz, H. – G., and Immerfall, S. (eds) (1998) *The New Politics of the Right. Neo – Populist Parties and Movements in Established Democracies*, New York: St Martin's Press.

Bille, L. (2007) 'Denmark', *European Journal of Political Research*, 46: 938 – 942.

Bisky, L. (2008) 'Peace has absolute priority for us'. Online. Available HTTP: < http: //dielinke. de/presse/presseerklaerungen/detail/ browse/2/zurueck/press – statements/artikel/ peace – has – absolute –

priority – for – us > （accessed 3 May 2010）.

—— （2009）'European Parliament elections: Ambivalent results for the left', *Transform! Europe*, 5. Online. HTTP: < http: // www. transform – network. net/en/home/ journal – transformeurope/ display – journal – transform/article/4/European – Parliament – Elections – Ambivalent – Results – for – the – Left. html > （accessed 23 December 2009）.

Blackledge, P. （2005）' "Anti – Leninist" anti – capitalism: A critique', *Contemporary Politics*, 11: 2 – 3, 99 – 115.

Bloco （1999）'Começar de novo'. Online. Available HTTP: < www. bloco. org > （accessed 20 July 2008）.

—— （2006a） ' Debate sobre o rumo estratégico do Bloco '. Online. Available HTTP: < http: //www. bloco. org/index. php? option = com_ content&task = view&id = 104&Itemid = 40 > （accessed 14 April 2010）.

—— （2006b） ' O bloco como alternative socialista '. Online. Available HTTP: < www. bloco. org > （accessed 20 July 2008）.

—— （2007）' A esquerda socialista como alternative ao governo Sócrates '. Online. Available HTTP: < http: //www. bloco. org/ index. php? option = com_ content&task = view&id = 10 3&Itemid = 40 > （accessed 14 April 2010）.

—— （2009）*Programa para um Governo que Responda à Urgência da Crise Social: A Política Socialista para Portugal.* Online. Available HTTP: < http: //www. bloco. org/media/programabe. pdf > （accessed 13 April 2010）.

—— （2010）' On the crisis and how to overcome it '. Online.

Available HTTP: < *http*: //gesd. free. fr/bloco510. pdf > (accessed 20 April 2011).

——(2011) 'Debates 1: Mudar de futuro'. Online. Available HTTP: < http: //www. bloco. org/index. php? option = com _ content&task = blogsection&id = 31 > (accessed 25 April 2011).

Bobbio, N. (1988) *Which Socialism? Marxism, Socialism and Democracy*, Cambridge: Polity.

——(1996) *Left and Right: The Signifi cance of a Political Distinction*, Chicago: University of Chicago Press.

Bohrer, R. E. and Tan, A. C. (2000) 'Left turn in Europe? Reactions to austerity and the EMU', *Political Research Quarterly*, 53: 575 – 595.

Bo an, I. (2010a) 'The consequences of failed referendum', September 20. Online. Available HTTP: < http: //www. e – democracy. md/en/monitoring/politics/comments/consequences – failed – referendum/ > (accessed 19 April 2011).

——(2010b) 'The stake in elections and possible post – electoral scenarios', November 21. Online. Available HTTP: < http: //www. e – democracy. md/en/monitoring/politics/comments/eventual – post – electoral – scenarios/ > (accessed 19 April 2011).

——(2010c) 'Three "C" for restoring AEI', December 17. Online. Available HTTP: < http: //www. e – democracy. md/en/ monitoring/politics/comments/3 – conditionsrestoring – aei/ > (accessed 19 April 2011).

Botella, J. (1988) 'Spanish Communism in Crisis', in Waller, M. and Fennema, M. (eds) *Communist Parties in Western Europe: Decline or*

Adaptation?, Oxford: Blackwell, pp. 69 – 85.

Botella J. and Ramiro L. (eds) (2003) *The Crisis of Communism and Party Change: The Evolution of West European Communist and Post – Communist Parties*, Barcelona: Institut de Ciències Politiques i Socials.

Bozóki, A. and Ishiyama, J. T. (2002) ' Introduction and theoretical framework ', in Bozóki, A. and Ishiyama J. T. , *The Communist Successor Parties of Central and Eastern Europe*, Armonk, NY: M. E. Sharpe, pp. 3 – 13.

—— (eds) (2002) *The Communist Successor Parties of Central and Eastern Europe*, Armonk, NY: M. E. Sharpe.

Brandenberger, D. (2002) *National Bolshevism: Stalinist Mass Culture and the Formation of Modern Russian National Identity*, 1931 ~ 1956, Cambridge, MA: Harvard University Press.

Brankovi?, S. (2002) ' The Yugoslav "Left" parties. Continuities of Communist tradition in the Miloš cvi ć era ', in Bozóki, A. and Ishiyama, J. T. *The Communist Successor Parties of Central and Eastern Europe*, Armonk, NY: M. E. Sharpe, pp. 206 – 223.

Brie, M. (2010) ' Is socialist politics possible from a position in government? Five objections by Rosa Luxemburg and five offers for a discussion ', in Daiber, B. (ed.) *The Left in Government: Latin America and Europe Compared*, Brussels: Rosa Luxemburg Foundation, pp. 21 – 34.

Browning, C. S. (2007) ' Branding Nordicity: models, identity and the decline of exceptionalism ', *Cooperation and Conflict*, 42 (1): 27 – 51.

BSP (2006) ' New times, new Bulgaria, New BSP. ' Online. Available HTTP: < http: //www. bsp. bg/cgi – bin/e – cms/vis/vis. pl?

s = 001 & p = 0348 & n = 000001 & g = >（accessed 21 May 2008）.

Budge, I. , Klingemann, H. – D. , Volkens, A. and Bara, J. （2001）*Mapping Policy Preferences : stimates for Parties, Electors and Governments*, 1945 ~ 1998, Oxford : Oxford University Press.

Bull, M. J. （1994）' The West European Communist movement : past, present, future', in Bull, M. J. and Heywood, P. （eds）*West European Communist Parties after the Revolutions of 1989*, Basingstoke : Macmillan, pp. 203 – 222.

Bull, M. J. and Heywood, P. （eds）（1994）*West European Communist Parties after the Revolutions of 1989*, Basingstoke : Macmillan.

Bunce, V. （2002）' The return of the Left and democratic consolidation in Poland and Hungary', in Bozóki, A. and Ishiyama, J. T. （eds）（2002）*The Communist Successor Parties of Central and Eastern Europe*, Armonk, NY : M. E. Sharpe, pp. 303 – 322.

Burchell, J. （2001） ' Evolving or conforming? Assessing organisational reform within European Green parties', *West European Politics* 24 （3）: 113 – 134.

Buttin, V. and Andolfatto, D. （2002/3）' Le PCF, comme un vaisseau fantôme : entretien avec Véronique Buttin et Dominique Andolfatto', *Communisme*, 72/73 : 49 – 69.

Callaghan, J. （1987）*The Far Left in British Politics*, Oxford : Basil Blackwell.

Canovan, M. （1999） ' Trust the People! Populism and the Two Faces of Democracy', *Political Studies*, 47 （1）2 – 16.

Carter, E. （2005）*The Extreme Right in Western Europe : Success or Failure?*, Manchester : Manchester University Press.

Carter, J. and Morland, D. (2004) 'Anti – capitalism: Are we all anarchists now?', in J. Carter and D. Morland (eds) *Anti – Capitalist Britain*, Cheltenham: New Clarion Press, pp. 8 – 28.

Castañeda, J. G. (2006) 'Latin America's Left Turn', *Foreign Affairs*. Online. Available HTTP: < http://www.foreignaffairs.com/articles/61702/jorge – g – castaneda/latin – americas – left – turn > (accessed 5 May 2010).

Castellina, L. (2010) 'The dilemma of the Italian left: Origins and perspectives', *Transform!* 7: 125 – 130.

Ca u, I. (2006) 'PCRM: Leaders, Groups and Interests'. Online posting. Available email: eu – moldova@ yahoogroups.com (1 September 2006).

Chamberlain – Creanga, R. (2009) 'Cementing secession? Politics, economy and nation on Moldova's frozen war front', unpublished paper.

Chari, R. S (2005) 'Why did the Spanish communist strategy fail?', *The Journal of Communist Studies and Transition Politics*, 21 (2): 296 – 301.

Christensen, D. A. (1996) 'The left – wing opposition in Denmark, Norway and Sweden: Cases of Euro – phobia?' *West European Politics*, 19 (3): 525 – 546.

—— (2010) 'The Danish Socialist People's Party: Still waiting after all these years', in Olsen, J., Koß, M. and Hough, D. (eds) *Left Parties in National Governments*, Basingstoke: Palgrave, pp. 121 – 137.

Christensen, J. (2007) 'The Danish Election 2007 – A first summary and analysis'. Online. Available HTTP: < http://jacobchristensen.name/2007/11/14/the – danish – election – 2007 – a – fi rst – summary – and – analysis > （accessed 14 April 2010）.

Christensen, P. T. （1998） 'Socialism after communism? The socioeconomic and cultural foundations of left politics in post – Soviet Russia', *Communist and Post – Communist Studies*, 31 （4）: 345 – 357.

Clarke, S. （2002） 'Was Lenin a Marxist? The Populist Roots of Marxism – Leninism', in Bonefeld, W. and Tischler, S. （eds） *What is to Be Done? Leninism, Anti – Leninist Marxism and the Question of Revolution Today*, Aldershot: Ashgate, pp. 44 – 75.

Claudín, F. （1975） *The Communist Movement: From Comintern to Cominform*, Harmondsworth: Penguin.

Clogg, R. （1987） *Parties and Elections in Greece*, London: Hurst.

—— （ed.） （1993） *Greece, 1981 ~ 1989: The Populist Decade*, New York: St Martin's Press.

Coalition （2011） 'Vote George Galloway – Coalition Against Cuts Manifesto '. Online. Available HTTP: < http: //www. votegeorgegalloway. com/2011/04/vote – george – galloway – coalition – against. html > （accessed 2 May 2011）.

Coffe, H. （2008） 'Social Democratic Parties as buffers against the extreme right: the case of Belgium', *Contemporary Politics*: 14 （2）: 179 – 185.

Cohen, N. （2007） *What's Left? How Liberals Lost Their Way*, London: Fourth Estate.

Cohen, S. F （2001） *Failed Crusade: America and the Tragedy of Post – Communist Russia*, New York: Norton.

Copenhagen Post （2007） 'Socialists confi rm government ambitions'. Online. Available HTTP: < http: //www. cphpost. dk/get/101490. html >

(accessed 30 June 2008).

—— (2008) 'Negotiations over the elimination of the Danish EU opt – outs will include the participation of the party that penned them'. Online. Available HTTP: < http://www. cphpost. dk/get/105531. html > (accessed 30 June 2008).

—— (2011) 'Opposition leader gets help from Obama spin doctor'. Online. Available HTTP: < http://www. cphpost. dk/news/ politics/90 – politics/51366 – opposition – leader – gets – helpfrom – obama – spin – doctor. html > (accessed 30 April 2011).

Cornock, E. (2003) 'The political mobilisation of the working class in post – devolution Scotland: a case study of the Scottish Socialist Party', PhD thesis from Open University.

Corradi, D. , Seban, B. and de Vivo, B. (2006) 'Italy: an uncertain victory'. Online. Available HTTP: < http://www. isj. org. uk/index. php4? s = contents&issue = 111 > (accessed 8 March 2010).

Courtois, S. and Pechanski, D. (1988) 'From decline to marginalization: The PCF breaks with French Society', in Waller, M. and Fennema, M. (eds) *Communist Parties in Western Europe: Decline or Adaptation?*, Oxford: Blackwell, pp. 47 – 68.

Courtois, S. and Lazar, M. (1995) *Histoire du PCF*, Paris: Presses Universitaires de France.

Cox, G. (1987) 'Electoral Equilibrium under Alternative Voting Institutions', *American Journal of Political Science* 31: 92 – 108.

Cox, M. (2009) 'Why did we get the end of the Cold War wrong?', *British Journal of Politics and International Relations*, 11: 161 –

176.

Crick, B. (1987) *Socialism*, Milton Keynes: Open University Press.

Crick, M. (1984) *Militant*, London: Faber and Faber.

Crowley, S. and Ost, D. (eds) (2001) *Workers after Workers'
States: Labor and Politics in Postcommunist Eastern Europe*, Lanham, MD:
Rowman & Little field.

Crumley, B. (2011) 'Marine Le Pen: her father's daughter'.
Online. Available HTTP: < http://www.time.com/time/world/
article/0, 8599, 2040141, 00. html > (accessed 20 April 2011).

Cuperus, R. (2003) 'The populist defi ciency of European social
democracy', *Internationale Politik und Gesellschaft*, 3: 83 – 109.

Curry, J. L. and Urban, J. B. (eds) (2003) *The Left Transformed in
Post – Communist Societies*, Lanham, MD: Rowman & Littlefi eld.

Daiber, B. (ed.) (2010) *The Left in Government: Latin America and
Europe Compared*, Brussels: Rosa Luxemburg Foundation.

D' Alimonte, R. (1999) 'Party behavior in a polarized system:
The Italian Communist Party and the historic compromise', in Müller,
W. and Strøm, K. (eds) *Policy, Office or Votes: How Political Parties in
Western Europe Make Hard Decisions*, Cambridge: Cambridge University
Press, pp. 141 –171.

Dalton, R. J. (2005) *Citizen Politics: Public Opinion and Political
Parties in Advanced Industrial Democracies*, Washington, DC: CQ Press.

Damro, C. (2010) 'Market power Europe: EU externalisation of
market – related policies', *Mercury Paper*. Online. Available HTTP: <
http://www.mercury – fp7. net/index. php? id = 10076 > (accessed
14 May 2011).

Daniels, P. and Bull, M. J. (1994) 'Voluntary euthanasia: from the Italian Communist Party to the Democratic Party of the left', in Bull, M. J. and Heywood, P. (eds) *West European Communist Parties after the Revolutions of* 1989, Basingstoke: Macmillan.

Dauderstädt, M., Gerrits, A. and Markús, G. G. (1999) *Troubled Transition: Social Democracy in East Central Europe*, Bonn: Friedrich Ebert Stiftung.

De Jong, D. (2011). Author's interview with Dennis de Jong MEP, Brussels, 6 February.

De Nève, D. and Olteanu, T. (2009) 'The Left in Romania', in Hildebrandt, C. and Daiber, B. (eds) *The Left in Europe: Political Parties and Party Alliances between Norway and Turkey*, Brussels: Rosa Luxemburg Foundation, pp. 200 – 208.

De Vries, C. E. & Edwards, E. E. (2009) 'Taking Europe to its Extremes: Extremist Parties and Public Euroscepticism', *Party Politics* 15 (1): 5 – 28.

De Vries, T. (2003) 'The absent Dutch: Dutch intellectuals and the Congress for Intellectual Freedom', *Intelligence and National Security*, 18 (2): 254 – 266.

Decker, F. and Hartleb, F. (2007) 'Populism on diffi cult terrain: the Right – and Leftwing challenger parties in the Federal Republic of Germany', *German Politics*, 16 (4): 434 – 454.

Deegan – Krause, K. and Haughton, T. (2009) 'Toward a more useful conceptualization of populism: types and degrees of populist appeals in the case of Slovakia', *Politics and Policy*, 37 (4): 821 – 841.

—— (2010) 'A fragile stability. The institutional roots of low party system volatility in the Czech republic, 1990 ~ 2009', *Politologicky ? asopis*, 3: 227 – 241.

Dellheim, J. (2010) 'Another chance for the ESF?', *Transform*!, 7: 95 – 100.

Delsodato, G. (2002) 'Eastward enlargement of the European Union and transnational parties', *International Political Science Review*, 22 (3): 269 – 289.

Dietz, T. M. (2000) 'Similar but different? The European Greens compared to other transnational party federations in Europe', *Party Politics*, 6 (2): 199 – 210.

Dimitrova, D. and Vilrokx, J. (2007) *Trade Union Strategies in Central and Eastern Europe: Towards Decent Work*, Budapest: International Labour Office.

Doherty, B. (2002) *Ideas and Actions in the Green Movement*, London: Routledge.

Doukas, G. (1991) 'The thirteenth congress of the KKE: defeat of the renovators', *Journal of Communists Studies and Transition Politics*, 7 (3): 393 – 8.

Downs, A. (1957) *An Economic Theory of Democracy*, New York: Harper.

Duffy, J. (2005) 'So what happened?', BBC News. Online. Available HTTP: < http: //news. bbc. co. uk/1/hi/magazine/4397936. stm > (accessed 14 October 2009).

Dumont, P. and Back, H. (2006) 'Why so few, and why so late? Green parties and the question of governmental participation', *European Journal of Political Research* 45: 35 – 67.

Dunphy, R. (2004) *Contesting Capitalism? Left Parties and European Integration*, Manchester: Manchester University Press.

—— (2005) 'Fianna Fáil and the working class, 1926~1938', in Lane, F. and ó Drisceoil, D. (eds) *Politics and the Irish Working Class*, Basingstoke, Palgrave, pp. 246–261.

—— (2007) 'In search of an identity: Finland's Left Alliance and the experience of coalition government', *Contemporary Politics*, 13 (1): 37–55.

—— (2009) 'Re: BA.' Email (13 November).

—— (2010) 'A poisoned chalice? Finland's Left Alliance and the perils of government', in Olsen, J., Koß, M. and Hough, D. (eds) *Left Parties in National Governments*, Basingstoke: Palgrave, pp. 69–86.

Dunphy, R. and Bale, T. (2007) 'Red flag still flying? Explaining AKEL – Cyprus' Communist Anomaly', *Party Politics*, 13: 287–304.

—— (2011) 'The radical left in coalition government: towards a comparative measurement of success and failure', *Party Politics*, forthcoming. *Dutch News Digest* (2006) 'From Pim Fortuyn to Socialist Party', 23 November. Online. Available HTTP: < http://www.dutchnews.nl > (accessed 20 January 2009).

Duverger, M. (1951) *Les partis politiques. 2. e'd. rev. et mise à`jour*, Paris: A. Colin.

Eatwell, R. (2000) 'The extreme right and British exceptionalism: the primacy of politics', in Hainsworth P. (ed.) *The Politics of theEextreme Right: From the Margin to the Mainstream*, London: Pinter.

Eatwell, R. and Mudde, C. (2004) *Western Democracies and the New Extreme Right Challenge*, London: Routledge.

Ebbinghaus, B. and Visser, J. (2000) *The Societies of Europe: Trade Unions in Western Europe since* 1945, New York and London: Macmillan Reference.

EIRO (2009) 'Portugal: EIRO Annual Review – 2009'. Online. Available HTTP: < http: //www. eurofound. europa. eu/eiro/studies/tn1004019s/pt1004019q. htm > (accessed 14 May 2011).

EL (2002) 'The alternative of the red – green alliance to the EU – Constitution'. Online. Available HTTP: < http: //www. enhedslisten. dk/cms/english/hbuag2002. htm > (accessed 19 April 2004).

—— (2003) 'Capitalism and socialism in the 21st century'. Online. Available HTTP: < http: //www. enhedslisten. dk > (accessed 24 July 2008).

Eleftheriou, C. (2009) ' "The uneasy symbiosis". Factionalism and radical politics in Synaspismos', Paper prepared for presentation at the 4th Hellenic Observatory Symposium on Contemporary Greece, European Institute, LSE.

Eley, G. (2002) *Forging Democracy: The History of the Left in Europe*, 1850 ~ 2000, New York: Oxford University Press.

Elliot, P. and Schlesinger, P. (1980) 'Eurocommunism: their word or ours', in Childs, D. (ed.) *The Changing Face of Western Communism*, London: Croom Helm, pp. 37 – 73.

Euractiv (2009) 'Centre – right wins European election'. Online. Available HTTP: < http: //www. euractiv. com/en/eu – elections/centre – right – wins – european – elections/article – 182953 > (accessed 14 May 2011).

Eurobarometer (2007) 'Interactive search system: satisfaction with national and EU democracy'. Online. Available HTTP: < http: // ec. europa. eu/public_ opinion/cf/waveoutput_ en. cfm > (accessed 12 March 2007).

—— (2008) 'Standard Eurobarometer 69'. Online. Available HTTP: < http: //ec. europa. eu/public _ opinion/archives/eb/eb69/ eb69_ en. htmProspects > (accessed 10 August 2008).

—— (2010) . 'European Commission: Eurobarometer 74. 1, August – September 2010'. Online. Available HTTP: < http: // zacat. gesis. org/webview. > Europe écologie (2009) 'Le contrat Ecologiste pour L'Europe.' Online. Avaialble HTTP: < http: // www. europeecologie. fr/fi les/10raisons _ li. pdf > (accessed 8 March 2010).

Evans, G. , and Whitefi eld, S. (1998) 'The evolution of left and right in post – Soviet Russia', *Europe – Asia Studies*, 50: 1023 – 42.

Ferejohn, J. (1986) 'Incumbent performance and electoral control', *Public Choice* 50: 5 – 25.

Ferris, J. (1993) 'Introduction: political realism and green strategy', in Wiesenthal, H. (ed.) *Realism in Green Politics: Social Movements and Ecological Reform in Germany*, Manchester, Manchester University Press, pp. 1 – 25.

Fidrmuc, J. (2000) 'Economics of voting in post – communist countries', *Electoral Studies* 19 (2/3): 199 – 217.

Fieschi, C. (2004) 'Introduction', *Journal of Political Ideologies* 9 (3): 235 – 240.

Fish, M. S. (1999) 'The executive deception: superpresidentalism and the degradation of Russian Politics', in Sperling V. (ed.) *Building the Russian State*: *Institutional Crisis and the Quest for Democratic Governance*, Boulder: Westview, pp. 177 – 192.

Fisher, S. (2006) *Political Change in Post – Communist Slovakia and Croatia*: *From Nationalist to Europeanist*, Basingstoke: Palgrave Macmillan.

Forgacs, D. (ed.) (1999) *The Antonio Gramsci Reader*, London: Lawrence and Wishart.

Fox, C. (2007) ' Author's interview ', Edinburgh, 13 April.

Fukuyama, F. (1989) 'The End of History?', *The National Interest* 16. Online. Available HTTP: < http: //www. wesjones. com/eoh. htm > (accessed 18 May 2010).

Gajewska, K. (2009) *Transnational Labour Solidarity*: *Mechanisms of Commitment to Cooperation within the European Trade Union Movement*, London, Routledge.

Gallagher, M. , Laver, M. and Mair, P. (2005) *Representative Government in Modern Europe*: *Institutions*, *Parties and Governments*, Boston: McGraw Hill.

Galli, G. (2001) *I partiti politici italiani* (1943 ~ 2000): *Dalla resistenza al governo dell' Ulivo*, Milan: Biblioteca Universale Rizzoli.

Galloway, G. , Yaqoob, S. , Thornett, A. *et al.* (2008) *Respect*: *Documents of the Crisis*, London: Socialist Resistance.

Gamble, A. (2009) *The Spectre at the Feast*: *Capitalist Crisis and the Politics of Recession*, Basingstoke: Palgrave.

Gapper, S. (2003) ' The rise and fall of Germany's Party of Democratic Socialism ', *German Politics*, 12 (2): 65 – 85.

Gauche Unitaire (2011) ' Comprendre la crise du NPA ', 1 March. Online. Available HTTP: < http: //gauche – unitaire. fr/2011/03/01/

comprendre – la – crise – du – npa/ > （accessed 14 April 2011）.

Gemenis, K. and Dinas, E. （2010）'Confrontation still? Examining parties' policy positions in Greece', *Comparative European Politics*, 8: 179 – 201.

Gerrits, A. M. （2002）'The Social democratic tradition in East Central Europe', *East European Politics and Societies*, 16 （1）: 54 – 108.

Giddens, A. （1994）*Beyond Left and Right: The Future of Radical Politics*, Stanford: Stanford University Press.

—— （1998）*The Third Way: The Renewal of Social Democracy*, Cambridge: Polity Press.

Gilberg, T. （1980）'Communism in the Nordic Countries: Denmark, Norway, Sweden and Iceland', in Childs, D. （ed.）*The Changing Face of Western Communism*, London: Croom Helm, pp. 205 – 259.

Gilson, G. （2009）'Synaspismos left searching for its identity'. Online. Available HTTP: < http: //www. athensnews. gr/articles/ 13330/20/03/2009/22830 > （accessed 24 February 2010）.

Ginsborg, P. （2003）*A History of Contemporary Italy*, New York: Palgrave Macmillan.

Glenny, M. （2008）'Catching Karadzic', *New Statesman*. Online. Available HTTP: < http: //www. newstatesman. com/europe/2008/07/ serbia – european – karadzic – tadic > （accessed 14 April 2010）.

Gleumes, H. and Moreau, P. （1999）'De nouvelles structures de coopération internationale des partis communistes et postcommunistes', *Problèmes Politiques et Sociaux*, 830 – 831: 127 – 137.

Golder, M. （2003）'Electoral institutions, unemployment and

extreme right parties: a correction ', *British Journal of Political Science* 33 (3): 525 – 534.

Grebeníček, M. (2005) ' Speech of M. Grebeníček on the International conference on the occasion of the 60th anniversary of the liberation, Prague, April 23 2005 '. Online. Available HTTP: < http:// www. kscm. cz/index. asp? thema = 3258&category = > (accessed 8 April 2010).

Green, D. and Griffi th, M. (2002) ' Globalisation and its discontents ', *International Affairs*, 78 (1): 49 – 68.

Green, N. (2004) ' Lithuania: election sees low turnout, large gains for Labour Party '. Online. Available HTTP: < http: // www. wsws. org/articles/2004/oct2004/lith – o28. shtml > (accessed 23 April 2010).

Greene, T. H. (1973) ' Non – ruling communist parties and political adaptation ', *Studies inComparative Communism*, 4 (4): 331 – 261.

Grofman, B. and Lijphart, A. (1986) *Electoral Laws and Their Political Consequences*, New York: Agathon Press.

Grunberg, G. (2003) ' Le système politique français après les élections de 2002 en France ', *French Politics, Culture and Society*, 21 (3): 91 – 106.

Grzymała – Busse, A. (2002) *Redeeming the Communist Past: The Regeneration of Communist Parties in East Central Europe*, Cambridge: Cambridge University Press.

GUE/NGL (1994) ' Constituent declaration '. Online. HTTP: < www. guengl. org/showPage. jsp? ID = 639 > (accessed 28 December

2009).

—— (2009) *Taking the Initiative: Hearings, Conferences and Seminars Organised by the European United Left/Nordic Green Left Parliamentary Group 2004 - 9*, Brussels: GUE/NGL.

Guiat, C. (2003) *The French and Italian Communist Parties: Comrades and Culture*, London: Frank Cass.

Hainsworth, P. (2000) *Politics of The Extreme Right: From the Margins to the Mainstream*, London: Pinter.

—— (2008) *The Extreme Right in Western Europe*, Abingdon: Routledge.

Hamann, K. and Manuel, P. C. (1999) 'Regime changes and civil society in twentieth - century portugal', *South European Society and Politics*, 4 (1): 71 - 96.

Handl, V. (2005) 'Choosing between China and Europe? Virtual inspiration and policy transfer in the programmatic development of the Czech Communist Party', *Journal of Communist Studies and Transition Politics*, 21 (1): 123 - 141.

Hanley, D. (2008) *Beyond the Nation - State: Parties in the Era of European Integration*, Basingstoke: Palgrave.

Hanley, S. (2001) 'Towards breakthrough or breakdown? The consolidation of KSČM as a neo - communist successor party in the Czech Republic', *Journal of Communist Studies and Transition Politics*, 17 (3): 96 - 116.

—— (2002a) 'Europe and the Czech parliamentary elections of June 2002', *RIIA/OERN Briefing* 5.

—— (2002b) 'The Communist Party of Bohemia and Moravia after

1989: "Subcultural party" to neocommunist force?', in Bozóki, A. and Ishiyama, J. T. (eds) *The Communist Successor Parties of Central and Eastern Europe*, Armonk, NY: M. E. Sharpe, pp. 141 – 165.

—— (2004) 'Breaking through or breaking apart? The Communist Party of Bohemia and Moravia in Czech Politics since 1998', paper for the CREES annual conference, Windsor, 11 – 13 June.

Harding, N. (1996) *Leninism*, Basingstoke: Macmillan.

Hardt, M. and Negri, A. (2000) *Empire*, Cambridge, MA: Harvard University Press.

—— (2004) *Multitude*, Cambridge, MA: Harvard University Press.

—— (2009) *Commonwealth*, Cambridge, MA: Harvard University Press.

Harman, C. (2000) 'Anti – capitalism: theory and practice', *International Socialism*, 88. Online. Available HTTP: < http://pubs. socialistreviewindex. org. uk/isj88/harman. htm > (accessed 15 October 2009).

Harmel, R. and Janda, K. (1994) 'An integrated theory of party goals and party change', *Journal of Theoretical Politics*, 6 (3): 259 – 287.

Harmel, R. and Robertson, J. D. (1985) 'Formation and success of new parties', *International Political Science Review* 6 (4): 501 – 523.

Harmel, R., Heo, U., Tan, A. and Janda, K. (1995) 'Performance, leadership, factions and party change: an empirical analysis', *West European Politics*, 18 (1): 1 – 33.

Harmsen, R. (2002) 'EPERN election briefing 3: Europe and the Dutch parliamentary election of May 2002'. Online. Available HTTP: < http://www. sussex. ac. uk/sei/1 – 4 – 2 – 8. html > (accessed 30

January 2009).

—— (2004) 'EPERN 2004 European parliament election briefing 17: the European parliamentary election in the Netherlands, 10 June 2004'. Online. Available HTTP: < http: //www. sussex. ac. uk/sei/1 – 4 – 2 – 2. html > (accessed 30 January 2009).

Harvey, K. (2007) 'Anti – capitalist movement at an impasse', *Permanent Revolution*, 6: 35 – 41.

Heartfield, J. (2003) 'Capitalism and anti – capitalism', *Interventions*, 5 (2): 271 – 289.

Heinisch, R. (2003) 'Success in opposition – failure in government: explaining the performance of right – wing populist parties in public office', *West European Politics*, 26 (3): 91 – 130.

Helsingin Sanomat (2007) 'Former Left Alliance leader publishes account of estrangement from party'. Online. Available HTTP: < http://www. hs. fi /english/article/Former + Left + Alliance + leader + publishes + account + of + estrangement + from + party/1135225117787 > (accessed 14 April 2010).

—— (2008) 'Finnish parliament approves Treaty of Lisbon'. Online. Available HTTP: < http: //www. hs. fi /english/article/Finnish + Parliament + approves + Treaty + of + Lisbon/1135237120718 > (accessed 14 April 2010).

—— (2011a) 'Defeated parties report surge of new members'. Online. Available HTTP: < http: //www. hs. fi /english/article/Defeated + parties + report + surge + of + new + members/11 35265550102 > (accessed 20 April 2011).

—— (2011b) 'EDITORIAL: How much will Soini's party

grow?'. Online. Available HTTP: < http://www. hs. fi /english/ article/EDITORIAL + How + much + will + Soini% E2% 80% 99s + party + grow/1135265170729 > (accessed 20 April 2011).

Hermansson, J. (1988) 'A new face for Swedish communism: the left party communists', in Waller, M. and Fennema, M. (eds) *Communist Parties in Western Europe: Decline or Adaptation?*, Oxford: Blackwell, pp. 134 – 155.

Hildebrandt, C. (2009a) 'DIE LINKE in Germany', in Hildebrandt, C. and Daiber, B. (eds) *The Left in Europe: Political Parties and Party Alliances between Norway and Turkey*, Brussels: Rosa Luxemburg Foundation, pp. 128 – 140.

—— (2009b) 'Protests on the streets of France', in Hildebrandt, C. and Daiber, B. (eds) *The Left in Europe: Political Parties and Party Alliances between Norway and Turkey*, Brussels: Rosa Luxemburg Foundation, pp. 16 – 27.

—— (2011) 'Die LINKE is a successful party, but it is able to do too little with this success'. Online. Available HTTP: < http://www. left – dialogue. org/2011/01/06/corneliahildebrandt – die – linke – is – a – successful – party – but – it – is – able – to – do – too – little – with – thissuccess/ > (accessed 29 April 2011).

Hildebrandt, C. and Daiber, B. (eds) (2009) *The Left in Europe. Political Parties and Party Alliances between Norway and Turkey*, Brussels: Rosa Luxemburg Foundation.

Hildebrandt, C. and Striethorst, A. (2010) 'The left in Germany and the crisis'. Online. Available HTTP: < http://www. transform – network. net/en/home/projects/display – projects/article//Strategic –

Perspectives – of – the – European – Left – 1 – Why – the – Crisis – Seems – to – Favour – Rather – the – Right. html > （accessed 14 May 2011）.

Hill, R. J. （2001） 'Moldova votes backwards: the 2001 parliamentary election', *Journal of Communist Studies and Transition Politics*, 17 （4）: 130 – 39.

Hix, S. and Marsh, M. （2007） 'Punishment or protest? Understanding European Parliament elections', *Journal of Politics*, 69 （2）: 495 – 510.

Hloušek, V and Kopeček, L. （2010） *Origin, Ideology and Transformation of Political Parties: East – Central and Western Europe Compared*, Farnham: Ashgate.

Hlouček, V. and Kaniok, P. （2010） 'The absence of Europe in the Czech parliamentary election. May 28 – 29 2010', *EPERN European Parliamentary Election Briefing*, 57.

Hobsbawm, E. （2011） *How to Change the World: Tales of Marx and Marxism*, London: Little, Brown.

Holloway, J. （2005） *Change the World Without Taking Power*, London: Pluto.

Holm, R. （2011） 'A comeback of politics in the Finnish general elections'. Online. Available HTTP: < http://www. transform – network. net/en/home/display – home/article//A – Comeback – of – Politics – in – the – Finnish – General – Elections. html > （accessed 14 May 2011）.

Holmes, L. （1986） *Politics in the Communist World*, Oxford: Clarendon Press.

Holubec, S. （2009） 'The radical left in Czechia', in Hildebrandt,

C. and Daiber, B. (eds) *The Left in Europe. Political Parties and Party Alliances between Norway and Turkey*, Brussels: Rosa Luxemburg Foundation, pp. 115 – 127.

—— (2010) 'Die radikale Linke in Tschechien', in B. Daiber, C. Hildebrandt and A. Striethorst (eds) *Von Revolution bis Koalition: Linke Parteien in Europa*, Berlin: Karl Dietz Verlag, pp. 313 – 329

Hooghe, L., Marks, G. and Wilson, C. J. (2002), 'Does left/right structure party positions on European integration?', *Comparative Political Studies* 35 (8): 965 – 989.

Hough, D. (2001) *The Fall and Rise of the PDS in Eastern Germany*, Birmingham: Birmingham University Press.

—— (2003) 'The left in Central Europe: challenges and opportunities', Paper at International Conference of Rosa Luxemburg Foundation, October 29 – 31, Warsaw.

—— (2005) 'Learning from the West: policy transfer and programmatic change in the communist successor parties of Eastern and Central Europe', *Journal of Communist Studies and Transition Politics*, 21 (1): 1 – 15.

—— (2010) 'From pariah to prospective partner? The German Left Party's winding path towards government', in Olsen, J., Koß, M. and Hough, D. (eds) *Left Parties in National Governments*, Basingstoke: Palgrave, pp. 138 – 154.

Hough, D. and Koß, M. (2009) 'Populism personifi ed or reinvigorated reformers? The German Left Party in 2009 and beyond', *German Politics and Society*, 27 (2): 76 – 91.

Hough, D. and Verge, T. (2009) 'A sheep in wolf's clothing or a gift from heaven? Left – left coalitions in comparative perspective', *Regional and Federal Studies*, 19（1）: 37 – 55.

Hough, D., Koß, M. and Olsen J. （2007） *The Left Party in Contemporary German Politics*, Basingstoke: Palgrave.

Hudson, K. （2000） *European Communism since* 1989: *Towards a New European Left?*, Basingstoke: Macmillan.

Hue, R. （1995） *Communisme: La mutation*, Paris: éditions Stock.

—— （2001） *Robert Hue qui êtes – vous? Que proposez – vous?*, Paris: L'Archipel.

Hug, S. （2000） 'Studying the electoral success of new political parties – A methodological note', *Party Politics* 6（2）: 187 – 197.

Ignazi, P. （1992） 'The silent counter – revolution: Hypotheses on the emergence of extreme right – wing parties in Europe', *European Journal of Political Research*, 22（1）: 3 – 34.

—— （2006） *Extreme Right Parties in Western Europe*, Oxford: Oxford University Press.

Inglehart, R. （1971） 'The Silent Revolution in Post – Industrial Societies', *American Political Science Review*, 65: 991 – 1017.

—— （1977） *The Silent Revolution: Changing Values and Political Styles among Western Publics*, Princeton: Princeton UP.

International Correspondence （2005） 'Creation of a European Left Party', *International Correspondence*, 7. Online. HTTP: < www. corint. net/abonner_ eng/accueil. php > （accessed 30 August 2007, no longer available）.

Ishiyama, J. T. （1995） 'Communist parties in transition: structures, leaders, and processes of democratization in Eastern Europe', *Comparative*

Politics 27 (2): 147 – 166.

—— (1997) 'The sickle or the rose? Previous regime types and the evolution of the excommunist parties in post – communist politics', *Comparative Political Studies* 30 (3): 299 – 330.

Jackman, R. and Volpert, K. (1996) 'Conditions favouring parties of the extreme right in Western Europe', *British Journal of Political Science* 26: 501 – 521.

Jasiewicz, K. (2003) 'Elections and voting behaviour', in White, S., Batt, J. and Lewis, P. G (eds) *Developments in Central and European Politics* 3, Basingstoke: Palgrave, pp. 173 – 189.

Jeffery, C. (2004) 'Federalism and territorial politics', in Padgett, S., Paterson, W. E. and Smith, G. (eds) *Developments in German Politics* 3, Basingstoke: Palgrave, pp. 38 – 59.

Jessen, C. (2010) 'Tensions rise in Greece as austerity measures backfire'. Online. Available HTTP: < http://www. spiegel. de/international/europe/0, 1518, 712511, 00. html > (accessed 14 April 2011).

Jobbik (2010) 'How Jobbik transformed Hungarian politics'. Online. Available HTTP: < http://www. jobbik. com/europe – news/3139. html > (accessed 24 April 2010).

Johansen, I. V. (2009) 'Denmark – the social and political left', in Hildebrandt, C. and Daiber, B. (eds) *The Left in Europe: Political Parties and Party Alliances between Norway and Turkey*, Brussels: Rosa Luxemburg Foundation, pp. 49 – 60.

—— (2010) 'Die Linke und die radikale Linke in Dänemark', in Daiber, B., Hildebrandt C. and Striethorst A. (eds) *Von Revolution bis*

Koalition: *Linke Parteien in Europa*. Berlin: Karl Dietz, pp. 7 – 19.

Jordan, T. and Lent, A. (eds) (1999) *Storming the Millennium*: *The New Politics of Change*, London: Lawrence & Wishart.

Jordan, T. and Taylor, P. (2004) *Hacktivism and Cyberwars*: *Rebels with a Cause?*, London: Routledge.

Kagarlitskii, B., Nezhivoi, A. and Zhavoronkov, S. (2006) ' "Shtormovoe preduprezhdenie": Korruptsiya v rossiiskikh politicheskik partiyakh. Analiz. Tekhnologii. Posledstviya'. Online. Available HTTP: < http://www. compromat. ru/main/duma/ratingcor1. htm > (accessed 7 April 2010).

Kaltwasser, C. R. (2010) ' Moving beyond the Washington consensus – the resurgence of the left in Latin America', *Internationale Politik und Gesellschaft*, 3: 52 – 62.

Kalyvas, S. N and Marantzidis, N. (2003) ' Greek Communism, 1968 ~ 2001', *East European Politics and Societies*, 16 (3): 665 – 690.

—— (2005) ' Communism dualism: the Greek communist parties after the collapse of communism', in Kopeček, L. (ed.) *Trajectories of the Left*: *Social Democratic and (Ex –) Communist Parties in Contemporary Europe*: *Between Past and Future*, Brno: Democracy and Culture Studies Centre, pp. 81 – 108.

Kariotis, T. C. (2003) ' The economy: growth without equity', in Couloumbis, T. A, Kariotis, T. C and Bellou, F. (eds) *Greece in the Twentieth Century*, London: Frank Cass, pp. 239 – 273.

Karvonen, K. (2006) ' The extreme left in turmoil'. Online. Available HTTP: < http://virtual. fi nland. fi /netcomm/news/ showarticle. asp? intNWSAID > (accessed 23 June 2008).

Katz, R. S. and Mair, P. (1995) 'Changing models of party organization and party democracy: the emergence of the cartel party', *Party Politics* 1 (1): 5 – 28.

Kazin, M. (1995) *The Populist Persuasion: An American History*, New York: Basic Books.

Keith, D. (2010a) 'Party organisation and party adaptation: Western European communist and successor parties', PhD Thesis, University of Sussex.

—— (2010b) 'Ready to get their hands dirty. The Socialist Party and GroenLinks in the Netherlands', in Olsen, J., Koß, M. and Hough, D. (eds) *Left Parties in National Governments*, Basingstoke: Palgrave, pp. 155 – 172.

Kilmarnock, A. (1988) The *Radical Challenge*, London: Andre.

Deutsch, King, G., Honaker, J., Joseph, A. and Scheve, K. (2001) 'Analyzing incomplete political science data: an alternative algorithm for multiple imputation', *American Political Science Review* 95: 49 – 69.

Kingsnorth, P. (2003) *One No, Many Yeses*, London: Free Press.

Kirchheimer, O. (1966) 'The Transformation of the Western European Party Systems', in LaPalombara, J. and Weiner, M. (eds) *Political Parties and Political Development*, Princeton: Princeton University Press, pp. 177 – 200.

Kitschelt, H. (1986) 'Political Opportunity Structures and Political Protest – Antinuclear Movements in 4 Democracies', *British Journal of Political Science*, 16: 57 – 85.

—— (1988) 'Left – libertarian parties: explaining innovation in competitive party systems', *World Politics*, XL: 194 – 234.

—— (1989) 'The internal politics of parties – the law of curvilinear disparity revisited', *Political Studies* 37: 400 – 421.

—— (1989) *The Logics of Party Formation: Ecological Politics in Belgium and West Germany*, Ithaca: Cornell University Press.

Kitschelt, H., Mansfeldova, Z., Markowski, R. and Tóka, G. (1999) *Post – Communist Party Systems: Competition, Representation, and Inter – Party Cooperation*, Cambridge: Cambridge University Press.

Kitschelt, H. and McGann, A. (1995) *The Radical Right in Western Europe: A Comparative Analysis*, Ann Arbor: University of Michigan Press.

KKE (1996) 'Programme of KKE'. Online. Available HTTP: < http://inter. kke. gr/Documents/ docprogr/docprogr2 > (accessed 9 March 2010).

—— (2005a) 'Documents from the 17th congress of KKE'. Online. Available HTTP: < http://inter. kke. gr/Documents/17cong > (accessed 9 March 2010).

—— (2005b) 'Solidarity statement with the Democratic People's Republic of Korea'. Online. Available HTTP < http://inter. kke. gr/ IntAct/int – meet/int – meet2005/2005 – intmeet – resolu/2005 – solidar – korea > (accessed 25 October 2009).

—— (2005c) 'Statement: stop foreign interference in the internal affairs of Belarus'. Online. Available HTTP: < http://inter. kke. gr/ IntAct/int – meet/int – meet2005/2005 – intmeet – resolu/2005 – solidar-belarus > (accessed 28 December 2009).

—— (2005d) 'The front against the opportunist "leftist alternative" for "another Europe"'. Online. Available HTTP: < http://

inter. kke. gr/EUfolder/2005 – 10pbeu/2005 – 10pbeu – b > (accessed 28 December 2009).

—— (2009a) '18th Congress: Report of the CC on the Second Subject'. Online. Available HTTP: < http://inter. kke. gr/News/2009news/2009 – congress2 > (accessed 24 February 2010).

—— (2009b) 'Report of the CC of KKE in the 18th Congress'. Online. Available HTTP: < http://inter. kke. gr/News/2009news/2009 – 18ocongressreport1 > (accessed 24 February 2010).

Klein, N. (2002) 'Farewell to "the end of history": organization and vision in anti – corporate movements', in L. Panitch and C. Leys (eds) Socialist Register, London: Merlin Press, pp. 1 – 14.

—— (2005) Fences and Windows, London: Harper Perennial.

Klingemann, H. – D., A. Volkens, J. Bara, I. Budge, M. D. McDonald (2006) Mapping Policy Preferences II : Estimates for Parties, Elector, and Governments in Eastern Europe, European Union, and the OECD 1990 – 2003, Oxford: Oxford University Press.

Kloke, A. (2007) 'The Greek elections of September 2007'. Online. Available HTTP: < www. socialistaction. org/kloke1. htm > (accessed 24 February 2010).

Knapp, A. and Wright, V. (2006) The Government and Politics of France, London: Routledge.

Knudsen, A. (2004) 'The European parliamentary election in Denmark', EPERN 2004 European Parliament Election Briefing, 11.

—— (2007) 'Denmark's election: a shifting landscape'. Online. Available HTTP: < http://www. opendemocracy. net/article/globalisation/institutions_ government/denmark_ election > (accessed 14

April 2010).

—— (2009) 'The European parliamentary election in Denmark 7 June 2009', *EPERN European Parliamentary Election Briefing*, 42.

Knutsen, O. (1995) 'Value orientation, political conflict and left – right identifi cation: a comparative study', *European Journal of Political Research*, 28: 63 – 93.

Kolakowski, L. (1978) *Main Currents Of Marxism: Its Origins, Growth and Dissolution* (Vol. III, The Breakdown), Oxford: Clarendon Press.

Kopeček, L. and Pšeja, P. (2008) 'Czech social democracy and its "cohabitation" with the Communist Party: the story of a neglected affair', *Communist and Post – Communist Studies* 41 (3): 317 – 338.

Kopecky, P. and Mudde, C. (2002) 'The two sides of Euroscepticism: party positions on European integration in east – central Europe', *European Union Politics*, 3 (3): 297 – 326.

Kosiara – Pedersen, K. (2008) 'The 2007 Danish general election: generating a fragile majority', *West – European Politics*, 31 (5): 1040 – 1048.

Kovras, I. (2010) 'The parliamentary election in Greece, October 2009', *Electoral Studies*, 29 (2): 293 – 296.

Kowalewski, Z. M. (2006) 'Death on the road to a workers' party'. Online. Available HTTP: < http: //www. internationalviewpoint. org/ spip. php? article945&var_ recherche = Poland > (accessed 16 October 2009).

KPRF (1997) *IV sezd Kommunisticheskoi partii Rossiiskoi Federatsii 19 – 20 aprelya 1997 goda* (*Materialy i dokumenty*), Moscow: KPRF.

—— (2002) 'Ustav KPRF: Prinyat VII (vneocherednym)

s'ezdom KPRF 19 yanvarya 2002 goda'. Online. Available HTTP: < www. kprf. ru. s447. shtml > (accessed 24 Februar 2004).

—— (2011) 'Soyuz kommunisticheskikh partii – KPSS'. Online. HTTP: < http: //kprf. ru/kpss > (accessed 2 May 2011).

Kriegel, A. (1972) *The French Communists: Profi le of a People*, Chicago: University of Chicago Press.

Krivine, A. (2006) *Ça te passera avec l' age*, Paris: Flammarion.

Krok – Paszkowska, A. (2003) 'Samoobrona: the Polish self – defence movement', in Kopecky, P. and Mudde, C. (eds.) *Uncivil Society? Contentious Politics in Post – communist Europe*, London: Routledge, pp. 114 – 133.

KSČM (1999) 'The KSČM at the turn of the millennium'. Online. Available HTTP: < http: //www. kscm. cz/article. asp? thema = 3247&item = 28074 > (accessed 24 Jan 2007).

—— (2003) 'The party's origin'. Online. Available HTTP: < http: //www. kscm. cz. index. asp? jazyk = 2 > (accessed 8 May 2003).

—— (2007) 'Hope for the Czech Republic: CPBM policy for the period up to its VII congress'. Online. Available HTTP: < http: // www. kscm. cz/index. asp? thema = 3245&category = > (accessed 24 Jan 2007).

L'Humanité (2008) 'Un PDCI plus communiste que jamais'. Online. Available HTTP: < http: //www. humanite. fr/2008 – 07 – 24_ International_ Un – PDCI – plus – communiste – quejamais > (accessed 7 March 2010).

Laclau, E. (1977) *Politics and Ideology in Marxist Theory*, London:

New Left Books.

Ladrech, R. (1996) 'Political parties in the European Parliament', in Gaffney, J. (ed.) *Political Parties and the European Union*, London: Routledge, pp. 291 – 307.

—— (2009) 'Europeanization and political parties', *Living Reviews in European Governance*, 4 (1). Online. Available HTTP: < http: www. livingreviews. org/lreg – 2009 – 1 > (accessed 31 December 2009).

Lafontaine, O. (2000) *The Heart Beats on the Left*, Oxford: Polity.

Lange, P. (1977) 'The French and Italian communist parties: postwar strategy and domestic society', in Bialer, S. and Sluzar, S. (eds) *Radicalism in the Contemporary Age*, (vol. 3), Boulder: Westview, pp. 159 – 199.

Lange, P. and Vannicelli, M. (eds) (1981) *The Communist Parties of Italy, France and Spain: Postwar Change and Continuity*, London: George Allen & Unwin.

Laruelle, M. (2006) 'Rodina: Les mouvances nationalists Russes du loyalisme à l'opposition'. Online. Available HTTP: < www. ceri – sciencespo. com/archive/mai06/artml. pdf > (accessed 25 May 2009).

Laurent, P. (2011) 'Introduction au Conseil national des 8 et 9 avril 2011'. Online. Available HTTP: < http: // www. pierrelaurent. org/? q = article/introduction – au – conseil – nationaldes – 8 – et – 9 – avril – 2011 > (accessed 14 April 2011).

Lavelle, A. (2008) *The Death of Social Democracy: Political Consequences in the 21st Century*, Aldershot: Ashgate.

Lawler, P. (1997) 'Scandinavian exceptionalism and the European

Union', *Journal of sCommon Market Studies*, 35 (4): 565 – 594.

Lawson, K. and Merkl, P. H. (eds) (1988) *When Parties Fail: Emerging Alternative Organizations*, Princeton, NJ: Princeton University Press.

Lazar, M. (1988) 'Communism in Western Europe in the 1980s', *Journal of Communist Studies* 4 (3): 243 – 257.

Lee, E. (2007) 'Labour start and trade union internationalism: at the tipping point?', *Labor History*, 48 (1): 73 – 79.

Lenin, V. (1952) *Selected Works*, (vol. 1, part 1), Moscow: Foreign Languages Publishing House.

—— (1970) '*Left – Wing*' *Communism, an Infantile Disorder*, Moscow: Progress.

Lent, A. (2001) *Sex, Colour, Peace and Power: Social Movements in Britain Since* 1945, Basingstoke: Palgrave.

Lester, J. (1997) 'Overdosing on nationalism: Gennadii Zyuganov and the Communist Party of the Russian Federation', *New Left Review*, 221: 34 – 53.

Levitsky, S. (2001) 'Organization and labor – based party adaptation: the transformation of Argentine Peronism in comparative perspective', *World Politics* 54: 27 – 56.

Levitsky, S. and Way, L. A. (2002) 'The Rise of Competitive Authoritarianism', *Journal of Democracy*, 13 (2): 51 – 65.

Lewis, B. (2007) 'Support Die Linke – but organize to fi ght', *Weekly Worker*, 678 (21): 5.

Lewis, P. G. (2000) *Political Parties in Post – Communist Eastern Europe*, London: Routledge.

Lewis – Beck, M. S. and Paldam, M. （2000） 'Economic voting: an introduction', *Electoral Studies* 19 （2 – 3）: 113 – 121.

Liégard, G. （2009） 'The new anti – capitalist party, a promising birth'. Online. Available HTTP: < www. internationalviewpoint. org/ spip. php? article1639 > （accessed 3 March 2010）.

Lijphart, A. and Gibberd, R. W. （1977） 'Thresholds and payoffs in list systems of proportional representation', *European Journal of Political Research* 5: 219 – 244.

Lightfoot, S. （2005） *The Rise of the Party of European Socialists*, London: Routledge.

Linz, J. J （1977） 'Some notes towards a comparative study of fascism in sociological historical perspective', in Laqueur, W. （ed.） *Fascism: A Reader's Guide*, London: Wildwood House, pp. 3 – 124.

Lisi, M. （2009） 'New Politics in Portugal: The Rise and Success of the Left Bloc', *Pôle Sud*, 30 （1）: 127 – 144.

—— （2010） 'The renewal of the socialist majority: the 2009 Portuguese legislative elections', *West European Politics*, 33 （2）: 381 – 388.

Lobo, M. C. （2002） 'The impact of party leaders on the outcome of the 2002 Portuguese legislative elections: choosing between relatively unpopular candidates', Paper at international conference, Portugal a Votos, Lisbon, February.

Louçã, F. （2008） 'Where is the left bloc going?'. Online. Available HTTP: < http: //www. internationalviewpoint. org/ spip. php? article1420 > （accessed 14 April 2010）.

—— （2010） 'Somehow, we fi lled a space that did not exist, a political space that had not yet been recognized'. Online. Available HTTP： < http：//www. internationalviewpoint. org/spip. php? article1923 > （accessed 14 April 2011）.

LP （2005） 'The Left Party. PDS （Die Linkspartei. PDS） is the Party of Democratic Socialism in Germany'. Online. Available HTTP： < http：//sozialisten. de/politik/international/ fremsprachige_ dokumente > （accessed 30 January 2007）.

—— （2009） 'Federal Election Programme 2009'. Online. Available HTTP： < http：//dielinke. de/politik/international/ englishpages/ > （accessed 7 April 2011）.

—— （2010a） 'Information about the national rlections to the Bundestag and the regional elections in the states of Brandenburg and Schleswig – Holstein'. Online. Available HTTP： < http：//die – linke. de/ nc/die_ linke/nachrichten/detail/zurueck/selected – news – anddocuments/ artikel/on – the – national – elections – to – the – bundestag – and – the – regional – elections – in – the – states – of – brandenburg – a > （accessed 6 May 2010）.

—— （2010b） 'Newsletter International： English edition January 2010'. Online. Available HTTP： < http：//die – linke. de/politik/ international/english_ pages/newsletter_ international/ english_ edition > （accessed 6 May 2010）.

—— （2010c） 'Programme of DIE LINKE Party. First Draft'. Online. Available HTTP： < http：//die – linke. de/politik/ international/english_ pages/ > （accessed 6 May 2010）.

LSP （2011） 'Istoriya sozidaniya SPL'. Online. Available HTTP： < http：//www. latsocpartija. lv/lapas_ ru/vesture2. html > （accessed

18 August 2011）.

Lucardie, P. （1988）'A red herring in a West European sea', in Waller, M. and Fennema, M. （eds）*Communist Parties in Western Europe: Decline or Adaptation?*, Oxford: Blackwell, pp. 192 – 211.

Luxemburg, R. （1970）*The Russian Revolution* and *Leninism or Marxism?*, Ann Arbor, MI: University of Michigan Press.

Lyrintzis, C. （2005）'The changing party system: stable democracy, contested "modernisation"', *West European Politics*, 28 （2）: 242 – 259.

Maeda, K. （2010）'Divided we fall: opposition fragmentation and the electoral fortunes of governing parties', *British Journal of Political Science*, 40: 419 – 434.

Magone, J. M. （2006）'Portugal', *European Journal of Political Research*, 45: 1247 – 1253.

—— （2007）'Portugal', *European Journal of Political Research*, 46: 1075 – 1081.

Mahr, A. and Nagle, J. D （1995）'Resurrection of the successor parties and democratization in East – Central Europe', *Communist and Post – Communist Studies* 28 （4）: 393 – 410.

Mair, P. （1991）'The electoral universe of small parties', in Müller-Rommell, F. and Pridham, G. （eds）*Small Parties in Western Europe*, London: Sage, pp. 41 – 70.

—— （1997）*Party System Change: Approaches and Interpretations*, Oxford: Clarendon.

Mair, P. and Mudde, C. （1998）'The party family and its study', *Annual Review of Political Science*, 1: 211 – 229.

Maitan, L. (1999) 'Italian communists' congress confi rms left course'. Online. Available HTTP: < http: //www. greenleft. org. au/node/19552 > (accessed 11 May 2011).

Malesevic, S. (2002) *Ideology, Legitimacy, and the New State: Yugoslavia, Serbia and Croatia*, London, Frank Cass.

Mandel, E. (1978) *From Stalinism to Eurocommunism: The Bitter Fruits of 'Socialism in one country'*, London: New Left Books.

Marantzidis, N. (2003/4) 'Exit, voice or loyalty? Les strategies des parties communistes d' Europe de l' Ouest apres 1989', *Communisme*, 76/77: 169 – 184.

March, L. (2002) *The Communist Party in Post – Soviet Russia*, Manchester: Manchester University Press.

—— (2003) 'The pragmatic radicalism of Russia's communists', in Curry, J. and Urban, J. B (eds) *The Left Transformed: Social Democrats and Neo – Leninists in Central and Eastern Europe*, Lanham MD: Rowman & Littlefi eld, pp. 163 – 208.

—— (2005) *The Moldovan Communists: From Leninism to Democracy*, Glasgow: University of Strathclyde.

—— (2006) 'The contemporary Russian left after communism: into the dustbin of history?', *Journal of Communist Studies and Transition Politics*, 22 (4): 431 – 456.

—— (2007) 'From vanguard of the proletariat to vox populi: left – populism as a "Shadow" of contemporary socialism', *SAIS Review*, 27 (1): 3 – 15.

—— (2009a) 'Managing opposition in a hybrid regime: just Russia and parastatal opposition', *Slavic Review*, 68 (3): 504 – 527.

—— (2009b) 'The consequences of the 2009 parliamentary elections for Moldova's domestic and international politics', paper presented at AAASS National Convention, Boston, MA, 13 November.

March, L. and Mudde, C. (2005) 'What's Left of the Radical Left? The European Radical Left After 1989: Decline *and* Mutation', *Comparative European Politics*, 3 (1): 23 –49.

Marijnissen, J. (2006) 'Enough! A socialist bites back'. Online. Available HTTP: < http: // international. sp. nl/publications/enough/ preface_ 2006. stm > (accessed 23 April 2010).

—— (2007) 'Socialism is "human work"'. Online. Available HTTP: < http: //international. sp. nl/news/070717 _ speech _ marijnessen. shtml > (accessed 14 December 2007).

Marioulas, J. (2009) 'Communists in power: Cyprus', in Hildebrandt, C. and Daiber, B. (eds) *The Left in Europe: Political Parties and Party Alliances between Norway and Turkey*, Brussels: Rosa – Luxembourg Foundation, pp. 182 – 189.

Marquand, D. (2010) 'Why the left is losing the crisis', *New Statesman*, 22 November, 23 – 26.

Martin, R. and Cristescu – Martin, A. (2002) 'Employment relations in Central and Eastern Europe in 2002: towards EU accession', *Industrial Relations Journal*, 34 (5): 498 – 509.

Marx, K. (1975) 'Critique of Hegel's Philosophy of Right. Introduction', in Marx, K. *Early Writings*, London: Penguin, pp. 243 – 257.

Marx, K. and Engels, F. (1998) *The Communist Manifesto: a Modern Edition*, London: Verso.

Mason, P. (2007) *Live Working or Die Fighting: how the Working Class Went Global*, London: Harvill Secker.

Massari, O. and Parker, S. (2000) 'The two lefts: between rupture and recomposition', in Hine, D. and Vassallo, S. (eds) *Italian Politics: The Return of Politics*, Oxford: Berghahn, pp. 47 – 64.

Massetti, E. (2009) 'The Scottish and Welsh party systems ten years after devolution: format, ideological polarization and structure of competition', SEI Working Paper, No. 107.

Mathers, A. (2007) *Struggling for a Social Movement: Neoliberal Globalisation and the Birth of a European Social Movement*, Aldershot: Ashgate.

Mattila, M. and Raunio, T. (2004) 'Does winning pay? Electoral success and government formation in 15 West European countries', *European Journal of Political Research* 43: 263 – 285.

Mavrogordatos, G. Th. (1983) 'The emerging party system', in R. Clogg (ed.) *Greece in the 1980s*, Basingstoke: Macmillan, pp. 70 – 94.

—— (1997) 'From traditional clientelism to machine politics: the impact of PASOK populism in Greece', *South European Society and Politics*, 2 (3): 1 – 26.

Mayer, N. (1999) *Ces Français qui votent FN*, Paris: Flammarion.

McAllister, I. and White, S. (2007) 'Political parties and democratic consolidation in postcommunist societies', *Party Politics*, 13 (2): 197 – 216.

McGiffen, S. (2006a) 'Dutch socialists paint the town red' Online. Available HTTP: < http://international.sp.nl/bericht/12586/061124 – dutch_ socialists_ paint_ the_ town_ red. html > (accessed

14 May 2010).

—— (2006b)'The secrets of their success', *Morning Star*, 19 December.

McInnes, N. (1975) *The Communist Parties of Western Europe*, Oxford: Oxford University Press.

McKay, G. (ed.) (1998) *DiY Culture: Party and Protest in Nineties Britain*, London: Verso.

McKay, J. (2004) 'The PDS tests the West: the party of democratic socialism's campaign to become a pan – German socialist party', *Journal of Communist Studies and Transition Politics*, 20 (2): 50 –72.

—— (2007)'The Berlin Land Election 2006', *German Politics*, 16 (4): 518 –525.

Merkl, P. H. and Weinberg, L. (1993) *Encounters with the Contemporary Radical Right*, Boulder: Westview.

Mikkel, E. (2006) 'Patterns of party formation in Estonia: consolidation unaccomplished', in Jungerstam – Mulders, S. (ed.) *Post-Communist EU Member States: Parties and Party Systems*, Aldershot: Ashgate, pp. 23 –50.

Miljan, T. (1977) *The Reluctant Europeans: The Attitudes of the Nordic Countries Towards European Integration*, London: Hurst and Co.

Milstein, C. (2004) 'Reclaim the cities: from protest to popular power', in Solnit D. (ed.) *Globalise Liberation: How to Uproot the System and Build a Better World*, SanFrancisco: City Lights.

Minkenberg, M. (2000)'The renewal of the radical right: between modernity and antimodernity', *Government and Opposition* 35 (2): 170 – 188.

—— (2003) 'The West European radical right as a collective actor: modelling the impact of cultural and structural variables on party formation and movement mobilization', *Comparative European Politics* 1 (2): 149 – 170.

Monaghan, R. (1997) 'Animal rights and violent protest', *Terrorism and Political Violence* 9 (4): 106 – 116.

Monitor (2002) 'Moscow all – out for Moldova's Communists', *Jamestown Foundation Monitor* 8: 67. Online. Available HTTP: < http: // www. jamestown. org/publications_ details. php? volume_ id = 25&issue_ id = 2232&article_ id = 19292 > (accessed 27 June 2007).

Monks, J. (2009) 'Speech by John Monks, General Secretary of the Trade Union Confederation (ETUC) at the round table of the Italian General Confederation of Labour (CGIL) in Chianciano'. Online. Available HTTP: < http: //www. etuc. org/a/6365 > (accessed 14 October 2009).

Moody, K. (2005) 'Toward an international social – movement unionism', in Amoore, L. (ed.) *The Global Resistance Reader*, London: Routledge, pp. 257 – 272.

Morris, P. (1980) 'The French Communist Party and Eurocommunism', in Childs, D. (ed.) *The Changing Face of Western Communism*, London: Croom Helm, pp. 147 – 171.

Moschonas, G. (2002) *In the Name of Social Democracy: The Great Transformation*, 1945 *to the Present*, London, Verso.

—— (2009) 'The EU and the identity of social democracy', *Renewal* 17 (2): 11 – 20.

Mouffe, C. (2004) 'Messianic multitudes', *CSD Bulletin*, 11

（2）/12（1）：38 – 40.

Mudde, C. （1996）'The war of words: defi ning the extreme right party family', *West European Politics*, 19（2）：225 – 248.

—— （2002）'Extremist Movements' in Heywood, P. , Jones, E. and Rhodes, M. （eds）*Developments in West European Politics* 2, Basingstoke: Palgrave, pp. 135 – 148.

—— （2004）'The populist Zeitgeist', *Government & Opposition*, 39 （3）：541 – 563.

—— （ed. ）（2005）*Racist Extremism in Central and Eastern Europe*, London: Routledge.

—— （2006）'Anti – system politics', in Heywood, P. , Jones, E. and Rhodes, M. and Sedelmeier, U. （eds）*Developments in European Politics*, Basingstoke: Palgrave, pp. 178 – 195.

—— （2007）*Populist Radical Right Parties in Europe*, Cambridge: Cambridge University Press.

—— （2010）'The populist radical right: a pathological normalcy', *West European Politics*, 33（6）：1167 – 1186.

Müller, W. C and Strøm, K. （eds）（1999）*Policy, Office or Votes: How Political Parties in Western Europe Make Hard Decisions*, Cambridge: Cambridge University Press.

Müller – Rommel, F. （1998）'Explaining the electoral success of green parties: a cross – national analysis', *Environmental Politics*, 7：145 – 154.

—— （1998）'The new challengers: Greens and right – wing populist parties in western Europe', *European Review* 6（2）：191 – 202.

Müller – Rommel, F. and Poguntke, T. （eds）（2002）*Green*

Parties in National Governments, London: Frank Cass.

Munck, R. (2002) *Globalisation and Labour: The New 'Great Transformation'*, London: Zed.

—— (ed.) (2004) *Labour and Globalisation: Results and Prospects*, Liverpool: Liverpool University Press.

—— (2007) *Globalization and Contestation*, London: Routledge.

Mungiu – Pippidi, A. (2002) 'The Romanian postcommunist parties: a story of success', in Bozóki, A. and Ishiyama, J. T. (eds) *The Communist Successor Parties of Central and Eastern Europe*, Armonk, NY: M. E. Sharpe, pp. 188 – 205.

Murer, J. S. (2002) 'Mainstreaming extremism: the Romanian PDSR and the Bulgarian Socialists in comparative perspective', in Bozóki, A. and Ishiyama, J. T. *The Communist Successor Parties of Central and Eastern Europe*, Armonk, NY: M. E. Sharpe, pp. 367 – 396.

Nagle, J. D. and Mahr, A. (1999) *Democracy and Democratization*, London: Sage.

NELF (2007) 'Citizens must be heard in EU treaty reform', statement of New European Left Forum, Helsinki, 5 – 7 October. Online. Available HTTP: < www. vasemmistoliito. fi > (accessed 20 May 2008).

Newell, J. (2010) 'Between a rock and a hard place: the governing dilemmas of Rifondazione Comunista', in Olsen, J., Koß, M. and Hough, D. (eds) *Left Parties in National Governments*, Basingstoke: Palgrave, pp. 52 – 68.

NGLA (2004) 'Statutes of the cooperation of the Nordic Left parties'. Online. Available HTTP: < http: //www. nordic – green – left –

alliance. org/en/statutes. htm > （accessed 28 December 2009）.

Nicolacopoulos, I. （2005）'Elections and voters, 1974～2004: old cleavages and new issues', *West European Politics*, 28 （2）: 260 – 78.

Norris, P. （2005）*Radical Right: Voters and Parties in the Electoral Market*, Cambridge: Cambridge University Press.

NRC Handelsbland （2010）'The first political casualty of the election campaign'. Online. Available HTTP: < http: //www. nrc. nl/ international/article2497985. ece/The_ fi rst_ political_ casualty_ of_ the_ election_ campaign > （accessed 5 March 2010）.

O' Malley, E. （2008）'Why is there no radical right party in Ireland?', *West European Politics*, 31 （5）: 960 – 977.

Olsen, J. （1999）*Nature and Nationalism. Right – Wing Ecology and the Politics of Identity in Contemporary Germany*, New York: St Martin's.

—— （2007）'Merger of the PDS and WASG: from Eastern German regional party to national radical left party?', *German Politics* 16 （2）: 205 – 221.

—— （2010）'The Norwegian Socialist Left Party: offi ce – seekers in the service of policy?', in Olsen, J. , Koß, M. and Hough D. （eds） *Left Parties in National Governments*, Basingstoke: Palgrave, pp. 16 – 32.

Olsen J. , Koß, M. and Hough, D. （eds）（2010）*Left Parties in National Governments*, Basingstoke: Palgrave.

Orenstein, M. A. （1998）'A genealogy of communist successor parties in east – central Europe and the determinants of their success', *East European Politics and Societies*, 12: 472 – 99.

OSCE/ODIHR （2009） 'Republic of Moldova Parliamentary Elections 5 April 2009: OSCE/ODIHR Election Observation Mission

Final Report'. Online. Available HTTP: < http: //www. osce. org/documents/odihr/2009/06/38185_ en. pdf > (accessed 8 April 2010).

OSCE/ODIHR (2010) 'Republic of Moldova Early Parliamentary Elections 28 November 2010: OSCE/ODIHR Election Observation Mission Final Report'. Online. Available HTTP: < http: // www. osce. org/odihr/elections/moldova/74793 > (accessed 8 April 2011).

Ost, D. (2005) *The Defeat of Solidarity: Anger and Politics in Postcommunist Europe*, Cornell: Cornell University Press.

—— (2009) 'The end of postcommunism: trade unions in Eastern Europe's future', *East European Politics and Societies*, 23 (1): 13 – 33.

Pacek, A. C. and Radcliff, B. (2003) 'Voter participation and party – group fortunes in European parliament elections, 1979 ~ 1999: A cross – national analysis', *Political Research Quarterly* 56 (1): 91 – 95.

Padgett, S. (1998) 'Parties in post – communist society: the German case', in Lewis, P. G. (ed.) *Party Structure and Organization in East – Central Europe*, Cheltenham: Edward Elgar, pp. 163 – 186.

Panebianco, A. (1988) *Political Parties: Organization and Power*, Cambridge: Cambridge University Press.

Pankowski, R. (2010) *The Populist Radical Right in Poland*, Abingdon: Routledge.

Papariga, A. (2003) 'The timeliness of Marxism'. Online. Available HTTP: < http: //inter. kke. gr. TheSocial/2003 – timelinessMarxism > (accessed 30 Jan 2007).

—— (2008) 'Interview with Al. Papariga with the TV channel NOVA'. Online. Available HTTP: < http: //inter. kke. gr/News/

2008news/2008 – 02 – nova > （accessed 24 February 2010）.

Patton, D. F. （2006）'Germany's Left Party. PDS and the "Vacuum Thesis": from regional milieu party to left alternative?', *Journal of Communist Studies and Transition Politics*, 22 （2）: 500 – 526.

PCF （2006）'Coré du Nord: réaction du PCF suite aux tirs de missiles nord – coréens', 5 July. Online. Available HTTP: < http: //www. pcf. fr/ spip. php? article692&decoupe_ recherche = Cor% C3% A9e > （accessed 28 December 2009）.

PCP （2005a）'First congress of the European Left Party – reply to an invitation'. Online. Available HTTP: < http: //international. pcp. pt/ index. php? option = com _ content&task = view&id = 61&Itemid = 37 > （accessed 28 December 2009）.

—— （2005b）'Statement by the Central Committee of the PCP', 21 February. Online. Available HTTP: < http: //www. international. pcp. pt/index. php? option = com_ content&task = view&id – 78&Itemid = 36 > （accessed 10 August 2010）.

—— （2006）'Motion of solidarity with Latin America and Cuba'. Online. Available HTTP: < http: //www. pcp. pt/index. php? option = com_ content&task = view&id = 6833&Itemid = 306 > （accessed 28 December 2009）.

—— （2011）'On the meeting between PCP and BE – Left Bloc'. Online. Available HTTP: < http: //www. pcp. pt/en/meeting – between – pcp – and – be – left – bloc > （accessed 25 April 2011）.

PCRM （2001）*Programma i ustav Partii Kommunistov Respubliki Moldova*, Chi inău: Partiya Kommunistov Respubliki Moldova.

—— （2004）'Rezolu ia Congresului al V – lea （al XXII – lea）al

Partidului Comunis ilor din Republica Moldova privînd raportul politic al Comitetului Central al PCRM Congresului i sarcinile partidului'. Online. Available HTTP: < www. parties. democracy. md > (accessed 17 December 2004).

—— (2008) 'Programma Partii Kommunistov Respubliki Moldova '. Online. Available HTTP: < http: //www. e – democracy. md/fi les/parties/pcrm – program – 2008 – ru. pdf > (accessed 8 April 2010).

—— (2009) 'Evropeiskuyu Moldovu – Stroim vmeste'. Online. Available HTTP: < http: //www. pcrm. md/main/index. php? action = program > (accessed 8 April 2010).

PDM (2009) 'Oferta electorală PDM'. Online. Available HTTP: < http: //www. pdm. md/lib. php? l = ro&idc = 217&nod = 1& > (accessed 8 November 2009).

Pehe, J. (2006) 'A toothless dog'. Online. Available HTTP: < http: //www. pehe. cz/Members/redaktor/clanek. 2006 – 07 – 03. 7331906913 > (accessed 19 March 2010).

PEL (2004a) *European LEFT Manifesto*, Brussels: Party of The European Left.

—— (2004b) 'Statute of the Party of the European Left'. Online. Available HTTP: < http: //www. european – left. org/nc/english/about_ the _ el/documents/detail/zurueck/documents/artikel/statute – of – the – party – of – the – european – left – el/ > (accessed 22 December 2009).

—— (2007) 'Political theses of the 2nd EL Congress'. Online. Available HTTP: < http: //www. european – left. org/nc/english/about_ the _ el/documents/detail/zurueck/documents/artikel/political – theses –

of – the – 2nd – el – congress – prague > （accessed 22 December 2009）.

—— （2009a）'Some remarks concerning the creation of the Party of the European Left'. Online. Available HTTP： < http：// www. european – left. org/english/about _ the _ el/introduction/ > （accessed 22 December 2009）

—— （2009b）*Electoral Platform* 2009. *Together for Change in Europe*！, Brussels：Party of The European Left.

Perrineau, P. （1997）*Le symptôme le Pen. Radiographie des électeurs du Front national*, Paris：Fayard.

PES （2006）'Smer suspended from PES political family'. Online. Available HTTP： < www. pes. org/en/print/en/news/smer – suspended- pes – political – family > （accessed 4 June 2009）.

Phillips, L. （2011）'Getting off our knees', *Red Pepper*, 175：10 – 12.

Pilger, J. （2007）*The War on Democracy*, London：Lionsgate Films.

Poguntke, T. （1987）'New politics and party systems：the emergence of a new type of party?', *West European Politics*, 10（1）：78 – 88.

Policy Network （2011）'New You Gov polling on trust in centre – left parties and politics'. Online. Available HTTP： < http：// www. policy – network. net/news/3893/New – YouGovpolling – on – trust – in – centre – left – politics > （accessed 11 May 2011）.

Popescu, N. and Wilson, A. （2009）"Moldova's fragile pluralism', in Emerson, M. and Youngs, R. （eds）*Democracy's Plight in the European Neighbourhood*, Brussels：CEPS, pp. 92 – 102.

Porcaro, M. （2009）'The radical left in Italy between national defeat and European hope', in Hildebrandt, C. and Daiber, B. (eds) *The Left in Europe: Political Parties and Party Alliances between Norway and Turkey*, Brussels: Rosa Luxemburg Foundation.

Pratschke, J. (1999) 'Kosovo, imperialism and the left: a stratifi ed analysis of responses to NATO's War', *Alethia* 2 (2): 14 –19.

Preston, M., and Peart, S. (2003) 'Scotland: five new socialist MPS sworn in', *Green Left Weekly* 14.

Pridham, G. and Verney, S. (1991) 'The coalitions of 1989 ~ 1990 in Greece: inter – party relations and democratic consolidation', *West European Politics*, 14 (4): 42 –69.

Priestland, D. (2009) *The Red Flag. Communism and the Making of the Modern World*, London: Allen Lane,

Przeworski, A. and Sprague, J. (1986) *Paper Stones: A History of Electoral Socialism*, Chicago: University of Chicago Press.

Putin, V. (2000) *First Person: An Astonishingly Frank Self – Portrait by Russia's President*, London: Hutchinson.

Quaglia, L. (2009) 'The left in Italy and the Lisbon Treaty: a "political" Europe, a "social" Europe and an "economic" Europe', *Bulletin of Italian Politics*, 1 (1): 1 –25.

Qvortrup, M. (2002) 'The emperor's new clothes: the Danish general election, 20 November 2001', *West European Politics* 25 (2): 205 –11.

Raby, D. L (2006) *Democracy and Revolution: Latin America and Socialism Today*, London: Pluto.

Racz, B. and Bukowski, C. J. (eds) (1999) *The Return of the Left in Post – Communist States: Current Trends and Future Prospects*, Cheltenham: Edward Elgar.

Radcliff, B. (1994) 'Turnout and the Democratic Vote', *American Politics Research* 22 (3): 259 – 276.

Radical Association Adelaide Aglietta (2003). Online. Available HTTP: < http: //www. associazioneaglietta. it/comunicatistampa0303. html > (accessed 22 December 2009).

Rakhmanin, S. and Mostovaya, Yu. (2002) 'Partiya nepobedivshego sotsialista'. Online. Available HTTP: < www. mirror – weekly. com/ie/show/384/34078 > (accessed 14 April 2010).

Ramiro – Fernández, L. (2005) 'The crisis of the Spanish radical left: the PCE and IU – a rejoinder', *The Journal of Communist Studies and Transition Politics*, 21 (2): 302 – 305.

Reif, K. and Schmitt, H. (1980) 'Nine second order national elections: a conceptual framework for the analysis of European election results', *European Journal of Political Research* 8 (1): 3 – 44.

Reis, M. (2008) 'Portugal – the left bloc/Bloco de Esquerda'. Online. Available HTTP: < http: //socialistresistance. org/2008/07/08/ portugal – the – left – bloc – bloco – de – esquerda > (accessed 20 August 2008).

Reitan, R. (2011) 'Coordinated power in contemporary leftist activism', in Olsen, T. (ed.) *Power and Transnational Activism*, Abingdon: Routledge, pp. 51 – 72.

Renton, D. and Eaden, J. (2002) *The Communist Party of Great Britain since* 1920, Basingstoke: Macmillan.

Richardson, D. and Rootes, C. (eds) (1995) *The Green Challenge: The Development of Green Parties in Europe*, London: Routledge.

Richter, J. (2010) 'Court cancels ministry's ban of communist youth union'. Online. Available HTTP：< http：//www. radio. cz/en/ article/124497 > （accessed 28 February 2010）.

Rifondazione（2002）*Opening and Innovation：Changing Ourselves to Transform Society*, Nottingham：Spokesman Books for Socialist Renewal.

—— （2008）'Ricominciamo：una svolta a sinistra'. Online. Available HTTP：< http：//www. rifondazione. it/archivio/congressi/ vii/? p = 399 > （accessed 7 March 2010）.

Robertson, G. （2004）'Leading Labor：Unions, Politics and Protest in New Democracies', *Comparative Politics* 36 （3）：253 – 272.

Rogers, N. （2006）'Bitter fruits of personality politics'. Online. Available HTTP：< http：//www. cpgb. org. uk/worker2/index. php? action = viewarticle&article_ id = 630 > （accessed 12 May 2010）.

Rose, R. and. Mackie, T. T. （1988）'Do parties persist or fail? The big trade – off facing organizations', in Lawson, K. and Merkel, P. H. （eds）*When Parties Fail：Emerging Alternative Organizations*, Princeton：Princeton University Press, pp. 533 – 560.

Rothschild, J. （1974）*East Central Europe Between the Two Wars*, Seattle：University of Washington Press.

Roy, O. （2004）*Globalised Islam：the search for a New Ummah*, London：Hurst & Co.

Rüdig, W. （2010）'Boon or burden? Antiwar protest and political parties', in Walgrave, S. and Rucht, D. （eds）*The World Says No to War：Demonstrations against the War in Iraq*, Minneapolis, MN：University of Minnesota Press, pp. 141 – 168.

Rupnik, J. （2007）'From democracy fatigue to populist backlash', *Journal of Democracy*, 18 （4）：17 – 25.

Rydgren, J. (2005) 'Is extreme right – wing populism contagious? Explaining the emergence of a new party family', *European Journal of Political Research* 44: 413 – 437.

Saccarelli, E. (2004) '*Empire*, Rifondazione Comunista, and the politics of spontaneity', *New Political Science*, 26 (4): 569 – 591.

Sakwa, R. (1991) *Gorbachev and his Reforms 1985 ~ 1990*, London: Prentice Hall.

—— (1998) 'Left or right? The CPRF and the problem of democratic consolidation in Russia', *Journal of Communist Studies and Transition Politics* 14 (1/2): 128 – 58.

—— (1998) *Soviet Politics in Perspective*, London: Routledge.

Sani, G. and Sartori, G. (1983) 'Polarization, fragmentation and competition in Western democracies', in Daalder, H. and Mair, P. (eds) *Western European Party Systems: Continuity and Change*, London: Sage, pp. 307 – 341.

Sartori, G. (1976) *Parties and Party Systems: A Framework for Analysis*, Cambridge, Cambridge University Press.

Sartzekis, A. and Anastassiadis, T. (2009) 'A defeat for the right, but now its policies have to be defeated!'. Online. Available HTTP: < http://www. internationalviewpoint. org/spip. php? article1738&var _ recherche = greece > (accessed 24 February 2010).

Sassoon, D. (1997) *One Hundred Years of Socialism: the West European Left in the Twentieth Century*, London: Fontana Press.

—— (ed.) (1998) *Looking Left: European Socialism after the Cold War*, London: I. B. Tauris.

—— (2010) *One Hundred Years of Socialism: The West European Left in the Twentieth Century*, London: I. B. Tauris.

Schwab, G. (ed.) (1981) *Eurocommunism. The Ideological and Political – Theoretical Foundations*, Westport: Greenwood.

SF (2000) 'Views and policies of Socialistisk Folkeparti in Denmark'. Online. Available HTTP: < http: //valg. sf. dk. english/ english. htm > (accessed 13 June 2003).

—— (2005) 'Views and policies of SF'. Online. Available HTTP: < www. sf. dk. /index. php? article = 1874 > (accessed 3 July 2008).

—— (2006) 'SF – A modern socialist party'. Online. Available HTTP: < http: //ww. sf. dk/index. php? article = 10558 > (accessed 24 January 2007). This page is no longer available.

—— (2009) 'Hovedbestyrelsens politiske beretning'. Online. Available HTTP: < http: //www. sf. dk/default. aspx? func = article. view&id = 87469 #2. 0% 20Regeringsalternativet% 20er% 20skabt > (accessed 14 April 2010).

—— (2011) 'SF values'. Online. Available HTTP: < http: // www. sf. dk/english/sf – values (accessed 13 April 2011).

Sferza, S. (1999) 'What is left of the left? More than one would think', *Daedalus* 128 (2): 101 – 126.

Sheridan, T. (2007a) Author's interview, Glasgow 11 October 2007.

—— (2007b) Speech at Solidarity meeting, Edinburgh, 1 February 2007.

Sheridan, T. and McCombes, A. (2000) *Imagine: A Socialist Vision for the* 21*st Century*, Edinburgh: Rebel Inc.

Shore, C. (1990) *Italian Communism: the Escape from Leninism*,

London: Pluto Press.

Shull, T. (1999) *Redefi ning Red and Green: Ideology and Strategy in European Political Ecology*, New York: State University of New York Press.

Silver, B. J. (2003) *Forces of Labor: Workers' Movements and Globalization since* 1870, Cambridge: Cambridge University Press.

Sitter, N. (2003) 'Cleavages, party strategy and party system change in Europe, East and West', in Lewis, P. G. and Webb, P. (eds) *Pan – European Perspectives on Party Politics*, Leiden and Boston: Brill, pp. 179 – 205.

Skidelsky, R. (2010) *Keynes: The Return of the Master*, London: Penguin.

Sloam, J. (2005) 'West European social democracy as a model for transfer', *Journal of Communist Studies and Transition Politics*, 21 (1): 67 – 83.

Smith, G. (2004) 'The "New Model" party system', in Padgett, S., Paterson, W. E. and Smith, G. (eds) *Developments in German Politics* 3, Basingstoke: Palgrave, pp. 82 – 100.

Smith, O. L. (1993) 'The Greek Communist Party in the post – Gorbachev – era', in Bell, D. S. (ed.) *Western European Communists and the Collapse of Communism*, Oxford: Berg, pp. 87 – 99.

Socialist Resistance (2008) 'Democratic Centralism and Broad Left Parties'. Online. Available HTTP: < http: //www. international-viewpoint. org/spip. php? article1413 >, accessed 8 February 2010.

Socialist Worker (2005) 'Portugal's left bloc'. Online. Available HTTP: < http: //www. socialistworker. co. uk/art. php? id = 6752 > (accessed 14 April 2010).

Soeiro, J. (2009) 'The "Bloco de Esquerda" and the founding of a new Left in Portugal', in Hildebrandt, C. and Daiber, B. (eds) *The Left in Europe: Political Parties and Party Alliances between Norway and Turkey*, Brussels: Rosa Luxemburg Foundation, pp. 174 – 182.

Soeiro, R. (2011) Author's interview with Renato Soeiro, member of GUE/NGL staff, Brussels, 30 March.

Solidarity (2007) 'Solidarity: Scotland's socialist movement'. Online. Available HTTP: < http://www. solidarityscotland. org/ component/option, com _ docman/task, cat _ view/gid, 36/Itemid, 62 > (accessed 15 May 2010).

—— (2008) 'Whose side are you on? Defend the Sheridan 7', Campaign flyer.

Solidnet (2007) '9th International meeting of communist and workers' parties, Minsk November 2007'. Online. Available HTTP: < http://www. solidnet. org/cgi – bin/ agent? meetings/472 = International_ Meeting_ of_ Communist_ And_ Workers_ Parties, _ Minsk _ 03 _ to _ 05 _ November _ 2007/010 = Press _ Release/ 100pressrelease – icm20nov07. doc > (accessed 28 December 2009).

Solnit, D. (ed.) (2004) *Globalise Liberation: How to Uproot the System and Build a Better World*, San Francisco: City Lights.

Sousa, A. (2010) 'Portugal: boost for left representation'. Online. Available HTTP: < http://www. internationalviewpoint. org/ spip. php? article1724 > (accessed 13 April 2010).

SP (1999a) '1999: the socialist party and the Euro – elections'. Online. Available HTTP: < http://www. sp. nl/en/goals/programme/ Europe > (accessed 29 May 2003).

—— (1999b) 'The whole of humanity. Core vision, tasks and goals of the Socialist Party'. Online. Available HTTP: < http: // international. sp. nl/goals/charter. stm > (accessed 29 April 2010).

—— (2003a) 'Take the first turn left: vote for social rebuilding'. Online. Available HTTP: < http: //international. sp. nl/goals/fi rstturnleft. stm > (accessed 13 May 2010).

—— (2003b) 'The action programme of the Socialist Party'. Online. Available HTTP: < http: //www. sp. nl/en/goals/programme > (accessed 10 May 2010).

—— (2006) 'A better Europe starts now'. Online. Available HTTP: < www. sp. nl > (accessed 14 December 2007).

—— (2007a) 'Brief history of the SP'. Online. Available HTTP: < http: //international. sp. nl. /history. stm > (accessed 13 May 2010).

—— (2007b) *Informal conference of left Parties. Oss, The Netherlands, 14 July 2007* (Amsterdam, Socialist Party).

—— (2007c) 'Provincial assemblies: SP repeats parliamentary election triumph in regional poll'. Online. Available HTTP: < http: // international. sp. nl/bericht/15635/070307 – provincial_ assemblies_ sp_ repeats_ parliamentary_ election_ triumph_ in_ regional_ poll. htm > (accessed 13 May 2010).

—— (2007d) 'SP National Congress: "strengthen the foundations"'. Online. Available HTTP: < http: //international. sp. nl/bericht/21559/ 071124 – sp_ national_ congress_ strengthen_ the_ foundations. html > (accessed 14 May 2010).

—— (2007e) 'SP opposes payment of subsidies to European political parties'. Online. Available HTTP: < http: //international. sp. nl/bericht/

21847/071130 – sp_ opposes_ payment_ of_ subsidies_ to_ european_ political_ parties. html > （accessed 14 May 2010）.

—— （2007f）'The SP, a party with an international orientation'. Online. Available HTTP： < http：//international. sp. nl/bericht/13677/ 070117 – the_ sp_ a_ party_ with_ an_ international_ orientation. html > （accessed 14 May 2010）.

—— （2010a）'Een beter Nederland voor minder geld'. Online. Available HTTP： < http：//www. sp. nl/2010/programma > （accessed 29 April 2011）.

—— （2010b）'It's the members that do it...'. Online. Available HTTP： < http：//international. sp. nl/members > （accessed 19 April 2010）.

—— （2010c）'YOU and I are WE!'. Online. Available HTTP： < http://international. sp. nl/bericht/39601/091224 – you_ and_ i_ are_ we （accessed 19 April 2011）.

Sperber, N. （2010）'Three million Trotskyists? Explaining extreme left voting in France in the 2002 presidential election', *European Journal of Political Research* 49： 359 – 392.

Spirova, M. （2008）'Europarties and party development in EU – candidate states： the case of Bulgaria', *Europe – Asia Studies* 60 （5）： 791 – 808.

Spring, S. and Spring, D. W （1980）'The Finnish Communist Party： two parties in one', in Childs, D. （ed.） *The Changing Face of Western Communism*, London： Croom Helm, pp. 172 – 204.

SPU （2007）'K demokraticheskomu sotsialismu （programma – maksimum）'. Online. Available HTTP： < http：//www. tovarish.

com. ua/rus/program/maximum. html > （accessed 17 April 2010）.

SSP （1999）'Vote Tommy Sheridan：The man of the people. The man of principle', Campaign flyer.

—— （2003a）'Another Scotland is possible：Holyrood Election Manifesto 2003'. Online. vailable HTTP：< www. scottishsocialistparty. org > （accessed 10 July 2003）.

—— （2003b）'Working class heroes!'. Online. Available HTTP：< www. edinburgh – east. ssp. org > （accessed 5 May 2003）.

—— （2004）'For a different Europe：Scottish Socialist Party European Election Manifesto 2004'. < http：//www. scottishsocialistparty. co. uk/new _ pdfs/manifestos/Euro% 20manifesto% 202004. pdf > （accessed 10 May 2010）.

—— （2007）'People not profi t：Scottish parliament election manifesto 2007'. Online. Available HTTP： < http：//www. scottishsocialistparty. co. uk/new _ pdfs/manifestos/manifesto2007. pdf > （accessed 10 May 2010）.

—— （2011）'Scottish Socialist Party manifesto 2011'. Online. Available HTTP：< http：//www. scottishsocialistparty. org/new _ stories/election2011/manifesto/index. html > （accessed 2 May 2011）.

Starr, A. （2000）*Naming the Enemy. Anti – Corporate Movements Confront Globalization*, London：Zed.

Strmiska, M. （2002）'The Communist Party of Bohemia and Moravia：a post – communist socialist or neo – communist party?', *German Policy Studies*, 2 （2）：220 – 240.

Striethorst, A. （2011）'Members and electorates of left parties in Europe', paper delivered at Transform! Europe Seminar 'Radical left parties in Europe: the question of democracy and participation', Helsinki, 1 – 2 April.

Strøm, K. (1990) 'A behavioral theory of competitive political parties', *American Journal of Political Science*, 34: 565 – 98.

SYN (2010) 'Report on the second round of the Regional and Municipal Elections in Greece'. Online. Available HTTP: < http: // www. syn. gr/en/20101120. htm > (accessed 14 April 2011).

Szczerbiak, A. (2004) 'The Polish centre – right's (last) best hope: the rise and fall of Solidarity electoral action', *Journal of Communist Studies and Transition Politics*, 20 (3): 55 – 79.

Taggart, P. (1995) 'New Populist Parties in Western Europe', *West European Politics* 18 (1): 34 – 51.

—— (1998) 'A Touchstone of Dissent: Euroscepticism in Contemporary Western European Party Systems', *European Journal of Political Research*, 33 (3): 363 – 388.

—— (2000) *Populism*, Buckingham: Open University Press.

Tannahill, R. N. (1978) *The Communist Parties of Western Europe: a Comparative Study*, Westport: Greenwood.

Thompson, W. (1997) *The Left in History: Revolution and Reform in Twentieth – Century Politics*, London: Pluto.

—— (1998) *The Communist Movement since 1945*, Oxford: Blackwell.

Thomsen, S. R. (1995) 'The 1994 parliamentary election in Denmark', *Electoral Studies*, 14 (3): 315 – 322.

Tiersky, R. (1985) *Ordinary Stalinism: Democratic Centralism and the Question of Communist Political Development*, London, Allen and Unwin.

Timmermann, H. (1987) *The Decline of the World Communist Movement*, Boulder: Westview.

Tismaneanu, V. (1996) 'The Leninist debris or waiting for Perón', *East European Politics and Societies*, 10 (3): 504 – 535.

Tkaciuk, M. (2006) Author's interview with Mark Tkaciuk, presidential adviser, Chi inău, 17 April.

Tormey, S. (2004) *Anti – Capitalism: A Beginner's Guide*, Oxford: Oneworld.

Townshend, J. (1996) *The Politics of Marxism: the Critical Debates*, London: Leicester University Press.

Transform! (2010) 'Transform! at the European social forum 1 – 4 July in Istanbul'. Online. Available HTTP: < http://www. transform – network. net/en/home/events/display – events/article//European – social – forum – 1 – 4 – July – in – Istambul. html > (accessed 6 May 2011).

Tsakatika, M. (2010) 'Bloco de Esquerda and Synaspismos on European integration: organization, strategy, ideology', Paper presented at PSA conference, University of Edinburgh, 29 March.

Tuominen, L. (2009) 'Towards building a new left alternative – the crisis of the left and the case of the left alliance in Finland'. Online. Available HTTP: < http://www. transform – network. net/en/home/journal – transformeurope/display – journal – transform/article//Towards – Building – a – New – Left – Alternative – The – Crisis – of – the – Left – and – the – Case – ofthe – Left – Alliance. html > (accessed 13 April 2010).

—— (2011) 'Questionnaire', Radical left parties in Europe: the question of democracy and participation. Transform! Europe Seminar, Helsinki, 1 – 2 April.

Uč eň, P. (2007) 'Parties, populism, and anti – establishment politics in East – Central Europe', *SAIS Review*, 27 (1): 49 – 62.

Urban, G. (1978) *Eurocommunism: Its Roots and Future in Italy and Elsewhere*, London: Temple Smith.

Urban, J. B. (1986) *Moscow and the Italian Communist Party: From Togliatti to Berlinguer*, Ithaca: Cornell University Press.

—— (ed.) (1992) *Moscow and the Global Left in the Gorbachev Era*, Ithaca: Cornell University Press.

Urban, J. B. and Solovei, V. D. (1997) *Russia's Communists at the Crossroads*, Boulder: Westview.

Van Apeldoorn, B. (2001) 'The Struggle over European Order: Transnational Class Agency in the Making of Embedded Neo – Liberalism', in Bieler, A. and Morton, A. D. (eds) *Social Forces in the Making of the New Europe: the Restructuring of European Social Relations in the Global Political Economy*, Basingstoke: Palgrave, pp. 70 – 89.

Van der Zwan, M. (2006) 'Socialists gain in the Dutch elections'. Online. Available HTTP: < http: //socialistworker. co. uk/article. php? article_ id = 10241 > (accessed 13 May 2010).

Van Holsteyn, J. J. M. (2007) '*The Dutch Parliamentary Elections of 2006*', *West European Politics* 30 (5): 1139 – 1147.

Van Deth, J. and Geurts, P. (1989) 'Value orientation, left – right placement and voting', *European Journal of Political Research*, 17: 17 – 34.

Van Heijningen, H. (2010) 'The Dutch Socialist Party in the Current Crisis'. Online. Available HTTP: < http: //www. transform –

network. net/en/home/journal – transformeurope/display – journal – transform/article//The – Dutch – Socialist – Party – in – the – Current – Crisis. html > （accessed 29 April 2011）.

Van Hüllen, R. （2008）'Transnational cooperation', in Backes, U. and Moreau, P. （eds）*Communist and Post – Communist Parties in Europe*, Göttingen: Vandenhoek and Ruprecht, pp. 463 – 482.

VAS （1990）'Information bulletin', June, Helsinki: Left Alliance.

—— （1995a）'Left – wing alliance party programme theses', Helsinki: Left Alliance.

—— （1995b）'Left – wing alliance and the development of the European Union', Helsinki: Left Alliance.

—— （1998）'Programme of Left Alliance'. Online. Available HTTP: < www. vasemmistoliito. fi > （accessed 6 August 2003）.

—— （2003）'Position paper on the future of the European Union'. Online. Available HTTP: < www. vasemmistoliito. fi > （accessed 6 August 2003）.

—— （2007）'The left road to a just world'. Online. Available HTTP: < http: //www. vasemmistoliitto. fi/component/content/article/ 24 – politiikka/961 – the – left – road – to – a – just – world – . html > （accessed 20 April 2011）.

Verney, S. （2004）*The End of Socialist Hegemony: Europe and the Greek Parliamentary Election of 7 March* 2004 （Sussex: Sussex European Institute Working Paper 80）.

Virot, P. （2007）'Avec Buffet, le PCF tombe de （pas très） haut'. Online. Available HTTP: < http: //www. liberation. fr/ evenement/0101100190 – avec – buffet – le – pcf – tombe – de – pastres –

haut > （accessed 9 March 2010）.

Vitorino, S. （2002）'Left bloc strengthened'. Online. Available HTTP: < www. internationalviewpoint. org/spip. php? article = 458 > （accessed 14 April 2010）.

Voerman G. （2008）'The disappearance of communism in the Netherlands', in Backes, U. and Moreau, P. （eds）*Communist and Post-Communist Parties in Europe*, Göttingen: Vandenhoek and Ruprecht, pp. 15 – 38.

Von Beyme, K. （1985）*Political Parties in Western Democracies*, Aldershot: Gower.

Voronin, V. （2001）*Vasha sudba – v vashikh rukakh*, Chi inău: PCRM.

Votematch （2011a）'European Party Groups Cohesion Rates'. Online. Available HTTP: < http://www. votewatch. eu/cx_ european_ party_ groups. php? vers = 2 > （accessed 2 May 2011）.

Votematch （2011b）'Number of times a European Political Group is part of a majority when voting'. Online. Available HTTP: < http:// www. votewatch. eu/cx_ european_ party_ groups. php? vers = 2 > （accessed 2 May 2011）.

Waever, O. （1992）'Nordic nostalgia: northern Europe after the Cold War', *International Affairs*, 68 （1）: 77 – 102.

Wainwright, H. （2004）'Change the world by transforming power – including state power!', *Red Pepper*. Online. Available HTTP: < http://www. redpepper. org. uk/Change – the – World – by – Transforming > （accessed 15 October 2009）.

Walgrave, S. and Rucht, D. （eds）（2010）*The World Says No to*

War: Demonstrations against the War in Iraq, Minneapolis, MN: University of Minnesota Press.

Wall, D. (1999) *Earth First! and the Anti - Roads Movement. Radical Environmentalism and Comparative Social Movements*, London: Routledge.

Waller, M. (1981) *Democratic Centralism*, Manchester: Manchester University Press.

—— (1989) 'The radical sources of the crisis in West European Communist Parties', *Political Studies*, 38: 39 - 61.

Waller, M. and. Fennema, M. (eds) (1988) *Communist Parties in Western Europe: Decline or Adaptation?*, Oxford: Blackwell.

Ware, A. (1996) *Political Parties and Party Systems*, Oxford: Oxford University Press.

Waters, S. (2006) 'A l' attac. Globalisation and ideological renewal on the French left', *Modern and contemporary France*, 14 (2): 141 - 156.

Weinberg, L. (1995) *The Transformation of Italian Communism*, New Brunswick: Transaction.

Weissbach, C. (2009) 'The left in the Netherlands', in Hildebrandt, C. and Daiber, B. (eds) *The Left in Europe: Political Parties and Party Alliances between Norway and* Turkey, Brussels: Rosa Luxemburg Foundation, pp. 39 - 48.

Westoby, A. (1981) *Communism since World War II*, Brighton: Harvester.

Weyland, K. (2001) 'Clarifying a contested concept: populism in the study of Latin American politics', *Comparative Politics*, 34 (1): 1 - 22.

White, S. and McAllister, I. (2007) 'Turnout and representation bias in post – communist Europe', *Political Studies*, 55 (3): 586 – 606.

Wiesenthal, H. (1993) *Realism in Green Politics: Social Movements and Ecological Reform in Germany*, Manchester, Manchester University Press.

Wightman, G. and Szomolänyi, S. (1995) 'Parties and Society in Slovakia', *Party Politics*, 1 (4): 609 – 618.

WikiLeaks (2011) 'DUTCH SOCIALIST PARTY (SP): NOT YOUR FATHER SMAOISTS'. Online. Available HTTP: < http://www. xs4all. nl/ ~ aebr/ wl/ thehague/06THEHAGUE1184. html > (accessed 29 April 2011).

Wiles, P. (1969) 'A syndrome, not a doctrine: some elementary theses on populism', in Ionescu, G. and Gellner, E. (eds) *Populism. Its Meanings and National Characteristics*, London: Weidenfeld and Nicolson, pp. 166 – 179.

Williams, C. and Hanson, S. (1989) 'National – socialism, left patriotism or superimperialism? The "radical right" in Russia', in Ramet, S. (ed.) *The Radical Right in Central and Eastern Europe Since* 1989, Pennsylvania: Pennsylvania State University Press, pp. 57 – 277.

Willis, A. (2009) 'Buzek election hailed as "historic"', euobserver. com, 14 July. Online. Available HTTP: < http://euobserver. com/9/28454 > (accessed 23 December 2009).

Wilson, A. (1997) 'The Ukrainian left: in transition to social democracy or still in thrall to the USSR?', *Europe – Asia Studies*, 49 (7): 1293 – 1316.

—— (2000) 'The long march of the Ukrainian left: backwards towards communism, sideways to social – democracy or forwards to socialism?', *The Masaryk Journal* 3 (1): 122 – 140.

—— (2002) 'Reinventing the Ukrainian left: assessing adaptability and change', *Slavonicand East European Review*, 80 (1): 21 – 59.

—— (2005) *Virtual Politics: Faking Democracy in the Post – Soviet World*, Yale: Yale University Press.

Zilliacus, K. (2001) ' "New Politics" in Finland: The Greens and the Left Wing in the1990s', *West European Politics* 24 (1): 27 – 54.

Zonnevylle, F. (2006) 'The left – wing: GreenLeft and Socialist Party'. Online. Available HTTP: < http: //static. rnw. nl/migratie/ www. radionetherlands. nl/currentaffairs/lef061103mc – redirected > (accessed 10 May 2010).

Zubek, V. (1995) 'The Phoenix out of the ashes: the rise to power of Poland's post – communist SdRP', *Communist and Post – Communist Studies* 28 (3): 275 – 306.

译后记

激进左翼政党是近年欧洲政党和左翼政治研究领域一个新兴的研讨主题。这一主题的凸显，很大程度上源于20世纪90年代以来传统左翼政党面临的发展困境，尤其是社会民主主义政党的右转以及共产主义政党的衰落，以及一些难以归于传统左翼政治框架的政党的崛起，需要人们对欧洲左翼政党家族进行重新分解和组合。西方一些学者也因而开始思考左翼政治谱系的再定位和划分问题。激进左翼政党就是在这一学术争论和探讨中孕育形成的新概念。英国爱丁堡大学政治学系卢克·马奇的近著《欧洲激进左翼政党》，可以说是英语文献中一部系统、全面审视苏东剧变后整个欧洲激进左翼政党发展演变的重要著作。

与近年出版的几本同类题材研究成果相比，马奇的这本书至少有三个鲜明特点。第一，尽管很多西方学者都在使用"激进左翼"这一概念，但到底何为激进左翼政党？它与共产党、极端左翼政党等存在哪些联系与区别？各种学术著作一直缺乏明确的界定。马奇在行文伊始就首先对可能引发争议的"激进左翼政党"做出了概念阐释，指出激进左翼政党不是指社会民主党左派，而是政治光谱中位于社会民主主义左侧的政党。这类政党具有明确的身份标识，无论过去还是现在，一直都在呼吁超越资本主义经济体系。马奇尤其对几个容易混淆的概念，比如激进左翼与极端左翼、强硬左翼等进行了区分，认为后两种说法带有歧视意味，暗含着这些政党必然已经边缘化的意思。作者用激进左翼来概括这类政党，强调的是共产党等激进左翼政党的变化发展及其主张制度变革等基本身份议题。

第二，与现有的多数研究不同，本书采取了一种泛欧洲的研究视角：它把整个东西欧作为一个研究整体。既关注这个区域内的共产党，也关注处于社会民主主义左侧的其他左翼政党，研究它们的非议会和国际行动，它们的激进主义性质及其意识形态和战略立场，分析了它们当前的发展动态和面临的选举前景，从一种更为宏观的视野描绘了欧洲激进左翼政党近20年来的发展演进。作者尤其指出，激进左翼政党的逐渐兴起，是当代欧洲政党政治的一个愈益显著的现象。激进左翼政党仍然面临着坚持何种"社会主义"性质的存在性危机，共产党尤其面临着严峻威胁。最成功的左翼政党不再是极端主义政党，而是那些捍卫社会民主主义者所抛弃的价值和政策的政党，它们关注实用主义而非意识形态，愈益转向政府，从而对欧洲激进左翼政党的发展现状和走向做出了较为准确判断和定位。

第三，在总体分析激进左翼政党发展近况的基础上，作者选择了一些典型案例进行具体阐述。比如，希腊共产党、意大利重建共产党、法国共产党、波西尼亚和摩拉维亚共产党、摩尔多瓦共产党人党、俄罗斯联邦共产党、芬兰左翼联盟、丹麦社会主义人民党、葡萄牙左翼联盟、德国左翼党、荷兰社会主义党、苏格兰社会主义党。著作所使用的材料内容丰富，涉及金融危机后及2010～2011年的大量最新资料，著作论述分析的许多激进左翼政党，如芬兰左翼联盟、丹麦社会主义人民党、荷兰社会主义党、苏格兰社会主义党等也填补了国内相关领域的研究空白，为国内比较政治、政党政治、激进政治等领域的研究提供了重要的参考资料。

本书作者卢克·马奇是一位青年学者，长期从事后苏联政治和欧洲左翼政党研究，目前是爱丁堡大学俄罗斯研究中心副主任和政治学系高级讲师。马奇在欧洲政治研究领域颇有建树，近年来在激进左翼政治研究方面著述甚丰。译者 2012～2013 年在英国访学期间，多次与马奇进行学术交流，深感其对欧洲政治领悟深刻，对欧洲激进左翼政党认识全面，把握到位。译者在欧洲也阅读了很多相关激进左翼政党的新近研究著述，发现多数文章著作都会提到或引用马奇在本书中提出的一些重要观点。2013 年 5 月，马奇在爱丁堡大学组织了题为"欧洲激进左翼政党：从主流到边缘化？"的国际学术研讨会。来自十几个欧洲国家的政党研究学者与会，围绕欧洲激进左翼的概念演进、资本主义危机下的欧洲激进左翼政党以及一些激进左翼政党的个案研究进行了热烈讨论，推动了激进左翼政党研究在欧洲进一步深入。

本书的翻译由中国社会科学院马克思主义研究院国外共产党理论研究室的于海青和王静共同完成。于海青翻译了中文版序言、导论、第二、三、五、七、八章，王静翻译了第四、六、九章和结束语，全书由于海青校对和统稿。由于书中涉及政党、人物、地名众多，也由于译者水平相对有限，必然存在这样那样的问题，敬请读者批评指正。

本书的翻译出版得到了中国社会科学院世界社会主义研究中心的大力支持和资助。对中心坚持宣传社会主义理论，积极引入和推广国外马克思主义、社会主义新思潮的长期不懈努力，我们致以崇高的敬意。此外，社会科学文献出版社全球与地区问题出版中心祝得彬主任和责任编辑为本书的出版做了大量工作，在此一并表示感谢。

最后，希望本书能够为我们认识、了解欧洲激进左翼政党打开一扇窗户，能够给国内的欧洲政党和左翼政治研究以启迪和感悟。

2014 年 6 月 4 日

于海青

世界社会主义研究丛书

研究系列

社会主义：理论与实践（精）
李慎明　主编
2001年4月

社会主义的历史、理论与前景
（上下册）
靳辉明　主编
2004年5月

且听低谷新潮声：
21世纪的世界社会主义前景
李慎明　主编
2005年2月

古巴社会主义研究
毛相麟　著
2005年10月

美国民主制度输出
刘国平　著
2006年8月

戈尔巴乔夫的改革与苏联的毁灭
谭索　著
2006年9月

当代资本主义国家共产党
聂运麟　等著
2007年11月

苏联演变的原因与教训
周新成　张旭　著
2008年2月

美国保守主义及其全球战略
姜琳　著
2008年3月

民主社会主义思潮批判
周新城　著
2008年4月

变革与转型时期的社会主义研究
聂运麒　著
2008年5月

执政党的经验教训
李慎明　等编
2008年5月

帝国主义历史的终结
王金存　著
2008年6月

十月革命与当代社会主义
李慎明　主编
2008年11月

叶利钦的西化改革与俄罗斯的
社会灾难
谭索　著
2009年6月

美元霸权与经济危机
李慎明　主编
2009年7月

欧洲社会民主主义的转型
何秉孟　姜辉　张顺洪　编著
2010年5月

国际金融危机与当代资本主义
李慎明　主编
2010年6月

国际金融垄断资本与经济危机
跟踪研究
何秉孟　主编
2010年7月

世界在反思：国际金融危机与
新自由主义全球观点扫描
李慎明　主编
2010年7月

"颜色革命"在中亚——兼论
与执政能力的关系
赵常庆　主编
2011年1月

研究系列（续）

历史在这里沉思：
苏联解体20周年祭
李慎明 主编
2011年9月

信仰危机与苏联的命运
蔡文鹏 著
2011年12月

世界在反思之二——批判新
自由主义观点全球扫描
李慎明 主编
2012年2月

美国中亚战略20年：
螺旋式演进
杨鸿玺 著
2012年9月

"改革新思维"与苏联演变
李瑞琴 著
2012年9月

世界在动荡、变革、调整
李慎明 主编
2012年11月

世界在反思（3）：当代资本主义评析
李慎明 主编
2012年12月

探索与变革：资本主义国家共产党的历史、
理论与现状
聂运麟 主编
2014年6月

参考系列

全球化与现代资本主义
[古巴]菲德尔·卡斯特罗 著
王玫等 译
2000年11月

古巴雄师卡斯特罗的青少年时代
[古巴]D. 施诺卡尔
P.A.塔维奥 编
宋晓平 杨仲林 译
2000年11月

改革年代：苏联东欧与中国——
戈尔巴乔夫现象
[澳]科伊乔·佩特罗夫 著
葛志强 马细谱 等译
2001年6月

第三次世界大战——信息心理战
[俄]B.A.利西奇金
JI.A. 谢列平 著
徐昌翰 等译
2003年9月

论意识操纵
[俄]谢.卡拉-穆尔扎 著
徐昌翰 等译
2004年2月

苏联的最后一年
[俄]伊·麦德维杰夫 著
王晓玉 姚强 译
2005年1月

大元帅斯大林
[俄]弗拉基米尔·卡尔波夫
何宏江 等译
2005年9月

富国陷阱
[英]张夏准 著
肖炼 倪延硕 等译
2009年1月

俄罗斯、中国与世界
[俄]A.P. 雅科夫列夫 著
孟秀云 孙黎明 译
2007年5月

参考系列（续）

文明的对话

[保]亚历山大·利洛夫 著

马细谱 等选译

2007年9月

欧洲社会主义百年史

[英]唐纳德·萨松 著

孟秀云 孙黎明 译

2008年1月

幻想破灭的资本主义

[日]伊藤诚 著

孙仲涛 等译

2008年6月

总司令的思考

[古巴]菲德尔·卡斯特罗 著

徐世澄 宋晓平 等译

2008年1月

世界规模的积累

[埃及]萨米尔·阿明 著

杨明柱 杨光 李宝源 译

2008年11月

富国陷阱（修订版）

[英]张夏淮 著

肖炼 倪延硕 等译

2009年1月

富国的伪善

[英]张夏淮 著

严荣 译

2009年1月

苏联的最后一年（增订再版）

[俄]罗伊·麦德维杰夫 著

王晓玉 姚强 等译

2009年6月

从"休克"到重建：东欧的社会转型与全球化-欧洲化

[法]弗朗索瓦·巴富瓦尔 著

陆象淦 王淑英 译

2010年3月

卡斯特罗语录

[古巴]萨洛蒙·苏希·萨尔法蒂 编

宋晓平 徐世澄 张颖 译

2010年6月

资本主义为什么会自我崩溃?

[日]中谷岩 著

郑萍 译

2010年7月

英国共产主义的失落

[英]拉斐尔·塞缪尔 著

陈志刚 李晓江 译

2010年8月

解体：二十年后的回忆与反思

李慎明 主编

栗瑞雪 等译

2011年12月

新自由主义的兴衰

[巴]特奥托尼奥·多斯桑托斯 著

郝名玮 译

2012年2月

资本主义全球化及其替代方案

[英]莱斯利·斯克莱尔 著

梁光严 译

2012年3月

亲历苏联解体：二十年后的回忆与反思

李慎明 主编

张树华 等译

2012年5月

捍卫苏联的最后一搏："国家紧急状态委员会"反对戈尔巴乔夫

[俄]根纳季·亚纳耶夫 著

胡昊 译

2012年11月

帝国的消亡：当代俄罗斯应从中汲取的教训

[俄] 叶·季·盖达尔 著

王尊贤 译

2013年1月

参考系列（续）

资本主义十讲（插图版）
[法]米歇尔·于松 著
沙尔博 插图 潘革平 译
2013年4月

全球化资本主义与日本经济
[日]鹤田满彦 著
张迪 译
2013年4月

美国社会主义传统
[美]约翰·尼古拉斯 著
陈慧平 译
2013年11月

资本主义还有未来吗？
伊曼纽尔·沃勒斯坦等 著
徐曦白 译
2014年4月

苏联军队的瓦解
[美]威廉·奥多姆 著
王振西 钱俊德 译
2014年7月

皮书系列

2005年世界社会主义跟踪研究报告——且听低谷新潮声（之二）
李慎明 主编
2006年3月

世界社会主义跟踪研究报告——且听低谷新潮声（之一）
李慎明 主编
2006年5月

2006年世界社会主义跟踪研究报告——且听低谷新潮声（之三）
李慎明 主编
2007年3月

2007年世界社会主义跟踪研究报告——且听低谷新潮声（之四）
李慎明 主编
2008年3月

世界社会主义跟踪研究报告（2008~2009）——且听低谷新潮声（之五）
李慎明 主编
2009年3月

世界社会主义跟踪研究报告（2009~2010）——且听低谷新潮声（之六）
李慎明 主编
2010年2月

世界社会主义跟踪研究报告（2010~2011）——且听低谷新潮声（之七）
李慎明 主编
2011年3月

世界社会主义跟踪研究报告（2011~2012）——且听低谷新潮声（之八）
李慎明 主编
2012年3月

世界社会主义黄皮书 世界社会主义跟踪研究报告（2012~2013）
李慎明 主编
2013年5月

世界社会主义黄皮书 世界社会主义跟踪研究报告（2013~2014）
李慎明 主编
2014年3月

居安思危·世界社会主义小丛书

忧患百姓忧患党：毛泽东关于
党不变质思想探寻
李慎明 著
2012年7月

"普世价值"评析
汪亭友 著
2012年7月

戈尔巴乔夫与
"人道的民主的社会主义"
王正泉 著
2012年7月

古巴：本土的可行的社会主义
毛相麟 著
2012年7月

新自由主义评析
何秉孟 李千 著
2012年7月

俄国十月社会主义革命
陈之骅 著
2012年7月

西方世界中的社会主义思潮
姜辉 于海青 著
2012年7月

当代拉丁美洲的社会主义思潮与实践
徐世澄 著
2012年7月

民主社会主义评析
周新城 著
2012年7月

历史虚无主义评析
梁柱 著
2012年7月

越南社会主义定向革新
谷源洋 著
2013年5月

中国特色社会主义理论与实践
罗文东 著
2013年5月

居安思危：苏共亡党的历史教训
（八集党内教育参考片解说词）
李慎明 总撰稿
2013年5月

全球化与共产党
卫建林 著
2013年5月

怎样认识民主社会主义
徐崇温 著
2013年5月

俄罗斯的私有化
张树华 单超 著
2013年5月

查韦斯的"21世纪社会主义"
朱继东 著
2013年5月

苏联历史几个争论焦点的真相
吴恩远 著
2013年5月

毛泽东对新中国的历史贡献
李捷 著
2013年5月

毛泽东与马克思主义中国化
李崇富 著
2013年5月

《共产党宣言》与世界社会主义
靳辉明 李瑞琴 著
2013年5月

马克思主义与社会主义的历史命运
王伟光 著
2013年5月

忧患百姓忧患党：毛泽东关于
党不变质思想探寻
（修订版·大字本）
李慎明 著
2013年7月

马克思主义与社会主义的
历史命运（大字本）
王伟光 著
2013年8月

图书在版编目（CIP）数据

欧洲激进左翼政党／（英）马奇（March，L.）著；于海青，
王静译. —北京：社会科学文献出版社，2014.9
（世界社会主义研究丛书. 参考系列）
ISBN 978 - 7 - 5097 - 6147 - 2

Ⅰ.①欧… Ⅱ.①马… ②于… ③王… Ⅲ.①政党 - 研究 -
欧洲 Ⅳ.①D750.64

中国版本图书馆 CIP 数据核字（2014）第 126461 号

世界社会主义研究丛书·参考系列 65
欧洲激进左翼政党

著　　者／〔英〕卢克·马奇
译　　者／于海青　王　静

出　版　人／谢寿光
出　版　者／社会科学文献出版社
地　　　址／北京市西城区北三环中路甲 29 号院 3 号楼华龙大厦
邮政编码／100029

责任部门／全球与地区问题出版中心（010）59367004　　责任编辑／陈　荻
电子信箱／bianyibu@ ssap. cn　　　　　　　　　　　　　责任校对／韩海波
项目统筹／祝得彬　　　　　　　　　　　　　　　　　　　责任印制／岳　阳
经　　销／社会科学文献出版社市场营销中心（010）59367081　59367089
读者服务／读者服务中心（010）59367028

印　　装／北京季蜂印刷有限公司
开　　本／787mm×1092mm　1/16　　　　　　印　　张／27
版　　次／2014 年 9 月第 1 版　　　　　　　　字　　数／341 千字
印　　次／2014 年 9 月第 1 次印刷
书　　号／ISBN 978 - 7 - 5097 - 6147 - 2
著作权合同／图字 01 - 2012 - 8348 号
登 记 号
定　　价／98.00 元